d NATO-Einsätze der Bundeswehr

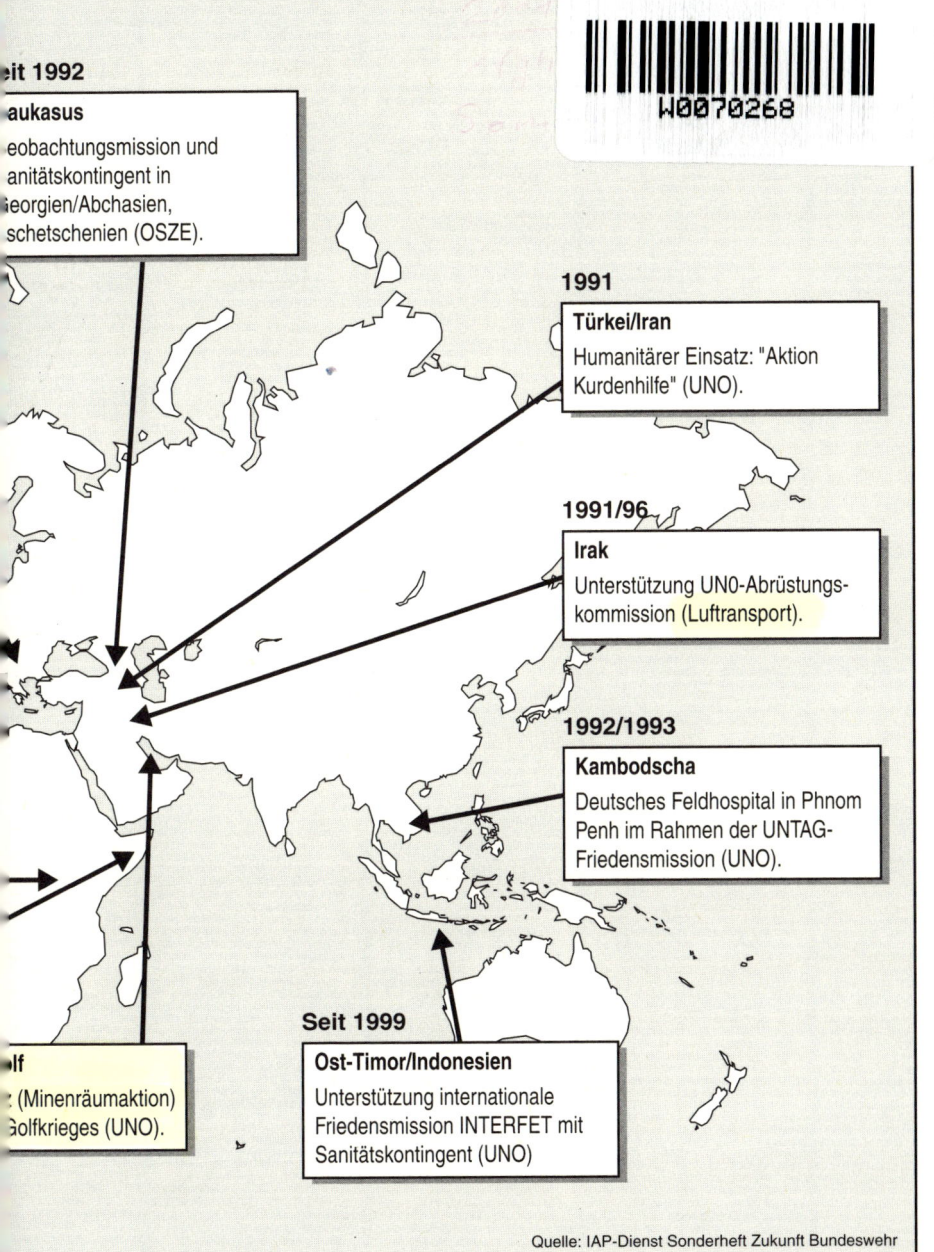

eit 1992

aukasus
eobachtungsmission und
anitätskontingent in
Georgien/Abchasien,
schetschenien (OSZE).

1991

Türkei/Iran
Humanitärer Einsatz: "Aktion
Kurdenhilfe" (UNO).

1991/96

Irak
Unterstützung UNO-Abrüstungs-
kommission (Lufttransport).

1992/1993

Kambodscha
Deutsches Feldhospital in Phnom
Penh im Rahmen der UNTAG-
Friedensmission (UNO).

Seit 1999

Ost-Timor/Indonesien
Unterstützung internationale
Friedensmission INTERFET mit
Sanitätskontingent (UNO)

lf
(Minenräumaktion)
Golfkrieges (UNO).

Quelle: IAP-Dienst Sonderheft Zukunft Bundeswehr

Peter Goebel (Herausgeber)

Von Kambodscha bis Kosovo

Auslandseinsätze der Bundeswehr
seit Ende des Kalten Krieges

Peter Goebel

Von Kambodscha bis Kosovo

Auslandseinsätze der Bundeswehr
seit Ende des Kalten Krieges bis 2001

REPORT VERLAG
Frankfurt am Main und Bonn

Die Deutsche Bibliothek – CIP-Einheitsaufnahme
Von Kambodscha bis Kosovo; Auslandseinsätze der Bundeswehr
seit Ende des Kalten Krieges / Peter Goebel (Hrsg.)
Frankfurt am Main; Bonn: Report Verlag, 2000
ISBN 3-932385-09-8

Umschlaggestaltung	Grafisches Atelier Manfred Sehring 63303 Dreieich-Offenthal
Satz und Layout	Werbeagentur Andreas Klotz 53340 Meckenheim
Druck und Herstellung	Clausen & Bosse 25912 Leck

Printed in Germany 2000

Von Kambodscha bis Kosovo

Auslandseinsätze der Bundeswehr
seit Ende des Kalten Krieges

V. Besondere Einsätze

Vorwort des Herausgebers

Die Idee zu diesem Buch entstand im Spätherbst 1997 in Sarajevo. Eine Gruppe von Generalen und Admiralen der Bundeswehr besuchte das 3. Kontingent SFOR, das damals unter meinem Kommando stand, um sich vor Ort ein Bild vom Einsatz zu machen.

Das Konzept sah von Anfang an vor, dass keine wissenschaftlichen Standards genügenden Abhandlungen geschrieben werden sollten, sondern es war Absicht, verantwortliche Führer, Kommandeure oder Chefs der Stäbe, die unmittelbar Verantwortung im Einsatz getragen haben, zu Wort kommen zu lassen. Nur sie können mit Anspruch auf Glaubwürdigkeit die Besonderheiten ihres Einsatzes aus dem direkten Erleben schildern. Insofern haben die einzelnen Beiträge den Charakter des Zeitzeugen- und Erlebnisberichtes.

Die Auslandseinsätze der Bundeswehr seit 1991 sind eine Erfolgsgeschichte der deutschen Streitkräfte. Aber der Erfolg hat seine Väter nicht nur bei den veranwortlichen Führern im Einsatz, sondern auch bei den Offizieren, die im Bundesministerium der Verteidigung und in den Kommandobehörden in Deutschland Verantwortung für Planung, Durchführung und Sicherstellung der Einsätze getragen haben. Auch diese Offiziere kommen zu Wort.

Militärisches Handeln ordnet sich ein in politische und rechtliche Prozesse in unserem Land. Viele Sachverhalte, vor allem in den ersten Einsätzen, sind nur vor dem Hintergrund der historischen, politischen, psychologischen und rechtlichen Situation in Deutschland zu verstehen. Deswegen sind an den Anfang des Buches die Kapitel zu politischen und rechtlichen Fragen gestellt. Dann folgen die wesentlichsten Einsätze in chronologischer Reihenfolge, wobei nicht jeder einzelne Einsatz und jedes einzelne Kontingent betrachtet werden konnten. Eine Auswahl war erforderlich. Die Betrachtung der wesentlichen Führungs- und Funktionsbereiche bilden den zweiten Abschnitt des Hauptteiles. Hier werden die Leistungen in Deutschland zur Sicherstellung der Einsätze betrachtet. Den Abschluss bildet eine Zusammenfassung der bisherigen Erfahrungen.

Das Buch sollte zu Beginn des Jahres 1999 herausgegeben werden. Die Entwicklung der politischen Lage auf dem Balkan mit dem Einsatz deutscher Streitkräfte als Teil der internationalen Friedenstruppe für das Kosovo machte es erforderlich, diesen wichtigen Teil und Markstein der deutschen Beteiligung an der internationalen Krisenbewältigung mit militärischen Mitteln in das Buch aufzunehmen. Das rechtfertigt die Verzögerung der Herausgabe.

Mehr als viele es geglaubt haben, veränderte sich die sicherheitspolitische- und strategische Lage für unser Land nach der Wiedervereinigung. Bei der Beteiligung Deutschlands an Maßnahmen der internationalen Krisenbewältigung mit militärischen Mitteln wird die Weiterentwicklung deutscher Politik im vergangenen Jahrzehnt am deutlichsten. Die Bundeswehr hat zu diesem Prozess des Erwachsenwerdens unseres Landes durch die Bewährung bei den Auslandseinsätzen einen bemerkenswerten Beitrag geleistet.

Ich bedanke mich bei allen, die mir bei der Arbeit zu diesem Buch mit Rat und Tat zur Seite gestanden haben. Dieser Dank gilt in aller erster Linie den Autoren der einzelnen Beiträge, die sich spontan zur Mitarbeit bereit erklärt haben. Mein Dank gilt auch Brigadegeneral Reinhart Hoppe und Brigadegeneral Bernd Hogrefe und mit ihnen den Soldaten des Führungszentrums der Bundeswehr für die schnelle Unterstützung mit Zahlen, Daten und Fakten. Gern bin ich der Anregung des Report Verlages gefolgt, den Autorenbeiträgen jeweils die der politisch-militärischen Entscheidung zugrunde liegenden Ausgangsfaktoren voranzustellen. Das besorgte Kapitän zur See a.D. Dieter Stockfisch.

Mein besonderer Dank gilt meinem Kameraden und Freund Oberst i.G. Heinrich Brauß für seine Unterstützung bei dem Gesamtprojekt.

Dieses Buch ist von Soldaten für Soldaten geschrieben, aber ich hoffe sehr, dass auch Ehemalige, Reservisten und all diejenigen, die den Weg der deutschen Streitkräfte mit wohlwollendem Interesse verfolgen, Freude bei der Lektüre haben.

Washington, D.C.,
Vereinigte Staaten von Amerika,
im Februar 2000

Der Herausgeber

Von der Betroffenheit zur Selbstverständlichkeit

Peter Goebel

Seit 1992 sind jeden Tag Soldaten oder Truppenteile der Bundeswehr im Einsatz außerhalb Deutschlands. Diese Einsätze beinhalteten Beobachtungs- und Vermittlungsmissionen, Minenräumen im Persischen Golf, Hilfe für bedrohte Völker und notleidende Menschen in Kambodscha und im Nordirak, in Somalia und in Bosnien, Transportunterstützung für Abrüstungsexperten der Vereinten Nationen im Irak, Sicherung des Friedens in Kroatien und Bosnien, Embargoüberwachung in der Adria und schließlich Durchsetzung des Friedens und der Menschenrechte im Kosovo im Rahmen der Luftoperationen der NATO gegen Serbien und der anschließenden Sicherung des Friedens am Boden. Jeder Einsatz war und ist singulär nach Zuschnitt, politischen Rahmenbedingungen und Zielen, seinen Ausmaßen und den Folgen. Aber von Mal zu Mal wuchsen Engagement und Verantwortung unseres Landes und ebenso wuchs der Auftrag der eingesetzten Truppe nach Qualität und Quantität. Es begann 1992 mit einem Kontingent von Sanitätssoldaten im Kambodscha, die die medizinische Versorgung für die UN-Truppe sicherzustellen hatten und im Rahmen ihrer Möglichkeiten der Bevölkerung Hilfe leisteten. Im Frühjahr 1999 flogen Tornados der Deutschen Luftwaffe an der Seite alliierter Kampfflugzeuge Einsätze gegen die serbischen Truppen im Kosovo und gegen strategische Ziele im Hinterland, bis Mord und Vertreibung im Kosovo gestoppt werden konnten. Heute, am Anfang des Jahres 2000, stehen rund 8.000 deutsche Soldaten auf dem Balkan und helfen mit, den zerbrechlichen Frieden zu sichern und den Wiederaufbau einer zerstörten Region in Gang zu setzen. Mit rund 6.000 deutschen Soldaten im Kosovo stellt die Bundeswehr derzeit das zweitstärkste Kontingent der dort eingesetzten internationalen Friedenstruppe; erstmals hat sie die Verantwortung für einen eigenen Sektor unter deutscher Führung übernommen. Zu Recht kann man heute von einer gleichberechtigten Partnerschaft Deutschlands bei internationalen Friedensmissionen sprechen. Bis dahin war es politisch, psychologisch und militärisch ein weiter Weg.

Die Entscheidungen des Deutschen Bundestages zu den jüngsten Einsätzen auf dem Balkan wurden trotz der besonderen Qualität dieser

Einsätze von einer überwältigenden Mehrheit getragen. Die Regierung und der weitaus größte Teil der Opposition standen zusammen: Sie gaben den Soldaten im Einsatz den notwendigen politischen und moralischen Rückhalt. Von der internationalen Staatengemeinschaft wurde das Verhalten der aus einer rot-grünen Koalition gebildeten Bundesregierung sehr genau verfolgt. Nicht trotz, sondern wegen der Regierungsverantwortung der rot-grünen Koalition konnte dieser „Kriegseinsatz" ohne große öffentliche Aufregung durchgeführt werden. Wichtiger ist indes die große parteiübergreifende Gemeinsamkeit in der Außen- und Sicherheitspolitik unseres Landes und das daraus resultierende hohe Maß an Kontinuität. Heute ist die gleichberechtigte und gleich verantwortliche Teilnahme Deutschlands an der internationalen Krisenbewältigung in und für Europa eine selbstverständliche Normalität.

Das war nicht immer so. 1990 führten in Deutschland Betroffenheit und öffentliche Empörung gegen den Golfkrieg zu großen Demonstrationen, langen Lichterketten, aber auch gewalttätigen Ausschreitungen. Gerade erst war die Mauer in Berlin gefallen, Deutschland vereinigt, der Warschauer Pakt in Auflösung, und Michail Gorbatschow versuchte, mit spektakulären Reformen die damals noch existierende Sowjetunion für die Zusammenarbeit mit dem Westen zu öffnen, um Anschluss an die Entwicklung mit den westlichen Demokratien zu gewinnen und seinem Land den Großmachtstatus zu erhalten. Nach dem Ende des Kalten Krieges glaubten viele an den umfassenden Frieden. Das auch öffentlich artikulierte Credo hieß, die Bundeswehr müsse aufgelöst werden, weil ihr der Feind abhanden gekommen sei; andere sprachen sogar von der Notwendigkeit der schnellen „Abwicklung" der Bundeswehr.

In dieser politischen und psychologischen Lage Deutschlands und der Deutschen führten die Amerikaner eine Koalition in einem heißen Krieg gegen den irakischen Diktator Saddam Hussein, der sein Nachbarland Kuwait überfallen hatte. Deutschland beteiligte sich nicht direkt an den Operationen 'Desert Storm'; aber hierzulande waren Schock und Protest wohl am größten. Bezeichnenderweise richtete er sich nicht so sehr gegen den Unterdrücker, sondern eher gegen die Befreier; weniger gegen die Ziele, Motive und Methoden des Despoten als vielmehr gegen die Mittel derer, die ihm in den Arm fielen. Auch Politiker und Parlamentarier äußerten Bestürzung und Betroffenheit. Die Bundesregierung selbst sah sich aus verfassungsrechtlichen Bedenken nicht in der Lage, mit Truppen an den Operationen teilzunehmen. Der Auftrag der Bundeswehr sei auf Verteidigung im Rahmen der NATO beschränkt, so hieß es. Heute stimmen selbst Vertreter des Pazifismus der These zu, dass sich Politik auch auf bewaffnete Macht abstützt und diese auch einsetzen muss, um Frieden zu halten oder durchzusetzen, wenn es nach strengen Maßstäben keine andere Möglichkeit gibt. Und es ist nahezu Allgemeingut, dass die Bundeswehr nicht nur zur direkten Verteidigung Deutschlands selbst und zum Schutz von Bündnispartnern, sondern auch zur Krisenvorsorge und -bewältigung, zur Sicherung und notfalls zur Durchsetzung von Frieden und Völkerrecht außerhalb Deutschlands eingesetzt werden kann. In historischer Perspektive ist dieser Wandel von bemerkenswerter Bedeutung.

Als die Bundeswehr vor über 40 Jahren aufgestellt wurde, war Kalter Krieg. Die Bedrohung aus dem Osten war der entscheidende Grund für den Aufbau neuer deutscher Streitkräfte.

Auftrag und Selbstverständnis der Bundeswehr wurden ausschließlich durch jene eindimensionale militärische Bedrohung aus dem Osten bestimmt. Eine großangelegte Aggression nach relativ kurzer Warn- und Vorbereitungszeit sollte abgewehrt werden können. Die Bundeswehr wurde zu einer auf Mitteleuropa konzentrierten, panzerabwehrstarken Kontinentalarmee und zum Herzstück der konventionellen Verteidigung der NATO; von allen in der Beschränkung auf diese Rolle so gewollt und in ihrer auf dieses Szenario hin optimierten Leistungsfähigkeit im Ausland „bei Freund und Feind" hoch geschätzt. Dieser nationale und internationale Konsens und ein allseits geteiltes Verfassungsverständnis sahen grundsätzlich nicht vor, dass die Bundeswehr mit Bodentruppen außerhalb Deutschlands eingesetzt würde; Einsätze an den Flanken des Bündnisses mit wenigen Einheiten als Teil einer multinationalen Streitmacht waren davon ebenso ausgenommen wie humanitäre Hilfseinsätze in aller Welt.

Diese politische und psychologische Lage schien für die Ewigkeit gemacht, als die schnell ablaufenden revolutionären Vorgänge der Jahre 1989/90 mit der Folge des Falls der Mauer und des Eisernen Vorhanges die Verhältnisse in Deutschland und Mitteleuropa wieder „vom Kopf auf die Füße" stellten. Eine grundlegend veränderte politische Landschaft war die Folge; Deutschland hat von dem Umbruch am meisten profitiert. Vereinigt im Frieden und Freiheit und weiter Mitglied in den europäischen Strukturen und in der NATO war Deutschland fast über Nacht nur noch umgeben von Freunden und Partnern, sämtlich marktwirtschaftlich orientierte Demokratien oder zumindest auf dem Weg dorthin.

Durch das Ende des Kalten Krieges waren diese für Deutschland und seine östlichen Nachbarn so positiven Entscheidungen möglich geworden. In anderen Teilen Europas und in angrenzenden Regionen führte das Ende des Kalten Krieges zum Ausbruch von zahlreichen und bedrohlichen Instabilitäten, die im Kaukasus, in Afrika und im Nahen Osten, besonders aber auf dem Balkan sichtbar wurden; 1992 war – was kaum für möglich gehalten worden war – der Krieg nach Europa zurückgekehrt.

Als Friedensstifter sollte den Vereinten Nationen jetzt eine erweitertere Rolle zukommen. Die Zahl der unter ihrem Schirm und ihrer Verantwortung durchgeführten Friedenseinsätze stieg ab 1989 sprunghaft. Der Glaube an die Fähigkeit der VN zur Friedenssicherung und Konfliktbeherrschung war in den frühen 90er Jahren stark. Diese Lagebeurteilung änderte sich dann Mitte der 90er Jahre, als offensichtlich wurde, dass die VN diese Aufgabe unter den gegebenen strukturellen und politischen Bedingungen nur sehr unvollkommen wahrnehmen konnte; das Scheitern der UN-PROFOR Operation im ehemaligen Jugoslawien war das offensichtliche Beispiel.

Das wiedervereinigte Deutschland beteiligte sich nur sehr vorsichtig: die Verlegung von Luftwaffeneinheiten auf den türkischen Flugplatz Erhac im Januar 1991 war ein Beitrag Deutschlands zu den Operationen während des Golfkrieges mit dem ausschließlichen Ziel, den Irak von Angriffen auf den NATO-Partner Türkei abzuschrecken. Dieser der Bündnisverteidigung zuzuordnende Einsatz ist nur insofern wichtig, als öffentlich deutlich wurde, dass Einsätze der Bundeswehr außerhalb der Bundesrepublik Deutschland auch bei den Soldaten nicht unumstritten waren. Offenkundig wurde bei dieser Operation auch, dass die Bundeswehr nicht über die erforderliche Ausstattung zur Durchführung von Einsätzen außerhalb Deutschlands verfügte; die Luftwaffe besaß kein Transportflugzeug, um eine in Erhac dringend erforderliche Roland-Batterie in die Türkei zu verlegen. Vier weitere Entscheidungen der Bundesregierung des Jahres 1991 sind erste Schritte zur Beteiligung Deutschlands an internationalen Maßnahmen zur Krisenbewältigung. Im März 1991 beschloss die Bundesregierung unmittelbar nach der heißen Phase des Golfkrieges, Minenabwehreinheiten der Deutschen Marine in den Persischen Golf zu verlegen, um sich an der internationalen Operation zur Räumung von Seeminen vor der kuwaitischen Küste zu beteiligen. Im Rahmen der Operation „Kurdenhilfe" wurden ab April beginnend Transporthubschrauber des Deutschen Heeres zur Versorgung kurdischer Flüchtlinge in Anatolien eingesetzt. Im September

1991 entschied die Bundesregierung die Beteiligung an der Operation United Nations Special Command (UNSCOM); Soldaten des Mendiger Heeresfliegertransportregiments 35 übernahmen mit drei Hubschraubern CH-53 Transportaufgaben für die VN-Kommission, die im Irak die Erfüllung der Waffenstillstandbedingungen kontrollieren sollte. Im November des gleichen Jahres wurden zunächst sechs, später 15 Sanitätsoffiziere und -unteroffiziere der Bundeswehr nach Kambodscha entsandt, um im Rahmen der VN-Operation United Nations Transitional Authority Cambodia (UNTAC) Angehörige der VN-Friedenstruppe medizinisch zu versorgen.

Mit diesen Einsätzen, nach Auftrag grundsätzlich humanitär und im personellen Umfang eher klein, reagiert Deutschland auf Anfragen der VN und der internationalen Staatengemeinschaft nach deutscher Beteiligung bei Friedensmissionen. Eine neue Qualität deutscher Beteiligung wurde deutlich mit der Entscheidung der Bundesregierung vom 9. April 1992, weitere 140 Soldaten der Bundeswehr, dabei 30 Ärzte, zur medizinischen Betreuung von VN-Angehörigen nach Kambodscha zu entsenden. Die neue Qualität ergab sich zum einen durch die Zahl der eingesetzten deutschen Soldaten, aber auch dadurch, dass das deutsche Feldlazarett Phnom Penh als einziges seiner Art für die Gesamtmission der VN eine Schlüsselfunktion hatte. Die Soldaten des Sanitätsdienstes der Bundeswehr waren die ersten, die sich im neuen Aufgabenspektrum bewähren mussten, und sie haben dies mit sehr viel Erfolg getan.

Im Jahr 1992 folgten Entscheidungen zur Beteiligung der Bundeswehr an der internationalen Luftbrücke für die belagerte Stadt Sarajevo, die Beteiligung von deutschen Marineeinheiten an der internationalen Embargoüberwachung in der Adria im Rahmen der Operation SHARP GUARD und die Beteiligung von Transportflugzeugen zur Linderung der Hungersnot im vom Bürgerkrieg geschüttelten Somalia. Vor allem der Einsatz der deutschen Lufttransportkräfte hatte ausschließlich humanitären Charakter, wobei durch die Beschießung deutscher Flugzeuge sowohl in Bosnien als auch in Somalia deutlich wurde, dass auch diese humanitären Hilfsflüge gefährliche Einsätze waren.

Die Entscheidung der Bundesregierung zur Entsendung eines verstärkten Nachschub- und Transportbataillons zur logistischen Unterstützung der VN-Operation in Somalia markierte eine neue Qualität der Beteiligung Deutschlands an internationalen Friedensoperationen. Wie in Kambodscha, so war auch in Somalia die humanitäre Katastrophe durch die Hungersnot in Folge des Bürgerkrieges offensichtlich. Die täglichen Bilder im Fernsehen zeigten das Sterben von Männern, Frauen und Kinder und lösten in der Öffentlichkeit der westlichen Demokratien einen starken Drang zur Hilfeleistung aus. Zum Ende seiner Amtszeit hatte sich amerikanische Präsident Georg Bush zum Ziel gesetzt, durch den Einsatz einer internationalen Friedenstruppe mit starker amerikanischer Beteiligung die Situation in Somalia zum Besseren zu wenden. Neben den offiziellen Anfragen der Vereinten Nationen waren es die persönlich vorgetragenen Bitten der Spitzen der US-Administration, die die Entscheidung zur deutschen Teilnahme beeinflussten.

In diesen ereignisreichen frühen 90er Jahren war die Beteiligung Deutschlands an der internationalen Krisenbewältigung Gegenstand einer nationalen deutschen und einer internationalen, vor allem europäischen Diskussion.

In dem Maße, in dem sich andere, vor allem europäische Nationen, vergleichbare wie auch kleinere, in der internationalen Krisenbewältigung mit Streitkräften engagierten, wuchs der Druck auf das vereinigte, wirtschaftliche starke Deutschland, seinen Anteil an diesen Missionen zu leisten. Zwar gab es auch gegenteilige Stimmen im Konzert der internationalen Staatengemeinschaft, aber diese waren eindeutig in der Unterzahl. Die deutsche Regierung nutzte gegen diesen Druck das Argument der Einschränkung durch das Grundgesetz, aber dieses Argument, wenn es überhaupt je ernsthaft geglaubt wurde, nutzte sich mehr und mehr ab. Immerhin war Deutschland sei 1973 Mitglied der Vereinten Nationen und im Ausland wurde die beginnende rechtliche Diskussion über die Verfassungsmäßigkeit von Friedenseinsätzen deutscher Streitkräfte sehr genau registriert.

Vor dem geschilderten politischen Hintergrund des allseitigen Konsens während des Kalten Krieges, dass deutsche Streitkräfte nur im engen Bereich der Landesverteidigung auf deutschen Boden eingesetzt werden sollten, und vor dem Hintergrund der psychologischen Befindlichkeit eines Teils der Bevölkerung und der politischen Klasse, die während des Golfkrieges deutlich geworden war, begann eine grundsätzliche Diskussion über den Einsatz deutscher Streitkräfte zur Krisenbewältigung außerhalb Deutschlands.

Eine Debatte, die zum Teil sehr ernsthaft und sachgerecht, zum Teil sehr emotional und mit Schlagwörtern wie „out of area", Militarisierung der deutschen Außenpolitik, weltweiter Einsatz deutscher Soldaten, Deutschland als Weltpolizist geführt wurde. Diese Diskussion wurde öffentlicher, leidenschaftlicher und vor allem breiter mit der Entscheidung der Bundesregierung, Soldaten der Bundeswehr in Kambodscha zu einen Friedenseinsatz zu entsenden, und sie erhielt zusätzliche Dynamik durch den Einsatz eines logistischen Verbandes in Somalia. Vor diesem Hintergrund ist es sicher kein Zufall, dass der Einsatz in Somalia 1994 wesentlicher Gegenstand der Verhandlungen vor dem Bundesverfassungsgericht war.

Die Beschreibung und Bewertung des politischen Prozesses wäre unvollständig, ohne gleichzeitig die Situation der Bundeswehr nach 1990 zu beleuchten, denn das Heranführen der deutschen Streitkräfte an ihre heutigen und zukünftigen Aufgaben gestaltete sich schwieriger, als die erfolgreichen Einsätze der frühen 90er Jahre und die Normalität des heutigen Alltags glauben machen mögen.

Seit 1989/90 erlebte die Bundeswehr den größten Umbruch in ihrer Geschichte, die fast einem Neuaufbau gleich kam. Sie musste erstens auf das neue sicherheitspolitische Umfeld einschließlich der abgeschlossenen internationalen Verträge ausgerichtet werden. Das bedeutete zunächst vor allem Umfangsreduzierungen und Haushaltskürzungen. 1990 beginnend wurden weit mehr als 300 Verbände und militärische Dienststellen aufgelöst, von 1.900 Standorten im Westen musste ein Drittel aufgegeben werden. Die Entwicklung der Bundeswehr musste zweitens mit den Erfordernissen des deutschen Einheitsprozesses in Einklang gebracht werden. Dies bedeutete Übernahme und Auflösung der ehemaligen Nationalen Volksarmee der untergegangenen DDR und unter dem Programm „Armee der Einheit" Aufbau der Bundeswehr in den neuen Ländern. 15.000 Truppenteile und 2.300 militärische Anlagen mussten übernommen und größtenteils aufgelöst werden. Eine riesige materielle Hinterlassenschaft wurde beseitigt und vor allem militärisches Großgerät internationalen Verträgen entsprechend vernichtet. Mehr als 9.000 Offiziere und Unteroffiziere der NVA wurden nach zweijähriger Umschulung, Bewährung und Prüfung in die Bundeswehr übernommen. Insgesamt hat die gesamtdeutsche Bundeswehr in nur fünf Jahren ihr Personal um mehr als 330.000 Soldaten und Zivilbedienstete verringert. Gleichzeitig mussten die deutschen Streitkräfte nach den Beschlüssen der Staats- und Regierungschefs auf dem Gipfel von Rom in die neu definierten Streitkräftekategorien, militärische Grundorganisation, Hauptverteidigungskräfte und Krisenreaktionskräfte umgegliedert werden. Mit diesen Aufgaben waren Einheiten und Verbände sowie Kommandobehörden und Verteidigungsministerium schon mehr als ausgelastet, und dennoch mussten wegen der politischen Notwendigkeit Einsätze zur Krisenbewältigung zeitgleich erfolgen.

Aus militärischer Sicht waren allerdings nur nach Art und Umfang begrenzte Operationen möglich. Dies alles zusammengenommen beschreibt die politische Lage, die psychologische Befindlichkeit von Bevölkerung, politischer Klasse und Soldaten und auch die aktuelle Situation der deutschen Streitkräfte zu diesem Zeitpunkt. In dieser Situation kam es darauf an, die Bundeswehr personell, materiell und psychologisch auf die wahrscheinlichen Aufgaben der Zukunft auszurichten und gleichzeitig eine breit angelegte öffentliche Diskussion zu führen, um festgefahrene Einstellungen zu verändern.

Ein weiterer wichtiger Punkt war, dass jeder Einsatz deutscher Streitkräfte nicht nur von der Regierung beschlossen und verantwortet, sondern von der Bevölkerung akzeptiert und getragen werden muss. Der Soldat, der im Frieden die persönlichen Risiken und Gefährdungen eines Einsatzes auf sich nimmt, muss sich der breiten Unterstützung der deutschen Bevölkerung sicher sein können.

Die Frage der verpflichtenden Beteiligung von Soldaten an Einsätzen im neuen Aufgabenspektrum hat sowohl in der Diskussion als auch bei der Entsendung selbst eine große Rolle gespielt: die Entscheidung gilt noch heute, dass Berufs- und Zeitsoldaten zu solchen Einsätzen befohlen werden können, während Wehrpflichtige zu befragen waren und ihre Bereitschaft zur Teilnahme an Auslandseinsätzen durch den Akt der Verlängerung ihrer Wehrdienstzeit um mindestens zwei Monate ausdrücklich zu erklären hatten. Dieser Ausschluss der Grundwehrdienstleistenden W10 war politisch notwendig und militärisch sinnvoll.

Andere Faktoren wirkten auf die Meinungsbildung. Durch das Fernsehen wurden die humanitären Katastrophen in Kambodscha und Somalia bis in die Wohnzimmer der Deutschen Bevölkerung transportiert; es entstand Betroffenheit und die Einsicht, dass mit mehr als dem Einsatz humanitärer Organisationen zu reagieren sei. Durch das Fernsehen erlebte die Bevölkerung aber auch hautnah mit, wie deutsche Soldaten tatkräftig Hilfe leisteten. Das Interesse daran war überaus groß; von 1992 bis 1994 gab es kaum einen Tag, an dem nicht in den großen Nachrichtensendungen des Fernsehens über den Einsatz deutscher Soldaten im Ausland berichtet wurde. Die Schilderungen der Soldaten aus den Einsatzgebieten über die Lage und den Auftrag und die tatkräftige Hilfe, die sie leisteten, waren glaubwürdig und überzeugend. Wesentlich für den Verlauf der öffentlichen Diskussion und der Meinungsbildung der Bevölkerung wie der politischen Klasse war auch, dass kein deutscher Soldat bei diesen Einsätzen durch Fremdeinwirkung zu Tode kam. Dieser Sachverhalt lag begründet in der guten Ausbildung der Soldaten zur Vorbereitung auf die Auslandseinsätze, aber auch in der sehr verantwortungsbewussten Führung der eingesetzten Kontingente durch die Kommandobehörden in Deutschland, besonders aber der Führung auf allen Ebenen im Einsatzgebiet. Zu Recht war und ist die Bundeswehr stolz auf diese auch im Vergleich zu anderen Armeen sehr gute Bilanz bei den bisherigen Auslandseinsätzen. Die Ermordung des Oberfeldwebels Arndt in Phnom Penh durch Straßenräuber, die Streitkräfte wie auch die Politik sehr bewegt hat, stellte einen Sonderfall dar und ändert nichts an der grundsätzlichen Aussage.

Wie schon häufiger in der Geschichte der Bundesrepublik Deutschland ist mit dem Beschluss des Verfassungsgerichtes zur Zulässigkeit der Beteiligung an VN-Friedensmissionen, die Kampfeinsätze miteinschließen können, eine eminent politische Frage durch das Verfassungsgericht entschieden worden. Mit dem durchaus überraschenden Element der Entscheidung, dass der Bundestag jedem Einsatz der Bundeswehr im Ausland mit Kanzlermehrheit zustimmen muss, hat das Bundesverfassungsgericht den Aspekt der notwendigen breiten Unterstützung durch Parlament, Parteien und Bevölkerung besonders berücksichtigt.

Diese Entscheidung schaffte Rechtsfrieden: Parlament, Regierung und vor allem die Soldaten, für die die Frage der Rechtmäßigkeit der Einsätze bis 1994 immer ein Thema war, hatten festen Grund unter den Füßen. Das Verfassungsgerichtsurteil schaffte die Voraussetzungen, um später deutsche Truppen im Balkan im Rahmen der VN-Operationen Implementation Force (IFOR) und Stabilisation Force (SFOR) einsetzen zu können. Das Verfassungsgerichtsurteil markiert auch das Ende der grundsätzlichen deutschen politischen Diskussion über die grundsätzliche Frage der Beteiligung Deutschlands an der internationalen Krisenbewältigung; die Frage des tatsächlichen Einsatzes konnte danach in jedem Einzelfall nach politischen Erwägungen kontrovers diskutiert und dann durch Mehrheiten im Bundestag entschieden werden.

Später ist häufig behauptet worden, dass in einer Art „Salamitaktik" vorgegangen worden sei: erst Sanitätssoldaten, dann logistische Kräfte und dann Kampftruppen. Diese Argumentation verkennt die Komplexität der Sachverhalte und Ereignisse. Jeder bisherige und jeder zukünftige Einsatz deutscher Streitkräfte ist singulär, muss also in jedem Einzelfall grundsätzlich und nach Art und Umfang der Beteiligung entschieden werden. Mit den ersten Einsätzen nach 1990 hat sich Deutschland in dem Maße beteiligt, wie es militärisch möglich, politisch durchsetzbar und für die Bevölkerung akzeptabel war.

Zu Beginn des neuen Jahrtausends ist die gleichberechtigte Beteiligung Deutschlands an der internationalen Krisenbewältigung, einschließlich friedenschaffender Maßnahmen Normalität. Es ist aber auch deutlich geworden, dass der Prozess der Ausrichtung der Bundeswehr auf diese Aufgaben und die materielle und personelle Ausstattung noch lange nicht abgeschlossen ist. Noch sind die Erfahrungen der Kosovo-Operation nicht systematisch ausgewertet, aber es zeichnen sich zentrale Fragen und erste Folgerungen ab. In der Planung der Bundeswehr werden strategische Aufklärungsfähigkeit, strategische Lufttransportfähigkeit und die Nutzung von Führungs- und Informationssystemen zukünftige Schwerpunkte sein.

Auslandseinsätze zwischen Politik und Verfassungsrecht

Klaus Dau

Nach den Kontroversen um die Wiederbewaffnung in den 50er Jahren und dem Ringen um die Notstandsverfassung des Jahres 1968 wurde mit der Beteiligung deutscher Streitkräfte an internationalen Friedensmissionen nunmehr das dritte Mal um Inhalte der Wehrverfassung gestritten. Im Unterschied zu den beiden vorausgegangenen Wehrrechtsdebatten wurde die jahrzehntelange politische Konfrontation und rechtswissenschaftliche Diskussion um den Auslandseinsatz deutscher Streitkräfte aber nicht im Wege einer Änderung des Grundgesetzes, sondern durch das Bundesverfassungsgericht beendet. Seine Entscheidung vom 12. Juli 1994 (BVerfGE 90,286 ff), die inzwischen zur politischen Geschichte der Bundesrepublik Deutschland gehört, markiert in vielerlei Hinsicht einen Eckpfeiler für die Weiterentwicklung der Wehrverfassung nach Ende des Kalten Krieges. Politisch gab das Bundesverfassungsgericht der Bundesregierung einen außen- und sicherheitspolitischen Handlungsspielraum zurück, den sie sich durch eine verengte verfassungsrechtliche Argumentation verstellt hatte. In der Tradition seiner Entscheidungen zur Nachrüstung und zur Lagerung chemischer Waffen auf dem Gebiet der Bundesrepublik Deutschland wahrte damit das Bundesverfassungsgericht seinen Anspruch als – auch – politische Instanz innerhalb der Gewaltentrias. Rechtlich bestätigte es die Auffassung, dass schon der geltende Wortlaut des Grundgesetzes eine Rechtsgrundlage für einen Auslandseinsatz der Streitkräfte enthalte. Mit der an die Bundesregierung gerichteten Aufforderung, jeden bewaffneten Einsatz der Streitkräfte von einer vorherigen konstitutiven Zustimmung des Deutschen Bundestages abhängig zu machen, hat das Bundesverfassungsgericht zugleich einen interpretativen Beitrag zur gewaltenteiligen Zuständigkeitsordnung des Grundgesetzes für den Einsatz der bewaffneten Macht geleistet. Für den Auslandseinsatz deutscher Streitkräfte hat es Rechtsfrieden geschaffen, weil die Regierung das Parlament nunmehr an fast allen Einsatzentscheidungen zu beteiligen hat.

Der Streit um die Frage, ob sich deutsche Streitkräfte an Aufträgen und Einsätzen im Rahmen von Friedenstruppen der Vereinten Nationen beteiligen dürfen, beanspruchte einen Zeitraum von nahezu 20 Jahren.

Der Beitritt der Bundesrepublik Deutschland 1973 zu den Vereinten Nationen weckte politische Erwartungen auf eine größere internationale Mitverantwortung Deutschlands bei der Bewältigung regionaler Krisen. Die zunehmende Internationalisierung militärischer Konflikte, insbesondere die sich damals verschärfende militärische Lage im Konflikt zwischen Iran und Irak mit den für die Schifffahrt verhängnisvollen Folgen im Persischen Golf, machte deutlich, dass Überlegungen zur Entsendung deutscher Kriegsschiffe in die Golf-Region zum Schutz von die Straße von Hormuz passierenden Tankern nunmehr auch Fragen der politischen Risikobereitschaft aufwarfen, ob und mit welchen Folgen die Bundesrepublik Deutschland sich der Gefahr einer außenpolitischen und militärischen Verwicklung aussetzen durfte. Völker- und verfassungsrechtlich musste sich die Bundesregierung andererseits darüber Rechenschaft ablegen, ob die nationale Rechtsordnung auf dieses neue Aufgabenprofil der Streitkräfte vorbereitet war. Für Umfang und Grenzen ihrer Handlungsfähigkeit musste sie entscheiden, ob sich deutsche Streitkräfte an militärischen Zwangsmaßnahmen der Vereinten Nationen nach Kapitel VII der Charta der Vereinten Nationen oder an einem Einsatz bei friedenssichernden Maßnahmen (peace keeping) durch Blauhelme ohne Kampfeinsatz in rechtlich zulässiger Weise beteiligen durften oder auf die Teilnahme an Beobachter-Missionen oder eine nur technisch-logistische Unterstützung beschränkt blieben.

Die beiden Golf-Konflikte wurden für die Bundesregierung zur verfassungsrechtlichen Nagelprobe. Gegenüber den an sie gestellten politischen und rechtlichen Herausforderungen reagierte sie indes überaus restriktiv. Wiederholt bekräftigte sie auch vor dem Deutschen Bundestag, dass das Grundgesetz die Entsendung von Truppen in Regionen außerhalb des Bündnisgebietes nicht erlaube. Diese verfassungsrechtliche Auslegung bestimmte auch einen Beschluss des Bundessicherheitsrats vom 3. November 1982, der feststellte, dass militärische Einsätze der Bundeswehr außerhalb des NATO-Bereichs grundsätzlich nicht in Frage kämen, es sei denn, es läge ein Konflikt zugrunde, der sich gleichzeitig als ein völkerrechtswidriger Angriff auf die Bundesrepublik Deutschland darstelle. Offen blieb jedoch, ob die Bundesrepublik bereit sei, sich an eventuelle Kompensationsmaßnahmen im Rahmen ihrer Möglichkeiten zu beteiligen. Entscheidungshilfe für diesen Beschluss war eine gutachterliche Äußerung des Auswärtigen Amtes vom 6. April 1981, an der das Bundeskanzleramt und die Bundesministerien der Justiz, des Innern und der Verteidigung beteiligt waren. Sie stellte fest, dass das Grundgesetz über den Bündnisfall hinaus den Auslandseinsatz der Bundeswehr für alle diejenigen Fälle zulasse, in denen ein bewaffneter Angriff auf die Bundesrepublik Deutschland vorliege, gegen den ihr das Recht zur individuellen Selbstverteidigung nach Art. 51 der Charta der Vereinten Nationen zustehe. Ein Auslandseinsatz im Rahmen der kollektiven Selbstverteidigung sei verfassungsrechtlich nur gedeckt, wenn es sich um einen Einsatz im Rahmen von Bündnissystemen wie NATO und WEU handele, die den Merkmalen des Art. 24 Abs. 2 GG entsprächen und die in der Kollektivität der Bündnispartner auch der Bundesrepublik Deutschland unmittelbaren Schutz nach außen böten.

Widerspruch erhielt die Position der Bundesregierung nahezu einhellig durch die führenden Vertreter der deutschen Staatsrechtslehre. Die Politik verweigerte ihnen jedoch die Gefolgschaft. Polemisch äußerte sich der französische Politikwissenschaftler Alfred Grosser. Auf dem Kolloquium zum 40. Bestehen des deutsch-französischen Instituts in Ludwigsburg nahm er die Verleihung des Friedensnobelpreises 1988 an die Friedenstruppen der Vereinten Nationen zum Anlass für die Bemerkung, dies solle die Bundesrepublik Deutschland mit Scham erfüllen. Geehrt worden seien Soldaten, die ihr Leben für den Frieden einsetzten. Unter ihnen gäbe es keine Deutschen, weil dies die Bundesrepublik Deutschland aus verfassungsscheinheiligen Gründen nicht wolle.

Finanzielle und logistische Unterstützung der Vereinten Nationen hatte es durch die Bundesrepublik Deutschland dagegen schon frühzeitig gegeben. 1973 führte die Luftwaffe auf Bitten der Vereinten Nationen Transportflüge von Senegal und Ghana nach Kairo durch, 1976 leistete die Bundeswehr sanitätsdienstliche Unterstützung anlässlich des Erdbebens in Anatolien, 1980 aus dem gleichen Anlass in Algier, 1990 in Iran, 1978 billigte das Bundeskabinett den Einsatz deutscher Militärmaschinen für den Transport nepalesischer Truppenkontingente in den Libanon. Mit der Teilnahme deutscher Soldaten an Inspektionen der Sondermission der Vereinten Nationen als experts on mission im Rahmen des Rüstungskontrollregimes über Irak erhielten diese Unterstützungsleistungen eine neue Qualität, weil die bisher geleistete, insbesondere technisch-logistische Unterstützung durch die Gestellung von Soldaten nunmehr personell erweitert wurde. Diese neue Qualität wurde sehr deutlich an dem Einsatz deutscher Sanitätssoldaten in Kambodscha sowie an der Unterstützung von UNOSOM II durch ein deutsches Kontingent.

Eine juristische Rechtfertigung dieser internationalen, militärischen Teilnahmeformen war nur möglich, weil sich die Staatspraxis inzwischen auf einen Minimalkonsens in der Auslegung des Verfassungsauftrages der Streitkräfte verständigt hatte. Verfassungsrechtlicher Maßstab war ausschließlich Art. 87 a Abs. 2 GG. Danach dürfen Streitkräfte grundsätzlich nur zur Verteidigung eingesetzt werden. Ausnahmen sind lediglich erlaubt, soweit sie das Grundgesetz ausdrücklich zulässt. Im Verständnis der Staatspraxis waren Einsätze im Sinne des Art. 87 a Abs. 2 GG alle Verwendungen der Streitkräfte in Ausübung hoheitlicher Gewalt, wobei das Kriterium der Bewaffnung keine Rolle spielte; wenn von der Waffe Gebrauch gemacht werden musste, dann nur zur Selbstverteidigung. Gewaltneutrale Verwendungen wie Aktionen der Bundeswehr im Rahmen humanitärer Hilfe in Katastrophenfällen im In- und Ausland, logistische Unterstützungen, auch humanitäre Hilfeleistungen zu Gunsten der UNTAC, lagen stets unterhalb der verfassungsrechtlichen Einsatzschwelle und wurden daher auch nie unter verfassungsrechtlichen Einsatzgrundsätzen behandelt. Einen politischen wie rechtlichen Grenzfall bildete der Einsatz des Minensuchverbandes Südflanke im Persischen Golf nach dem Ende des bewaffneten Konflikts von März bis Juli 1991. Er wurde zwar als noch unterhalb der Einsatzschwelle des Art. 87 a Abs. 2 GG liegend bezeichnet, war aber doch wohl eine militärische Operation, die nach damaligen Prüfungsmaßstäben diese Einsatzschwelle erkennbar überschritt und damit nach gängiger Auffassung als verfassungswidrig hätte angesehen werden müssen.

Insbesondere diese Minenräumaktion war jedoch ein lang erwartetes politisches Zeichen internationaler Solidarität. Beschränkte sich die mit politischen und verfassungsrechtlichen Argumenten geführte Auseinandersetzung lange auf die Beteiligung deutscher Streitkräfte an friedenserhaltenden Maßnahmen der Vereinten Nationen unterhalb einer verfassungsrechtlich als bedeutsam angesehenen Einsatzschwelle, rückten nunmehr zunehmend auch Möglichkeiten einer Beteiligung an friedensschaffenden Maßnahmen in den Blick, d.h. Beteiligung an Kampfeinsätzen nach Art. VII der Charta der Vereinten Nationen. Jener Aspekt insbesondere verschärfte die verfassungspolitische und -rechtliche Diskussion und warf eine Reihe von Fragen nach der ethischen Rechtfertigung, politisch-gesellschaftlichen Akzeptanz und Konsensfähigkeit, vor allem aber nach dem Zuwachs größerer sicherheitspolitischer Verantwortung Deutschlands auf. Schon im Juli 1991 forderte der Bundeskanzler im Deutschen Bundestag, möglichst bald eindeutige Voraussetzungen dafür zu schaffen, dass das vereinte Deutschland unter europäischem Dach und im Rahmen der Vereinten Nationen mehr sicherheitspolitische Verantwortung übernehmen müsse. In ähnlichem Sinne äußerte sich der Bundesminister des Auswärtigen auf der 46. Generalversammlung der Vereinten Nationen am 25. September 1991 in New York, als er erklärte, das vereinte Deutschland werde alle Rechte und Pflichten der Charta der Vereinten Nationen, einschließlich der Maßnahmen der kollektiven Sicherheit, übernehmen, auch mit unseren Streitkräften, und dass wir dazu unsere Verfassung ändern werden.

Eine Grundgesetzänderung hätte klarstellenden Charakter für alle diejenigen gehabt, die einen Auslandseinsatz der Streitkräfte schon damals für verfassungskonform hielten, die Gegenposition hätte sich in ihrer Forderung bestätigt gesehen, die materiell-rechtlichen Voraussetzungen für einen Auslandseinsatz erst noch in das Grundgesetz einstellen zu müssen.

Versuche der politischen Parteien, zu einer – je nach politischem und rechtlichem Standort – als Klarstellung oder konstitutiv verstandenen Änderung des Grundgesetzes zu gelangen, wurden durch die Entscheidung des Bundesverfassungsgerichts vom 12. Juli 1994 gegenstandslos. Das Bundesverfassungsgericht erklärte die Beteiligung deutscher Streitkräfte an Seeraumüberwachungsmaßnahmen in der Adria zur Durchsetzung eines Embargos der Vereinten Nationen ebenso für verfassungsrechtlich zulässig wie die Mitwirkung deutscher Soldaten in AWACS-Flugzeugen zur Beobachtung des Luftraumes über Bosnien-Herzegowina und die Beteiligung eines deutschen Unterstützungsverbandes an Friedensmaßnahmen der Vereinten Nationen in Somalia. Die verfassungsrechtliche Grundlage fand es in Art. 24 Abs. 2 GG sowohl für den Eintritt in ein System gegenseitiger kollektiver Sicherheit als auch für die Übernahme der mit der Zugehörigkeit zu einem solchen System verbundenen Aufgaben und damit auch für eine Verwendung der Bundeswehr zu Einsätzen, die im Rahmen und nach den Regeln dieses Systems stattfinden. Dabei unterschied das Bundesverfassungsgericht nicht danach, ob die durch Beschlüsse des Sicherheitsrates der Vereinten Nationen autorisierten friedenssichernden Operationen in ihren Organisationsformen und Handlungsbefugnissen von Kapitel VI oder VII der Charta der Vereinten Nationen bestimmt sind. Jede Verwendung und jeder Einsatz der Streitkräfte innerhalb eines Systems gegenseitiger kollektiver Sicherheit gehören in den ausschließlichen Regelungsbereich des Art. 24 Abs. 2 GG und sind allein durch ihn legitimiert. Kriterien für die Abgrenzung von „Einsatz" und „Verwendung" wie sie jahrelang den Disput um die Auslegung von Art. 87 a Abs. 2 GG bestimmten, sind für den Anwendungsbereich des Art. 24 Abs. 2 GG ohne Belang. Folgerichtig unterblieb auch eine am herkömmlichen Einsatzbegriff ausgerichtete Subsumtion der Adria-, AWACS- und Somalia-Operation.

Für die jahrelang diskutierte Frage, wie unter dem Verfassungsvorbehalt des Art. 87 a Abs. 2 GG die Begriffe der „Verteidigung" und „Einsatz" auszulegen seien und ob Art. 87 a Abs. 2 GG eine Bestimmung nur für den Binneneinsatz der Streitkräfte oder auch Auslandsverwendungen regle, sah das Bundesverfassungsgericht keinen Entscheidungsbedarf.

Noch in seiner Nachrüstungsentscheidung hatte es das Bundesverfassungsgericht offen gelassen, ob die NATO ein System gegenseitiger kollektiver Sicherheit sei. Diese Lücke hat es nunmehr mit Zustimmung geschlossen. Schon die Charta der Vereinten Nationen lässt in Art. 51 nicht nur die individuelle, sondern auch die kollektive Selbstverteidigung gegen einen bewaffneten Angriff zu. Sie bildet für die Mitglieder der Vereinten Nationen die völkerrechtliche Grundlage für Verteidigungsbündnisse wie NATO und WEU. Insoweit bestätigt die Charta der Vereinten Nationen, dass sich Bündnisse gegenseitiger kollektiver Sicherheit und Bündnisse kollektiver Selbstverteidigung ergänzen. Auch Bündnisse kollektiver Selbstverteidigung können daher Systeme gegenseitiger kollektiver Sicherheit im Sinne des Art. 24 Abs. 2 GG sein, wenn und soweit sie strikt auf die Friedenswahrung verpflichtet sind. Die NATO bildet ein Sicherheitssystem, in dem die Mitglieder ihre Bemühungen für die gemeinsame Verteidigung und für die Erhaltung des Friedens und der Sicherheit vereinigen. Nach Maßgabe der Einzelregelungen des Washingtoner Vertrages in Art. 1 (Streitbeilegung), in Art. 4 (Konsultationspflicht) und Art. 5 (Beistandspflicht) ist die NATO dadurch gekennzeichnet, dass sie durch ein friedenssicherndes Regelwerk und den Aufbau einer eigenen Organisation für jedes Mitglied einen Status völkerrechtlicher Gebundenheit begründet, der wechselseitig zur Wahrung des Friedens verpflichtet und Sicherheit gewährt. Ob das System dabei ausschließlich oder vornehmlich unter den Mitgliedstaaten Frieden gewähren oder bei Angriffen von außen zum kollektiven Beistand verpflichtet sein soll, ist unerheblich.

Hat der Gesetzgeber der Einordnung in ein System gegenseitiger kollektiver Sicherheit – wie der NATO (und auch WEU) – zugestimmt, ist damit auch die Eingliederung von Streitkräften in integrierte Verbände des Systems oder eine Beteiligung von Soldaten an militärischen Operationen des Systems unter dessen Kommando gedeckt, soweit Eingliederung oder Beteiligung im Gründungsvertrag oder der Satzung bereits angelegt sind. Die darin liegende Einwilligung in die Beschränkung von Hoheitsrechten im Sinne des Art. 24 Abs. 2 GG durch Bindung an eine Entscheidung der internationalen Organisation bedeutet noch keine Übertragung von Hoheitsrechten, insbesondere noch keine Übertragung der Befehls- und Kommandogewalt gemäß Art. 65 a GG. Das full command verbleibt stets beim Inhaber der Befehls- und Kommandogewalt, also beim Bundesminister der Verteidigung.

Auf dieser Grundlage dürfen sich fortan deutsche Soldaten auch an militärischen Unternehmungen beteiligen, bei denen zwei solcher Sicherheitssysteme – wie NATO/WEU und Vereinte Nationen im Sinne der AWACS- und der Adria-Konstellation – im Rahmen ihrer satzungsgemäßen Möglichkeiten zusammenwirken.

Auch die rein nationale Mitwirkung bewaffneter deutscher Streitkräfte an durch Beschlüsse des Sicherheitsrates autorisierten friedenssichernden Operationen der Vereinten Nationen ist durch Art. 24 Abs. 2 GG verfassungsrechtlich legitimiert. Dies gilt auch für den Fall, dass das vom Sicherheitsrat erteilte Mandat Handlungsbefugnisse aus Kapitel VII der Charta der Vereinten Nationen zuweist. Dabei setzt der Einsatz bewaffneter deutscher Streitkräfte nicht voraus, dass sie einem Kommando der Vereinten Nationen unterstellt sind.

Zwangsmaßnahmen nach Art. 42 der Charta der Vereinten Nationen verlangen nicht den Abschluss von Sonderabkommen nach Art. 43 der Charta. Entscheidend ist allein, dass die Streitkräfte im Rahmen und den Regeln der Charta eingesetzt werden. Die Übertragung von operational control über die deutschen Streitkräfte auf einen Kommandeur der Vereinten Nationen bedeutet zwar eine Beschränkung deutscher Hoheitsrechte, die aber durch das Zustimmungsgesetz vom 6. Juni 1973 zum deutschen Beitritt zur Charta der Vereinten Nationen gedeckt ist.

Mit der Entscheidung des Bundesverfassungsgerichts vom 12. Juli 1994 sind die Streitkräfte als „Parlamentsheer!" verfassungsrechtlich und dogmatisch positioniert. Ihre Einsätze sind von der grundsätzlich vorherigen konstitutiven Zustimmung des Deutschen Bundestages abhängig. Der Zustimmungsvorbehalt, der auch den Einsatz deutscher Soldaten in Erfüllung der Bündnisverpflichtung aus Art. 5 des Washingtoner (NATO-)Vertrages, Art. V des Brüsseler (WEU-)Vertrages umfasst, gilt unmittelbar kraft Verfassung. Demnach bedarf jeder Einsatz bewaffneter deutscher Streitkräfte, also nicht nur die Beteiligung an einer internationalen Friedensmission, grundsätzlich der vorherigen parlamentarischen Zustimmung. Vom Parlamentsvorbehalt sind nur folgende Fälle ausgenommen:

– soweit die gesetzgebenden Körperschaften bereits gemäß Art. 115 a GG den Verteidigungsfall festgestellt haben, schließt diese

Entscheidung die Zustimmung des Parlaments zu einem Einsatz der Streitkräfte ein;

- auch die Verwendung von Personal der Bundeswehr für Hilfs-dienste und Hilfeleistungen im Ausland bedarf keiner parlamen-tarischen Mitwirkung, sofern die Soldaten dabei nicht in bewaff-nete Unternehmungen einbezogen sind.

Um die militärische Wehrfähigkeit und die Bündnisfähigkeit der Bun-desrepublik Deutschland zu erhalten, darf die Bundesregierung in Fäl-len einer Gefahr im Vorzug von einer Mitwirkung des Bundestages zunächst absehen, den Einsatz von Streitkräften beschließen und an ent-sprechenden Beschlüssen in den Bündnissen oder internationalen Or-ganisationen ohne parlamentarische Einzelermächtigung mitwirken und diese vollziehen. Sie muss jedoch in jedem Fall das Parlament um-gehend mit dem so beschlossenen Einsatz befassen und die Streitkräf-te zurückrufen, wenn es der Deutsche Bundestag verlangt. Die mi-litärische Evakuierungsoperation LIBELLE vom 14. März 1997 war der erste Anwendungsfall der vom Bundesverfassungsgericht ausdrücklich zugelassenen „Gefahr im Verzug"-Regelung.

Über den Einsatz bewaffneter Streitkräfte hat der Deutsche Bundes-tag nach Maßgabe des Art. 42 Abs. 2 GG mit einfacher Mehrheit und grundsätzlich erst, soweit es die Lage zulässt, nach Befassung seiner zu-ständigen Fachausschüsse und Erörterung im Plenum zu beschließen. Der Zustimmungsvorbehalt verleiht dem Parlament jedoch keine Initia-tivbefugnisse. Dies bedeutet, dass der Deutsche Bundestag

- die Bundesregierung nicht zu einem Einsatz der Streitkräfte ver-pflichten kann,
- über einen von der Bundesregierung beschlossenen Einsatz nur mehrheitlich mit „Ja" oder „Nein" abstimmen kann,
- einem ausnahmsweise ohne parlamentarische Zustimmung bereits laufenden Einsatz seine Zustimmung für eine Fortsetzung versa-gen kann und
- keine Entscheidungskompetenz über die Modalitäten, den Umfang und die Dauer des Einsatzes sowie die Koordination in und mit den Organen der internationalen Organisation hat; dieser Eigen-bereich exekutiver Handlungsbefugnis und Verantwortlichkeit wird durch den Parlamentsvorbehalt nicht berührt. Die zur Umsetzung der parlamentarischen Entscheidung erforderlichen Befehle erteilt der Bundesminister der Verteidigung kraft seiner Befehls- und Kommandogewalt (Art. 65 a GG); er hat damit nicht über das „Ob", sondern nur noch über das „Wie" zu entscheiden.

Das Urteil des Bundesverfassungsgerichts vom 12. Juli 1994 legte die verfassungsrechtlichen Grundlagen, auf denen der Deutsche Bundestag in mittlerweile dreizehn Fällen einem bewaffneten Einsatz deutscher Streitkräfte mit folgenden Entschließungen zustimmte:

- 22. Juli 1994 – BT-Drs. 12/8303; Deutsche Beteiligung an Maßnahmen der NATO und der WEU zur Durchsetzung von Beschlüssen des Sicherheitsrates der Vereinten Nationen zum Adria-Embargo und Flugverbot über Bosnien-Herzegowina;
- 30. Juni 1995 – BT-Drs. 13/1802; Deutsche Beteiligung an den Maßnahmen zum Schutz und zur Unterstützung des schnellen Einsatzverbandes im früheren Jugoslawien einschließlich der Unterstützung eines eventuellen Abzuges der VN-Friedenstruppen;
- 6. Dezember 1995 – BT-Drs. 13/3122; Deutsche Beteiligung an den militärischen Maßnahmen zur Absicherung des Friedensvertrages für Bosnien-Herzegowina;
- 9. Februar 1996 – BT-Drs. 13/3708; Deutsche Beteiligung an der Unterstützung der VN-Übergangsadministration für Ostslawonien (United Nations Transitional Administration for Eastern Slavonia, Baranja and West Sirmium – UNTAES) durch die multinationale Friedenstruppe für Bosnien-Herzegowina (IFOR);
- 13. Dezember 1996 – BT-Drs. 13/6500; Deutsche Beteiligung an der von der NATO geplanten Operation zur weiteren militärischen Absicherung des Friedensprozesses im früheren Jugoslawien;
- 20. März 1997 – BT-Drs. 13/7233; Einsatz deutscher Streitkräfte zur Evakuierung deutscher Staatsbürger und unter konsularischer Obhut befindlicher Staatsangehöriger anderer Nationen aus Albanien;
- 19. Juni 1998 – BT-Drs. 13/10977; Deutsche Beteiligung an der von der NATO geplanten Operation zur weiteren militärischen Absicherung des Friedensprozesses im früheren Jugoslawien über den 19. Juni 1998 hinaus;
- 16. Oktober 1998 – BT-Drs. 13/11469; Deutsche Beteiligung an der von der NATO geplanten begrenzten und in Phasen durchzuführenden Luftoperationen zur Abwendung einer humanitären Katastrophe im Kosovo-Konflikt;
- 4. November 1998 – BT-Drs. 14/16; Deutsche Beteiligung an der NATO-Luftüberwachungsoperation über dem Kosovo;
- 18. November 1998 – BT-Drs. 14/47; Deutsche Beteiligung an möglichen NATO-Operationen zum Schutz und zum Herausziehen von OSZE-Beobachtern aus dem Kosovo in Notfallsituationen;

- 25. Februar 1999 – BT-Drs. 14/4414; Deutsche Beteiligung an der militärischen Umsetzung eines Rambouillet-Abkommens für das Kosovo sowie von NATO-Operationen im Rahmen der Notfalltruppe;
- 7. Mai 1999 – BT-Drs. 14/912; Deutsche Beteiligung an der humanitären Hilfe im Zusammenhang mit dem Kosovo-Konflikt;
- 11. Juni 1999 – BT-Drs. 14/1136; Deutsche Beteiligung an einer internationalen Sicherheitspräsenz im Kosovo für die Flüchtlingsrückkehr und zur militärischen Absicherung der Umsetzung einer Friedensregelung für das Kosovo auf der Grundlage der Resolution 1244 (1999) des Sicherheitsrats der Vereinten Nationen vom 10. Juni 1999.

Die für eine Einsatzentscheidung der Bundesregierung maßgeblichen verfassungsrechtlichen Grundlagen sind durch das Bundesverfassungsgericht im Wesentlichen geklärt worden. Mit dem aus der deutschen Verfassungstradition sowie aus einer Gesamtschau der wehrverfassungsrechtlichen Bestimmungen abgeleiteten konstitutiven Parlamentsvorbehalt ist deutlich gemacht, dass jeder bewaffnete Einsatz deutscher Streitkräfte der parlamentarischen Zustimmung und damit einer weiteren zusätzlichen politischen Kontrolle unterliegt. Im Übrigen sind Form und Ausmaß der parlamentarischen Beteiligung in der Verfassung nicht im Einzelnen vorgegeben. Es ist daher Aufgabe des Gesetzgebers, je nach dem Anlass und den Rahmenbedingungen des Einsatzes bewaffneter Streitkräfte, wenn er z.B. keinen Aufschub duldet oder erkennbar von geringer Bedeutung ist, den Zeitpunkt und die Intensität der parlamentarischen Kontrolle gesetzlich auszugestalten und zu umgrenzen. Dieser Anregung des Bundesverfassungsgerichts ist die Bundesregierung bisher nicht gefolgt. Zwischen ihr und dem Parlament hat sich bei den Beratungen der vom Bundeskabinett vorgelegten einzelnen Einsatzentscheidungen eine von Vertrauen und Pragmatismus geprägte gute Zusammenarbeit ergeben, so dass jedenfalls aus rechtlichen Gründen ein „Entsendegesetz" nicht zwingend geboten ist.

Internationale Minenräumoperationen im Arabischen Golf

Dieter Leder

Angesichts der Golfkrise im August 1990 baten NATO und die USA die Bundesregierung um einen militärischen Solidaritätsbeitrag. Am 16. August 1990 verlegte daher deutsche Minenabwehreinheiten der Marine in das östliche Mittelmeer, um im Falle einer Verminung internationaler Schifffahrtswege, sofort Hilfe leisten zu können. Am 28. Februar 1991 beschloss die Bundesregierung, den Minenabwehrverband im Rahmen eines humanitären Einsatzes in den Arabischen Golf zu verlegen, um gemeinsam mit den Alliierten und anderen Nationen gemäß der UN-Resolution Nr. 686 den Arabischen Golf und die Zufahrten nach Kuwait von ca. 1.200 gelegten Minen aller Art zu befreien. Die multinationalen (neun Nationen) Minenabwehreinheiten hatten bis zum offiziellen Ende der Operation am 20. Juli 1991 insgesamt 1.245 Minen geräumt. Dies war der erste „scharfe" Minenräumeinsatz der Deutschen Marine.

Der deutsche Beitrag

Unter der Überschrift „Irak will Heiligen Krieg – Bonn schickt Marine" berichtete am 11. August 1990 das Flensburger Tageblatt über die am Tag zuvor getroffene Entscheidung der Bundesregierung, deutsche Marinestreitkräfte zur Unterstützung der Alliierten in der Golfkrise zu entsenden. Am 16. August, nur zwei Wochen nach dem Einmarsch irakischer Streitkräfte in Kuwait, lief der Minenabwehrverband „Südflanke" als ein deutscher Beitrag zur Krisenbewältigung aus.

Die Bundesregierung entsprach damit zwar der Bitte der USA an die NATO-Partner um militärische Unterstützung im Golf, behielt sich aber die Entscheidung über den möglichen Einsatzraum nach der tatsächlichen Entwicklung der Lage vor. Während andere NATO-Mitgliedstaaten Einheiten ihrer Marine direkt in den Arabischen Golf entsandten, um sich an der dort angelaufenen internationalen Seeblockade des Iraks zu beteiligen, war der deutsche Solidaritätsbeitrag zunächst auf die Hilfeleistung im Falle einer Verminung internationaler Schifffahrtswege im östlichen Mittelmeer beschränkt. Verbunden damit war der Auftrag, von

Kreta aus durch intensive Ausbildung die Einsatzbereitschaft zu erhöhen, um gegebenenfalls auch für Einsätze im Auftrag der NATO, z.B. in der nördlichen Zufahrt zum Sueskanal, verfügbar zu sein.

Einsatzvorbereitung

Der deutsche Verband bestand zunächst aus drei Minenjagdbooten der „Lindau-Klasse", zwei Minensuchbooten der „Hameln-Klasse", den damals neuesten Booten der Flottille der Minenstreitkräfte, sowie als Unterstützungsschiffen dem Munitionstransporter WESTERWALD und dem kurz vor der Außerdienststellung stehenden Tender WERRA. Dieser Verband war natürlich über die Fähigkeit zur Minenabwehr hinaus in der Lage, Präsenz zu zeigen und Seeraumüberwachung durchzuführen. Nach Abzug etlicher alliierter Überwasserstreitkräfte in den Arabischen Golf war dies sicherlich eine willkommene Ergänzung. Auch wenn ein Minenabwehreinsatz im Mittelmeer, z.B. auf der Nordzufahrt zum Sueskanal, nicht gänzlich ausgeschlossen werden konnte, war doch das Gebiet mit der größten Minenbedrohung von Anfang an im Nord-Arabischen Golf zu sehen.

Die Zusammensetzung des Verbandes trug dem angenommenen Einsatzprofil Rechnung. Mit den drei Minenjagdbooten war eine gute Minenabwehrkapazität gegeben. Die beiden Minensuchboote der „Hameln-Klasse" ergänzten diese Kapazität mit der Komplementärfähigkeit des klassischen Minenräumens sowie als moderne Einheiten mit Fähigkeiten zur Seeraumüberwachung und Führung. Im Falle eines Minenabwehreinsatzes sollten jedoch die beiden Minensuchboote von zwei Hohlstablenkbooten des Systems „Troika" abgelöst werden, da dieses System im Bereich Simulationsräumen die beste Effektivität und den besten Schutz für Besatzungen bietet. Diesem Aspekt kam vor allem vor dem Hintergrund eines „Friedenseinsatzes" gegen scharfe Minen höchste Bedeutung zu.

Mit den beiden Unterstützungsschiffen waren genügend Führungs- und Versorgungskapazitäten vorhanden, obwohl beide Plattformen nur provisorisch und in großer Eile für diesen Einsatz hergerichtet worden waren. Der Tender WERRA war bereits für eine bevorstehende Außerdienststellung vorbereitet worden und wurde nochmals ausgerüstet, der Munitionstransporter WESTERWALD wurde behelfsmäßig für diese Unterstützungsaufgabe umgestaltet.

Seit der Aufstellung des Verbandes für einen Einsatz im Mittelmeer bis zur Entscheidung zum Minenabwehreinsatz im Arabischen Golf wurde die Art der Bedrohung in Übereinstimmung mit den Alliierten wie folgt definiert:

- Eine konventionelle Bedrohung durch U-Boote, durch Überwasser-streitkräfte, durch Flugzeuge oder Flugkörper konnte aufgrund der Entfernung zum eigentlichen Krisengebiet ausgeschlossen werden.
- Ein sehr begrenzter Einsatz von Minen, die von Handelsschiffen ge-legt, z.B. gegen die Nordzufahrt zum Sueskanal gerichtet sein könn-ten, war möglich, zumindest nach der Erfahrung des Mineneinsat-zes im Roten Meer 1984.
- Die Möglichkeit terroristischer Aktionen gegen den Verband im Ha-fen oder auf Reede war die eigentliche Gefährdung. Der Grad die-ser Bedrohung war schwer einschätzbar.

Nach dem Ende der Kampfhandlungen in Kuwait am 28. Februar 1991 beschloss die Bundesregierung, den deutschen Minenabwehr-verband unter dem gängigen Marinebegriff „Reinschiff" mit folgenden Auftrag vom Mittelmeer in den Arabischen Golf zu verlegen:

„... gemeinsam mit den Alliierten im Rahmen der UN-Resolution Nr. 686 im Nord-Arabischen-Golf Minenabwehr durchzuführen, um die Zufahrt nach Kuwait für die Schiffahrt zu ermöglichen."

Weitere acht Nationen hatten unter ähnlichen prosaischen Namen Aufträge mit der gleichen Zielsetzung. Die amerikanischen und engli-schen Einheiten setzten damit das fort, was sie an Minenabwehr zur Un-terstützung der schweren Überwasserstreitkräfte und zur Vorbereitung einer möglichen amphibischen Landung noch während der Kampf-handlungen vor Kuwait begonnen hatten. Die belgischen, französischen sowie saudi-arabischen Einheiten hatten bis zur Feuereinstellung „ab-gesetzt" im südlichen Arabischen Golf, Routenüberwachung gegen Treibminen durchgeführt, ab Anfang März wurden sie dann auch auf den Minenfeldern vor Kuwait eingesetzt. Neben den deutschen verstärkten niederländische, italienische und japanische Minenabwehrstreitkräfte die multinationale Minecountermeasure- (MCM) Streitmacht.

Zur Zeit der Entscheidung, sich an den Aufräumungsarbeiten im Golf zu beteiligen, war Kapitän zur See Jacobi Führer des deutschen Ver-bandes. Zunächst bestand seine Hauptaufgabe darin, die Einheiten aus der Souda-Bucht auf Kreta über den 4.000 sm langen Seeweg in den Arabischen Golf zu verlegen und dort auf den eigentlichen Minenräu-meinsatz vorzubereiten. Im Einzelnen bedeutete dies:

- Einsatzfähigkeit des Verbandes herstellen und neue Einheiten in-tegrieren.

– Einbindung des deutschen in den internationalen Verband.
– Einrichten des Stützpunktes in Manamah/Bahrain.
– Vorbereiten bzw. Führen der Soldaten in den ersten scharfen Einsatz.

Nachdem diese Vorbereitungen beendet und die Räumoperationen erfolgreich angelaufen waren, kam für den ab Juni 1991 neuen Kommandeur des deutschen Minenabwehrverbandes, Kapitän zur See Leder, die Funktion als Koordinator im Auftrage der Westeuropäischen Union (WEU) unter der UN-Resolution Nr. 686 hinzu. Dies bedeutete zugleich eine Neubewertung der Aufgabenschwerpunkte, die zu folgendem Ergebnis führte:

– Einsatzführung des eigenen Verbandes.
– Koordination der Minenabwehr-Operationen der WEU-Staaten sowie der Vereinigten Staaten, Japans und Saudi-Arabiens.
– Erarbeitung der notwendigen Dokumentation für die Abschlusserklärung an den UN-Sicherheitsrat sowie des militärischen Abschlussberichtes.
– Die Terminierung des offiziellen Endes des Einsatzes aller beteiligten Einheiten.

Der Einsatz

General Schwartzkopf hat am Ende der Kampfhandlungen im Februar 1991 seine geschickte Strategie hervorgehoben, eine groß angelegte Landung von See aus, nur anzutäuschen, um damit den Gegner zu einer falschen Konzentration seiner Kräfte zu zwingen. Diese gelungene Täuschung war im Nachhinein nicht nur listig, sondern auch klug, da ohne ausreichende Minenabwehrkapazitäten eine Landung über See zu hohen Verlusten und Verzögerungen hätte führen können. Die Iraker hatten schon früh nach ihrem Einmarsch in Kuwait, mit Sicherheit aber bereits im Herbst 1990, begonnen, die bedrohten Küsten großflächig zu verminen. Ihnen stand dabei ein beachtliches Potenzial an Grund- und Ankertauminen zur Verfügung, die sie insbesondere in der Zufahrt zum Schatt el Erab und halbkreisförmig vor Kuwait einsetzten.

Moderne Minen aus dem Herstellungsjahr 1984, die zum Einsatz kamen, waren Magnetminen mit Seismic-Abstandszündern und 400 kg Ladungsgewicht sowjetischen Ursprungs. Unter den besonderen geophysikalischen Bedingungen im Arabischen Golf waren diese Minen mit Minenjagdbooten relativ leicht zu orten und zu vernichten, wobei es sich trotz allem um scharfe Minen mit einem beachtlichen Gefährdungspotenzial handelte. Bei Wassertiefen von 22 bis 35 m können solche Minen Schiffe von der Größe eines Landungsschiffes oder eines Tankers, und damit natürlich erst recht Minenabwehrfahrzeuge, ernsthaft beschädigen.

Demgegenüber ist die Manta, eine italienische Mine mit kleinem Ladungsgewicht, die vorwiegend als Anti-Invasions-Mine in Wassertiefen bis zu 25 m eingesetzt wird. Aus diesen Tiefen hat sie eine ausreichende Sprengwirkung, um z.B. Landungsschiffe so zu beschädigen, dass sie ihren Auftrag nicht weiter durchführen können. Sie reagiert auf magnetische und akkustische Abstrahlungen von Schiffen, ihr Design und ihre Sensorik sind durchaus als modern zu bezeichnen. Auf Grund ihrer Form und einer speziellen Beschichtung ist sie nur schwer mit dem Sonargerät von Minenjagdbooten aufzufassen, d.h. sie kann im Wesentlichen nur durch das Simulieren von Schiffssignaturen sicher zur Detonation gebracht werden.

Die LUGM-Ankertaumine ist ein irakischer Eigenbau, der im Wesentlichen aus Komponenten einer alten russischen Mine mit der Bezeichnung M08 weiterentwickelt wurde. Diese wiederum wurde 1908 in Deutschland konstruiert und gelangte im Verlauf ihrer Geschichte über Nordkorea in den Iran und Irak. Diese äußerst simple Mine, die bei Berührung detoniert, wurde mit Ladungsgewichten von 110 oder 225 kg bereits in großer Stückzahl und mit großem Erfolg im Iran-Irak-Krieg eingesetzt. Sie hat im Wesentlichen in der langen Zeit ihrer Geschichte nur eine Modifikation erfahren, allerdings eine sehr wichtige: Ein Mechanismus, der sie beim Losreißen vom Ankertau unscharf stellt, wurde ausgebaut, d.h. sie wurde zu einer seit 1908 im Rahmen der Haager Konvention international geächteten Treibmine modifiziert. Treibminen stellten schon während des Iran-Irak-Krieges eine erhebliche Bedrohung für die internationale Schifffahrt und die alliierten Marineverbände dar. Dies wiederholte sich eindringlich während des Golfkrieges, wobei nicht die aktuelle Beschädigung von Schiffen, wie z.B. die des amphibischen Hubschraubertägers USS TRIPOH große Probleme bereitete, sondern vor allem die Möglichkeit einer weiträumigen Verseuchung. Weite Teile des Arabischen Golfes wurden somit auf Grrund dieser potenziellen Gefährdung für die internationale Schifffahrt unpassierbar.

Die Treibminen breiteten sich im Laufe der Zeit wie ein Krebsgeschwür in den Golf aus. Im südlichen Teil sind dabei noch Treibminen lokalisiert worden, die sich mittlerweile aus der ehemaligen „Iranian War Zone" losgerissen hatten und nach Süden gedriftet waren. Es war davon auszugehen, dass diese Treibminen, vor allem die irakischen, nicht nur im Laufe der Zeit durch Umwelteinflüsse von ihrer Verankerung losgerissen wurden, sondern auch von vornherein schon als solche gelegt worden waren, denn irakische Depots auf kuwaitischen Boden enthielten nach Ende der Kampfhandlungen Verankerungsstühle ohne die dazugehörenden Minengefäße. Diese nahezu prähistorischen Minen aus dem Baujahr 1938 haben wieder einmal bewiesen, dass die Mine eine effektive „poor man's weapon" ist. Im Golf-Konflikt lag die besondere Gefährdung der Schifffahrt in dem gemischten Einsatz dieser veralteten Treibminen mit relativ modernen Grundminen mit Abstandszündung.

Die Geographie der Minenfelder musste von den irakischen Verhandlungsführern zum Erreichen des Waffenstillstandes bekannt gegeben werden. Danach handelte es sich um insgesamt zehn Minenfelder und Minenlinien, die sich halbkreisförmig in einem Bogen bis zu 50 sm vor Kuwait City und der Zufahrt zum Schatt el Arab befanden. Diese Minenfelder lagen überwiegend auf der Hohen See und lediglich zu einem kleinen Teil in kuwaitschen bzw. irakischen Hoheitsgewässern. Anhand der irakischen Angaben war die Komposition der einzelnen Minentypen in den Feldern einigermaßen genau bekannt, d.h. die zu bekämpfenden Minen lagen tatsächlich innerhalb der beschriebenen Geographie. Allerdings konnte nicht von vornherein ausgeschlossen werden, dass auch Minen im Notwurf außerhalb dieser Gebiete, wahrscheinlich innerhalb des beschriebenen Halbkreises, gelegt worden waren.

Die in der Presse mehrfach genannte Zahl von insgesamt 1.200 gelegten Minen war offensichtlich korrekt, wobei das Verhältnis ca. 900 Ankertau- zu 300 Grundminen betrug. Letztlich haben die Minenabwehrverbände der WEU sowie der Amerikaner und Japaner bis zum offiziellen Ende der Operation am 20. Juli 1991 insgesamt 1.245 Minen geräumt. Darunter befanden sich auch einige Bomben, die wahrscheinlich von den Alliierten auf dem Rückflug vom Einsatz zu den eigenen Flugzeugträgern abgeworfen worden waren.

Diesem stattlichen Ergebnis stand ein ebenso ansehnliches Aufgebot an modernen und kompetenten Minenabwehrfahrzeugen gegenüber, die in einer Multi National Force (MNF) organisiert waren. Insgesamt kamen zum Höhepunkt der Operationen 39 Minenfahrzeuge, elf Unterstützungsschiffe und 17 Hubschrauber von neun Nationen zum Einsatz. Bei dieser Auflistung muss berücksichtigt werden, dass die angegebenen Zahlen die jeweils maximalen Kontingente zeigen.

Die Gesamtkoordination der Operationen im Golf mag auf den ersten Blick etwas verwirrend und kompliziert aussehen, sie war es aber nicht. Unter amerikanischer Koordination operierten deren eigene Einheiten sowie die saudi-arabischen und die japanischen, wobei die saudi-arabischen Einheiten nur anfänglich und dann nur sporadisch eingesetzt wurden. Ihr nomineller Einsatz ermöglichte jedoch die permanente Teilnahme von saudi-arabischen Vertretern an den MNF-Koordinierungskonferenzen.

Im Auftrage der WEU koordinierte der französische Admiral Bonnet als „Admiral Indischer Ozean" (ALINDIEN) die Operationen im Rahmen „Embargo Control" und der „Minecountermeasures" von Anfang an. Diese Koordination war gebunden an die Präsidentschaft der WEU, die Frankreich bis zum Juni 1991 inne hatte. Die Amerikaner hatten sich zusammen mit den Japanern dieser Koordination lose angeschlossen.

Die Koordination vor Ort erledigte dann im Auftrag des ALINDIEN einer der vor Ort befindlichen Kommandeure. Dies waren bis Ende Mai der Kommandeur der britischen Einheiten auf dem Forschungsschiff HEKLA dann ein französischer Kapitän zur See auf dem Tender LOIRE und ab 1. Juli der Kommandeur der deutschen Einheiten auf dem Tender DONAU.

Die Minenabwehrkoordination vor Ort wurde ausgesprochen pragmatisch gehandhabt. Besonders erleichternd wirkte sich dabei aus, dass mit Ausnahme von Saudi-Arabien und Japan alle anderen Nationen die in der NATO gemeinsam entwickelten Taktiken benutzen. Hinzu kam, dass sich die Kommandeure von gemeinsamen absolvierten Ausbildungsgängen, von gemeinsamen Kommandos innerhalb der NATO oder von gemeinsamen Manövern her kannten. Darüber hinaus muss die gedeihliche Zusammenarbeit zwischen dem deutschen Verband und dem japanischen Kontingent besonders hervorgehoben werden.

Die Bedingungen für die Minenabwehr waren insgesamt günstig. Der Meeresboden im Einsatzgebiet bestand im Wesentlichen aus festem Sand mit einer dünnen Sedimentschicht, lediglich einige Stellen im Küstenbereich ließen die Minen teilweise einsinken. Die Strömung war gering, lediglich vor dem Schatt el Arab wurde sie etwas stärker. Die Unterwassersicht war mit ganz wenigen Ausnahmen im Verhältnis zu dem, was die Minentaucher in Nord- und Ostsee gewohnt sind, ausgesprochen günstig, d.h. sie betrug 5 bis 10 m. Die Wasserschichten waren in der Regel gut durchmischt, so dass die Minenjagdsonare kaum durch Temperatursprünge beeinträchtigt wurden. Lediglich in der Zeit der größten Hitze im Juli traten durch direkte Sonneneinstrahlung „Aufblühungen" im Wasser auf, die eine Minenjagd für mehrere Stunden am Tag nahezu unmöglich machten.

Besonderheiten

Der deutsche Verband, der gegen scharfe Minen im Golf eingesetzt wurde, bestand aus:

– 3 Minenjagdbooten (MARBURG, KOBLENZ, GÖTTINGEN)
– 2 Hohlstablenkbooten (SCHLESWIG, PADERBORN) mit je
  3 ferngelenkten Minenräumern, so genannten Seehunden
– 1 Tender (DONAU)
– 1 Versorger (FREIBURG)
– 3 Hubschrauber (Sea King)

Anfang Juli wurde das Minenjagdboot GÖTTINGEN durch die CUXHAVEN ersetzt. Der Austausch fand im Huckepack-Verfahren auf einem Condock-Schiff statt, das auch für den Transport der Seehunde genutzt wurde.

Besondere Aufmerksamkeit wurde bei diesem Minenabwehreinsatz unter friedensmäßigen Bedingungen den Sicherheitsvorkehrungen gewidmet. Wo immer möglich, wurde den drahtgelenkten Unterwasserdrohnen beim Identifizieren und Vernichten von Minen der Vorzug gegeben. Taucher wurden nur eingesetzt, wenn ein Höchstmaß an Sicherheit gegeben war oder keine andere Möglichkeit mehr zur Verfügung stand. In jedem Fall lag die Erlaubnis zum Einsatz von Tauchern gegen scharfe Minen beim Verbandsführer.

Dieses unveränderbare Prinzip des „safety first" galt für alle Bereiche des Einsatzes des deutschen Verbandes. Auch unsere Alliierten operierten unter der gleichen Prämisse, so dass bei diesem langen Einsatz mit zahlreichen Beteiligten gegen eine Vielzahl von durchweg gefährlichen Minen keine Unfälle oder gar tödliche Verletzungen zu beklagen waren. Insbesondere folgende Maßnahmen trugen zu dieser hervorragenden Sicherheitsbilanz bei:

– Sehr gute Ausbildung des beteiligten Personals,
– hohe Sicherheitsstandards in den jeweiligen Marinen,
– Konzentration und Motivation aller Besatzungen sowie
– gutes Gerät.

Trotz dieser guten materiellen und personellen Voraussetzungen sowie den beschriebenen Vorsichtsmaßnahmen haben selbstredend auch immer präsente Schutzengel dazu beigetragen, dass der gesamte Minenabwehreinsatz ohne ernsthafte Zwischenfälle durchgeführt werden konnte.

Obwohl aus Sicherheitsgründen der Minenjagd Vorzug zu geben war, gab es geophysikalische Einflüsse, die den Einsatz dieses Verfahrens stark behinderten bzw. ganz unmöglich machten.

Trotz guter geophysikalischer Umweltbedingungen war es insbesondere die beschriebene Manta-Mine, welche die Minenjagd erschwerte, da sie auf Grund ihrer besonderen Beschichtung und Form nur schwer im Sonar zu erkennen war. Daher war der beste Weg zur Beseitigung dieser Minen das Simulationsräumen, d.h. Schiffssignaturen zu simulieren und dadurch der Mine ein tatsächliches Ziel vorzutäuschen. Dies wurde in der Vergangenheit durch das zeitaufwendige und risikoreiche Nachschleppen von Magnet- und Akkustiksimulatoren erreicht, verbunden mit dem Nachteil, dass das schleppende Minenabwehrfahrzeug die Mine zuerst überlaufen musste und somit in besonderer Weise gefährdet war. Der ferngelenkte und unbemannte Einsatz von Drohnen zum Simulationsräumen war die geeignete Antwort.

Ein entsprechendes System wurde zuerst unter dem Namen „Troika" von der deutschen Marine entwickelt und im Jahre 1981 eingeführt. Der erste Einsatz von zwei dieser Systeme gegen scharfe Minen im Golf hat eindrucksvoll seine Effektivität nachgewiesen und damit die Richtigkeit des eingeschlagenen Weges bestätigt. Von 15 mit dem System Troika geräumten Manta-Minen erfolgten zwei Detonationen in unmittelbarer Nähe der räumenden Seehunde. Diese 100 t schweren Fahrzeuge wurden durch den gewaltigen Schock der Explosionen aus dem Wasser gehoben, überstanden dies jedoch auf Grund ihrer Bauweise ohne Beschädigung.

Unterstützung durch fliegende Komponenten

Noch bevor Entscheidungen zum Einsatz eines deutschen Minenabwehrverbandes und zu seinem Einsatzgebiet gefallen waren, besaß die Planung der sanitätsdienstlichen Versorgung der Soldaten unter den Unwägbarkeiten eines scharfen Räumeinsatzes hohe Priorität. Ohne auf nähere Einzelheiten eingehen zu können, war damit die in der Marine vorhandene Fähigkeit zu Suche und Rettung (SAR) über See und zum Kranken- und Verletztentransport (MEDEVAC) durch Hubschrauber ein wichtiger Planungsfaktor.

So kam es für das Marinefliegergeschwader 5 in Kiel, letztlich nicht überraschend, eine Verlegung von drei Hubschraubern SEAKING Mk 41 nach Manamah/Bahrain bis Mitte April 1991 durchzuführen, um den Flugbetrieb dort möglichst zeitgleich mit dem Eintreffen des Minenab-

wehrverbandes aufnehmen zu können. Die Personalstärke des Verle-
gekommandos betrug knapp 50 Soldaten, davon zwei verstärkte fliegende Besatzungen.

SAR und MEDEVAC blieben für das Hubschrauberkontingent die
Aufträge mit der höchsten Priorität. Für sie hielt das Kommando zu jeder Zeit einen voll ausgerüsteten SAR-Hubschrauber einschließlich
notärztlicher Betreuung bereit. Da zum Glück von dieser Fähigkeit kein
Gebrauch gemacht werden musste, nahmen dann die Aufträge zum
Personen- und Materialtransport für den internationalen Minenräum-
verband und das für die Hubschrauberbesatzungen neue „Mine spot-
ting", dies bedeutet Luftüberwachung gegen Treibminen, neben
Übungsflügen zur Gewöhnung an den Einsatzraum die gesamte Aufmerksamkeit und Kapazität in Anspruch.

Ergänzend sei vermerkt, dass zeitweise auch zwei Propellerflugzeu-
ge vom Typ DO 28 OU des gleichen Geschwaders zur Überwachung der
Ölverschmutzungen im Golf von Manamah aus eingesetzt wurden.

Der Personalumfang während des deutschen Einsatzes im Mittelmeer
und im Persischen Golf betrug zu jeder Zeit ca. 550 bis 570 Soldaten.
Diese Zahl setzte sich zusammen aus den Besatzungen der Boote und
Schiffe, dem Stab des Verbandsführers, dem Unterstützungspersonal an
Land und den Soldaten der fliegerischen Komponente. Unter Beibehaltung eines von Anfang an angestrebten dreimonatigen Personalwech-
sels waren es somit 2.670 Soldaten, die mindestens einmal zum Einsatz
kamen. In dieser beachtlichen Zahl waren auch 730 Wehrpflichtige ent-
halten, ein eindrucksvoller Beweis dafür, dass die Marine ohne ihre
Wehrpflichtigen solche Einsätze nur schwer durchführen kann.

Die Entscheidung, die Stehzeit der Soldaten im Verband auf drei Monate zu beschränken, wurde schon während der Aufstellung des Minenabwehrverbandes „Südflanke" von der Marineführung getroffen,
da von vornherein die Gesamtdauer des Einsatzes nicht absehbar war.
Dieser Austauschrhythmus konnte nahezu bis zum Ende der Operationen beibehalten werden, lediglich das letzte Kontingent wurde um einen Monat verlängert, um für den Rückmarsch die eingespielten und
akklimatisierten Besatzungen nutzen zu können. Unter den gegebenen
Umständen, d.h. Hitze, schlecht klimatisierte Einheiten, Einsatz gegen
scharfe Minen, höchster Sicherheitsanspruch, Exotik des Einsatzes, hat
sich der dreimonatige Austauschrhythmus bewährt. Man kann jedoch
keinesfalls den Schluss daraus ziehen, dass bei ähnlichen Einsätzen
nicht längere Stehzeiten von bis zu sechs Monaten möglich und zu-

mutbar sind. Die Entscheidung für den Austauschrhythmus hat sich dabei jeweils an einer Bewertung der gegebenen Umstände zu orientieren. Bei allem Für und Wider des dreimonatigen Austausches bleibt jedoch eines festzuhalten: Unter den ungewohnten und teilweise schweren Bedingungen für die Soldaten war der fest vorgegebene Zeitrahmen eine Erleichterung und ein nicht zu unterschätzender Motivationsfaktor.

Eine weitere Grundsatzentscheidung war, Besatzungen jeweils komplett auszutauschen, auch unter Inkaufnahme von Problemen im Bereich der Materialverantwortung oder der Identifikation der Besatzung mit ihrem Boot oder Schiff. Obwohl einige Probleme bei der Materialübergabe auftraten, hat sich dieses Konzept bewährt. Insbesondere stellte sich bald heraus, dass die Identifikation mit der Einheit im Wesentlichen auf einer Identifikation mit der Besatzung und nicht so sehr mit dem „Namensläppchen" des Schiffes oder Bootes basiert.

Logistik

Die Einsatzfähigkeit eines Marineverbandes, der für längere Zeit außerhalb der angestammten Heimatgewässer operiert, erfordert einen enormen logistischen Aufwand. Dieser Aufwand beinhaltete für den Minenabwehrverband „Südflanke" nicht nur das Material des täglichen Bedarfs und notwendige Ersatzteile, die größtenteils im Verband mitgeführt oder vor Ort beschafft wurden, sondern auch Um- und Einbauten zum Herstellen und Erhalten der Einsatzfähigkeit.

Stellvertretend für die Vielfalt der erforderlichen Maßnahmen sei hier nur der Gesamtbereich der Klimatisierung genannt. Die im deutschen Minenabwehrverband eingesetzten Einheiten waren für einen Einsatz in unseren Gewässern konzipiert worden, d.h. für Temperaturen, die in der Regel eher eine Heizung, denn eine Kühlung erfordern. Im Arabischen Golf mit Tagestemperaturen im Hochsommer von bis zu 50 Grad Celsius und Wassertemperaturen von ca. 30 Grad kehrten sich jedoch die Verhältnisse um, eine Kühlung wurde sowohl für die Betriebssicherheit des eingesetzten Gerätes als auch, für die Durchhaltefähigkeit des Personals zu gewährleisten, erforderlich. Daher wurde bis zum Schluss alles Mögliche versucht, die Lebens- und Arbeitsbedingungen an Bord erträglich zu gestalten, einschließlich unkonventioneller Maßnahmen.

Von besonderer Bedeutung für die Einsatzfähigkeit des Verbandes war auch die Einrichtung eines logistischen Stützpunktes in Manama/Bahrein. Dieser Hafen konnte für Instandsetzungsmaßnahmen, Versorgung der Einheiten mit Verbrauchsgütern und die Erholung der Besatzungen genutzt werden. Die enormen logistischen Leistungen einschließlich der gewaltigen Instandsetzungsmaßnahmen wurden von einem gemeinsam betriebenen Koordinationsbüro des Marinearsenals und des Marineunterstützungskommandos in Mina Sulaman, dem Hafen von Manama, geleitet. Dieser Hafen war von der gesamten Infrastruktur geeignet, jede Art von Unterstützung zu gewähren. Auch wenn durch die relativ große Distanz von 240 sm zum Einsatzgebiet vor Kuwait lange Transit- und Transportwege in Kauf genommen werden mussten, erwies sich die Auswahl von Manama als Abstützpunkt aus mehreren Gründen als richtig:

– Bessere Unterstützungsmöglichkeiten als im näher gelegenen Saudi-Arabien oder Kuwait,
– vergleichsweise liberaler Lebensstil und damit bessere Erholungsmöglichkeiten für die Besatzungen sowie
– vorbildliche Unterstützung durch die Behörden und den Emir von Bahrein.

Durch den langen Anmarschweg wurde auch die Kraftstoffversorgung der Sea-King-Hubschrauber ein Problem. Saudi-Arabien und Kuwait standen für Tankstopps grundsätzlich nicht zur Verfügung, so dass ausschließlich auf eine schwimmende Versorgung zurückgegriffen werden musste. Da die deutsche Marine über ein geeignetes Schiff im Einsatzgebiet nicht verfügte, war man auf das Entgegenkommen anderer Nationen angewiesen. Hier ist besonders die gute Kooperation mit den USA und Japan hervorzuheben. Als Gegenleistung wurden ohne bürokratischen Aufwand Transportleistungen für alle Schiffe und Boote des internationalen Verbandes erbracht.

Abschließend ist festzustellen, der logistische Aufwand reichte aus, den Minenabwehrverband und die unterstützende Hubschrauberkomponente einsatzfähig zu halten und den Einsatz erfolgreich durchzuführen. Allerdings war dies nur unter Inkaufnahme einer Reduzierung der Einsatzfähigkeit der zu Hause verbliebenen Einheiten zu erreichen sowie der Bereitschaft des unterstützenden Personals, flexibel auf alle Anforderungen zu reagieren.

Beendigung des Einsatzes

Das Ende der Minenabwehroperationen im Arabischen Golf war gemäß einem gemeinsam gefassten Beschluss aller am Minenräumeinsatz beteiligten Kommandeure in Übereinkunft mit den Vereinten Nationen auf den 20. Juli 1991 terminiert worden. Tatsächlich konnte bis zu diesem Zeitpunkt der Auftrag gemäß der UN-Resolution Nr. 686 erledigt werden. Eine ebenfalls gemeinsam gefasste Erklärung wurde durch den damaligen Präsidenten der WEU, dem ehemaligen Außenminister Genscher, am 23. Juli dem UN-Sicherheitsrat und Kuwait übergeben. Das „Common Final Statement" lautete wie folgt:

> *„In compliance with UN Security Council Resolution 686's call for action to cooperate in the reconstruction of, and to ensure safe shipping to, Kuwait, the undersigning nations conducted mine-countermeasure operations within the boundaries defined in ANNEX A until 20 July 1991 and declare:*
>
> *The routes and areas specified in ANNEX B have been searched as far as practically possible and, although the residual mine danger cannot be discounted, are considered safe for navigation. It is recommended that areas be marked in accordance with IMO standards.*
>
> *Known minefields within the boundaries defined in ANNEX A have been cleared as far as practically possible, however this area with the exception of routes and areas delineated in ANNEX B, should be avoided because a remaining risk cannot be excluded.*
>
> *In addition there remains a risk of drifting mines in the Northern Arabian Golf" *)*

Diese vorsichtig gefasste Erklärung wurde in der Praxis bestätigt. Nach der Freigabe und Normalisierung des Schiffsverkehrs im August 1991 sind keine Zwischenfälle, die auf Minen zurückzuführen sind, bekannt geworden.

Der deutsche Minenabwehrverband „Südflanke" wurde am 15. September nach Beendigung seines Auftrages aufgelöst. Er hat gemeinsam mit den Verbänden weiterer acht Nationen die Aufgabe, durch Minenabwehr im Rahmen der UN-Resolution Nr. 686 die sichere Schifffahrt nach Kuwait wiederherzustellen, anerkanntermaßen gut erfüllt. Die Entscheidung zum Einsatz der deutschen Einheiten im Arabischen Golf fiel zwar spät, aber durch die professionelle Bewährung und Gelassenheit im Einsatz hat der Verband und damit auch die Deutsche Marine ungeteilte Anerkennung erfahren. Diese Wertschätzung war sowohl im nationalen als auch im internationalen politischen und militärischen Umfeld zu spüren.

Auch der erste Kriseneinsatz deutscher Marinehubschrauber endete mit dem Rückmarsch des Minenabwehrverbandes „Südflanke" nach 76

Einsatzflügen über dem Seegebiet des Arabischen Golfs unter zum Teil
sehr schwierigen fliegerischen, technisch-logistischen, klimatischen und
administrativen Bedingungen. Dass die Entsendung der Sea-King-Hubschrauber, als „White Angels" bei allen Marinen am Golf bekannt, ein
Erfolg wurde, war im Wesentlichen der hohen Motivation und dem Im-
provisationsgeschick aller Beteiligten zu verdanken.

Die multinationale Zusammenarbeit, die über lange Jahre in vielen
gemeinsamen Übungen gewachsen ist, hatte sich bewährt und festig-
te sich unter wirklichen Einsatzbedingungen noch weiter. Für die deutschen Soldaten war der Einsatz im Golf am Ende insgesamt genauso
selbstverständlich, wie für ihre alliierten Kameraden. Besonders auffäl-
lig war die vorbildliche Pflichterfüllung vieler junger Soldaten einschließlich der Wehrpflichtigen. Die in vielen Jahren gewachsenen Prinzipien der Inneren Führung haben sich auch im Einsatz unverändert bewährt, lediglich ihre Konturen sind deutlicher geworden. Die Vorgesetzten aller Führungsebenen müssen sich dabei bewusst sein, dass sie
ständig, d.h. 24 Stunden am Tag, von ihren Untergebenen beobachtet
und insbesondere im Hinblick auf ihre Vorbildfunktion, in der Pflichterfüllung überprüft werden.

Dieser mit äußerst kurzer Vorbereitungszeit durchgeführte Kriseneinsatz in einem nicht vertrauten Einsatzgebiet unter zum Teil
schwierigen Bedingungen hat für die Deutsche Marine wertvolle Erfahrungen gebracht, die in zahlreichen Untersuchungen ausgewertet
wurden. Die Lehren und Erfahrungen werden umgesetzt und für nachfolgende Einsätze genutzt.

---

*) Übersetzung: „Gemäß der UN-Sicherheitsratsresolution 686 zum Wiederaufbau Ku-
waits und zur Sicherstellung der freien Schifffahrt nach Kuwait haben die unterzeichne-
ten Nationen Minenräumoperationen in den Grenzen gemäß Annex A bis zum 20. Juli
1991 durchgeführt und erklären:

– Die Schifffahrtswege und Seegebiete gem. Annex B wurden so gut wie praktisch möglich nach Minen durchsucht. Obgleich eine geringe Minengefahr nicht ausgeschlossen
werden kann, werden die entsprechenden Seegebiete für sicher gehalten. Es wird emp-
fohlen, dass diese Seegebiete gem. IMO-Bestimmungen gekennzeichnet werden.
Bekannte Minenfelder wurden in den Grenzen gem. Annex A so gut wie praktisch möglich geräumt.

– Außer den gekennzeichneten Schifffahrtswegen und Seegebieten gem. Annex B sollten diese Seegebiete vermieden werden, weil ein Restrisiko nicht auszuschließen ist.

– Zudem existiert ein Risiko durch Treibminen im nördlichen Arabischen Golf."

Operation KURDENHILFE

Axel Brandt

Die Kurdenhilfe UNSCOM (United Nations Special Commission) durch Transportleistungen und Medizinische Evakuierung fand im August und September 1991 statt. An dieser Hilfe waren 30 Soldaten des Heeres und sieben Soldaten der Luftwaffe beteiligt. Dabei hat das Heer 805 Flüge mit CH-53 (3.982 Flugstunden) und die Luftwaffe 4.452 Flüge mit C-160 (4.071 Flugstunden) durchgeführt. Dieser Einsatz dauerte bis zum 30. September 1996.

Den Auftrag, als Führer des Erkundungskommandos/Vorkommandos (ErkKdo/VorKdo) die Operation KURDENHILFE in der Türkei vorzubereiten und die ersten Einsätze vor Ort zu organisieren, erhielt ich kurz nach Übernahme meines neuen Dienstpostens als stellvertretender Kommandeur des Heeresfliegerkommandos 3. Seit mehreren Tagen verfolgten wir in Deutschland die Berichte in den Medien von der Flucht Hunderttausender von Kurden über die bergige Grenze aus dem Norden des Irans in Richtung Türkei und Iran. Menschen, die in endlosen Schlangen im Gebirge zwischen Geröll, in Eis und Schnee, mit unzureichender Bekleidung einen Weg über die Bergkämme suchten. Frauen, die mit kleinen Kindern auf dem Rücken Schnee auftauten, um Essen zuzubereiten. Kranke, Greise, Kinder, die mitgeschleppt wurden. Ein erschütterndes Bild menschlichen Leids und Elends. Dazwischen Behelfslager, in denen bereits Helfer des Deutschen Roten Kreuzes (DRK), des Malteser Hilfsdienstes und der Bergwacht versuchten, gegen das Elend anzukämpfen. Die Bundesregierung hatte beschlossen, militärische Kräfte zur Unterstützung der Hilfsorganisationen in die Osttürkei zu entsenden und so hieß es für mich nun: „Abflug am 10. April 1991 in die Osttürkei. Ihr Auftrag ist es, dort die deutschen Hilfsorganisationen mit Lufttransporten durch Heeresfliegerkräfte zu unterstützen. Eine Einweisung in die örtlichen Gegebenheiten erfolgt durch den Militärattachéstab Ankara vor Ort. Voraussichtlicher Einsatzort Flugplatz Van am Van-See".

Genau weiß ich nicht mehr, was mir durch den Kopf ging und in welcher Reihenfolge. Die Palette reichte jedoch von der persönlichen Ausstattung bis hin zum Einsatz der Hubschrauber und ihrer Technik fernab jeder Abstützung auf die „gewohnte" Umgebung. Dank meiner langjährigen Tätigkeit als Dezernatsleiter im Heeresamt war mir – zumindest theoretisch – eine Vielfalt von Problemen bekannt, die mit einem derartigen Einsatz verbunden sein können. Erst zu Beginn des Jahres waren Überlegungen im Zusammenhang mit DESERT STORM anzustellen. Die Bilder einer lang zurückliegenden privaten Reise über Adana in der südlichen Türkei nach Damaskus/Syr vor Augen, fuhr ist abends noch zur nächsten ADAC-Station, um mich mit Kartenmaterial zu versorgen. Es sollte ja am kommenden Morgen um 4:00 Uhr losgehen. Nebenbei wurde die persönliche Ausrüstung überprüft und manche Sorglosigkeit der vergangenen Jahre machte mir nun Kopfzerbrechen. Und überhaupt, wie waren Beschaffenheit des Geländes und die Wetterbedingungen? Wo wird es eigentlich genau hingehen? Sicher war nur, dass zwei Hubschrauberführer CH-53 und ein Bordtechnischer Offizier mit mir in einer Challenger der Flugbereitschaft nach Ankara gebracht werden sollten und dass die Luftwaffe einen Lufttransportpunkt zur Entgegennahme von Hilfsgüter aus Deutschland irgendwo auf einem Flugplatz Südostanatoliens aufbauen wollte. Auf der Straßenkarte des ADAC wurden alle eingezeichneten Flugplätze gekennzeichnet und mit den militärischen Fliegerkarten verglichen. Eine Abschätzung der Flugzeiten zwischen den verschiedenen Plätzen ließen mich die Stirn runzeln. Die Höhenangaben im südostwärtigen Anatolien ließen Böses ahnen. Geringer Kraftstoffvorrat, Fehlen von Zusatztanks, gebirgiges Gelände, unbesiedelte Gegenden, unbekannte Wetterverhältnisse, die Leistungsdaten der CH-53, die Ausbildungsvoraussetzungen unserer Besatzungen – gut, dass ich die Fülle der Herausforderungen und Schwierigkeiten nur ahnte.

Verschobener Abflug am Donnerstag, den 11. April 1991 um 6:00 Uhr von Köln. Zum ersten Mal traf ich mit den Offizieren des Erkundungskommandos der Luftwaffe, den beteiligen Offizieren aus dem Bereich der Logistik, einem Oberstarzt des Heeres und mit drei Angehörigen des Lufttransportpunktes zusammen. Hinzu trat ein Dezernatsleiter des Deutschen Roten Kreuzes. Auf dem Flug nach Ankara wurden erste Absprachen getroffen mit dem Ziel, Aufgaben zu definieren, Zuständigkeiten zuzuweisen und abzusprechen sowie Erfahrungen mit ähnlichen Einsätzen auszutauschen. Hierbei stellte sich schnell heraus, dass nur wir Heeresleiter Neuland betraten. Alle Luftwaffenangehörigen hatten derartige Einsätze bereits hinter sich und bauten auf die Erfahrungen aus Äthiopien, Bangladesch u.ä. auf. Ankunft in Ankara und erste Verbindungsaufnahme mit dem deutschen Verteidigungsattaché.

Alle Überlegungen, den Einsatz in das Grenzgebiete vom Flugplatz Van aus zu planen, so wie auf dem Flug grob festgelegt, zerschlagen sich. Neuer Standort des Lufttransportpunktes und des Heeresflieger-verbandes: Batman, ostwärts Diyarbakir. Eine Kartenerkundung brach-te das niederschmetternde Ergebnis, dass der Hin- und Rückflug von dort in das Krisengebiet genau an der Grenze der Reichweite der CH-53 lag; und das ohne Berücksichtigung der hohen Landeplätze, der zu erwartenden Beladung und etwaiger Umwege aus Wetter- oder Navi-gationsgründen. Damit war das zentrale Thema der nächsten Überle-gungen in den Mittelpunkt gerückt: Einrichten eines Betankungspunk-tes im Krisengebiet. Zeit zum Nachdenken blieb jedoch nicht. Worüber auch? Keiner wusste, was „Krisengebiet" bedeutet. Wie ist die Be-schaffenheit des Geländes? Gibt es dort türkisches Militär, von dem man Unterstützung erwarten kann? Wie sind die Straßen- und Wegverhält-nisse? Wie sind die Aktivitäten der Kurdischen Befreiungsorganisation P.K.K.? Gibt es irakische Kräfte, die die Unterstützung behindern oder stören? Welche Alliierten arbeiten bereits vorne? Woher erhalten wir Flugbetriebsstoff, Tankwagen?

Weiterflug nach Osten: Diyarbakir. Ein riesiger Flugplatz, auf dem be-reits Hilfsgüter aus aller Herren Länder lagerten und ständig neue aus-geladen wurden. Von dort dann mit einer Transall der Luftwaffe weiter nach Batman. Das Erkundungsergebnis ließ mich – soweit es den Flug-platz und die Unterbringung betraf – aufatmen.

Zwischenzeitlich erste Absprachen mit dem DRK und festlegen an der Karte, zu welchen Lagern der Kurden die Hilfsgüter geflogen werden sollen. Für vier Flüchtlingslager war die Versorgung mit dem Notwen-digen zu organisieren. Alle Lager befanden sich wie befürchtet ca. eine Stunde Flugzeit von Batman entfernt im Raum Uludere.

Am Freitag, den 12. April, Verlegung nach Batman. Noch beeindruckt vom Anflug entlang des Tigris-Tales erste Verbindungsaufnahme mit dem türkischen Base Commander vor Ort. Sprachbarrieren wurden durch deutsche Offiziere der Botschaft und türkische Soldaten mit guten Deutschkenntnissen überwunden. Endlose Telefongespräche des Flug-platzkommandanten mit dem Verteidigungsministerium in Ankara. Die letzte Verbindung über Satellitentelefon mit Deutschland war mittler-weile zwei Tage alt. Inzwischen war auch das Wochenende angebrochen. Das Ende des Fastenmonats Ramadan stand bevor. Das Wichtigste war nun die fliegerische Erkundung des Grenzgebietes, in dem die kurdischen Flüchtlinge ihre Lager eingerichtet hatten. Daneben waren die Arbeits-bedingungen unserer Luftfahrzeugtechnik und die Unterbringung des Personals zu organisieren. Am Vortage war eine UH-1D mit Transall nach Diyarbakir transportiert worden, die – durch ein Technikerteam in der Nacht zusammengesetzt – für die Erkundung zur Verfügung stand.

Mit in der Karte eingetragenen möglichen Standorten der Kurdenlager und Betankungspunkten führte der Flug bei Regen und durch Gebirge bei teilweise aufliegenden Wolken in das Grenzgebiet zwischen der Türkei und dem Irak. Das fremde Gelände unter uns, die gebirgige Landschaft, zum Teil noch mit schneebedeckten Hängen, vereinzelte Dörfer, die sich kaum in Farbe und Struktur von ihrer Umgebung abhoben, und nicht zuletzt die Navigation mit der Karte im Maßstab 1: 500.000 erforderten unsere Aufmerksamkeit. Die Stimmung war gedrückt, entsprach dem Wetter mit seinen tiefen Wolken, dem Regen. Plötzlich tauchten sie auf: Tausende von Menschen, die sich, bepackt mit ihren Habseligkeiten, auf schmalen Pfaden die Berge hinauf quälten. Alte, Kinder, Frauen – wie unzählige Ameisen, bergan und bergab, irgendeiner Richtung folgen. Und dann auf einmal die „Lager", die alles andere waren als das, was wir und unter „Lager" vorstellen. Zelte, Plastikplanen und Decken, an die Felsen gekrallt als Schutz vor Nässe und Kälte, Schnee und Sturm. Und Menschen, in deren Gesichtern das Elend und die Verzweiflung geschrieben standen. Sie sahen zu uns hinauf, vereinzelt wurde gewinkt, wir sahen den durchweichten Boden, ihre armselige Kleidung und an vielen Stellen Gräberfelder.

Nach der Rückkehr erfolgte die Meldung des Erkundungsergebnisses über das mittlerweile von der türkischen Post in einem Feldhaus am Randes des Flughafens eingerichtete Telefon an das BMVg. Das einzige weit und breit, aber mit einer nun endlich funktionierenden Verbindung nach Deutschland. Ich erhalte die Information, dass sich ein Verband CH-53 der Heeresflieger aus Rheine auf dem Marsch in den Iran befindet, um den dorthin geflohenen Kurden Hilfe zu leisten. Samstag, den 13. April, waren die ersten sechs MTH aus Deutschland gestartet, wurde uns mitgeteilt. Wir vier in Batman hatten nun alle Hände voll zu tun. Mit der Ankunft der Hubschrauber war am Montag zu rechnen. An eine Unterbringung, Verpflegung, Betreuung auf dem Flugplatz war nicht zu denken. Weder gab es dort Unterkunft noch eine funktionierende Küche. In der 30 Minuten entfernten Stadt wurden kurzerhand alle verfügbaren Zimmer in Hotels und Herbergen angemietet. Ein Bus musste her. Der uns durch die Luftwaffe zur Verfügung gestellte Truppenverwaltungsbeamte regelt alles unbürokratisch und mit gutem Erfolg.

Für uns Heeresflieger kam nun das Wichtigste: Die Flugwege waren nun einzeln zu den Lagern genau zu erkunden; war doch die Kartenausstattung schlecht und der Einsatz auch bei schlechtem Wetterbedingungen zwingend erforderlich. Die beiden Hubschrauberführer hingen den ganzen Tag im Hubschrauber und prägten sich Flugwege und Landeplätze ein. Erste Absprachen mit den Helfern des DRK vor Ort fanden statt. Ziel war es, nach Ankunft der Hubschrauber im Schneeballverfahren die Hubschrauberführer in die Navigation und den Flugbetrieb einzuweisen sowie sofort gezielt den dringlichsten Bedarf zu decken. Ständig erfolgten Besprechungen mit dem türkischen Platzkommandanten, der langsam ahnte, welche Organisation sich dort auf seinem verschlafenen Flugplatz „breit machen" wollte. Aber nach etlichen Teegesprächen wandelte sich das zunächst reservierte Verhalten in kameradschaftliche Hilfe. Der türkische Truppenarzt mit perfekten Deutschkenntnissen entpuppte sich als Helfer „rund um die Uhr". Wenn auch der eine oder andere türkische Offizier aus verständlichen Gründen unseren Hilfsaktionen skeptisch gegenüberstand, man half uns, wo man konnte. Die Piloten der am Flugplatz stationierten Gendarmerie liehen uns ihre Karten und gaben uns Tipps zu Wetter und Navigation. Dabei darf nicht vergessen werden, dass wir just am Ende des Fastenmonats, das vier Tage lang gefeiert wird, ankamen.

Der Sonntag war angefüllt mit weiteren Vorbereitungen der Aufnahme der in Marsch gesetzten CH-53 aus Deutschland und des Besuchs des Bundesministers Blüm aus Deutschland, der sich im Auftrage der Bundesregierung ein Bild über den Ablauf der Aktion machen wollte. Es war der Beginn einen langen Reihe von hochrangigen Besuchern bis hin zu den Außenministern Deutschlands und der Türkei. Ärger mit Fernsehteams, die natürlich mitfliegen und sich dabei nicht an die Sicherheitsvorkehrungen des türkischen Militärs in diesem Krisengebiet halten wollten, störten die gute Zusammenarbeit mit den dortigen Dienststellen.

Am Montag fieberten wir der Ankunft der Hubschrauber entgegen. Auf dem Hallenvorfeld waren die ersten Hilfsgüter gestapelt, die in den Tagen vorher durch die Hilfsorganisationen mit LKW herangebracht worden waren. Tonnenweise Bekleidung, Reis, Mehl, Zeltmaterial. Kurz vor Mittag dann das wohl bekannte Brummen unserer CH-53. Ganz weit im Westen waren sie zu erkennen. Sechs Punkte am frühlingshaft blauen Himmel Anatoliens, die sich kurz darauf im Anflug befanden. Am Bug weiß gestrichen trugen sie die Aufschrift „HELF" an jeder Seite. Aus „HEER" hatten unsere Techniker dieses Kennzeichen der Hoffnung gemacht. Sofort wurde das mitgebrachte technische Gerät entladen und die Besatzung versorgt. Dann erfolgte eine erste Einweisung in Lage und Auftrag. Danach: rein in die Maschinen, die zwischenzeitlich mit Hilfsgütern beladen worden waren und ab in Krisengebiete. Bei besten Sicht- und Wetterbedingungen. Einsätze am gesamten Nachmittag und dann mit Nachtflug zusätzlich Transport von Hilfsgütern von Diyarbakir nach Batman. Kein Befehl zu viel, alle ziehen an einem Strang, keine Hektik, unsere Techniker vorbildlich. Am Abends bedrückte und nachdenkliche Gesichter. Erfahrungen werden ausgetauscht. Erschreckende Bilder von Flüchtlingen, die sich um die Hilfsgüter schlagen, miserable hygienische Verhältnisse, Not und Elend, wo man hinschaut.

Von da an läuft die Maschinerie. Nur unterbrochen vom Sturm am nächsten Tag. Am 17. April werden drei UH-1D aus Neuhausen nachgeführt. Wichtige Hilfe für den Transport von Ärzten und medizinischem Hilfsgerät. Am 20. April folgen weitere drei CH-53. Langsam wächst das Personal auf. Zum Schluss sind es ca. 160 Soldaten. Über den Lufttransportpunkt müssen Chemietoiletten, eine Feldküche, Zelte des ehemaligen NVA für die Unterbringung unserer Techniker, eine ABC-Dusche und vieles andere eingeflogen werden. Während wir die Hilfsgüter in die Lager fliegen, unser Fliegerarzt mit seinem Gehilfen von morgens bis abends versucht, gegen Krankheit und Tod anzukämpfen, karrt die Luftwaffe tonnenweise Hilfsgüter heran. im Grenzgebiet operieren amerikanische Kräfte, mit dem Hauptquartier in Incirlic wird Verbindung aufgenommen.

Lageunterrichtung per Telefon beim Chef des Stabes Fü H. Anruf des Inspekteurs des Heeres, aber auch vom Rheiner Verbandsführer, der mit seinen CH-53 auf dem Flugplatz Van, auf dem Wege in den Iran, zwischengelandet ist. Nach zehn Tagen läuft der Einsatz von zwölf CH-53 und sechs UH-1D reibungslos.

Das Schwergewicht der Versorgung lag nun bei trockenem und am Tage auch in den Bergen heißem Wetter bei dem Transport von Unmengen an Trinkwasser für die Lager. Im Krisengebiet unterstützten die türkische Gendarmerie und die amerikanischen Streitkräfte. Am 22. April übergebe ich das Kommando an meinen Nachfolger. „Auftrag ausgeführt."

Am Ende steht die Erfahrung, Neuland betreten und in einem guten Team effizient Hilfe geleistet zu haben. Auf dem Höhepunkt der Krise waren wir Anfang Mai mit zwölf CH-53 und neun UH-1D von Sonnenaufgang bis zum Abend im Einsatz. Über 2.000 t wurden im Gebirgsflug verteilt!

Im Auftrag der Vereinten Nationen – UNSCOM

Bernd Schulte

Die deutsche Lufttransportunterstützung für die United Nations Special Commission (UNSCOM) war die erste Beteiligung der Bundesrepublik Deutschland an einer Maßnahme der VN mit militärischem Personal. Die in diesem Einsatz gewonnenen Erfahrungen waren ausgesprochen lehrreich, soweit es den Umgang mit der VN-Administration anging, sie waren wertvoll vor allem im Bereich von Ausrüstung und Ausstattung, aber auch in Bezug auf den Einsatz abgesetzter Truppenteile. Erfahrungen für die Führung deutscher Verbände in multi- oder internationalen Truppenkörpern konnten dagegen auf Grund der besonderen Aufgabenstellung für die Sonderkommission kaum gemacht werden.

Die deutsche Unterstützung für UNSCOM war weitaus umfangreicher, als die vielen Veröffentlichungen in den Medien, die sich in erster Linie auf die „Hubschrauber in Bagdad" konzentrierten, gemeinhin glauben ließen.

Auf dem Weg

Der Sicherheitsrats der Vereinten Nationen verabschiedete am 3. April 1991 die Resolution Nr. 687/91, mit der die Abrüstungsmaßnahmen und das Sanktionsregime gegenüber dem Irak begründet, aber auch u.a. die Sonderkommission ins Leben gerufen wurde.

Die Einrichtung der Sonderkommission der Vereinten Nationen für die Verifizierung und Zerstörung der Massenvernichtungswaffen im Irak sowie für die Zerstörung von Raketen mit einer definierten Reichweite war für die VN Neuland, eine historisch neue Erfahrung. Da damit auch Rückgriffe auf bereits vorhandene Organisationsstrukturen nicht möglich waren, gab sich UNSCOM für ihre „field organisation" Einsatzstrukturen, die sich wesentlich an den Strukturen für Einsätze der Blauhelme orientierten.

Der Einstieg

Deutschland hatte der Golfkriegskoalition für die Durchführung ihrer Operationen in großem Umfang Spürpanzer Fuchs zur Verfügung gestellt sowie im Zusammenhang mit dem Golfkrieg umfangreiche Lufttransportleistungen erbracht.

Als der Aufbau der Organisation der UNSCOM in New York begann, erinnerte man sich vor allem an die Leistungsfähigkeit der Spürpanzer und ließ über das Generalsekretariat bei der deutschen Regierung nachfragen, ob man sich dort nicht eine Unterstützung der UNSCOM bei ihren Inspektionen im Irak mit einem deutschen Team mit Spürpanzern vorstellen könne.

Schon seit langer Zeit waren Einsätze und Mandate der VN durch deutsche Lufttransportkräfte unterstützt worden. In vielen Fällen wurden Mandatstruppen der VN durch deutsche Transportflieger an ihre Einsatzorte gebracht, gerade weil Deutschland sich an diesen Mandaten nicht beteiligte und daher zu den betreffenden Einsätzen aus verfassungspolitischen Gründen keine Truppen abstellte. Die deutschen Transportflieger hatten bei den VN einen guten Ruf, ihre Zuverlässigkeit und Routine war den Verantwortlichen in der „Field Operations Division" (FOD) der VN bekannt; diese Einrichtung wurde während des Einsatzes in „Department of Administration and Management" (DAM) umbenannt.

Gleichzeitig mit der Nachfrage nach einer Unterstützung mit Spürpanzern wurde daher auch um eine Lufttransportleistung von Deutschland nachgesucht, die vor allem die Anbindung der im Irak eingesetzten Inspektionsteams der UNSCOM sicherstellen sollte. Auf Grund der verhängten Sanktionen gegen den Irak war ein normaler ziviler Luftverkehr unterbunden worden.

Die Bundesregierung signalisierte dem Generalsekretariat der VN ihre grundsätzliche Bereitschaft zur Gestellung der erbetenen militärischen Kräfte sowie auch der Unterstützung der Inspektionsteams der UNSCOM mit Fachpersonal. Auf die nunmehr folgenden offiziellen Anfragen der VN und ihre ministerielle Bearbeitung erteilte der Bundesminister der Verteidigung, Volker Rühe, am 11. April 1991 die grundsätzliche Zustimmung zur Unterstützung von UNSCOM mit Personal und Material sowie am 2. Mai 1991 die grundsätzliche Zustimmung zur Bereitstellung von Personal für die Überwachung der Raketenzerstörung im Irak. Mit der Planung der Details wurden im BMVg das Referat Fü S III 5 in Zusammenarbeit mit dem Fü H III 4 beauftragt.

Zur selben Zeit wurde bereits Personal aus dem BMVg in das Headquarter (HQ) von UNSCOM nach New York entsandt. Von dort aus wurde die Bundesregierung ersucht, ob sie das Personal des ersten Inspektionsteams der UNSCOM – im Vorgriff auf die grundsätzlich zugesagte Transportunterstützung – von Bahrain in den Irak fliegen könne. Das erste Inspektionsteam befand sich zur Vorbereitung und Ausbildung in Bahrain. Der Minister entschied wie erbeten, und so flog eine C-160 des Lufttransportkommandos am 14. Mai 1991 das erste Inspektionsteam der UNSCOM von Al Muharraq nach Al Habbaniyah, dies war der Beginn der deutschen Unterstützung für UNSCOM.

Erst nach Durchführung der ersten Inspektionen im Irak erkannte UNSCOM, dass es nicht unbedingt zweckmäßig sei, das Hauptaugenmerk auf die Genauigkeit in der Bestimmung möglicherweise vorhandener Kampfstoffe zu richten, sondern dass es wegen der ständigen Versuche der Iraki, Material und Unterlagen vor den Inspektionsteams der UNSCOM zu verstecken, darauf ankam, möglichst schnell und auch überraschend an Inspektionsorten aufzutauchen. Daraufhin wurde durch UNSCOM auf die bis dahin in Deutschland schon vorbereitete und politisch genehmigte Unterstützung durch Spürtrupps mit Spürpanzern verzichtet und dafür eine weitere Lufttransportunterstützung – jetzt mit mittleren Transporthubschraubern (MTH) und im Irak – erbeten.

Am 4. Juli 1991 folgte daher die Entscheidung durch den Minister, für UNSCOM drei Hubschrauber CH-53 G zur Verfügung zu stellen. Zu diesem Zeitpunkt war die Struktur für UNSCOM in den Entscheidungsgremien der VN bereits festgelegt, für die militärischen Führer bedeutete dies, dass die Personalstärke für die Hubschrauberkomponente in Bagdad mit insgesamt 30 Soldaten (Stärke des ursprünglich angesetzten Spürpanzerkontingentes) geplant werden musste.

Die Komponenten

Die deutsche Unterstützung für UNSCOM bestand aus vier unterschiedlichen Komponenten, dem Stabspersonal im HQ UNSCOM, dem Inspektionspersonal, dem Deutschen Verbindungsoffizier zu UNSCOM Bahrain und der Lufttransportkomponente, dem Lufttransportpunkt (LTP) Al Muharraq und der mittleren Transporthubschrauber Abteilung (MTHAbt) Bagdad.

Stabspersonal im HQ UNSCOM

Von Beginn an wurde UNSCOM in seiner Stabsstruktur durch deutsches militärisches Personal verstärkt. Der Einsatz deutscher Kräfte im Rahmen von UNSCOM sah keine Unterstellung von Truppen oder Einzelpersonen vor. In dem jeweiligen „Memorandum of Understanding" waren folglich nur die Zahlung von Aufwandsentschädigung für das deutsche Personal, Versicherungsleistungen, die Art des Einsatzes der Luftfahrzeuge und die Zahlung für geleistete Flugstunden im Dienste der VN geregelt. Schon daher war es zweckmäßig, auch in der höchsten Stabsorganisation von UNSCOM Führungspositionen mit deutschem Personal zu besetzen, denn dort konnten bereits im Ansatz Lösungen verhindert werden, die deutscher Auffassung zuwiderliefen, sei es aus nationalem Interesse oder aus Sicherheitsgründen für die im Einsatzgebiet tätigen deutschen Soldaten. Die beste Möglichkeit, nämlich einen Offizier als „director of operations" (die G 3 Funktion im HQ UNSCOM) zu platzieren, gelang zwar erst im zweiten Anlauf, aber der Einstieg mit dem „deputy director of operations" war bereits ein gute Lösung. Es war selbstverständlich darüber hinaus auch aus Gründen der politischen Unterstützung für die Sonderkommission erforderlich, deutsches Personal auf Dauer in die Stabsorganisation von UNSCOM zu entsenden.

Inspektionspersonal

Die erste UNSCOM-Inspektion im Irak unter der Beteiligung deutscher Inspektoren fand in der Zeit vom 10. bis 14. Juni 1991 statt. Von diesem Zeitpunkt ab wurde die Inspektionstätigkeit von UNSCOM kontinuierlich durch Personal aus dem Bereich des BMVg unterstützt.

In der Folge wurde UNSCOM hauptsächlich mit Personal der Kampfmittelbeseitigungsanlage Munster, später aber auch mit Luftbildauswertern und logistischem Fachpersonal unterstützt. Das logistische Fachpersonal sollte in erster Linie ein Kontrollsystem für das VN-Programm „Oil for Food" und für die Sanktionsüberwachung auf längere Sicht aufbauen.

Bereits sehr frühzeitig im Jahre 1991 wurde auch Personal aus der Hauptabteilung Rüstung entsandt, zur Unterstützung der Teams für die Kontrolle und Überwachung der Zerstörung von Raketensystemen, die nach der Resolution Nr. 687/91 zu zerstören waren.

In den Jahren 1992 bis 1994 wurde aus der Kampfmittelbeseitigungsanlage Munster zusätzlich Personal für die Zerstörung von Sondermunition in die „Chemical Destruction Group" (CDG) der UNSCOM in den Irak entsandt.

Der Deutsche Verbindungsoffizier zu UNSCOM

Am 18. August 1991 wurde der Referent im Fü H III 4, der bis dahin den Einsatz der Heereskräfte im Rahmen von UNSCOM vorbereitet hatte, als erster Deutscher Verbindungsoffizier (German Federal Armed Forces Liaison Officer) zu UNSCOM aus dem BMVg an die Deutsche Botschaft Manama entsandt. Sein Auftrag lautete wie folgt:

„Unterstützung des auch für Bahrain zuständigen deutschen Vertei-
digungsattachés in Riad/Saudi Arabien bei der Zusammenarbeit mit der
Deutschen Botschaft, den lokalen Behörden, den militärischen Dienststellen sowie dem Field Office der Vereinten Nationen (UNSCOM) in
Bahrain in allen Fragen, die den Einsatz der Luftfahrzeuge der Bundeswehr und des deutschen Personals betreffen."

Bei der Einrichtung des Dienstpostens des Deutschen Verbindungsoffiziers zu UNSCOM war es zunächst Intention, über eine koordinierende Stelle vor Ort zu verfügen, welche die abgestellten deutschen
Kräfte in den Apparat von UNSCOM einbinden sollte und diese gleichzeitig von administrativen Aufgaben in der Zusammenarbeit mit den
Dienststellen der VN entlastete. De facto wurde der Deutsche Verbindungsoffizier praktisch zum Vorläufer der Einrichtung, die später Nationaler Befehlshaber im Einsatzgebiet genannt wird.

Er hielt Verbindung zum bahrainischen Verteidigungsministerium
und regelte mit dessen „directorate of international co-operation" die
Ein- und Durchreise deutschen militärischen Personals nach und durch
Bahrain unter Benutzung des deutschen Truppenausweises.

Nachdem zunächst die deutschen Luftfahrzeuge nur auf dem Flughafen Kuwait betankt wurden, verabredete er in Zusammenarbeit mit
der Deutschen Botschaft eine Regelung mit der bahrainischen Firma BA-
NOCO, die die Betankung der Flugzeuge vor Ort sicherstellte.

Er war UNSCOM gegenüber verantwortlich für die rechtzeitige und
vollständige Vorlage von Namenslisten des deutschen Personals, welches alle drei bis sechs Wochen gewechselt wurde, zur Erstellung der
UNSCOM-Personalpapiere (UN-Certificate), mit denen sich die Besatzungen im Irak ausweisen mussten. Auf Grundlage dieser Personallisten
wurde auch die VN-Aufwandsentschädigung an die einzelnen deutschen Soldaten bar ausgezahlt. Im Einzelfall wurden diese Auszahlun-
gen auch durch den GFAFLNO vorgenommen.

Mit dem „Movement Control Centre" (MovCon) von UNIKOM (United Nations Irak – Kuwait Observer Mission) plante er in Absprache mit
dem jeweiligen Führer des LTP Al Muharraq die Flugbewegungen der
C-160 sowohl von Bahrain in den Irak und zurück als auch von Bahrain
in andere Staaten der Region und nach Deutschland. Er überwachte die
Flugaufträge besonders darauf, dass die deutschen Intentionen bei der
Unterstützung von UNSCOM nicht zu einer Vermischung mit Aufträgen
anderer im selben Einsatzgebiet tätiger VN-Agenturen führte. Dieses
verursachte zu Beginn der deutschen Unterstützung zunächst eine recht

heftige Auseinandersetzung zwischen dem Chief Military Observer (CMO) von UNIKOM und dem GFAFLNO, weil der CMO nicht einsah, dass die durch sein MovCon betreuten Luftfahrzeuge nicht auch automatisch Flugaufträge für UNIKOM durchführen sollten. Erst nach eindringlichem Verweis auf die verfassungspolitische Diskussion in Deutschland war der CMO, seinerzeit ein österreichischer Offizier im Generalsrang, willens, die Flugplanungen weiterhin durch seine Organisation fortführen zu lassen und trotzdem den Auftragsvorbehalt durch den GFAFLNO zu respektieren.

Darüber hinaus beriet der Verbindungsoffizier den Botschafter in Bahrain in allen Fragen, die den Einsatz deutschen militärischen Personals im Zusammenhang mit UNSCOM (innerhalb seines Zuständigkeitsbereiches) betraf. Er regelte die Unterbringung von durchreisendem militärischen Personal, buchte kommerzielle Flüge für Personal, welches außerhalb der normalen Frequenzen zurückreisen musste, stellte ärztliche Betreuung vor Ort sicher und betätigte sich als Betreuungsstelle für Familienangehörige in Deutschland, wenn der Familienvater als UNSCOM-Inspektor im Irak festgehalten wurde und seine Angehörigen nicht selbst informieren konnte.

Der Verbindungsoffizier übermittelte Informationen nach Bonn, die von Inspektoren nach ihrem Einsatz im Irak während ihrer Auswertung in Bahrain bereits übergeben werden konnten. Er sorgte für den Transport von Material, welches im Irak beschlagnahmt wurde – darunter zwei Kopfteile von SCUD-Raketen – mit militärischen Transportmitteln nach Europa zur dortigen weiteren Prüfung.

Der LTP Al Muharraq

Am 6. August 1991 entsandte das Lufttransportkommando eine Crew von sieben Soldaten mit einer Transall C-160 nach Bahrain zur Einrichtung des LTP auf dem dortigen Flugplatz Al Muharraq zur Unterstützung der Inspektionsaufgaben der Sonderkommission und zur Aufrechterhaltung des Flugbetriebes der MTHAbt in Bagdad. Die Besatzung nahm dort am 9. August ihren Flugbetrieb auf, ca. zehn Tage bevor der GFAFLNO seinen Dienst in Bahrain antrat. In den ersten Tagen wurden eine Menge von kleinen Inspektionsteams der UNSCOM und ständig auch politische Vertreter der VN in den Irak geflogen. Darüber hinaus bediente sich auch UNIKOM der Lufttransportkräfte, um seine eigenen Einrichtungen in Kuwait mit Ausrüstung und Material zu versorgen. Da in der Anfangsphase die deutschen Luftfahrzeuge nur in Kuwait tanken konnten, waren diese Abstecher sowieso zur Aufrechterhaltung des

Flugbetriebes erforderlich. Mit der Nutzung der Transportkapazität durch UNIKOM wurde allerdings die deutsche Absicht, das Abrüstungsregime und UNSCOM zu unterstützen, erheblich verschlissen. Das Field Office Bahrain hielt dagegen dieses Verfahren für legitim, weil es in der Zusammenarbeit zwischen den VN-Mandaten üblich war und UNIKOM ohnehin für das „Tasking" der C-160 verantwortlich war. UNSCOM konnte dadurch auch über ein tschechisches Kleinflugzeug verfügen, welches zu UNIKOM abgestellt war. Nach grundsätzlicher Klärung der Situation zwischen dem CMO UNIKOM und dem Verbindungsoffizier wurde dann das „Tasking" für UNIKOM eingestellt, dafür wurde aber im Rahmen freier Kapazitäten bei für UNSCOM eingeplanten „UN-flights" im Rahmen freier Kapazitäten – auf Weisungsvorbehalt durch den Verbindungsoffizier – Material für UNIKOM mitgenommen.

Der Flugbetrieb war sehr umfangreich in den ersten Monaten des Einsatzes, da immer wieder neue Teams für alle Inspektionsfelder (A, B, C und Raketenzerstörung) den Irak bereisten. Zum Teil waren die Inspektionen zeitkritisch, besonders wenn sie – dem Irak entsprechend notifiziert – mit politischen Vertretern der VN verstärkt waren. Da in einem solchen Fall der Ausfall einer Transportmaschine besonders schwerwiegend gewesen wäre, wurde auf Antrag des Verbindungsoffiziers der LTP Al Muharraq am 11. September 1991 durch eine zweite C-160 als „back-up and spare" verstärkt. Die Personalstärke des LTP betrug ab diesem Zeitpunkt dreizehn Soldaten.

Da die Zusammenarbeit mit der irakischen Luftaufsicht nicht sehr zuverlässig war, wurden den Besatzungen des LTP die ersten GPS zur Verfügung gestellt. Da zu dieser Zeit noch keine Einbausätze verfügbar waren, wurden die Geräte mit Klebeband innen an den Fenstern der Maschinen befestigt. Bei dem Einsatz der Transall war ihre funktechnische Ausrüstung von ganz besonderem Vorteil, sowohl für die Führung des Einsatzes als auch für die Einleitung diplomatischer Reaktionen. Jedesmal, wenn eine der deutschen Maschinen auf Al Habbaniyah keine Starterlaubnis bekam oder die Maschine durch Fahrzeuge blockiert wurde, konnte der Kommandant mittels „phone patch" – vermittelt über das Lufttransportkommando – im unmittelbaren Gespräch den Verbindungsoffizier in Bahrain informieren, der dann seinerseits UNSCOM Bahrain und UNSCOM New York von dem Vorfall in Kenntnis setzen konnte, so dass – falls die Tageszeit es zuließ – der irakische VN-Botschafter in New York unverzüglich einbestellt werden konnte. Eine über den jeweiligen Tag hinausgehende Verzögerung des Abfluges kam daher nicht vor.

Zur Unterstützung von UNSCOM flog der LTP insgesamt 840 Einsätze mit 4.242 Flugstunden und beförderte dabei 13.869 Passagiere und 2.239 t an Frachtgut. Für die Besatzungen der Luftwaffe war der Betrieb eines LTP geübte Routine. Dass dieser LTP zum ersten Mal in der Geschichte der Bundesrepublik Deutschland Teil einer VN-Agentur war, merkte der Betrachter eigentlich nur daran, dass die Besatzungen hellblaue Mützen mit dem Emblem der VN trugen.

Die MTH Abteilung Bagdad

Am 2. September 1991 erfolgte der Abflug von drei MTH CH-53 in Mendig zur Verlegung im Lufttransport nach Bagdad – geplante Ankunft war der 6. September 1991. Auftrag der MTHAbt (zunächst MTHGruppe) war, die Inspektionsteams der UNSCOM innerhalb des Irak zu den Inspektionsstätten zu fliegen. Während sich das Vorkommando bereits in Bahrain befand, verweigerte am 4. September 1991 die Regierung des Irak die ursprünglich bereits erteilte Einfluggenehmigung für die drei MTH, die daraufhin zunächst in Dyabakir/Türkei verblieben. Begründung des Irak war, dass die Inspektionsteams auch durch irakische Hubschrauber transportiert werden könnten. Es begann eine hektische Verhandlungsphase zwischen den VN und dem Irak; UNSCOM lehnte einen Transport der Inspektionsteams durch irakische Hubschrauber ab, weil dies die völlige Abhängigkeit der Teams von willkürlichen Maßnahmen der Iraki bedeutet hätte.

Erst nach deutlichen Drohungen der Golfkriegskoalition gab der Irak nach. Am 2. Oktober 1991 – mit 22 Tagen Verspätung – erfolgte die Stationierung der drei MTH in Bagdad. Zwei Besatzungen, Fliegerarzt und Techniker (insgesamt 30 Soldaten) waren für jeweils vier (im Sommer) bis sechs Wochen (im Winter) im Irak stationiert. Die Einsatzdauer der MTHAbt war zunächst für etwa fünf Monate geplant.

Die MTHAbt war das Lufttransportunternehmen für die Inspektionsteams innerhalb des Irak und hatte damit sicherlich den schwierigsten Teil der Transportunterstützung zu leisten. Nicht nur die extremen Belastungen, die sommerliche Hitze im Irak, sondern vor allem auch die fliegerischen Anforderungen bei Wüstenlandungen forderten den Besatzungen einiges ab. Darüber hinaus wurde das Personal mit den deutschen Uniformen im Stadtbild Bagdads als Mitarbeiter von UNSCOM erkannt und war dadurch bisweilen erheblicher Schikane und körperlicher Bedrohung ausgesetzt.

Um die Sicherheit der Flüge zu gewährleisten, fanden jeweils am Abend vor einem Einsatz so genannte „Air Meetings" zwischen UN-

SCOM und den irakischen Streitkräften statt, dabei war auch ein Vertreter der MTHAbt. In diesen Meetings wurden die Flugaufträge für den nächsten Tag abgesprochen. Seitens des Irak wurde die Notwendigkeit damit begründet, dass nur so die Sicherheit der Flüge gewährleistet werden könne, weil nur bei entsprechender Planung die Flugabwehr rechtzeitig informiert werden könne. Der deutsche UNSCOM-Hubschrauber hatte darüber hinaus ständig einen irakischen Offizier an Bord, und jeder Flug wurde von einem irakischen Hubschrauber begleitet. Damit war die Überraschung, die UNSCOM bei dem Ansatz der Inspektionen eigentlich erreichen wollte nur noch bedingt gegeben. Trotz dieser Maßnahmen kam es zu einzelnen Problemen. Am 27. März 1994 wurde bei dem Versuch, zwei durch Schüsse verletzte Mitarbeiter der VN aus Mossul zu evakuieren, aus einer Menschenmenge heraus der Hubschrauber der MTHAbt mit Steinen beworfen und so beschädigt, dass später Reparaturarbeiten von etwa 1,5 Millionen DM erforderlich wurden. Die irakischen Wachen schritten damals nicht ein, um die Menschen zurückzuhalten.

Bis heute gibt es keine endgültigen Beweise dafür, wer am 17. Juni 1995 auf den deutschen Hubschrauber geschossen hat, der sich auf dem Wege zu einer Inspektion im Raum von Nasiriyah befand; man geht davon aus, dass möglicherweise Aufständische die durch den Wüstenstaub gelb gefärbten weißen VN-Hubschrauber beschossen haben, weil sie die Farbe mit dem Anstrich irakischer Hubschrauber verwechselten.

Während der Stationierungsdauer wurden durch die MTHAbt insgesamt 4.545 Einsätze mit 4.082 Flugstunden geflogen. Dabei wurden 43.469 Passagiere und 1.768 t Fracht befördert. Vor allem in der Phase des Betriebes der CDG wurden die Hubschrauber durch UNSCOM intensiv zum Personentransport genutzt. Das Personal für die Kampfmittelbeseitigung wurde Tag für Tag von Bagdad zum Einsatzort und zurück transportiert. Diese Art des Gebrauches war eigentlich nicht im Sinne der Abstellung, vor allem, weil in der Wüstennutzung der Faktor der Abnutzung der Hubschrauber um ein Vielfaches höher als bei Betrieb in Deutschland lag. So mussten die Turbinen z.B. statt nach 2.400 Betriebsstunden bereits nach 100 Stunden in die Hauptinstandsetzung.

Das Ende der Lufttransportunterstützung

Bereits mit der Entscheidung zur Verlängerung des Einsatzes für das erste Halbjahr 1995 wurde den VN durch die deutsche Regierung deutlich gemacht, dass man nicht gewillt sei, diese Unterstützung auf unabsehbare Dauer fortzusetzen. Die VN tat sich schwer, geeigneten Ersatz für die deutschen Kräfte zu finden. Am 29. Dezember 1995 erfolgte nach weiteren Gesprächen mit den VN die Rückverlegung der zweiten C-160 („back up and spare") des LTP Al Muharraq nach Deutschland und die Reduzierung des Personals auf sieben Soldaten.

Zum Jahresende 1995 wurde auch die Zahl der in Bagdad eingesetzten Hubschrauber auf zwei verringert. Die Personalstärke der MTH-Abt betrug jetzt nur noch 28 Soldaten, der dritte Hubschrauber verlegte im Januar 1996 zurück nach Mendig. Am 19. August 1996 übergab der Leiter des BMVC (Baghdad Monitoring Verification Centre) – dies war die Nachfolgeeinrichtung des ehemaligen „Field Office" Bagdad – die fliegerische Verantwortung im Einsatzgebiet der UNSCOM im Irak von der MTHAbt Bagdad an die chilenische „HELI UNIT Bagdad". Am 23. August 1996 begann die Rückverlegung der Hubschrauber im Luftmarsch nach Mendig und anschließend ab 28. August die Rückverlegung des Personals über Bahrain nach Mendig; dort wurde die MTHAbt Bagdad am 29. August durch Staatssekretär Wilz begrüßt.

Am 27. September 1996 löste der zehnte GFAFLNO das deutsche Verbindungsbüro Bahrain auf. Während der letzten drei Tage im Einsatz übernahm der Führer des LTP Al Muharraq die Aufgaben des Verbindungsoffiziers.

Am 30. September 1996 wurde mit OrgBefehl HFüKdo die MTHAbt Bagdad aufgelöst. Am selben Tag wurde auch der Einsatz des LTP Al Muharraq beendet, die Besatzung verlegte zurück nach Deutschland und meldete sich am 2. Oktober 1996 auf dem Flughafen Köln/Bonn beim Staatssekretär Dr. Wichert zurück. Dieser beendete im Rahmen eines feierlichen Appells offiziell den bis dahin längsten Einsatz der Bundeswehr im Rahmen der VN.

Unsere Erfahrung

UNSCOM war zwar keine Peace Keeping Operation der VN, aber die Strukturen der „field organisation" dieser Agentur waren auf Grund der guten Erfahrungen der VN in ihren Blauhelmeinsätzen diesen sehr ähnlich. Bei diesem ersten Einsatz von deutschen Soldaten im Rahmen einer Agentur der VN wurden daher in einigen Bereichen bereits Erkenntnisse gewonnen, die später in anderen Einsätzen Struktur und Führungsorganisation deutscher Kontingente mit prägten.

Bei Entsendung von Truppenteilen ist der Einsatz eines nationalen Führers (national contingent commander) erforderlich, der im Einsatzgebiet – mit unmittelbarer Anbindung an das BMVg – die Befehls- und

Kommandogewalt des Bundesministers der Verteidigung repräsentiert und die unmittelbare Umsetzung der deutschen militär-politischen Intentionen im Einsatzgebiet sicherstellt.

Bei abgesetztem Einsatz müssen die Kommunikationsmittel so ausgelegt sein, dass möglicherweise eine unmittelbare Anbindung für das einzelne Fahrzeug oder Luftfahrzeug an die Heimat oder an den zuständigen Nationalen Befehlshaber möglich ist. In Fällen des Krisenmanagements müssen Kommunikationsmöglichkeiten aus dem Bereich der obersten nationalen Führung bis zum einzelnen Einsatzmittel vorhanden sein. Für den Einsatz in Krisenregionen sollten Beschaffungen auch unter Abkürzung der sonst vorgeschriebenen administrativen Abläufe ermöglicht werden.

Das im HQ UNSCOM eingesetzte Personal gewann in erster Linie Erfahrungen mit der VN-Administration, auch diese waren für die Vorbereitung der späteren Einsätze durchaus lehrreich. In Bezug auf die Führung von multi- oder internationalen Einsätzen in VN-Mandaten gab es jedoch keine Erkenntnisse, weil die Arbeit in einer Sonderkommission letztlich mit der Führung eines Blauhelmeinsatzes kaum zu vergleichen ist.

Deutsche Heeresflieger im Irak

Günter Kruse

Am 2. September 1991 verlegten die ersten Hubschrauber CH-53 des Heeres gemäß der UN-Resolution 707 zur Unterstützung der UN-Sonderkommission (UNSCOM) in den Irak. Der Autor, Kommandeur der fliegenden Abteilung des Heeresfliegerregimentes 35, berichtet über die vielfältigen Probleme, diplomatischen Schwierigkeiten, Flugverbotszonen, klimatischen Bedingungen oder technischen Unzulänglichkeiten im Irak, die mit diesem Einsatz (Bergung und Evakuierung von Schwerverletzten) verbunden waren. Er zeigt auf, wie sich die Truppe fern der Heimat durch Improvisation, Einfallsreichtum und hohe Motivation bewährt hat, um ihren Auftrag zu erfüllen.

Die Vorbereitungen

Mitte Juni 1991 sickerte durch, deutsche Transporthubschrauber könnten zur Unterstützung der UN-Sonderkommission (UNSCOM) im Irak benötigt werden.

Als Kommandeur der fliegenden Abteilung des Heeresfliegerregimentes 35 wurde ich schon kurz danach aufgefordert, zu Grenzen und Möglichkeiten fliegerischer Einsätze mit Transporthubschraubern CH-53 des Heeres im Irak Stellung zu nehmen.

Ein Jahr vorher hätte diese Fragestellung ziemliche Ratlosigkeit ausgelöst. Mit der gerade erst abgeschlossenen Operation KURDENHILFE lag der bislang größte humanitäre Lufttransporteinsatz der Heeresfliegertruppe im Ausland erst wenige Wochen hinter uns. Mitte April war es meine Aufgabe gewesen, ein Kontingent mit zwölf mittleren (CH-53) und sechs leichten (UH1D) Transporthubschraubern auszuplanen, zu verlegen und ab 20. April im Einsatzland Südostanatolien zu führen.

Manche Problemstellung war ähnlich, die Lösung nur zeitlich weniger dringlich und auf noch frische Erfahrung gegründet. Mit der Frage an den Verband verknüpfte sich auch die Erwartung, im Falle des „Go" erneut ein Mandat für Einsatzaufgaben ganz neuer Qualität zu erhalten. Für meine Männer und mich war dies sowohl ein Stück Anerkennung für bisherige Pionierarbeit auf diesem Gebiet als auch ganz wesentlicher Motivationsfaktor bereits in der Planungsphase. Die Erwartung war begründet, der Einsatzauftrag kam und ließ uns ausreichend Zeit, eine ganze Flut innovativer Überlegungen rechtzeitig vor Einsatzbeginn noch zu realisieren oder zumindest auf den Weg zu bringen.

Der Auftrag verlangte den Einsatz von drei mittleren Transporthubschraubern CH-53G, davon einer im Rüstzustand Großraumrettungshubschrauber (GRH, fliegende Intensivstation für zwölf Schwerverletzte) und ein auf 30 Soldaten begrenztes Kontingent.

Die naheliegendsten Fragen hatten sich schon im April gestellt und mussten damals in weniger als einer Woche gelöst sein:

- Wie kommen zwölf (nicht luftverlastbare) Transporthubschrauber CH-53 mit einer Reichweite von weniger als 400 km über eine Distanz von fast 4.000 km?
- Überflug- und Landerechte, Betankungsplätze alle 350 km in Ländern wie Jugoslawien, Ungarn, Rumänien und Bulgarien?
- Womit navigieren, wenn im Einsatzgebiet nur noch der Shell-Atlas Auskunft gibt?
- Wie regelt man die komplexe Logistik eines fliegenden Einsatzverbandes außerhalb des NATO-Gebietes und über solche Entfernungen?

Neben aller Ungewissheit über Art, Dauer und Rahmenbedingungen des anstehenden Einsatzes konzentrierten sich die Überlegungen auf Fragen wie:

- Würde der Irak überhaupt zur Zusammenarbeit und Unterstützung bereit sein? (Wenn nein, was dann?)
- Welche Unterbringung und Versorgung für Mensch und Maschine war zu erwarten?
- Würden wir und unsere Hubschrauber mit den klimatischen Bedingungen des Irak zurecht kommen?
- Welche Probleme waren in einem Land zu erwarten, auf das in wenigen Wochen mehr Bomben als im Zweiten Weltkrieg gefallen waren?

Eines war uns von Anfang an klar, es ging in die Wüste und würde sehr sehr heiß werden.

Wir befanden uns Anfang 1991 auf dem Höhepunkt der politischen Diskussion über die verfassungsrechtlichen Grenzen des Einsatzes deutscher Soldaten im Ausland. Deutschland hatte unter Hinweis auf seine Verfassungslage nicht am Waffengang gegen den Irak teilgenommen. Wen wunderte es, dass auch die militärische Hierarchie bei der Defini-

tion dieses neuen Auftrages nicht immer zu gemeinsamer Sprachregelung fand. Zwischen „technischer Unterstützung" und „humanitärem
Auftrag" spannte sich der Bogen der Einordnungsversuche. Die teilweise
erregt geführte öffentliche Diskussion sowie die schwer einschätzbaren
Risiken so kurz nach Ende des Golfkrieges andererseits gingen besonders an den Familien unserer Soldaten nicht spurlos vorbei. Der Einsatzbefehl kam, ohne dass zu diesem Zeitpunkt das Verfassungsgericht
bestehende Zweifel ausgeräumt hätte.

Die grundsätzliche Frage, ob denn Soldaten nur freiwillig oder aber
auch gegen ihren Willen in den Irak abgeordnet werden konnten, blieb
in der Anfangsphase unbeantwortet. Um so bemerkenswerter letztendlich die Reaktion der Betroffenen: Auf meine Frage, wer denn auch
ohne Befehl für den Einsatz im Irak zur Verfügung stehe, meldeten sich
alle mit einer Ausnahme; dieser Hubschrauberführer hat kurz danach
auf eigenen Wunsch die Streitkräfte verlassen.

Verlegung

Am 2. September 1991 verließen unsere drei ersten CH-53, mittlerweile in strahlendes Weiß gehüllt und mit den Abzeichen der VN versehen, den Heimatflugplatz Mendig. Es sollte genau einen Monat dau-
ern, bis sie – nach quälend langem Aufenthalt in Dyabakir – auf Grundlage der zwischenzeitlich verabschiedeten Resolution 707 am 2. Oktober 1991 in Bagdad eintrafen. Solange hatte die irakische Führung ge-
pokert und Ein- und Überflugrechte für unsere Hubschrauber verwei-
gert. Die Verlegung selber verlief eher unspektakulär, die Besatzungen
kannten den Weg.

UNSCOM-Bagdad

Der Irak hatte, nach all dem Widerstand ganz unerwartet, dem deutschen Kontingent mit dem Flugplatz Al Rasheed – am östlichen Stadt-
rand Bagdads – eine nahezu optimale Einsatzbasis zur Verfügung gestellt. Das VIP-Empfangsgebäude des Flughafens stand zu unserer Verfügung, das war, gemessen an Befürchtungen in der Anlaufphase, fast
wie ein Sechser im Lotto. Weißer Marmor, gediegene Inneneinrichtung,
große Aufenthalts- und Einsatzräume einschließlich eigener Küche
machten unseren kleinen Palast schnell zum informellen Zentrum der
gesamten Sonderkommission. Die Abstellflächen für die Hubschrauber,
Container und Geräte waren großzügig bemessen, Betankung und Unterstützung mit Kränen oder LKW funktionierten über Jahre entgegen
allen Erwartungen pünktlich und zuverlässig.

Als Unterkunft diente in den ersten Monaten das Bagdad-Sheraton, in angemieteten Räumen dieses Hotels residierten auch alle Inspektorenteams und das Büro der UNSCOM. Das war schon ein buntes Völkchen, die „Gründergeneration" der UNSCOM. Mehr als zwanzig Nationalitäten hatten ihre Spezialisten entsandt, allesamt auf Zuruf in Marsch gesetzt und mit sehr wenig Ahnungen belastet, wie denn so eine Sonderkommission funktionieren könnte und sollte.

Der amerikanische AO (Administration Officer), die vorwiegend neuseeländische Sanitätsgruppe und eine Handvoll teilweise verwegen phantasievoll agierender Alleskönner bildeten zusammen mit der deutschen HELI Unit das Stammpersonal. Wir waren schnell ein eingeschworenes Team, man konnte sich bedingungslos aufeinander verlassen. Die Inspektionsteams kamen und gingen, sie gehörten von daher nicht „zur Familie". Unser aller Maxime als harter Kern der UNSCOM war „to make it happen", nur Wunder dauerten etwas länger.

Was uns zusätzlich verband, war der gemeinsame Spott über besserwisserische Ferndiagnostiker, die weit weg an ihren Schreibtischen ganz genau wussten, was wir falsch machten oder trotz dringlicher Anforderung in Wirklichkeit gar nicht benötigten.

Nicht nur nach Kopfstärke wurden die „Germans" schnell gewichtiger Teil der UN-Gemeinde Bagdads (ca. 250 Angehörige unterschiedlichster Organisationen).

In normalen Zeiten war die UNSCOM wenig integriert, wenn aber durch ihr Wirken mal wieder die nächste Krise ihrem Höhepunkt zusteuerte, war sie in Notsituationen ganz unersetzbar. Stand eine Evakuierung bevor, entsann man sich in New York schnell, dass da doch auch Soldaten in Bagdad seien, die davon etwas verstehen müssten. In klarer Erkenntnis, dass, wenn es ganz brenzlig werden würde, der Irak uns keine Genehmigung zum Ausflug erteilen könnte, übernahmen wir bereitwillig das Kommando über die Operation „Landmarsch nach Amman". Als z.B. der Irak nach Einrichtung der Flugverbotszone Süd mit Feindseligkeiten drohte, waren wir soweit vorbereitet, dass nicht nur alle 60 Jeeps der UN abmarschbereit waren, gegen den großen Durst unserer Nissan-Patrol hatte wir in Fässern auf Anhängern sogar über 3.000 Liter Kraftstoff geladen, um nicht von den wenigen Tankstellen entlang der Autobahn nach Jordanien abhängig zu sein.

Leben in Bagdad

Die Freundlichkeit und ungekünstelte Warmherzigkeit der irakischen Bevölkerung hat uns, die mit dem arabischen Kulturraum wenig vertraut waren, häufig überrascht, nicht selten sogar beschämt. Traditionelle Verbundenheit zum deutschen Volk, aber auch freundliche Einstellung gegenüber allen Fremden sind vorherrschend. Nahezu tägliche Begegnungen mit dem taxifahrenden Universitätsprofessor, der seine Familie durchbringen musste, oder dem Gewürzhändler, der für seine Ware kein Geld annimmt, weil er sich freut, nach langer Zeit mal wieder einen Deutschen zu sehen, prägen schnell unsere Einstellung zu den Menschen. Wer mit offenen Augen durch das Land geht, sieht, dass er hier in einem sehr alten Kulturstaat ist, das Bildungsniveau ist hoch, nur die allgegenwärtige Staatssicherheit lässt manches Wort in Gegenwart Dritter ungesagt bleiben.

Es war auch eben diese Staatssicherheit, die die wenigen, aber nicht unkritischen An- und Übergriffe unzweideutig inszenierte. In Phasen harter Auseinandersetzungen über das Vorgehen der UNSCOM und besonders nach Verschärfung der Flugverbotszonen kam es des Öfteren außerhalb des Hotels zu Rempeleien, da verspritzten „Demonstranten" Tinte über Angehörige der Sonderkommission, manchmal kam es auch im Hotel zu unliebsamen Begebenheiten: da waren plötzlich mehrere Zimmertüren durch Klebstoff in den Schlössern blockiert oder nachts wurde der Schlaf im Minutentakt durch Telefonterror gestört, alles Dinge, mit denen man gerade noch leben konnte.

Der schwerste Zwischenfall in Bagdad war folgender: Ein Flugzeugführer und zwei Techniker mit irakischem UN-Fahrer wurden bei der Rückkehr vom Flughafen Habbaniyah an einer großen Kreuzung Bagdads von einem Einzeltäter angegriffen, der ganz offensichtlich auf das Fahrzeug gewartet hatte und den Umstand ausnutzte, dass der Wagen vor einer Ampel im Verkehr blockiert war. Mit einer schweren Eisenstange zerschlug der Mann Front- und Seitenscheiben, der Nissan musste danach als Totalschaden abgeschrieben werden. Es war wohl eher glücklicher Zufall, dass unsere Männer diesem Wrack unverletzt entstiegen, es war kein Zufall, dass in nur wenigen Metern Entfernung ein bewaffneter Polizist dieser Szene tatenlos zuschaute.

Schwer einzuordnen, wer hier die Fäden zog, grundsätzlich war eher die Annahme vorherrschend, dass die Führung des Irak an unserer körperlichen Unversehrtheit ausreichend interessiert sei. Von daher ist mit letzter Sicherheit nicht zu klären, auf wessen Initiative hin tobender Mob einen unserer Hubschrauber Jahre später bei einem Verletztentransport in Mossul mit Steinen bewarf; die Besatzung konnte mit einem Alarmstart entkommen, am Hubschrauber entstand dennoch gewaltiger Schaden.

Das Volk litt unter dem Embargo, die Führung nicht. Die Einfuhr von Lebensmitteln oder Medikamenten fiel zwar nicht unter Embargobestimmungen, ohne Ölexport fehlten aber die Devisen zum Einkaufen.

Einsatzvorbereitung

Von Anfang an war klar, dass die Führungsverantwortung vor Ort grundsätzlich von Kommandeuren der Heeresfliegertruppe zu tragen war, ganz unabhängig vom Umfang dieses (eher kleinen) Verbandes. Ein persönliches Briefing im BMVg hatte eines deutlich gemacht: So ganz genau wusste keiner, was da im Irak auf uns zukam, die Verantwortung des Führers vor Ort war gefordert und sollte nach ausdrücklichem Willen der Leitung auch nicht durch Zwischeninstanzen übersteuert werden.

Dabei fiel dem „Commander UNSCOM HELI Unit" schnell eine sehr viel exponiertere Rolle zu, als das im Vorfeld erkennbar war: Der Einsatz der Hubschrauber, teilweise auch die Einflugrechte für die deutsche Transall von und nach Bahrain waren Verhandlungsgegenstand des täglichen „Airmeetings", eines Zeremoniells, das für die folgende Jahre nahezu rituelle Bedeutung erlangte. Zweck dieser allabendlichen Konferenz mit besonders am Anfang sehr hochrangigen irakischen Regierungsvertretern war die Abstimmung über alle strittigen Fragen, soweit sie mit dem Einsatz von Luftfahrzeugen im Irak zusammenhingen und die Sicherheit der Inspektionsflüge vor Beschuss durch irakische Flugabwehrwaffen.

Flugbewegungen der UNSCOM im irakischen Luftraum waren zwar grundsätzlich durch die exklusiv hierzu beschlossene UN-Resolution 707 erlaubt, dieses völkerrechtlich abgesicherte Privileg entband aber nicht von der Verpflichtung, konkrete Flugbewegungen mit den irakischen Behörden abzustimmen und die Zustimmung vor jeder Mission einzuholen. Der Irak war völkerrechtlich nicht daran gehindert, Angriffe aus der Luft abzuwehren, wie sie u.a. durch iranische Luftraumverletzer vorkamen, die u.a. ab und zu Ausbildungslager iranischer Widerstandskämpfer im Irak mit Kampfflugzeugen angriffen. Es war von daher auch in unserem eigenen Interesse, die Luftabwehr zeitgerecht über eigene Flugbewegungen zu informieren, um Überreaktionen oder Missverständnissen vorzubeugen.

Inspektionen hatten nahezu immer mit Hubschraubereinsätzen zu tun, die Inspektionsteams nahmen nicht am „Airmeeting" teil und schon saß ich am langen Konferenztisch des Bagdad Sheraton Hotels, um unter den Augen von vier Videokameras und den Ohren zahlreicher Mikrofone mit den Irakern Verfahrensregelungen für Inspektionsflüge zu finden, die zumindest soweit konsensfähig waren, dass allseits Gesicht gewahrt wurde. Als entscheidender Knackpunkt stundenlanger Verhandlungsrunden erwiesen sich Flugvorhaben über oder in die Nähe von „diplomatic areas", auf Deutsch Palästen oder möglichen Aufenthaltsorten Saddam Husseins.

Welch skurrile Folgen die offensichtliche Unfähigkeit der irakischen Seite hatte, bei „diplomatic areas" Zugeständnisse zu machen, sei an einem Beispiel erläutert:

In einer späteren sehr gefährlichen Phase der Chemiewaffenvernichtung forderte der neuseeländische Notarzt im Interesse optimaler medizinischer Versorgung der Chemiewaffenexperten Landemöglichkeiten für unseren Großraumrettungshubschrauber bei der einzigen Universitätsklinik in Bagdad, die den notwendigen Standard für Chemiewaffenunfälle versprach. In der Konferenz trug ich dieses Vorhaben vor und erntete als Reaktion der irakischen Seite blankes Entsetzen und kategorische Ablehnung. Schnell wurde klar, in unmittelbarer Nähe der Klinik musste sich eine Liegenschaft des Staatsoberhauptes befinden. Die Nutzung der Klinik wurde sofort zugestanden, eine Landung näher als 1.000 m auch im größten Notfall für absolut ausgeschlossen erklärt. Es wurde nach langer und erregter Debatte, die ich mehrfach unterbrechen ließ, um direkt aus New York um Weisung zu bitten, angeboten, einen Hubschrauberlandeplatz direkt an der Stadtautobahn bauen zu lassen, die Stadtautobahn im Einsatzfalle sperren zu lassen und zum Beweis der Tauglichkeit in einer Generalprobe zu beweisen, dass ab Landung jeder Patient in weniger als fünf Minuten in der Klinik sein könne.

Ich habe, auch um die Grenzen auszuloten, als einzig akzeptable Alternative zur Landung am Krankenhaus den Bau eines betonierten Hubschrauberlandeplatzes für Großhubschrauber gefordert, Maße 80 x 80 m, mit Sonderausstattung für Nachtlandungen. Als Konferenzergebnis wurde festgehalten: Der Irak verpflichtete sich zum Bau der Anlage und zur Generalprobe in 72 Stunden!

Hätte ein bundesdeutsches Staatshochbauamt die Fertigstellung in weniger als drei Monaten zugesagt, ich hätte ein Monatsgehalt dagegen gesetzt. Am Nachmittag des übernächsten Tages erschien – verabredungsgemäß – ein weißer Mercedes der größeren Klasse und brachte mich, Polizei vorweg, in halsbrecherischer Fahrt zur vereinbarten Baustellenbesichtigung: Wo zwei Tage zuvor noch unbebautes Wüstengelände war, zogen ca. 300 Bauarbeiter die letzte Ecke einer

6.500 m² großen und 40 cm dicken Betonfläche. Am späten Abend des folgenden Tages landete ich bei Dunkelheit mit Ärzteteam und Übungsverletzten auf dem perfekt befeuerten Landeplatz, natürlich war die Stadtautobahn in beiden Fahrtrichtungen gesperrt und der an Bord mitgeflogene Sanitätskraftwagen in weniger als fünf Minuten am Krankenhaus.

Da nahezu alle Inspektionen mit Hubschraubern durchgeführt wurden, erhielten die irakischen Repräsentanten dadurch auch grundsätzlich am Vorabend erste Hinweise zumindest über die grobe Richtung der nächsten Inspektion. Die hohe Kunst bestand also darin, die Sicherheit in einem genügend großen Luftraum bis zum Start herzustellen, ohne dabei das Überraschungsmoment der Inspektion zunichte zu machen. Hierzu entwickelten wir ungemein ausgefeilte Planungstechniken.

Flugbetrieb

Wüstenlandungen, Staubstürme und extreme Hitze waren Probleme, die wir schnell in den Griff bekommen mussten. Mit knapp 20 t Abfluggewicht verursacht die CH-53 bei Landungen in feinem und lockerem Wüstensand eine Staubglocke wie ein kleiner Atompilz, der enorme Rotorabwind nimmt der Besatzung mehrere Sekunden vor der Landung jede Bodensicht. Es besteht dabei große Gefahr, dass der Hubschrauber kurz vorm Aufsetzen abdriftet oder mit dem Heckrotor Bodenberührung bekommt.

Wüstenerfahrung hatte keiner von uns, die Ausbildung verlief nach dem Prinzip „Learning by doing." Bereits in den ersten Tagen wurden Wüstenlandungen geübt und verschiedene Verfahrensmuster erprobt: Schnell oder langsam, steil oder flach standen zur Auswahl. Selbst die Iraker gaben sich große Mühe, unser Vorhaben durch unzählige Ratschläge zu unterstützen, auch wenn die Landung mit ihren Hubschraubermustern ungleich einfacher und Flugsicherheit eher der Abteilung „Inshallah" zuzuordnen ist.

Die große Masse aller Einsätze führte zu militärischen oder industriellen Objekten, die sich meistens in unbesiedeltem Wüstengelände befanden und Monate zuvor bombardiert worden waren. Dementsprechend „unaufgeräumt" waren die Landeplätze. Schon bei meinem ersten Einsatzflug ein „ausdrücklicher Hinweis": Flug mit Inspektionsteam in ein durch Flächenbombardements völlig zerstörtes Munitionsdepot im Südirak. Da nach Bombardierungen von Depots auch große Mengen Munition fortgeschleudert werden können, ohne dabei zu explodieren, galt es an solchen Orten, nur ganz vorsichtige Schritte zu set-

zen und lieber den mitfliegenden Spezialisten für Explosives vorgehen
zu lassen. Vor Abstellen der Triebwerke steckt der erste Wart Siche-
rungsstifte in die Fahrwerkanlage, um unbeabsichtigtes Einfahren des
Fahrwerkes zu verhindern. Diesmal ein spitzer Schrei über die Bord-
sprechanlage: Ich hatte bei der Landung eine Panzergranate genau zwischen die Zwillingsreifen des Bugfahrwerks geklemmt. Vom Winde ver-
weht und im Anflug nicht zu sehen, ein wenig Sicht kurz vorm Aufsetzen wäre ganz hilfreich gewesen. Wir hatten gottlob genügend starke
Männer an Bord, um das Mitbringsel zu entfernen.

Mit der CH-53 verfügen die deutschen Heeresflieger über betagtes,
aber immer noch zuverlässiges Gerät mit großen Leistungsreserven zumindest im mitteleuropäischen Klimaraum. Das Einsatzspektrum im
Irak verlangte dem Hubschrauber und der Mannschaft alles ab: Mit-
tagstemperaturen in den Sommermonaten von 70 Grad in der Sonne
und 55 Grad im Schatten, Innentemperaturen im Cockpit am Boden auf
ähnlichem Niveau und Metall, dass sich in der Sonne bis auf 90 Grad
erhitzte waren mehr als gewöhnungsbedürftig. Wir hatten zwar gelesen, dass der Irak zu den heißesten Regionen der Welt gehörte, aber
da war das noch Theorie. Heiße Luft ist dünn, dünne Luft trägt schlecht;
die gewohnte Nutzlast von 6.000 kg schmolz förmlich wie Schnee an
der Sonne auf erheblich bescheidenere Werte. Die 2,5 t schweren Nis-
san-Jeeps der Sonderkommission konnten beispielsweise nicht, wie in
Deutschland möglich, im Doppelpack geladen werden.

Nachdem wir unseren ersten Techniker nach Verstoß gegen das flie-
gerärztliche Trinkgebot (7 l / Tag, normalerweise kommen von dieser Seite eher Verbote) mit schwerer Nierenkolik zur Behandlung nach Kuwait
ausgeflogen hatten, wurden weiße Malerkombis aus der Heimat nachgeführt und technische Arbeiten am Hubschrauber über die Mittags-
zeit unter Aufsicht gestellt und spätestens nach ca. 20 Minuten unterbrochen.

Das Problemfeld Navigation war von Anbeginn an dank der voran-
gehenden Blitzbeschaffung für den Kurdeneinsatz gelöst: Jeder unserer Hubschrauber hatte zwei mittlerweile festeingebaute Satellitenna-
vigationsempfänger, damit war jede Zielkoordinate auf ca. 50 m Genauigkeit anfliegbar. Damit fanden wir selbst bei schlechtester Sicht unsere Ziele, wenn nur die Koordinaten richtig übermittelt waren.

Ein fliegerischer Einsatz ist mir persönlich noch in besonderer Erinnerung: Evakuierung aus dem Nordirak. Die Vereinten Nationen hatten nach Einrichtung der UN-Schutzzone im Nordirak eigene Polizeikräfte stationiert, um die Sicherheitsgarantien für irakische Kurden zu

überwachen. Diese Männer und Frauen, mit denen wir nur bei Ein- und Ausreise in Bagdad in Kontakt kamen, taten einen unglaublich schweren Dienst. Abgeschnitten von jeder Zivilisation und unter permanenter Lebensgefahr gerieten sie häufig zwischen die Fronten unterschiedlichster Konfliktparteien, denen allesamt Menschenleben nicht viel bedeuteten. Stieß ihnen etwas zu, konnte ihnen vor Ort kaum geholfen werden.

Mittags gegen 14:00 Uhr erreichte mich ein dringender Ruf aus dem UN-Hauptquartier, man stand mit einem Arzt im Nordirak über Kurzwelle in Funkverbindung, der dringlichst um Lufttransport für zwei UN-Guards bat. Die beiden Beamten waren nördlich Sulaymaniyah in ihrem Fahrzeug beschossen worden, danach mit dem Fahrzeug umgestürzt und in lebensbedrohlichem Zustand. Die Frage, ob wir grundsätzlich helfen könnten, war schnell zu bejahen, die dann folgenden weniger schnell.

Im Nordirak, nicht einmal in Bagdad gab es zu diesem Zeitpunkt funktionierende Krankenhäuser, qualifizierte Behandlung war am ehesten nach Evakuierung in Kuwait verfügbar. Nur die Sonderkommission verfügte über Hubschrauber. Da für derartige Flüge kein Mandat erteilt war, war der Irak auch nicht verpflichtet, einem Evakuierungseinsatz in die Flugverbotszone Nord, von dort nach Kuwait und zurück zuzustimmen. Das irakische Angebot lautete folgerichtig: Wir bieten den sofortigen Einsatz eines irakischen Militärhubschraubers an und evakuieren nach Bagdad. Dieser Lösung durfte die UN nicht zustimmen, war doch jedes irakische Luftfahrzeug bei Überfliegen der Grenze zur Flugverbotszone mit Abschuss bedroht. Mein unmittelbarer Ansprechpartner, ein irakischer General, selbst Hubschrauberpilot mit langjähriger Einsatzerfahrung aus irakisch-iranischem Krieg, bog sich förmlich vor Schmerzen: Seine Weisungslage hieß, Vorteile für den Irak herausschlagen, meine bereits drohende Entschlossenheit verriet ihm, wenn hier keine Zugeständnisse gemacht würden, war unser bis dahin gutes Arbeitsklima für immer dahin. Erst gegen 18:00 Uhr erste Signale der irakischen Seite, das Ministerium würde wahrscheinlich zustimmen.

Die Funkverbindung in den Norden drohte zusammenzubrechen, meine Information an den UN-Arzt im Norden: Bleiben Sie an der Koordinate, wir kommen zur Not auch in der Nacht. Unsere fliegende Intensivstation war einsatzbereit, ein zweiter Notarzt an Bord, endlich gegen 19:00 Uhr: Der Irak erteilte die Flugfreigabe. Bei beginnender Dämmerung überfliegen wir in respektvoller Höhe die Grenzlinie zwischen irakischen Truppen und kurdischen Widerstandskämpfern. Nach Be-

tankung in Kirkuk, Landung in Bagdad gegen Mitternacht. Eine aus-
geruhte Besatzung übernimmt die Maschine zum Weiterflug nach Kuwait, gegen 3:00 Uhr früh sind beide Patienten im OP, sie überleben.
Auch wenn es nicht zu den Aufgaben der UNSCOM HELI Unit gehörte, achtmal haben deutsche Heereshubschrauber der UNSCOM HELI
Unit Schwerstkranke oder -verletzte auf diesem Wege evakuiert.

Ein letztes Wort zu denen, die diesen Einsatz entscheidend mitge-
prägt haben, unsere Luftfahrzeugtechniker. Nie zuvor hat das fliegende Gerät solche Belastungen aushalten müssen, nie zuvor waren zum
Beispiel alle 75 Flugstunden komplette Triebwerke zu wechseln, kaum
jemals wurde oftmals so unter Zeit- und Erfolgsdruck gearbeitet; und
dennoch, fast immer standen die Flieger zum Einsatz bereit, auch wenn
das nach aller Erfahrung häufig an Hexerei grenzte.

Geblieben sind ein Fundus an Erinnerungen, mit dem sich Bände füllen lassen, Dankbarkeit für Jahre, in denen auf Schutzengel immer Verlass war, Erfahrungen, die nicht auf Lehrgängen vermittelt werden und
Stolz auf alle Heeresflieger, die die deutschen Streitkräfte würdig
vertreten haben.

Unter dem Blauen Barett

Peter K. Fraps

Vom 22. Mai 1992 bis 12. November 1993 war ein deutsches Sanitätskontingent im Rahmen der UN-Friedensmission UNTAC (United Nations Transitional Authority in Cambodia) zur medizinischen Versorgung der Zivilbevölkerung in Kambodscha eingesetzt. Ca. 450 Sanitätssoldaten haben dort ein Feldlazarett – „German Hospital" in Phnom Penh – mit 60 Betten betreut und über 3.500 stationäre und 95.000 ambulante Behandlungen durchgeführt. Deutschland hat bei dieser Friedensmission der UN den Gesamtleiter des aus 20 Nationen bestehenden multinationalen Sanitätsdienstes UNTAC gestellt.

Sanitätsdienst der Bundeswehr in Kambodscha 1992/93

Der folgende Bericht – mehr als fünf Jahre nach Rückkehr aus Kambodscha geschrieben – wird sich mit der nahezu unbekannten Entwicklungsgeschichte des Einsatzes sowie mit der Situation und den Geschehnissen vor Ort aus der persönlichen Sicht eines Augenzeugen beschäftigen, der nicht nur unmittelbar erlebt hat, sondern zusätzlich 547 Einsatztage als Leiter des multinationalen Sanitätsdienstes der VN-Friedensmission UNTAC (United Nations Transitional Authority in Cambodia) und gleichzeitig als Führer des deutschen Sanitätskontingentes lückenlos in einem Tagebuch dokumentiert hat.

Absicht des Autors ist es, aufzuzeigen, dass die Bundeswehr mit ihrer schon seit Jahrzehnten in weltweiten humanitären Einsätzen erfahrenen ,,Speerspitze" Sanitätsdienst – nach anfänglichen Startproblemen, über die es sich zu sprechen lohnt – in Kambodscha einen recht erfolgreichen Einstand als Peacekeeper unter der Flagge der Vereinten Nationen verzeichnen konnte. Für den Sanitätsdienst brachte die Zeit nach UNTAC eine enorme und sehr positive Entwicklung hinsichtlich der personellen und materiellen Ausstattung von Einsatzkontingenten. Die anderen Teilstreitkräfte der Bundeswehr profitierten und profitieren weiterhin von diesem anhaltenden Trend, indem sich deutsche Einsatzkontingente zwischenzeitlich auf eine – auch bei den anderen Nationen als beispielhaft angesehene – optimierte medizinische und sanitätsdienstli-

che Unterstützung verlassen können. Die gültige Maxime, dass jeder
deutsche Soldat im Auslandseinsatz bei Erkrankung, Verletzung oder
Verwundung Anspruch auf eine medizinische Behandlung hat, die im Ergebnis derjenigen im Heimatland gleichkommt, ist letztendlich als Ergebnis des ersten Einsatzes eines deutschen Kontingentes, rund 10.000
km von der eigenen logistischen Basis entfernt, zu sehen.

Der Bericht ist all denen gewidmet, die durch ihr beispielhaftes Engagement und durch ihre uneingeschränkte Leistungsbereitschaft dem
,,German Hospital" in Phnom Penh – und damit natürlich auch dem gesamten Sanitätsdienst der Bundeswehr – sowohl bei den Vereinten Nationen als auch bei der Bevölkerung Kambodschas einen hervorragenden Ruf verschafften. Dies waren die 445 Frauen und Männer des Sanitätsdienstes der Bundeswehr vor Ort, die in ihren französischen Tro-
penuniformen, unter extremen klimatischen Bedingungen und unter ungewöhnlichen Lebensverhältnissen, auf freiwilliger Basis in einem der drei
Kontingente jeweils sechs Monate ihren fordernden und teilweise risi-
koreichen Dienst am Patienten verrichteten. Dies waren aber auch die
zahlreichen Helfer und Kameraden im Heimatland, die eingebunden in
die damals ausschließlich sanitätsdienstliche nationale Führung und Logistik organisatorisch, versorgend, fürsorglich und Verbindung haltend
tätig waren. Letztere haben die Moral und das Durchhaltevermögen der
Truppe im Einsatzland ganz entscheidend beeinflusst.

Der Bericht ist in ganz besonderer Weise unserem Kameraden Sa-
nitätsfeldwebel Alexander Arndt gewidmet, der am 14. Oktober 1993,
wenige Tage vor Einsatzende, im Alter von 26 Jahren durch die sinnlo-
se und unfassbare Tat eines kambodschanischen Mörders sein Leben
verlor. Er war der erste deutsche Soldat, der in Erfüllung seines humanitären Auftrages für die Vereinten Nationen in einer Friedensmission
gestorben ist. Er war als Intensivpfleger besonders aktiv um die Rettung
anderer Menschenleben bemüht. Seiner sei an dieser Stelle gedacht.

Neue Dimension einer VN-Friedensmission

Generalleutnant John Sanderson – Befehlshaber der am Höhepunkt
des Einsatzes aus insgesamt 34 Nationen rekrutierten und 16.000 Mann
starken militärischen Komponente der Friedensmission UNTAC – sagte
im September 1993 beim Abschiedsappell der bisher umfangreichsten
und teuersten Peace-Keeping-Operation in der Geschichte der Vereinten Nationen: ,,UNTAC has been a mission of firsts".

Auf der Grundlage des am 23. Oktober 1991 von Vertretern Kambodschas und von Repräsentanten der Vereinten Nationen in Paris un-

terzeichneten Friedensabkommens beschloss der Sicherheitsrat der Weltorganisation die Einrichtung einer Übergangsverwaltung der Vereinten Nationen in Kambodscha. Wesentliche Aufgaben des mit einem Gesamtbudget von 2,3 Milliarden US-Dollar veranschlagten Einsatzes waren neben der Hilfestellung bei der Befriedung des über 20 Jahre durch Revolten, Bürgerkriege, Völkermord und Fremdherrschaft geschundenen und traumatisierten Landes die Repatriierung und Umsiedlung von 350.000 Flüchtlingen und Vertriebenen sowie die Vorbereitung, Durchführung und Überwachung freier Wahlen als Voraussetzung für die Etablierung einer neuen kambodschanischen Regierung demokratischer Prägung. Zusätzlich beinhalteten die ehrgeizigen Ziele der gigantischen Friedensmission ein landesweites Minenräumprogramm, humanitäre Hilfe im weitesten Sinne sowie die Einleitung allgemeiner wirtschaftlicher Rehabilitationsmaßnahmen.

UNTAC war und ist bis zum heutigen Tage auch die zahlenmäßig größte Friedensmission der Vereinten Nationen:

Während des 18 Monate dauernden Einsatzes waren zeitweise 86.580 militärische und zivile Mitarbeiter (davon 57.000 Kambodschaner) aus insgesamt 104 Nationen an 398 verschiedenen Standorten in Kambodscha gleichzeitig für UNTAC nicht nur tätig, sondern hatten nach den Regularien der Vereinten Nationen auch Anspruch auf sanitätsdienstliche und medizinische Versorgung.

Medical Team des Sanitätsdienstes bereits im November 1991 in Kambodscha

Während man im politischen Raum noch heftig und teilweise sehr konträr über die mögliche Entsendung eines deutschen Sanitätskontingentes zur ,,humanitären Unterstützung der VN-Friedensmission in Kambodscha" diskutierte und erste Überlegungen zu einem eventuellen Einsatz im Sanitätsdienst der Bundeswehr im September 1991 zunächst angestellt, kurze Zeit später jedoch umgehend eingestellt werden sollten, wurde zur Vorbereitung der eigentlichen Friedensmission am 9. November 1991 zunächst die so genannte United Nations Advance Mission in Cambodia (UNAMIC), bestehend aus einem zivilen und militärischen Verbindungsstab, einer militärischen Einheit von Minenräum-Experten sowie Personal zum Aufbau einer umfangreichen Logistikorganisation auf Beschluss des VN-Sicherheitsrates nach Kambodscha entsandt. Von der Öffentlichkeit kaum bemerkt – und selbst in Bundeswehrkreisen weitgehend unbekannt – blieb die Tatsache, dass die Bundesregierung der Bitte des damaligen Generalsekretäres der Vereinten Nationen, Boutros Boutros-Ghali, nachgekommen war und Mitte November ein Ärzteteam aus zunächst drei Sanitätsoffizieren und drei Sanitätsunteroffizieren, zusammen mit entsprechender medizinischer Ausstattung, zur sanitätsdienstlichen Versorgung von UNAMIC nach Kambodscha in Marsch gesetzt hatte. Es handelte sich um freiwillige Soldaten, deren Aufgaben allgemeinmedizinische Behandlung und Luftrettung in Zusammenarbeit mit französischen Hubschraubern zur Anschlussversorgung erkrankter/verletzter VN-Mitarbeiter nach Thailand war.

Im Februar 1992 – in Deutschland rang man immer noch um die Zustimmung zum ersten Einsatz eines Sanitätskontingentes zur Unterstützung der am 15. März 1992 beginnenden Friedensmission UNTAC – wurde das Medical Team, dessen Angehörige im Status von sogenannten ,,Experts on mission"(aus heutiger Sicht versorgungsrechtlich und versicherungstechnisch in einer Art administrativem Vakuum lebend, aber von den Vereinten Nationen mit fürstlichem Salär bedacht) ihren Dienst rund um die Uhr in Phnom Penh versahen, auf sechs Sanitätsoffiziere, sieben Sanitätsunteroffiziere und zwei Sanitätssoldaten erhöht. Man betrieb inzwischen in der Landeshauptstadt Phnom Penh ein Sanitätszentrum (Medical Centre) zur Betreuung der ca. 1.200 VN-Mitarbeiter und errichtete außerdem in Battambang (im Nordwesten Kambodschas) einen medizinischen Versorgungspunkt (Medical Point), dessen Aufgabe in erster Linie die Organisation und Durchführung der Luftrettung im Bereich eines dort relativ frühzeitig stationierten Infanteriebataillons aus Malaysia war.

Eine der zusätzlichen Aufgaben des deutschen Medical Teams war die Erarbeitung von Grundlagen für die Etablierung eines multinationalen militärischen Sanitätsdienstes zur Versorgung der militärischen und zivilen Komponenten von UNTAC, deren Personalaufwuchs und Truppendeployment anlief. Auf der Basis von Planungsvorgaben über die Dislozierung von Truppenkontingenten und zivilen VN-Einrichtungen wurden erste Erkundungen durchgeführt und ein Konzept für den flächendeckenden Einsatz von Sanitätseinrichtungen der Behandlungsebenen 2 und 3 (chirurgische und fachärztliche Behandlung mit stationärer Bettenkapazität) entwickelt.

Der Einsatz eines Sanitätskontingentes nimmt Konturen an

An einem Freitagnachmittag in der ersten Märzhälfte 1992 ließ der damalige Inspekteur des Sanitäts- und Gesundheitswesens der Bundeswehr, Generaloberstabsarzt Dr. Desch, bei mir anfragen, ob ich bereit wäre, ein Sanitätskontingent zu führen, welches möglicherweise als höchste medizinische Behandlungsebene in Kambodscha ein UNTAC-Feldlazarett mit einer möglichst breiten Palette von fachärztlichen Bereichen und mit einer stationären Behandlungskapazität von 60 Betten in Phnom Penh einrichten und betreiben sollte. Umfang des Personals maximal 145 Mann, davon etwa 30 bis 35 Sanitätsoffiziere. Einsatzdauer sechs Monate, finanzielle und sonstige Rahmenbedingungen sind noch zu klären, Rekrutierung des Kontingentes ausschließlich aus Freiwilligen. Ob für das Feldlazarett eine geeignete Infrastruktur gefunden oder nutzbar gemacht werden kann oder aber eine Unterbringung in Zelten oder Containern stattfinden muss, kann momentan noch nicht gesagt werden. Weitgehende Unabhängigkeit von Wasser- und Energieversorgung sowie eine logistische Anfangsreichweite von 60 Tagen werden gefordert. Es existiert in Kambodscha kein oder lediglich ein desolates ziviles Gesundheitswesen, d.h. es besteht landesweit keinerlei Möglichkeit, sich medizinisch auf irgendwelche Einrichtungen abzustützen. Aus diesem Grunde muss der multinationale militärische Sanitätsdienst so ausgelegt sein, dass er ausreichende Kapazitäten hat, um neben 16.000 Soldaten auch sämtliche zivilen UNTAC-Mitarbeiter und darüber hinaus in Notfallsituationen kambodschanische Bevölkerung mit zu versorgen. Straßentransport von Patienten mit Krankenkraftwagen ist nur in geringem Umfang möglich, da das Straßennetz völlig insuffizient, zerstört und vermint ist. Ein effizientes Luftrettungswesen wird als wesentliche Grundlage für eine verlässliche, zeitsparende und risikominimierende sanitätsdienstliche Versorgung unbedingt benötigt werden. Das ,,UNTAC Field Hospital" – so die offizielle Bezeichnung der Sanitätseinrichtung – sollte spätestens Ende Mai/Anfang Juni 1992 vor Ort arbeitsbereit sein, Personal und Material so bald als möglich zum Aufbau der entsprechenden Infrastruktur nach Kambodscha verlegt werden.

Konferenz der Truppen stellenden Nationen im VN-Hauptquartier in New York

Vom 6. bis 8. April 1992 fand in einem der großen Sitzungssäle im beeindruckenden Hauptquartier der Vereinten Nationen in New York eine Konferenz zur Information der für die Friedensmission UNTAC Truppen stellenden Nationen statt. Ich hatte die Ehre, zusammen mit einem Beamten des Bundesgrenzschutzes (dessen Einsatz mit 45 Mann im Rahmen der UNTAC-Komponente ,,Civil Police" bereits beschlossene Sache war und historisch gesehen kein Novum darstellte) im dunklen „Diplomatenzwirn" hinter einem imposanten „Germany"-Schild, eingerahmt von den Truppenstellern „France" und „Ghana", den Worten des Vorsitzenden der Veranstaltung, Undersecretary, General M. Goulding, zu lauschen. Etwas später berichteten einige Stabsoffiziere über die Situation in Kambodscha und über die Anforderungen, die der Einsatz an die Soldaten stellt. Makabrer Weise berichtete ein Oberstleutnant in australischer Felduniform, der bei einem Erkundungsflug im Territorium der Khmer Rouge (d.h. im Nordwesten Kambodschas) einen Oberarmdurchschuss erlitten hatte, und deshalb seinen linken Arm fotogen in einer Schlinge trug, sehr anschaulich über die Sicherheitslage in dem durch vier um die Vorherrschaft kämpfende Armeefraktionen völlig zerrütteten Land im Herzen Südostasiens.

Der weibliche deutsche Medical Director der Vereinten Nationen, Frau Dr. Ingrid Laux, schilderte die desolaten hygienischen Verhältnisse, die extreme Gefahr heimtückischer endemischer Tropen- und anderer Krankheiten, den erbarmungswürdigen Gesundheitszustand der Zivilbevölkerung; sie sprach über die Wichtigkeit eines gut funktionierenden UNTAC-Sanitätsdienstes und erwähnte schließlich zu meinem Erstaunen am 6. April 1992, dass Deutschland, aufbauend auf den Erkenntnissen des deutschen UNAMIC Medical Teams, für UNTAC ein Feldlazarett in Phnom Penh einrichten und betreiben wird.

Dies führte, wie man sich unschwer vorstellen kann, zu gezielten Fragen an den Vertreter des Sanitätsdienstes der Bundeswehr, die dieser in Anbetracht der Tatsache, dass das Deutsche Parlament erst am 8. April 1992 über die Entsendung eines deutschen Sanitätskontingentes entscheiden wird, notgedrungener Weise diplomatisch ausweichend beantwortete. Dennoch musste der indischen fünfköpfigen Sanitätsdelegation, im Konferenzraum schräg gegenüber sitzend und teilweise bereits VN-blauen Turban tragend, unbedingt der Eindruck vermittelt werden, dass überhaupt kein Zweifel darüber besteht, wer spätestens Anfang Juni die ersten stationären Patienten im UNTAC-Field Hospital in Phnom Penh behandeln wird.

Nachdem ich mit großer Erleichterung am 8. April 1992 anlässlich eines speziellen Meetings der Sanitätsdienst stellenden Nationen verkünden konnte, dass Deutschland das erbetene Sanitätskontingent nach Kambodscha entsenden wird, wurde von Seiten der indischen Delegation sehr intensiv das Problem der Führungsstruktur im multinationalen Sanitätsdienst UNTAC erörtert, da im Briefing des designierten G3-Stabsoffizieres HQ UNTAC erwähnt worden war, dass die Sanitätseinrichtungen der Ebenen 2 und 3 einem Chief Medical Officer im Dienstgrad Colonel hinsichtlich „Command and Control" unterstellt werden. Die Aussicht, dass eine indische „Field Hospital Support Group" mit einem Colonel als Kommandeur und 375 Mann Personal unter Umständen einem deutschen Oberstarzt unterstehen wird, bereitete der Delegation aus New Delhi offensichtlich schlaflose Nächte in New York. Man machte ohne unser Wissen mobil – wovon wir erst anlässlich unserer Erkundung in Kambodscha im Zeitraum vom 20. bis 24. April 1992 erfahren sollten...

Erkundungskommando in Phnom Penh

Unter Leitung des damaligen Chefs des Stabes und stellvertretenden Chefs des Sanitätsamtes der Bundeswehr, Generalarzt Dr. Schmidt, flog eine kleine Gruppe von Experten aus dem Bereich des Sanitätsdienstes, flankiert und unterstützt von einer größeren Anzahl von ministeriellen Sachverständigen auf den Gebieten Transport (Land, Luft, See), Infrastruktur, Verwaltung, Logistik und Militärseelsorge, vom 22. bis 24. April 1992 nach Phnom Penh. Das vom deutschen UNAMIC Medical Team als verfügbar und geeignet beschriebene Gebäude zur Einrichtung des Feldlazarettes sollte besichtigt werden. Außerdem wollte man mit dem Special Representative of the Secretary General (SRSG) Mr. Akashi und mit dem Force Commander (FC) LtGen Sanderson sprechen und beiden Herren erläutern, dass Deutschland sein Sanitätskontingent im Sinne einer humanitären Unterstützungsmaßnahme entsenden werde und dass alle Soldaten selbstverständlich in jeder Hinsicht unter nationaler Führung verbleiben.

Das vierstöckige Gebäude war in einem erbärmlichen Zustand und war installationsmäßig vollständig „ausgeweidet". Kein Strom, kein Wasser, keine Toiletten, keine Fensterscheiben. Schmutz, Abfall und Schimmel wohin man sah. Der vom „Infrastab" UNTAC angebotene nutzbare Teil des ehemaligen Wohnheimes der Universität war für ein Feldlazarett viel zu klein. Als vorübergehende Unterbringungsmöglichkeit für unser Personal war laut „Quartiermeisterei" UNTAC das nach allen Seiten offene Dachgeschoss ausgewiesen. Bauliche Maßnahmen würden nach unseren Vorstellungen vorgenommen und unverzüglich eingeleitet werden.

Der zweite Teil der Erkundung war noch ernüchternder, denn von einem Sonderstatus des deutschen Sanitätskontingentes war nach Phnom Penh offensichtlich nichts vorgedrungen. Laut Plan wird der multinationale Sanitätsdienst UNTAC von einem indischen Colonel geführt werden! Humanitäre Hilfe oder Unterstützung sei Aufgabe der zahlreichen in Kambodscha vertretenen so genannten „Non-Governmental Organisations" (NGO) aus aller Welt. Die Diskussion über den im parlamentarischen Raum induzierten, von unserer Ständigen Vertretung in New York im Vorfeld unseres Einsatzes bei den Vereinten Nationen prophylaktisch wohl auch verbalisierten Sonderstatus, war relativ rasch beendet.

Zum Glück konnte General Sanderson davon überzeugt werden, dass seinem Militärberater aus Indien wohl bei der Festlegung der Führungsstruktur der militärischen Komponente UNTAC hinsichtlich der Gesamtleitung des Sanitätsdienstes ein Fehler unterlaufen war. Noch vor Abreise des Erkundungskommandos traf aus New York am Abend des 23. April 1992 in Phnom Penh ein Fax ein, welches besagte, dass das aus einer indischen und einer deutschen Komponente zusammengesetzte „UNTAC-Sanitätsbataillon" und alle anderen Sanitätseinrichtungen im Einsatzgebiet von einem deutschen Colonel geführt werden...

Vorbereitung und Verlegung in Rekordzeit

Nach der positiven Entscheidung des Parlamentes vom 8. April 1992 blieben etwas mehr als sechs Wochen Zeit für Planung und Organisation der den Vereinten Nationen zugesagten Sanitätseinrichtung. Das Personalkontingent sollte nicht mehr als 145 Mann umfassen; mit Ausnahme von Kinderheilkunde und Neurochirurgie sollten alle medizinischen Fachbereiche abgedeckt werden. Der stationäre Behandlungsbereich war mit 60 Betten, die Einsatzdauer mit 18 Monaten vorgegeben. Unter enormem Zeitdruck und unter Berücksichtigung der politisch vorgegebenen „Freiwilligenklausel" musste ein geeigneter Personalkader zusammengestellt werden.

Nachdem weder auf eigene VN-Einsatzerfahrungen noch auf konkrete VN-Vorgaben zurückgegriffen werden konnte, basierte die Personal- und Ausstattungsplanung im Wesentlichen auf Erfahrungen der Münchner AMF (L) Sanitätskompanie 2./851, welche seit rund drei Jahrzehnten, außer bei zahlreichen NATO-Einsätzen an der Süd- und Nordflanke Europas, bei einer ganzen Reihe von humanitären Hilfsaktionen in der Türkei, im Jemen, in Süditalien und im Iran zum Einsatz gekommen war. Für die Einweisung und Vorbereitung des Personals an der Sanitätsakademie der Bundeswehr in München standen nur wenige Tage zur Verfügung. Eignung und fachliche Qualifikation des beachtlichen Freiwilligenaufkommens (1.200 Männer und Frauen) konnten für das 1. Kontingent nur relativ oberflächlich beurteilt werden.

In meiner Eigenschaft als „Chief Medical Officer UNTAC" (als den mich Deutschland inzwischen bei VN nominiert hatte, ohne dessen Status und Aufgaben zu kennen) und zugleich Führer des deutschen Kontingentes und Dienstältester Deutscher Offizier (DDO) im Einsatzland – eine sicherlich ungewöhnliche und wie sich später herausstellte, schwierig wahrzunehmende Multifunktionsrolle – flog ich am 17. Mai 1992 zusammen mit einem Hauptmann, der später als S3-Offizier (Administration Officer) einer von zwei deutschen Offizieren in meiner elf Mann starken Stabsabteilung Sanitätsdienst (Medical Branch) im HQ UNTAC war, über Bangkok nach Phnom Penh.

Das Personal kam in zwei Wellen am 23. und 27. Mai 1992, 350 t Material wurden im Zeitraum 21. Mai bis 8. Juni 1992 mit 14 Cargomaschinen vom Typ Ilijuschin 76 von München Riem nach Phnom Penh Pochentong verlegt.

Die Lebensbedingungen waren für die 145 deutschen Soldaten anfänglich alles andere als angenehm, da die temporäre Dachterrassen – Massenunterkunft nicht nur sehr zugig, sondern wegen des Monsunregens auch sehr feucht war. Die Feldküche kochte noch auf Sparflamme und verteilte über einen längeren Zeitraum ausschließlich die bei Soldaten nicht sonderlich beliebten Fertiggerichte aus der goldfarbenen Aluminiumfolie, d.h. Einsatzverpflegung (EPA). Wasser war nur ausgesprochen spärlich verfügbar und vor den wenigen verfügbaren Toiletten schloss man beim Anstehen zum Zeitvertreib Wetten ab, ob die Spülung diesmal funktionieren würde oder nicht.

Alle Soldaten krempelten – unabhängig von Dienstgrad und Geschlecht – die Ärmel ihrer für tropisches Klima vollkommen ungeeigneten deutschen Felduniform (die später durch eine leichte französische ersetzt wurde) hoch und arbeiteten rund um die Uhr und teilweise bis zur Erschöpfung, um im Feldlazarett so schnell wie möglich Arbeitsbereitschaft und vor allem für sich selbst auch bessere Lebensbedingungen herzustellen.

In diese etwas chaotische Aufbauphase fiel am 29. Mai 1992 – aus meiner Sicht nicht ganz glücklich gewählt, aber trotz dringender Bitte um Verschiebung nicht verhinderbar – der erste Besuch unseres damals neuen Verteidigungsministers Volker Rühe, der sich zusammen mit dem Wehrbeauftragten des Bundestages, Alfred Biehle, mit Generalinspekteur General Naumann, mit dem Inspekteur des Sanitätsdienstes Generaloberstabsarzt Dr. Desch, sowie mit weiteren 25 Delegationsmitgliedern und 55 Medienvertretern einen Eindruck von den Arbeitsbedingungen und von der Situation der Bundeswehrsoldaten im Einsatzland verschaffen wollte.

„German Hospital" und seine anfängliche Identitätskrise

In Rekordzeit und unter Mobilisierung letzter Kraft- und Willensreserven richtete das unter den extremen Klimaverhältnissen und den bescheidenen Lebensbedingungen sehr leidende 1. Personalkontingent das UNTAC Field Hospital ein und meldete am 8. Juni 1992 Arbeitsbereitschaft. Schon am ersten Tag wurden zwei kambodschanische Minenopfer in einem der zwei Operationscontainer operiert. Stromerzeugung und Trinkwasseraufbereitung (Mekong-Wasser) waren aktiviert, die Unterbringungslage für das Personal hatte sich entspannt und die Feldküche ließ allmählich die mageren EPA-Verpflegungstage vergessen. Die Anzahl von Toiletten und Duschmöglichkeiten nahm täglich zu, die Stimmung unter den Soldaten wuchs im gleichen Maße.

Mit zunehmender Einsatzdauer kristallisierte sich (nicht nur für den gegenüber Führung und Verwaltung UNTAC zunehmend in Argumentationsnot geratenden deutschen Chief Medical Officer) heraus, dass ein nicht geringer Anteil der Sanitätsoffiziere und auch des sonstigen Sanitätspersonals den Auftrag des deutschen VN-Kontingentes tatsächlich in erster Linie als „humanitäre Unterstützungsmaßnahme" für die kambodschanische Zivilbevölkerung verstand. Dies erweckte in der Anfangsphase bei UNTAC-Angehörigen den Eindruck, dass das „German Hospital" – obwohl Deutschland nach den VN-Richtlinien aus dem Budget der Friedensmission UNTAC für eingesetztes Personal und Material Kosten erstattet wurden – nur im Rahmen freier Kapazitäten UNTAC-Patienten mitbehandle und der eigentliche Auftrag von sekundärer Bedeutung sei. Von den zur Verfügung stehenden 60 Betten waren bis zu 48 (im Durchschnitt jedoch stets ca. 50%) von kambodschanischen Patienten belegt, deren stationäre Aufnahme/Behandlung in vielen Fällen nicht auf der von den VN durchaus anerkannten Grundlage einer lebensbedrohlichen Erkrankung oder Verletzung erfolgt war. Die mehrfachen Aufforderungen an die Ärzteschaft, eine vernünftige Basis für humanitäre Hilfsmaßnahmen zu finden, wurden als Befehle zur Missachtung ärztlicher Ethik interpretiert und konstant boykottiert.

Bedauerlicherweise wurde diese Einstellung von der nationalen Führung im Heimatland zunächst unter Berufung auf den Terminus technicus (politicus) „humanitäre Unterstützungsmaßnahme der Vereinten Nationen in Kambodscha" und auf den Verbleib des deutschen Sanitätskontingentes unter nationalem Befehl gestützt, und damit die

Position des deutschen Chief Medical Officers im HQ UNTAC massiv untergraben. Die Medien stürzten sich geradezu mit Wollust auf diesen offensichtlichen Dissens zwischen den vom „Helfersyndrom" befallenen deutschen Sanitätsoffizieren im „Haus der Engel" in Phnom Penh und der teuflisch inhumanen UNTAC-Führung, welche es wagte, darauf hinzuweisen, dass das von den VN finanzierte UNTAC-Feldlazarett sich im Wesentlichen auf die Versorgung von UNTAC-Angehörigen zu beschränken habe, dass von den VN in diesem Zusammenhang neben praktischen auch politische Gesichtspunkte geltend gemacht wurden (Gefahr, dass die Roten Khmer UNTAC parteiisches Verhalten vorwerfen könnten) wurde lediglich abfällig kommentiert.

Vereinte Nationen reagieren empfindlich auf deutschen Alleingang

Alarmstimmung kam allerdings Ende Juli 1992 – also rund zwei Monate nach Inbetriebnahme des „German Hospital" – sowohl in Phnom Penh als auch in Bonn auf; als Chief Medical Officer UNTAC aufgefordert wurde, sich zusammen mit General Sanderson, SRSG Akashi und mit dem Verwaltungsdirektor UNTAC, Mr. Medih, im Feldlazarett anlässlich einer Visite von seinen deutschen „Kollegen" jeden einzelnen stationären kambodschanischen Patienten vorstellen zu lassen. Zu diesem Zeitpunkt waren von den verfügbaren 60 Betten 48 durch Kambodschaner belegt... Als dann am 23. Juli 1992 aus New York ein „Citissime"-Fernschreiben der Ständigen Vertretung der Bundesrepublik Deutschland bei den Vereinten Nationen mit großem Verteiler im BMVg in Bonn eintraf; aus dem hervorging, dass man aus verlässlichen Quellen die Information erhalten habe, dass die Vereinten Nationen den Abzug des deutschen Sanitätskontingentes wegen dessen überzogener Materialanforderungen, wegen permanenter Verstöße gegen die für VN-Friedenseinsätze geltenden Behandlungsrichtlinien und wegen Problemen hinsichtlich der Unterordnung des deutschen Kontingentes unter VN-Kommando in Erwägung ziehen würden, kam selbst bei unbelehrbaren „Chefideologen" und überzeugten „Samaritern" wegen des Verlustes an politischem Ansehen, den die Bundesrepublik im Falle einer Ablösung von ihrem ersten VN-Einsatz erleiden würde, enorme Hektik auf.

Kursänderung

Die noch verbleibende Stehzeit des ersten deutschen Personalkontingentes bis Ende November 1992 war dadurch geprägt, dass man am

Mekong ziemlich rasch Gleichschritt mit den anderen Blauhelm-Truppen und mit den gängigen Befehlen, Weisungen und „Gidelines" der Vereinten Nationen aufnahm. Am Rhein unterstützte man die volle Integration des deutschen Sanitätskontingentes in die Gemeinschaft der Peacekeeper, indem man Restriktionen schrittweise lockerte und das Beharren auf einem Sonderstatus des deutschen Kontingentes aus gegebenem Anlass zu den Akten legte. Auch die Medien sprachen fortan von „unseren Blauhelmen in Kambodscha" und mehr vom „ersten Einsatz unter der Flagge der Vereinten Nationen", denn von einer humanitären Unterstützungsmaßnahme... Das Aufgabenspektrum für die sanitätsdienstliche Versorgung der Behandlungsebene 3 stellte sehr hohe Anforderungen an das Personal der drei deutschen Kontingente. Erstmals in der Geschichte des Sanitätsdienstes der Bundeswehr waren Sanitätsoffiziere aller vier Approbationen und sämtlicher Fachbereiche unter Bedingungen im Einsatz, die neben einer gewohnten Regelversorgung, unfallchirurgische, kriegschirurgische, tropenmedizinische und humanitäre Aspekte unter einem Dach vereinten und von den individuellen Spezialisten Teamwork verlangten. Das Patientengut setzte sich aus Angehörigen von 104 verschiedenen Nationen zusammen. Frauen und Kinder stellten dabei sowohl im ambulanten als auch im stationären Behandlungsbereich keine Ausnahmen dar. Behandlungsindikationen und zur Anwendung gekommene Therapieformen sprengten auch aus Sicht erfahrener Kliniker teilweise nicht nur den Rahmen des Vorstellbaren, sondern stellten eine absolute Herausforderung an das medizinische „know how" der eingesetzten Fachleute dar. Für ärztliches Personal und medizinisches Assistenzpersonal eröffneten sich ohne Zweifel auch aus der Tatsache, dass hoffnungslose Fälle und sterbende Patienten zum Alltag ihrer Tätigkeit gehörten, ungewohnte Dimensionen bezüglich ihrer Berufsausübung. Stellt die Konfrontation mit dem Tod eines Patienten in Sanitätseinrichtungen der Bundeswehr im Allgemeinen eine Ausnahmesituation dar, so weist die Statistik des UNTAC Field Hospitals im Verlauf von 17 Monaten 131 Fälle auf; die trotz intensiver Bemühungen nicht gerettet werden konnten.

Bilanz

Als das 60-Betten-Feldlazarett nach 17 Monaten ununterbrochenen Einsatzes am 31. Oktober 1993 seine Pforten zur Rückverlegung nach Deutschland schloss, konnte eine stolze Bilanz gezogen werden:

Im stationären Bereich waren 3.489 Patienten und im Ambulanzbereich 95.409 Patienten behandelt worden. Der Anteil kambodschanischer Bevölkerung, welcher nach den Statuten medizinische Hilfe in lebensbedrohlichen (life and limb saving) Situationen und im Rahmen freier Kapazitäten zuteil wurde, betrug in beiden Behandlungsbereichen jeweils etwa 25%. Mit dem von UNTAC finanzierten Bau eines speziellen Ambulanzbereiches für kambodschanische Patienten im Gelände des „German Hospitals" im Mai 1993 und nach Deutschlands Einbringen von 250.000 DM in das von UNTAC zwischenzeitlich offiziell gestartete so genannte „Civic Action Program" zur humanitären Unterstützung der Bevölkerung glätteten sich die Wogen vollends.

Die Chirurgen führten mehr als 2.000 größere und unzählige kleine Operationen durch. Schreckliche Minenverletzungen und Kriegsverletzungen gehörten leider zum Alltag. Deutsche Notärzteteams, unterstützt von französischen Luftrettungsassistentinnen, flogen bei Tag und Nacht insgesamt 804 Einsätze in den von Frankreich gestellten Hubschraubern. Das Luftrettungssystem für den erweiterten Missionsbereich Kambodscha – Thailand wurde jeweils von einem Sanitätsoffizier des Feldlazarettes geleitet. Zahlreiche UNTAC-Angehörige und Kambodschaner verdanken ihr Leben und ihre Gesundheit dieser hervorragenden französisch-deutschen Kooperation.

Der Stadtbereich Phnom Penh wurde „standortärztlich" und notärztlich 24 Stunden am Tag von Ärzten und Sanitätern des deutschen Sanitätskontingentes betreut. Deutsche Krankenkraftwagen gehörten zum Stadtbild und waren stets als erste am Unfallort.

Dass die Bundesrepublik Deutschland bei dieser außergewöhnlich komplexen Friedensmission der Vereinten Nationen den Gesamtleiter des aus 20 Nationen rekrutierten multinationalen Sanitätsdienstes UNTAC (mit insgesamt 171 Ärzten und 1.034 Mann Assistenzpersonal in 118 Sanitätseinrichtungen) stellen durfte, war für „Germany" ein Zeichen großen Vertrauens – für mich persönlich eine hohe Ehre und die größte Herausforderung meines Lebens!

Stellvertretend für viele Dankesworte und Dankschreiben, die ich für das deutsche Sanitätskontingent entgegennehmen durfte, erlaube ich mir abschließend aus einem Brief des „Officers in Charge" UNTAC, Mr. Hocine Medih, vom 13. November 1993, zu zitieren:

„Lastly, may I take this opportunity to reiterate my appreciation for the professionalism, hard work and dedication of the German Medical Contingent and their outstanding contributions to UNTAC and to the United Nations."

Transportflieger in humanitärem Auftrag

Roger Evers

Die Versorgung Sarajevos aus der Luft begann 4. Juli 1992 und wurde am 9. Januar 1996 beendet. Vom 8. April bis zum 15. September 1995 waren die Flüge aus Sicherheitsgründen ausgesetzt. Die Bundeswehr beteiligte sich an der Luftbrücke nach Sarajevo mit einer C-160 Transall und 27 Soldaten. In über 1.400 Einsätzen wurden ca. 10.800 t Hilfsgüter transportiert. Im Februar 1993 wurde eine Transall beim Anflug auf Sarajevo beschossen. Dabei wurde ein Soldat schwer verwundet.
Die Versorgung der Bevölkerung in Bosnien-Herzegowina aus der Luft (Air-Drop) begann am 28. März 1993 und wurde am 19. August 1995 beendet. In über 320 Nachteinsätzen gemeinsam mit US (C-130 Herkules) und französischen Transportflugzeugen (C-160 Transall) konnten ca. 2.100 t Lebensmittel und Medikamente abgeworfen werden.

Normalerweise musste ich als Kommandeur der Fliegerhorstgruppe im Lufttransportgeschwader (LTG) 62 in Wunstorf froh und dankbar darüber sein, wenn mich die Fliegende Gruppe fragte, ob ich einen mehrtägigen Flug als Kommandant übernehmen könnte. An diesem 6. Juni 1992 waren die Gefühle aber doch etwas gemischter. Mir war zum ersten Mal in meiner bis dahin 21-jährigen Transportflugzeugführerlaufbahn ein Flug mit Rahmenbedingungen angeboten worden, die sich doch stark von dem bisher Gewohnten unterschieden. Ich sollte in die belagerte und täglich in allen Medien als Ort des Schreckens dargestellte Stadt Sarajevo fliegen.

Bei früheren Einsätzen der Lufttransportverbände war es auch häufig etwas anders zugegangen als in der zivilen Charter- und Linienfliegerei. Meine Einsätze in Äthiopien 1985 gingen oft an die Grenzen der Flugleistung heran, und im Land liefen gleichzeitig Bürgerkriegsverhandlungen ab. Während wir mit Getreide aus Dire-Dawa starteten oder in Gondar landeten, starteten gleichzeitig mit Bomben beladene MiG 23 Flogger B oder E bzw. mit Kanonen und Raketen bestückte Hubschrauber Mi 8 „HIP". Aber wir selbst flogen gesicherte Plätze ohne Bedrohung aus der Luft oder vom Boden aus an. Über die UNO waren mit allen Konfliktparteien klare Vereinbarungen getroffen worden, so dass wir nicht wirklich gefährdet waren.

Auch die Versorgung der hungernden Bevölkerung des Südsudans 1986 von Entebbe in Uganda aus war grundsätzlich mit den kriegerischen Parteien abgeklärt, und dass dabei eine Transall des LTG 62 am Boden in einen Bombenangriff einer MiG 19 geriet, dem sie sich durch einen Alarmstart entzog, war offensichtlich mehr ein Versehen oder ein sudanesisches Koordinationsproblem als ein absichtlicher Angriff.

Als Kommandoführer unseres Kommandos in Bahrein zur Unterstützung der UNSCOM-Mission im Irak war ich gerade erst im März und April des Jahres zu einigen Flügen nach Habanya bei Bagdad gestartet und im noch stark zerstörten Kuwait gelandet, eine wirkliche Gefährdung haben meine Besatzungen und ich aber trotz aller Drohgebärden der Iraker nie empfunden.

Dieses Mal sahen die Rahmenbedingungen aber doch etwas anders aus. Mit den Konfliktparteien waren offensichtlich keine verlässlichen Absprachen möglich. Eine Gefährdung des Luftfahrzeuges und der Besatzung besonders bei An- und Abflug sowie während der Stehzeit am Boden durch Granatwerferbeschuss bzw. serbische Scharfschützen am Rande des Flugplatzes war nicht auszuschließen.

Erstmals wurden zusätzlich zur Flugdienstausstattung Splitterschutzwesten und Stahlhelme mitgeführt. Ich stellte meine Ausrüstung zusammen und gab meinem Stab Anweisungen für die Zeit meiner Abwesenheit. Dabei kamen aus den Reihen meiner Soldaten durchaus Fragen nach Notwendigkeit, Sinnhaftigkeit und vor allem der rechtlichen Bewertung dieses Einsatzes auf. Ich konnte die geäußerten Gedanken teilweise nachvollziehen, hatte ich doch auch in der Vergangenheit manchmal überlegt, ob der eine oder andere Auftrag aus dem 1965 abgelegten Eid: „... und das Recht und die Freiheit des Deutschen Volkes tapfer zu verteidigen..." klar abzuleiten war. Eine gewisse Unsicherheit darüber war auch dadurch entstanden, dass auf Lehrgängen an Bundeswehreinrichtungen durch die jeweiligen Juristen durchaus unterschiedliche Bewertungen zu dieser Frage abgegeben worden waren. Die Diskussion darüber wurde in der Truppe trotz des bereits vorliegenden Verfassungsgerichtsurteils noch längere Zeit geführt.

Es gab aber im Grunde genommen nur eine recht einfache Lösung dieser Frage, die ich auch stets in Diskussionen mit den Besatzungen oder im zivilen Umfeld vertreten habe: Der Auftrag stammte von einer demokratisch legitimierten politischen Leitung und war in einer Recht und Gesetz verpflichteten militärischen Hierarchie umgesetzt, geprüft und weitergegeben worden. Für mich war klar, dass eine Infragestellung der Befolgung des Einsatzbefehls nur mit klaren beruflichen Konsequenzen, nämlich der Bedingung des Dienstverhältnisses als Berufssoldat im Rahmen der gesetzlichen Möglichkeiten, vertretbar gewesen wäre. Diese grundsätzliche Einstellung wurde offensichtlich im gesamten Bereich der Lufttransportbesatzungen und Techniker geteilt, denn mir ist kein Fall einer Weigerung eines Soldaten zur Teilnahme am Einsatz bekannt.

Der tatsächliche Einsatz konnte dann relativ routinemäßig abgewickelt werden. Zunächst flogen wir nach Landsberg am Lech, um dort bei Lufttransportgeschwader 61 zu übernachten und dann am nächsten Morgen mit einigen Paletten voller Lebensmittel für die Bevölkerung Sarajevos beladen zu werden.

Hier konnten wir kurz mit einer Besatzung des Lufttransportgeschwaders 63 aus Hohn bei Rendsburg sprechen, die bereits einen Einsatz nach Sarajevo absolviert hatte. Wir bekamen einige Informationen über vorgeschriebene Flugrouten, die französische Flugsicherung auf dem Kontrollturm in Sarajevo und die in Farben ausgedrückten Gefährdungseinschätzungen, die von dort über Funk übermittelt würden. Weiter wurden wir noch einmal informiert, dass es keine elektronischen Anflughilfen gäbe, der Platz also nur nach Sicht angeflogen werden könne.

Nach einer Nacht in Landsberg mit nicht allzu festem und konstanten Schlaf ging es am nächsten Morgen, dem 8. Juni 1992, nach Zagreb in Kroatien. Dort sollten wir die letzten Informationen über Flugweg, Wetter in Sarajevo und ein Zeitfenster für die Landung in Sarajevo erhalten. Es erwarteten uns ein deutscher Verbindungsoffizier, ein Oberstleutnant der Luftwaffe und ein Vertreter des UN-Flüchtlingshilfswerks UNHCR. Diese Organisation war der eigentliche Bedarfsträger für unseren Flug. Von diesen beiden Herren erfuhren wir eine Umplanung unseres Auftrages. Ein Teil der Ladung wurde entladen, damit wir Passagiere mitnehmen konnten.

Nach der organisatorisch bedingten Wartezeit in Zagreb ging es dann gegen Mittag endgültig in Richtung Sarajevo in die Luft. Zunächst musste der Kurs nach Westen zur kroatischen Küste geflogen werden. Entlang dieser Küste ging es nach Süden bis zum Funkfeuer Split bei der gleichnamigen Hafenstadt. Diese Route sollte den Transportfliegern nicht nur der Bundesluftwaffe noch sehr vertraut werden.

Von Split aus führte der Flugweg dann endgültig nach Osten Richtung Sarajevo. Etwa auf halber Strecke, kurz bevor das nach unseren S2-Informationen serbisch beherrschte Gebiet erreicht wurde, gab ich den Befehl für die Besatzung, vorsorglich die Splitterschutzwesten anzulegen. Die meisten Journalisten an Bord besaßen eigene Westen unterschiedlichster Machart. Einige unausgerüstete Kollegen wurden etwas nachdenklich und fragten, ob wir noch Westen verleihen könnten. Einigen Herren konnte geholfen werden; eine dieser Westen wurde übrigens trotz mehrerer telefonischer und schriftlicher Erinnerungen nie zurückgegeben. Wahrscheinlich war diesem Reporter damals schon klar, dass die Berichterstattung aus diesem speziellen Krisengebiet Zukunft haben würde. Insgesamt machte sich an Bord eine gespannte Ruhe bemerkbar.

Nach Freigabe der kroatischen Flugsicherung konnten wir Kontakt mit den Franzosen in Sarajevo aufnehmen. Die Sicherheitslage wurde mit dem Farbcode für „ungefährlich" angegeben, das Wetter war gut genug für einen Anflug nach Sicht. Die Empfehlung der Flugsicherung lautete, möglichst steil anzufliegen wegen eventueller Gewehr- oder Maschinengewehrschützen im serbisch beherrschten Anflugsektor und anschließend nur den ersten Teil der Landebahn zu nutzen, da auf dem zweiten Teil mit Granatwerfersplittern und ähnlichen für die Reifen unvorteilhaften Gegenstände gerechnet werden müsse.

Diese Anweisungen zu befolgen ist für eine technisch intakte C-160 Transall bei entsprechenden Wetterbedingungen kein Problem, und so lieferten wir unsere Passagiere und die Ladung sicher auf dem Vorfeld des Flughafens Sarajevo ab. Nach dem Aussteigen aus dem Luftfahrzeug wurde der Besatzung von den französischen Soldaten sofort klar gemacht, dass das Tragen des Stahlhelms und der Splitterschutzweste unbedingt sinnvoll sei und man sich besser hinter die von ihnen aufgeworfenen Erdwälle begeben solle, da ein Beschuss des Flugplatzes mit Mörsergranaten oder mit Infanteriewaffen jederzeit und unberechenbar erfolgen könne. Der Anblick der zerschossenen Gebäude, einige flache Trichter nahe der Abstellflächen und das vorsichtige Verhalten der französischen Soldaten ließen die Befolgung der Hinweise äußerst ratsam erscheinen.

Meine Besetzung und ich warteten dann in Sarajevo am Boden, bis Frau Ogata mit ihrer Delegation in einer Herkules der Royal Airforce (RAF) landete, zusammen mit den Journalisten in gepanzerten Fahrzeugen in die Stadt fuhr und einige Stunden später zurückkam.

Aber entweder waren zwischen der UNHCR und den Konfliktparteien doch Vereinbarungen getroffen worden, von denen wir nichts wussten, oder es gab andere Gründe, auf jeden Fall konnten wir nach einigen Stunden, erleichtert um die Lebensmittel, aber wieder mit allen Journalisten an Bord, den Rückflug antreten. Nach Zwischenlandung in Zagreb, um die Journalisten dort aussteigen zu lassen und das Flugzeug neu aufzutanken, konnten wir problemlos nach Wunstorf zurückfliegen.

Am nächsten Tag war wieder normaler Dienst als Kommandeur der Fliegerhorstgruppe auf dem Fliegerhorst Wunstorf angesagt, und zu diesem Zeitpunkt konnte noch niemand aus meiner Besatzung und auch nicht darüber hinaus aus dem Geschwader bis hin zum BMVg absehen, dass wir zusammen mit den Besatzungen der anderen Lufttransportgeschwader, die schon an den Tagen vor uns geflogen waren, den Beginn der längsten und intensivsten Luftbrücke in der Geschichte der Bundesluftwaffe mitgestaltet hatten.

Diese Luftbrücke war mit einzelnen Flügen am 4. Juni 1992 gestartet, entwickelte sich sehr schnell zu einem ausgefeilten und komplexen multinationalen Unternehmen und endete offiziell am 9. Januar 1996. Im Rahmen dieser Luftbrücke wurden in Zusammenarbeit mit anderen Luftwaffen enorme Transportleistungen an Passieren und Versorgungsgütern zum Überleben der Stadt Sarajevo und ihrer Bevölkerung erbracht, die in Umfang und Auswirkung an die Luftbrücke der Alliierten nach Berlin 1948/49 erinnerten.

Nachdem sich im Laufe des Juli 1992 aus den zunächst einzelnen Flügen eine echte Luftbrücke entwickelte und die dauernde deutsche Beteiligung klar war, stand die Luftwaffe vor einer neuen Herausforderung. Die Luftwaffenführung und der politischen Leitung war klar, dass für den Einsatz in einem solchen Szenario die Luftfahrzeuge und ihre Besatzungen besser zu ihrem eigenen Schutz ausgestattet werden mussten.

Der Schutz der Transall und ihrer Besatzungen beschränkte sich bisher auf Panzerplatten auf dem Cockpitboden, die Schutz gegen Geschosse von Infanteriewaffen, gegebenenfalls auch Splitter bieten sollten. Eine Möglichkeit zum Erkennen einer Bedrohung, geschweige denn dieser durch passive und aktive Maßnahmen zu begegnen, gab es bis dahin nicht.

Nach der neuen Bewertung der Lage wurden durch die Luftwaffenführung äußerst kurzfristig Haushaltsmittel und Geräte bereitgestellt, diese Mängel zu beheben.

Im LTG 62 wurde aus vorhandenem Personal eine ständige Arbeitsgruppe für elektronische Kampfführung unter Leitung des damaligen

Standarisierungsstabsoffiziers, Oberstleutnant Dieter Hertrampf, aufgestellt. Sie machte sich unter dem bundeswehrspezifischen Abkürzungsbegriff StAG-EloKa durch ihre schnelle, unbürokratische und effektive Arbeit schnell einen Namen.

Eingerüstet wurden Radarwarnempfänger zur Anzeige der Auffassung durch Radargeräte der bodengebundenen Luftabwehr oder von Jagdflugzeugen, Raketenannäherungswarner auf der Basis von Doppler-Radargeräten und Kassetten zum Auswurf von Stör-/Täuschkörpern. Bei letzteren gab es zwei verschiedene Sorten, nämlich Wärmetäuschkörper zur Ablenkung von hitzesuchenden Zielköpfen, so genannte „Flares" und beschichtete Kunststoffstreifen zum Täuschen von Radargeräten, so genannte „Chaff".

Für die Ausbildung der Besatzungen wurde ein aus den Beständen des AG 51 „I" in Bramgarten stammender Simulator in Wunstorf eingerichtet.

Das gesamte Kapitel der Konzeption, Einbauversuche, Anpassung der Systeme und Erprobung sowie anschließend Verbesserungen im praktischen Einsatzbetrieb wäre ein eigenes kleines Buch wert und kann hier aus Platzgründen nur kurz dargestellt werden.

Tragischer Beweis für die Notwendigkeit der laufenden Maßnahmen wurde der Abschluss eines italienischen Transportflugzeugs vom Typ Fiat G 222 beim Anflug in Richtung Sarajevo durch eine infrarotgesteuerte Boden-Luftrakete bei Montevecepa am 3. September 1992. Bei diesem Abschuss starb die gesamte vierköpfige italienische Besatzung.

Die Luftbrücke wurde daraufhin durch das UNHCR zunächst eingestellt. Neben den Versuchen der Klärung der Gründe und vor allem der Schuldfrage wurden intensive Verhandlungen mit den Konfliktparteien über feste Flugkorridore, gegenseitige Informationen über Flüge u.ä. geführt.

Die Unterbrechung der Luftbrücke dauerte bis zum 2. Oktober 1992. Das gab die Möglichkeit, die begonnenen Umrüstungs- und Ausbildungsvorhaben weiterzuführen und ausreichende Erprobungsflüge sowie ein erstes Besatzungstraining durchzuführen.

Als Drehscheibe für alle Versorgungsflüge in die Stadt Sarajevo war inzwischen durch das UNHCR der Flughafen der kroatischen Hauptstadt Zagreb festgelegt worden. Hier wurden alle Hilfslieferungen gesammelt, luftfrachtgerecht aufbereitet und auf die Flüge verteilt.

Die Luftbrückenflüge wurden in erster Linie durch militärische Transportflugzeuge der US-Luftwaffe (USAFE), der britischen Royal Airforce (RAF), der Kanadischen Airforce (CAF), der Französischen Luftwaffe

(FAF) und der Bundesluftwaffe (GADF) abgewickelt. Andere Nationen beteiligten sich fallweise in Abstimmung mit dem UNHCR. Für die Anteile des Lufttransportkommandos wurden sowohl die Luftfahrzeuge und ihre Besatzungen als auch alles für sie Unterstützung notwendige Personal in Zagreb stationiert und nach einem teilweise wechselnden Rhythmus ausgetauscht.

Ganz besonders wichtig war neben der Technik und der Luftumschlagskomponente die S2-Nachrichtenzelle. Die Briefings über die aktuelle Bedrohungslage, besonders Flugabwehrstellungen u.ä., waren enorm wichtig. Da diese Aufgabe nicht auf lange Zeit durch das Personal der Lufttransportverbände alleine erbracht werden konnte, wurde entsprechendes Personal aller fliegenden Verbände und aus Stäben der Luftwaffe abgestellt. Ebenso wurden besonders in der Anfangsphase zur Unterstützung der C-160-Besatzungen im Umgang mit den vorher angesprochenen EloKa-Ausrüstungen Waffensystemoffiziere aus Kampfverbänden mit zum Teil langjährigen Erfahrungen abgestellt und nahmen an den Einsätzen teil. Diese Maßnahmen hatten drei positive Effekte: Der Ausbildungsstand der C-160-Besatzungen konnte in relativ kurzer Zeit gesteigert werden, gleichzeitig verbesserte das abgestellte Personal seine praktischen Fähigkeiten und das gegenseitige Verständnis zwischen den Besatzungen der Kampfflugzeuge und den Transportern wurde sehr positiv beeinflusst.

Wie ich bereits ausgeführt habe, lag die Organisation und Verantwortung in den Händen des UN-Flüchtlingshilfswerks UNHCR. In dessen Zentrale in Genf gab und gibt es regional geordnete Untergliederungen und in der Europa-Abteilung gab es den speziell für diese Region zuständigen „Former Jugoslavia Desk".

Diese Abteilung hatte nach kurzer Zeit festgestellt, dass ihr sowohl die „manpower" als auch die fachliche Expertise für eine solche Luftbrücke fehlte, und hatte die beteiligten Nationalen um Unterstützung gebeten. Es wurde eine Einsatzzentrale zur Steuerung des Lufttransports unter dem Namen „Sarajevo Airlift Operations Cell" gebildet. Die Einsatzzelle war personell mit einem amerikanischen, einem britischen, einem französischen und einem deutschen Luftwaffenoffizier, üblicherweise im Rang eines Oberstleutnant bzw. vergleichbarem Dienstgrad besetzt. Zur Unterstützung stellte das UNHCR selber eine zivile Verwaltungsangestellte an. Da von deutscher Seite die gesamte Aktion Luftbrücke im Grundsatz in der Federführung des Auswärtigen Amtes erfolgte, waren meine Abordnung sowie meine anschließende Unterstellung etwas ungewöhnlich. Ich wurde zur Deutschen Botschaft in Bern mit Dienstort Genf abgestellt und hatte der Botschaft bzw. dem Auswärtigen Amt direkt zu berichten. Dazu passt eigentlich gut, dass der Dienst in Genf grundsätzlich in Zivil und zwar sehr britisch (stets coat and tie) stattfand. Samstag und sonntags waren großzügigerweise auch Jeans und Pullover gestattet!

Der Airlift Operations Cell wurde durch das UNHCR die alleinige Autorität zur Genehmigung von Flügen von und nach Sarajevo erteilt. Ich lernte sehr schnell, dass dies eine vitale Voraussetzung für die Aufrechterhaltung der Luftbrücke war. Die Luftbrücke war wesentlich auf die Akzeptant der serbischen Belagerer, ebenso aber auf die der Kroaten und der Bosnier selbst angewiesen, da jede der Kriegsparteien die Möglichkeit hatte, sich durch Gewalteinwirkung zu unterbrechen. Die Akzeptanz, besonders der Serben, hing sehr wesentlich von der strikten Einhaltung der festgelegten Routen bzw. Flugkorridore sowie der vorher angemeldeten Flugzeiten und Anzahl der Flüge ab. Bei jeder Abweichung erlebten wir die serbische Drohungen, da man unerlaubte Unterstützung der Gegner durch Versorgung mit anderen Gütern als Lebensmitteln und Heizstoffen unterstellte.

Ebenfalls kritisch war die Mitnahme von Personen nach Sarajevo und aus der belagerten Stadt hinaus. Hier musste vorher eindeutig die humanitäre Notwendigkeit zwischen dem UNHCR und den Parteien abgestimmt werden, um den Verdacht der Unterstützung der Kriegführung des jeweiligen Gegners zu entkräften. Regelmäßig erlebten wir, dass bei tatsächlichen oder unterstellten Abweichungen mit dem Abschuss eines unserer Luftfahrzeuge gedroht wurde, und wir mussten schnell und zuverlässig klären, ob die Luftbrücke sicherheitshalber unterbrochen werden sollte oder nicht.

Zu dieser Problematik kam dann jedesmal hinzu, dass wir Vertreter unserer Nationen unbedingt zu einer abgestimmten einheitlichen Lösung kommen mussten, die von den jeweils verantwortlichen politischen und/oder militärischen Stellen dann noch abgesegnet werden musste. Danach musste diese multinationale Lösung dann gegebenenfalls gegenüber anders gelagerten Ansichten und Wünschen des UNHCR durchgesetzt werden. Nach allen Abstimmungsprozessen wurde jeweils der Flugplan für den nächsten Tag erstellt und mittels vieler Telefone und Faxgeräte an die beteiligen Kräfte versandt.

Für die Arbeitsabläufe in der Führung seitens des BMVg und des FüL gehe ich davon aus, dass auch die Erfahrungen aus dieser Luftbrücke mit zur Bildung der neuen Führungsstrukturen, hier besonders des

Führungszentrums Bundeswehr (FüZBw) beigetragen haben. Ein solch komplexes Unternehmen mit so hohem politischen Stellenwert erforderte straffe, kurze und zentralisierte Führung, wie sie jetzt durch das FüZBw gegeben ist.

Der nächste sehr einschneidene Tag im mittlerweile zur Routine gewordenen praktischen Ablauf der Luftbrücke speziell aus deutscher Sicht war dann der 7. Februar 1993. Die Besatzungen wurden im Anflug auf Sarajevo immer wieder mit Radargeräten von Flugabwehrstellungen, ganz besonders oft durch das Radar einer 23 mm Vierlings-Flak auf gepanzerter Selbstfahrlaffette (ZSU 23/4) aufgefasst und verfolgt, jedoch bisher nicht beschossen. In einige Luftfahrzeuge waren auch schon Geschosse von Handfeuerwaffen des Kalibers 7,65 mm eingeschlagen, ohne jedoch größeren Schaden anzurichten oder gar jemanden zu verletzen. An diesem Tag jedoch wurde eine Transall des Lufttransportgeschwaders 62 unter Führung von Hauptmann Gunter Hischen kurz nach dem Start in Zagreb in der Nähe der Ortschaft Karlovac durch ein Flak-Geschoss an einem Propellerblatt getroffen. Splitter drangen durch die Außenhaut des Flugzeugs und verletzten den Luftfahrzeugladungsmeister, Hauptfeldwebel Wilhelm Wiegel, im Rumpfbereich schwer. Das Luftfahrzeug vibrierte durch die Propellerunwucht sehr heftig bis das entsprechende Triebwerk abgestellt wurde. Die anderen im Laderaum anwesenden Besatzungsmitglieder leisteten sofort erste Hilfe und die Crew kehrte unverzüglich zum Startplatz Zagreb zurück. Dort wurde HptFw Wiegel sofort in ein amerikanisches Feldhospital gebracht und operiert. Glücklicherweise konnte seine Gesundheit voll wiederhergestellt werden, und er konnte seine Tätigkeit als Luftfahrzeugladungsmeister nach seiner Rekonvaleszenz wieder aufnehmen. Die Luftbrücke wurde zunächst natürlich wieder unterbrochen und eine Klärung des Vorfalls mit kroatischen Stellen eingeleitet.

Die Reaktionen sowohl in der Bundeswehr als auch in der deutschen Öffentlichkeit zeigten den inzwischen eingetretenen Wandel in der Akzeptanz von Bundeswehreinsätzen zu anderen als zu Bündniszwecken im NATO-Rahmen. Der Zwischenfall wurde zwar aufmerksam und kritisch beleuchtet, war jedoch nach meinem Kenntnisstand niemals Anlass zu Überlegungen, die deutsche Beteiligung andere Luftbrücke in Frage zu stellen. Ich bin sicher, dass die Reaktion zu einem früheren Zeitpunkt eine viele kritischere gewesen wäre.

Im Zusammenhang mit anderen Problemen war der Vorfall Anlass für das UNHCR und die beteiligen Nationen, den Hauptumschlagsplatz für die Versorgung Sarajevos von Zagreb in das italienische Falconara zu verlegen. Von hier aus erfolgte die weitere Durchführung der Luftbrücke bis zu ihrem offiziellen Ende am 9. Januar 1996.

Die Rahmenbedingungen blieben weitgehend unverändert. Die psychischen und physischen Belastungen der Besatzungen waren auf Grund der Gefährdungen und der Einsatzfrequenzen stets sehr hoch. Dennoch wurden diese Dinge akzeptiert, da man einerseits den Erfolg der Luftbrücke – nämlich das Überleben der Bevölkerung Sarajevos – mit Stolz verbuchen konnte und andererseits eine große Akzeptanz und Anerkennung aus der deutschen Bevölkerung, der politischen Leitung und der militärischen Führung erfuhr. Insgesamt wurden durch die Transportflieger des Lufttransportkommandos (LTKdo) vom 4. Juli 1992 bis zum 9. Januar 1996 in 1.890 Flügen mit 5.019 Flugstunden, 13.620 t Ladung und 10.913 Passagiere transportiert.

Die bisher ausführlich dargestellte Luftbrücke zur Versorgung Sarajevos band bereits erhebliche Kräfte des LTKdo, wurde aber bereits ab dem 28. März 1993 ergänzt durch nächtliche Versorgungsflüge für eingeschlossene Gebiete in Ost-Bosnien. Diese Flüge wurden ohne Landung im Zielgebiet durchgeführt. Bei ihnen wurde die Ladung aus großen Höhen aus den Luftfahrzeugen abgeworfen. Die Besonderheiten dieser Flüge stellt der folgende Bericht eines beteiligten Kommandanten des heutigen Einsatzstabsoffiziers der 1. Staffel des LTG 61, Major Peter Putz, sehr eindringlich dar.

Keine Nacht wie jede andere

Endlich wieder mal ein paar Tage bis 10:00 Uhr morgens ausschlafen und dann in Ruhe frühstücken. Der Traum eines jungen Familienvaters, dessen Säugling Mutter und Vater durchschnittlich fünfmal pro Nacht aus dem Tiefschlaf reißt. Doch der Schein trügt, es verspricht ein arbeitsreicher Tag zu werden.

Als im Frühjahr 1993 mehrere moslemische Städte von serbischen Verbänden eingekesselt waren und eine Versorgung der hungernden Bevölkerung über den Landweg unmöglich geworden war, beschlossen die USA, Frankreich und die Bundesregierung im Auftrag der Vereinten Nationen die eingeschlossenen Orte aus der Luft zu versorgen.

Die humanitäre Hilfsaktion „Provide Promise" begann im März 1993. Die amerikanischen Hercules sowie die französischen und deutschen Transalls waren mit ihren Crews auf der Rhein/Main-Airbase in Frankfurt stationiert.

Um die Bedrohung so gering wie möglich zu halten, werden die Versorgungseinsätze bei Nacht aus großer Höhe geflogen. Auch die Ausrüstung der Flugzeuge entspricht nicht dem „normalen" Stand. Die Elo-Ka-Maschinen sind mit modernen Radarwarn- und Raketenstörsystemen ausgerüstet. Gegen konventionelle Flugabwehrkanonen und Handfeuerwaffen bietet diese Ausrüstung, abgesehen von der Panzerung der Transall, jedoch keinen Schutz.

Momentan sind drei deutsche, eine französische und etwa 15 amerikanische Transporter hier in Frankfurt stationiert. Unsere Crew sind fast täglich im Einsatz.

Dienstbeginn für meine Besatzung ist 12:00 Uhr. Die Flugvorbereitung beginnt etwa fünf Stunden vor der geplanten Startzeit. Der Ablauffrist durch die US Airforce vorgegeben. In einer perfekten durchorganisierten Einsatzbesprechung werden heute 18 Crews mit allen, für die Einsatzleitung relevanten Informationen versorgt. Das so genannte „Missionbriefing" besteht aus verschiedenen Teilen und ist geheim. Den Anfang macht die Meteorologie. Das vorhergesagte Wetter für diese Nacht ist denkbar ungünstig. Über den Alpen dichte Bewölkung mit ungünstigen Vereisungsbedingungen und südlich davon, also im Einsatzgebiet, klarer Himmel. Genau das Gegenteil hatten wir uns gewünscht, nämlich gute Flugbedingungen bis Italien und Wolken über Bosnien, so dass die Luftfahrzeuge nicht vom Boden aus gesehen werden können.

Das anschließende S2-Briefing erläutert die Bedrohungslage im Kriegsgebiet. Die Besonderheit, dass hier Serben gegen Moslems, Kroaten gegen Serben, Serben zusammen mit Kroaten gegen Moslems, aber auch Kroaten mit Moslems gegen Serben kämpfen, wird schon gar nicht mehr erwähnt. Dass jeder Zugführer einer Flugabwehreinheit als kleiner Feldherr regiert und sich um politische Garantien in Bezug auf den Schutz der humanitären Flüge wenig Gedanken macht, ist ein weiterer Unsicherheitsfaktor.

Die eingesetzten Flugabwehrsysteme, ob radargestützt, infrarotgelenkt oder optisch geführt, sind meist russischer Bauart. Aber auch westliche Waffentechnologie sind vertreten, denn für Geld kann man dort unten alles kaufen, wie uns der amerikanische S2-Offizier versichert. Nun hat der „Missioncommander" das Wort. Der erfahrene Kommandant einer US-Hercules legt die Startzeiten und besondere Verfahren für die amerikanischen Transportmaschinen, die in Formation fliegen, fest. Welche Maschine welches Ziel zu welcher Zeit anfliegt, wird besonders geheim gehalten. Die eingekesselten Orte wie Maglai, Gorazde, Serebrenica, Tuzla etc. sind jedem aus den abendlichen Nachrichten ein Begriff. Die französische und die deutschen Transalls fliegen jedoch seit

Wochen die Stadt Maglai für die nächtlichen Abwurfeinsätze an, was die Sinnhaftigkeit dieser Geheimhaltung unsere Meinung nach in Frage stellt. Wie sich noch herausstellen sollte, wäre dies für mehrere Tage das letzte Mal, dass Maglai angeflogen wurde. Wie immer sind die „Allies", wie die Franzosen und wir von den Amerikanern bezeichnet werden, die ersten, die ins Kriegsgebiet einfliegen werden.

Jede Besatzung bekommt eine Mappe mit allen einsatzrelevanten Daten ausgehändigt. Auch der so genannte EPA ist Inhalt dieser Mappe. Nein, das ist kein Bundeswehr-Essenspaket, sondern der Evasive Plan of Action. Ein Fluchtplan, der Verfahren festlegt, wie sich notgelandete Crews im Einsatzgebiet zu verhalten haben. Hier fällt mir die von den Serben im Raum stehende Drohung, wenn sich Deutschland an dieser Aktion beteiligt, eines ihrer Flugzeuge abzuschießen, wieder ein. Man ist allerdings zu beschäftigt, um sich lange mit diesem Gedanken abzugeben. Die in teilweise Furcht erregendem amerikanischen Akzent gehaltenen Vorträge erfordern höchste Konzentration, um als Ausländer auch alle wichtigen Fakten zu erfassen.

Das letzte Wort hat wie immer der Pfarrer. Er betet mit allen Anwesenden für einen erfolgreichen Einsatz und die gesunde Rückkehr der Besatzungen. Ein Geistlicher als wichtiger Bestandteil einer Einsatzbesprechung ist für uns Deutsche eine völlig neue Erfahrung.

Anschließend begibt sich die Crew zum Empfang der persönlichen Schutzausrüstung. Sie umfasst die Überlebensweste mit einer Essensnotration, Navigations- und Notfunkgerät, Messer und Pistole, die Splitterschutzweste, einen Rettungsfallschirm und einen Fliegerhelm mit Sauerstoffmaske. Die so genannten „ISO-preps" werden von jedem ausgefüllt. Hier werden persönliche Daten und geheim Zahlenkombinationen, die nur der Betroffenen selbst kennt, eingetragen. Im Falle einer Rettung im Kriegsgebiet durch „Combat Rescue"-Kräfte können diese Daten zur Identifizierung abgefragt werden.

Während sich die beiden Ladungsmeister nun um das Beladen unserer Maschine kümmern und der Bordtechniker die Vorfluginspektion durchführt, erledigt der Rest der Crew, Kommandant, Copilot und Navigator die eigentliche Flugvorbereitung mit Kartenstudium, Flugwegplanung, Kraftstoffbedarfsberechnung, Erstellen der Flugleistungsdaten und Berechnen der genauen Abwurfdaten für die Hilfsgüter. Bevor sich die gesamte Crew eine Stunde vor Start am Flugzeug trifft, bleibt noch etwas Zeit für eine traditionelle amerikanische Mahlzeit, ein Hamburger, Pommes und Cola.

Kurz vor 16:00 Uhr findet sich der Pfarrer mit einem elektrisch betriebene Golfwagen an unserer Maschine ein. Er bringt Kaffee und Kekse mit und verabschiedet so jede Besatzung. Mit: „Es wird langsam Zeit", fordere ich meine Männer auf, ihre Plätze einzunehmen. Wir beginnen mit den Startvorbereitungen. Der Copilot liest die Checkliste, der Navigator überprüft unsere elektronische Selbstschutzanlage und der Ladungsmeister reicht mir die Beladepapiere zur Unterschrift nach vorne. An Bord befinden sich etwa 8.000 verzehrfertige Tagesrationen, jeweils in extrem reißfeste Folien verschweißt. Der Nährwert solch einer Ration ist für einen Soldaten im Einsatz ausgelegt. Ohne große körperliche Anstrengung kann damit auch eine kleine Familie einen Tag überleben. Dies bedeutet, etwa 15.000 bis 20.000 Menschen einen Tag vom Hunger zu befreien. Motivation genug, für jeden von uns das Beste zu geben. Die Hilfsgüter werden in einem speziell für diese Einsätze entwickelten Verfahren abgesetzt. Die Essenpakete befinden sich in riesigen verschnürten Kartons, welche beim Abwerfen über Rollen das Flugzeug verlassen und durch den Luftstrom aufgerissen werden. Die Pakete, jedes etwa 750 g schwer, fallen dann ungebremst zu Boden. Die Treffgenauigkeit liegt zwischen 50 und 300 m. Genau genug, um in den Ortskernen der eingekesselten Städte zu landen.

Nachdem die Treibwerke unserer C-160 angelassen sind, rollen wir über ein kompliziertes System von Rollwegen zur Startbahn West. „United nations 27, you are cleared to take off and good luck" lautet die Startfreigabe durch den Kontrollturm. Als Nummer zwei Starten wir im Fünf-Minuten-Abstand hinter unseren französischen Kameraden. 18 Maschinen verlassen jetzt in kurzem Abstand den Flughafen Frankfurt. Vom ohnehin überlasteten Flugsicherungspersonal des hoch frequentierten Platzes erfordert dies äußerste Flexibilität.

Mit den 8.000 Einsatzrationen und 10 t Kraftstoff an Bord erreichen wir bald unsere Flughöhe von 20.000 Fuß. Auf dem Flugweg über München, Innsbruck in Richtung Venedig bleibt etwas Zeit, die von unseren Kindern zur Verfügung gestellten Stofftiere in den Abwurfkartons unterzubringen. Während wir bei uns die Kinderzimmer überquillen, herrscht dort Krieg, Hunger und Armut.

Der Navigator meldet uns bei dem NATO-Überwachungsflugzeug AWACS an: „Magic, this is United Nation 27, good evening." Die fliegende Radarstation kreist über der Adria und überwacht den Luftraum bis weit nach Ost-Bosnien hinein. Wir werden identifiziert und erhalten die beruhigende Nachricht, dass sich keine gegnerischen Jets im Luftraum aufhalten und zurzeit keine aktiven Flugabwehrradarsysteme geortet werden können.

Bevor nun die „Combat Entry-Checkliste" gelesen wird, legt einer nach dem anderen seine Schutzausstattung an. Lederjacke, damit es warm ist, falls man aus dem Flugzeug muss, Splitterschutzweste, darüber die Survivalweste und zu guter Letzt der Fallschirm. Wie eine Schildkröte quält man sich wieder auf seinen Sitz, die Bewegungsfreiheit ist sehr eingeschränkt.

Vor uns sind die Lichter von Split an der kroatischen Küste zu sehen. Die Beleuchtung im und am Luftfahrzeug wird verdunkelt. Die EloKa-Anlage ist betriebsbereit und unsere Kabine wird drucklos gemacht, um bei eventuellem Beschuss die Beschädigungen möglichst niedrig zu halten. Dies ist vergleichbar mit einem Luftballon: Ist er stark aufgeblasen, so zerplatzt er, wenn man mit einer Nadel hineinsticht; bei geringerem Druck verliert er nur langsam Luft.

Jeder hat mittlerweile seinen Helm auf und ist über die Maske an die bordeigene Sauerstoffanlage angeschlossen. Die Verständigung über das Maskenmikrofon ist bei weitem nicht mehr so klar, außerdem drückt der Helm am Kopf. Aber wir sind ja auch nicht zum Vergnügen hier, denke ich mir.

Der Navigator meldet an AWACS: „Feet dry!" Das bedeutet, dass wir Land unter uns haben, also jetzt ins Kriegsgebiet einfliegen. Noch etwa 20 Minuten bis zur Abwurfzone. Die Nacht ist absolut klar, am Boden sind deutlich Gefechte zu erkennen. Mündungsfeuer von Geschützen und Leuchtspurgeschosse so weit das Auge reicht. Noch nie war mir so bewusst, mitten über einem Kriegsgebiet zu fliegen. Doch es bleibt keine Zeit, sich weitere Gedanken zu machen.

Die Vorbereitungen für das Abwerfen beginnen. Der Punkt, an dem wir unsere relativ sichere Flughöhe verlassen, ist erreicht und wir nehmen Abwurfhöhe ein. Der Navigator liest die Checkliste: „x – 2 Minuten", Rampe und Tor werden geöffnet. Die exakte Abwurfposition wird mit an Bord befindlichen Satellitenempfängern bestimmt. Noch immer ist starkes Gefecht am Boden zu sehen. „x – 10 Sekunden, … 5, 4, 3, 2, 1" zählt unser „Nav". „Last läuft, Last abgesetzt", meldet der Ladungsmeister. 8.000 Päckchen segeln über Maglai zu Boden. Doch plötzlich, etwa eine halbe Meile links tastet ein Suchscheinwerfer den Himmel nach uns ab. In seinem Lichtkegel sind deutlich Leuchtspurgeschosse zu sehen. Genau in unserem verwundbarstem Moment, mit geöffneter Laderampe und extrem geringer Geschwindigkeit, hat es jemand auf uns abgesehen. Ich gebe Gas, drehe ab und leite den Steigflug ein.

Das Schließen der Ladeklappe dauert eine Ewigkeit, so dass die Flug-geschwindigkeit begrenzt ist. Endlich, die Klappe ist zu und wir können uns etwa schneller aus dem Staub machen. Der Vorfall wird an AWACS gemeldet, so dass die nachfolgende Transall gewarnt werden kann und eine andere Abwurfzone zugewiesen bekommt.

Am heutigen Abend waren wir die zweite Maschine. Die Serben hör-ten das erste Flugzeug und brauchten nur auf das nachfolgende zu war-ten, nachdem sie die Abwurfzonen mittlerweile kannte. Gegen diese re-lativ ungenauen, manuell betriebene Flugabwehrkanonen, die nach Sicht gefeuert werden, gibt es keinen Schutz, während infrarot- oder ra-dargestützte Geschosse durch Täuschkörper abgelenkt werden könnten.

Im Verlauf des Fluges zurück Richtung Split war es relativ ruhig im Cockpit. Endlich erhielt die AWACS-Maschine den erlösenden „Feet wet call" von uns. Wir hatten, Gott sei Dank, wieder Wasser, also die sichere Adria, unter uns, und somit zumindest für die heutige Nacht das Kriegs-gebiet verlassen. Nach zwei Stunden unter der Maske, eingezwängt wie ein Ritter in seiner Rüstung, erreichen wir den „Combat Exit"-Punkt und können uns der lästigen, aber lebensnotwendigen Ausrüstung entledi-gen. Die Strecke zurück nach Frankfurt verläuft reibungslos, nur einer unserer beiden Ladungsmeister fühlt sich nicht wohl. Warum, sollten wir später noch erfahren.

Nach der Landung und sechs Flugstunden mehr auf dem Rücken un-serer Transall wurde in Frankfurt unsere Crew schon sehnlichst von der Sicherheitsabteilung der US Airforce erwartet. Ergebnis des intensiven „Debriefing" war, dass Maglai die nächsten Tage nicht mehr angeflo-gen wurde. Als wir uns endlich zur Nachflugbesprechung bei einem Bier mit den anderen Crews trafen, war es bereits nach Mitternacht und der Ladungsmeister erläuterte uns den Grund seines Unwohlseins. Während unseres Abwurfvorgangs hatte sich eine Leine in der Laderampe ver-fangen. Beim Versuch, vor dem Schließen diese Leine zu entfernen, rutschte er aus und kam auf der geöffneten Rampe zu liegen. Da sich das Flugzeug im Steigflug befand, fiel es ihm äußerst schwer, sich wie-der in den Laderaum zu ziehen, zumal er dies auf Grund des abge-knickten Sauerstoffschlauches seiner tragbaren Flasche ohne Luft zu be-werkstelligen hatte. Dem Rest der Crew war nun klar, warum das Schließen unserer Luke heute besonders lange gedauert hatte. Ein Grund mehr, auf den heutigen Abend anzustoßen, denn zumindest un-ser Ladungsmeister hatte allen Grund, seinen zweiten Geburtstag zu fei-ern. Wir freuen uns schon auf den morgigen Einsatz, denn rein stati-stisch gesehen, verspricht es ein ruhiger Flug zu werden.

Embargo-Überwachung in der Adria

Frank Ropers

Im Auftrag von NATO und WEU wurde seit 1992 die Überwachung des Handels- und Waffenembargos unter der Bezeichnung Operation SHARP GUARD in den Operationsgebieten Otranto und Montenegro , einschließlich der Hoheitsgewässer Albaniens und Montenegros, zur See und aus der Luft von zwölf Nationen durchgeführt. Der deutsche Beitrag umfasste ab 18. Juli 1992 regelmäßig zwei Schiffe (Zerstörer/Fregatten) und drei Seefernaufklärer vom Typ Breguet Atlantique, die in Elmas/Sardinien stationiert waren. Am 19. Juni 1996 wurde die Operation ausgesetzt. Für den Fall des Wiederauflebens des Handelsembargos waren eine deutsche Fregatte und drei Seefernaufklärer des Marinefliegergeschwaders 3 in Nordholz in fünftägiger Bereitschaft.

Leistungsbilanz:

In den vier Jahren der Operation wurden 74.332 Schiffe abgefragt, 5.975 Handelsschiffe kontrolliert und 1.416 umgeleitet. Die deutschen Seefernaufklärer flogen dabei 695 Einsätze.

Der deutsche Beitrag zu Operation SHARP GUARD

Der bisher längste Kriseneinsatz von Einheiten der Deutschen Marine war die Teilnahme an den Operationen der NATO und WEU zur Überwachung und Durchsetzung der UN-Embargos gegen die Staaten des ehemaligen Jugoslawien. Der Einsatz begann im Juli 1992 und dauerte bis zur vorläufigen Aussetzung der Embargoresolutionen am 19. Juni 1996. Die offizielle Aufhebung des Embargos durch den Sicherheitsrat der Vereinten Nationen erfolgte im Oktober 1996.

Die Überwachung des von den Vereinten Nationen verhängten Embargos wie auch des Flugverbotes über Bosnien-Herzegowina war anfänglich von sehr kontroversen innenpolitischen Diskussionen über die Frage begleitet, ob überhaupt und, wenn ja, unter welchen Bedingungen deutsche Streitkräfte an Krisenoperationen teilnehmen könnten. Vornehmlich wurde die Debatte allerdings geführt im Blick auf den möglichen Einsatz von Land- und Luftstreitkräften auf dem Territorium und im Luftraum der Staaten des ehemaligen Jugoslawien. Die Embargo-

überwachung in der Adria wurde dagegen im freien Seeraum durchgeführt, und so operierten schwimmende und fliegende Marineeinheiten von NATO und WEU nahezu unbemerkt vom öffentlichen Interesse fast vier Jahre lang rund um die Uhr in der Straße von Otranto und
vor Montenegro, anfangs um die Einhaltung der Embargobeschlüsse
des Sicherheitsrates der Vereinten Nationen zu überwachen und später
dann auch zur Durchsetzung der Embargomaßnahmen. In dieser Zeit
wurden mehr als 62.000 Handelsschiffe bei Einlaufen in die Straße von
Otranto aufgefordert, Identität, Herkunfts- und Bestimmungshäfen sowie die Art der Ladung anzugeben, bei über 5.000 Schiffen wurde die
Ladung vor Ort untersucht und auf Rechtmäßigkeit überprüft, und
mehr als 1.000 Handelsschiffe wurden angewiesen, ihre Fahrt zu unterbrechen und zu einer genauen Bestimmung ihrer Ladung vor Anker
zu gehen oder einen vorgegebenen Hafen anzulaufen.

Der deutsche Beitrag zu dieser Operation bestand nicht nur aus dem
natürlich eher sichtbaren Einsatz von drei Seeraumüberwachungsflugzeugen Breguet-Atlantique und zwei Zerstörern bzw. Fregatten, sondern auch
in der zeitweiligen Abstellung von Tankern zur Versorgung der Kriegsschiffe
im Operationsgebiet und in personeller Unterstützung der landgebundenen Organisation für Einsatz und Logistik. Unter dem Aspekt Seetage sowie Flugstunden und auch qualitativ entsprach der deutsche Beitrag dem
der Mittelmeeranrainerstaaten Frankreich, Italien oder Spanien wie auch
dem der großen seefahrenden Nationen USA und Großbritannien. Mit den
zu Verfügung gestellten 141 Seetagen der deutschen Tanker lag unser Beitrag zur Gesamtoperation nach Italien mit 155 Seetagen und Großbritannien mit 145 Seetagen an beachtlicher dritter Stelle.

Die Operation SHARP GUARD war der erste bündnisgemeinsame maritime Kriseneinsatz, und es war das erste Zusammenwirken von NATO
und WEU in einem Einsatz unter gemeinsamer militärischer Führung.
Deshalb ist nicht nur die spätere Durchführungspraxis interessant zu untersuchen, sondern auch die bündnispolitische Entwicklung bis zur Entstehung eines gemeinsamen operativen Konzeptes.

Zeitgeschichtliche Einordnung

Um eine Eskalation der krisenhaften Entwicklung in Bosnien-Herzegowina zu verhindern, hatte der UN-Sicherheitsrat am 25. September
1991 mit der Resolution Nr. 713 ein Waffenembargo gegen alle Staaten
des ehemaligen Jugoslawien und am 30. Mai 1992 mit der Resolution
Nr. 757 ein Handelsembargo gegen die Föderative Republik Jugoslawien

(Serbien und Montenegro) beschlossen. Mit der Resolution Nr. 724 vom 15. Dezember 1991 wurde ein aus allen Sicherheitsratsmitgliedern bestehender Ausschuss eingerichtet, der dem Rat Empfehlungen zur Behandlung etwaiger Verletzungen der Embargos und zu den Möglichkeiten zur Erhöhung der Wirksamkeit der Embargos geben sollte.

Der NATO-Außenministerrat einigte sich auf seiner Sitzung am 10. Juli 1992 in Helsinki auf die Planung und Durchführung einer maritimen Operation, um die Einhaltung des Embargos zu überwachen, und der WEU-Ministerrat, der zeitgleich in Helsinki tagte, fasste auf seiner Sitzung einen inhaltsgleichen Beschluss, legte aber bereits in diesem Beschluss den Streitkräfteumfang auf mindestens fünf bis sechs Schiffe, vier Seefernaufklärungsflugzeuge, ein Unterstützungsschiff sowie landgestützte Hubschrauber fest und bestimmte, dass diese Operation unter italienischer Leitung zu erfolgen habe. In den Beschlüssen sowohl der NATO als auch der WEU wurde für die jeweiligen Operationen Koordination untereinander festgelegt.

Nachdem am 14. Juli 1992 der NATO-Militärausschuss in einem Memorandum die Operation auf die Überwachung von Aktivitäten auf See beschränkt hatte ohne die Befugnis, die Bestimmungen des Embargos durchzusetzen, beschloss die Bundesrepublik Deutschland am 15. Juli 1992, sich an dem Einsatz zur Überwachung des Schiffsverkehrs in der Adria mit drei Seeraumüberwachungsflugzeugen der Marineflieger sowie dem Zerstörer BAYERN als Teil des gerade neu aufgestellten Ständigen Einsatzverbandes Mittelmeer der NATO zu beteiligen.

Am 16. November 1992 autorisierte der UN-Sicherheitsrat die Mitgliedstaaten mit der Resolution Nr. 787, die Einhaltung der Embargos künftig nicht nur zu überwachen, sondern diese auch militärisch durchzusetzen. Daraufhin entschied die Bundesregierung, die bisherige Beteiligung deutscher Seestreitkräfte beizubehalten unter der Auflage, dass für deutsche Einheiten eine Teilnahme an Zwangsmaßnahmen nicht in Betracht käme.

Diese Entscheidung, vor allem aber die im April 1993 gefassten Beschlüsse der Bundesregierung, mit dem NATO-AWACS-Verband (AWACS = Airborne Early Warning and Control System) an der Durchsetzung des Flugverbotes über Bosnien-Herzegowina unter deutscher Beteiligung mitzuwirken und auf Bitten der Vereinten Nationen einen Verband des deutschen Heeres für UNOSOM II nach Somalia zu entsenden, führte zu den schon zu Beginn erwähnten innenpolitischen kontroversen Diskussionen über die Frage, ob diese Einsätze im Hinblick auf das Grundgesetz der Bundesrepublik Deutschland zulässig seien oder nicht – eine Frage, die schließlich durch das Bundesverfassungsgericht beantwortet werden musste.

Somit wurde der NATO-Einsatz des Zerstörers BAYERN sowie der WEU-Einsatz von Seeraumüberwachungsflugzeugen der deutschen Marine in der Adria zur Überwachung des UN-Embargos gegen das ehemalige Jugoslawien mit ein Anlass für die grundsätzliche Überprüfung der verfassungsmäßigen Möglichkeit, deutsche Streitkräfte auch außerhalb der unmittelbaren Landes- oder Bündnisverteidigung einzusetzen, und hat mit dem Urteil des Bundesverfassungsgerichts vom 12. Juli 1994 nicht nur in gewisser Weise Geschichte geschrieben, sondern hat auch entscheidend zur verfassungsrechtlichen Klarstellung dieser neuen Einsatzoption beigetragen.

Das Embargo gegen die Staaten des ehemaligen Jugoslawien

Der Sicherheitsrat der Vereinten Nationen, der sich seit Beginn der krisenhaften Entwicklung in Jugoslawien intensiv um eine friedliche Beilegung der Auseinandersetzungen bemüht hatte, kam schließlich angesichts zunehmender militärischer Eskalation zu dem Schluss, dass die fortdauernden Kampfhandlungen in Jugoslawien und deren Auswirkungen auf die Länder der Region eine Bedrohung des Weltfriedens und der internationalen Sicherheit darstelle.

Daher beschloss der Sicherheitsrat mit der Resolution Nr. 713 vom 25. September 1991 nach Kapitel VII der Satzung der Vereinten Nationen, dass alle Staaten zur Herstellung von Frieden und Stabilität in Jugoslawien alle Lieferungen von Waffen und militärischen Ausrüstungen nach Jugoslawien sofort mit einem allgemeinen und vollständigen Embargo zu belegen hätten. Ein Ratsausschuss, der bei etwaigen Embargoverstößen Empfehlungen zur Erhöhung der Wirksamkeit des Embargos geben sollte, wurde mit der Resolution Nr. 724 vom 15. Dezember 1991 eingerichtet.

Auf Grund der Meldungen und Berichte des Überwachungsverbandes in der Adria wurde schnell deutlich, dass die Maßnahmen mit großer Wahrscheinlichkeit unwirksam blieben, solange man nicht bei vermuteten oder erkannten Verstößen die Einhaltung der Embargobestimmungen durchzusetzen imstande wäre. Deshalb forderte der Sicherheitsrat, tätig werdend nach Kapitel VII und VIII der Charta der Vereinten Nationen, in der Resolution Nr. 787 vom 16. November 1992 *"die Staaten, die einzelstaatlich oder über regionale Einrichtungen oder Abmachungen tätig werden, auf, unter der Aufsicht des Sicherheitsrates die erforderlichen, den Umständen angemessenen Maßnahmen anzuwenden, um alle einlaufenden und auslaufenden Seetransporte zur Kontrolle und Überprüfung ihrer Fracht und ihres Bestimmungsorts anzuhalten und die strikte Anwendung der Bestimmungen der Resolutionen 713 (1991) und 757 (1992) sicherzustellen."*

Die Resolutionen Nr. 713, 757 und 787 bildeten die Grundlage für das operative Konzept zur Überwachung des Schiffsverkehrs in der Adria und für den Auftrag, die Einhaltung der Embargobestimmungen notfalls auch mit militärischen Mitteln durchzusetzen. Es musste der gesamte in die Adria einlaufende Schiffsverkehr überwacht und alle für slowenische oder kroatische Häfen bestimmte Schiffe kontrolliert werden, während gemäß der UN-Resolution Nr. 820 jeglicher Handelsverkehr zu Häfen der Föderativen Republik Jugoslawien (Serbien und Montenegro) zu unterbinden war, es sei denn, es würde durch den mit der Resolution 724 gebildeten Ratsausschuss genehmigt.

Als ein Problem stellten sich im Laufe der Operation Lieferungen heraus, die für Albanien bestimmt waren, das ja keinem Embargo unterlag. Es wurde nämlich offensichtlich, dass Albanien in einem Masse Rohölprodukte einführte, das weit über den Eigenverbrauch hinausging. Deshalb wurden ab Anfang 1996 diese Einfuhren in den Häfen Vlorë, Durrës und Shengjin durch eine Kommission der Vereinten Nationen (UN Sanction Assistance Commission) überwacht. Für jede Ladung von Rohölprodukten war eine vorherige Anmeldung erforderlich, und die Kommission prüfte, für welchen Endabnehmer die Ladung bestimmt war. Alle für Albanien bestimmte Tanker mussten so lange außerhalb der Hoheitsgewässer bleiben, bis von der UN-Kommission die Einlaufgenehmigung erteilt wurde.

Ohne Frage hat sich das Embargo als sehr wirksam erwiesen, vor allem weil bestimmungswidrige Einfuhren über See damit ausgeschlossen waren. Angesichts der Lage zu den Anrainerstaaten und der dort gegebenen Infrastruktur hatten die Ladungsmengen, die im Seetransport ein- oder ausgeführt werden konnten, entscheidenden Einfluss auf die Volkswirtschaft. Wie lückenlos das Embargo an den Landgrenzen war, kann aus Sicht der Operation SHARP GUARD nicht beurteilt werden, aber die wirtschaftliche Entwicklung Serbiens in der fraglichen Zeit spricht eindeutig für die Wirksamkeit des verhängten Embargos. Es kann davon ausgegangen werden, dass die Einsicht der serbischen politischen

Führung, insbesondere nach den Luftangriffen der NATO im Spätsommer 1995 sowohl militärisch als auch wirtschaftlich in eine ausweglose Lage geraten zu sein, den Weg nach Dayton bereitet hat.

Formal wurde die Operation SHARP GUARD am 2. Oktober 1996 mit der Aufhebung aller Embargoresolutionen durch den Sicherheitsrat der UN beendet. Gleichwohl werden die Einsätze von NATO-Seestreitkräften in der Adria im Rahmen einer allgemeinen Seeraumüberwachung der kroatischen und montenegrinischen Küste zur Unterstützung der Krisenoperationen auf dem Balkan (IFOR, SFOR) bis zum heutigen Tage fortgesetzt. Auch hier sind Einheiten der Deutschen Marine im Rahmen ihres Einsatzes in der STANAVFORMED zeitweilig beteiligt.

Von der Überwachung des Schiffsverkehrs bis zur Durchsetzung des Embargos

Wie schon gesagt, nahmen die Einsätze in der Adria ihren Anfang im Sommer 1992 mit der Entscheidung des Nordatlantikrates für eine militärische Operation, um die Einhaltung der Embargoresolutionen des Sicherheitsrates der Vereinten Nationen gegenüber dem ehemaligen Jugoslawien zu überwachen. Wenige Tage nach dieser Entscheidung, am 16. Juli 1992, begann die NATO-Operation MARITIME MONITOR. In dieser Operation wurde die im gleichen Jahr neu formierte Standing Naval Force Mediterranean, die STANAVFORMED, eingesetzt. (Die STANAVFORMED wird aus Kriegsschiffen von acht NATO-Mitgliedstaaten gebildet: Deutschland, Griechenland, Großbritannien, Holland, Italien, Spanien, Türkei, USA.) Gleichzeitig wurde eine zweite maritime Anfangsoperation durch die Westeuropäische Union (WEU) unter der militärischen Führung des Befehlshabers der italienischen Flotte eingerichtet, die Operation SHARP VIGILANCE. Für diese Operation wurden durch die Mitgliedsstaaten Seeluftstreitkräfte zur Verfügung gestellt, so z.B. von deutscher Seite drei Seefernaufklärer Breguet Atlantique mit Stützpunkt in Elmas/Sardinien, und darüber hinaus wurde aus Schiffen der Staaten Italien, Frankreich und Spanien ein eigener Verband unter italienischer Führung aufgestellt, die WEU Contingency Maritime Force, abgekürzt WEUCONMARFOR.

Obgleich in dieser frühen Phase des Krisenmanagements noch keine Einigkeit über ein gemeinsames militärisches Vorgehen von NATO und WEU bestand, so gab es doch in beiden Organisationen eine große Übereinstimmung in der Wahl von Seestreitkräften als dem geeignetsten militärischen Mittel zu diesem Zeitpunkt. Im November 1992, nach

Verabschiedung der Resolution Nr. 787 des Sicherheitsrates der Vereinten Nationen, begannen die Seestreitkräfte von NATO und WEU die Operationen MARITIME GUARD bzw. SHARP FENCE, um nunmehr die Einhaltung der entsprechenden UN-Resolutionen durchzusetzen. Zusätzlich zu den bereits in der Adria operierenden Einsatzgruppen STANAVFORMED und WEUCONMARFOR verlegte nun sehr kurzfristig auch der zweite Ständige Einsatzverband der NATO, die Standing Naval Force Atlantic, kurz STANAVFORLANT, in die Adria. (Die STANAVFORLANT wird aus Kriegsschiffen von sechs NATO-Mitgliedstaaten gebildet: Deutschland, Großbritannien, Holland, Kanada, Portugal, USA – zeitlich begrenzt auch Dänemark, Norwegen und Spanien.) Dieser Einsatzverband untersteht normalerweise dem NATO-Oberbefehlshaber Atlantik und operierte bis dahin auch ausschließlich in dessen Kommandobereich. Unter diesem Aspekt wurde mit der Verlegung auch ein hohes Maß an Einsatzflexibilität der maritimen NATO-Krisenreaktionskräfte unter Beweis gestellt. Durch die ständige Abstellung von jeweils einem Zerstörer bzw. einer Fregatte in beide Ständigen Einsatzverbände der NATO, STANAVFORLANT und STANAVFORMED, waren Einheiten der deutschen Marine von Anfang an in den gesamten Einsatz mit einbezogen. Darüber hinaus wurden auf Anforderung der NATO zeitweilig ein Tanker zur Unterstützung der Operationen in die Adria abgestellt.

Nachdem man sich schließlich auf ein gemeinsames Operationskonzept geeinigt hatte, begann am 15. Juni 1993 die Operation SHARP GUARD, und zwar mit allen Einheiten der WEU und NATO unter der Führung eines gemeinsamen Befehlshabers.

Operatives Konzept zur Durchsetzung des Embargos in der Adria

Das Ziel der Gesamtoperation war, das Handelsembargo gegen Serbien und Montenegro sowie das Waffenembargo gegen alle Länder des ehemaligen Jugoslawien zu überwachen und durchzusetzen. Die Operation SHARP GUARD sollte sicherstellen, dass der Handelsverkehr über See zu keiner Verletzung der Embargobeschlüsse führte.

Daraus folgte zweierlei: der gesamte Handelsverkehr über See zu den Häfen Montenegros (und damit auch zu Serbien, da nur über Häfen in Montenegro erreichbar) musste abgeriegelt und alle Schiffe mit Bestimmungshäfen in Slowenien und Kroatien mussten hinsichtlich ihrer Ladung überprüft werden. Wichtig war aber auch sicherzustellen, dass

Schiffe mit Bestimmungshäfen in Italien und Albanien diese Häfen tatsächlich anliefen und nicht durch ihre Reedereiagenten später umgeleitet wurden.

Das Überwachungsgebiet in der Adria war in zwei Gebiete unterteilt – das Gebiet Otranto und das Gebiet Montenegro. Die Verbände in den jeweiligen Gebieten wurden von jeweils einem Befehlshaber in See geführt, und ein weiterer Befehlshaber führte alle Schiffe, die nicht in den Überwachungsgebieten standen, sondern an Übungen teilnahmen, sich im Transit befanden oder im Hafen lagen. Diese Arbeitsteilung hatte sich sehr bewährt, und die Rotation in den Befehlsbereichen stellte sicher, dass auf Phasen hoher Anspannung eine Phase der Erholung folgen konnte. Auf Grund der Tatsache, dass Deutschland im Zeitraum September 1995 bis September 1996 routinemäßig den Befehlshaber des ständigen NATO-Einsatzverbandes Mittelmeer stellte, war in diesem Zeitraum auch ein deutscher Flaggoffizier in seiner Funktion als COMSTANAVFORMED und Befehlshaber im Überwachungsgebiet mit in die Führung der Operation einbezogen.

In den Überwachungsgebieten patrouillierten unter dem indirekten Schutz trägergestützter Seeluftstreitkräfte vor Montenegro fünf und in der Straße von Otranto vier Schiffe, unterstützt in der Überwachung durch NATO-Frühwarnflugzeuge (AWACS) und Seefernaufklärer (MPA = Maritime Patrol Aircraft), aber auch durch bordgestützte Hubschrauber. Die sehr wichtige Arbeit der Identifizierung und ersten Abfrage der von Süden in die Adria einlaufenden Handelsschiffe wurde durch das ganz im Süden stehende Schiff des Überwachungsverbandes sowie durch Flugzeuge und Hubschrauber geleistet. Da die Embargobestimmungen durch Veröffentlichung in den *Nachrichten für Seefahrer* der Handelsschifffahrt bekannt waren und auch fast ausnahmslos respektiert wurden, war der Handelsschiffsverkehr zu den Staaten des ehemaligen Jugoslawien praktisch zum Erliegen gekommen. Die meisten Handelsschiffe waren für italienische Häfen bestimmt und dort auch für eine bestimmte Einlaufzeit angemeldet. Dies konnte anhand von Listen nachgeprüft werden, die vom italienischen Flottenkommando täglich aufdatiert und dem Verband übermittelt wurden. Alle Schiffe, die italienische Häfen ansteuerten, konnten ihre Fahrt ohne Überprüfung fortsetzen. Ihre Positionen und ihr Weg wurden nur weiterhin überwacht, um zu verfolgen, ob sie tatsächlich auch die angemeldeten Häfen anliefen.

Ein Sonderfall, wie schon angedeutet, waren Schiffe, die für Albanien bestimmt waren, das ja keinem Embargo unterlag. Nachdem festgestellt wurde, dass Albanien in einem Maße Rohölprodukte einführte, das weit über den Eigenverbrauch hinausging, wurden diese Einfuhren, die für die Häfen Vlorë, Durrës und Shengjin bestimmt waren, durch die UN Sanction Assistance Commission überwacht.

Da Häfen in Montenegro wegen des allgemeinen Handelsembargos überhaupt nicht angelaufen werden durften, blieben nur noch die Schiffe mit Bestimmungshäfen in Slowenien und Kroatien. Die Ladung dieser Schiffe wurde grundsätzlich komplett überprüft, um jeden Verstoss gegen die Embargobestimmungen auszuschließen. Die Überprüfung wurde durch die sogenannten Boardingteams der Kriegsschiffe durchgeführt. Sie bestanden aus einem Sicherungstrupp, der als Vorkommando Schlüsselpositionen auf dem Handelsschiff besetzte sowie die an Oberdeck versammelte Besatzung auf Vollzähligkeit überprüfte und bewachte, und einem Untersuchungstrupp, der anschließend übersetzte und die Kontrolle der Schiffspapiere sowie der Ladung durchführte; das gesamte Kommando stand unter der Leitung mindestens eines Offiziers. Den Boardingteams auf den Einheiten der deutschen Marine waren darüber hinaus je ein Reserveoffizier aus der Handelsmarine als Embargo Control Liaison Officer (ECLO) zugeordnet, dessen Unterstützung und Expertise von außerordentlichem Nutzen war.

Die Führungsorganisation als Ausdruck der gemeinsamen Verantwortung von NATO und WEU

Die Operationen zur Überwachung und Durchsetzung des Embargos wurden zu Beginn auf Seiten der NATO durch den zuständigen NATO-Befehlshaber und auf Seiten der WEU durch das italienische Flottenkommando geführt. Um den hohen Koordinierungsaufwand zu verringern und effizientere Befehlsstrukturen in einer gemeinsamen Operation von NATO und WEU zu ermöglichen, einigte man sich für die Operation SHARP GUARD, die am 15. Juni 1993 begann, auf einen gemeinsamen Befehlshaber.

Unterhalb der Ebene des NATO-Oberbefehlshabers der alliierten Streitkräfte in Europa, des Supreme Allied Commander Europe (SACEUR), und des ihm nachgeordneten Commander-in-Chief Allied Forces Southern Europe (CINCSOUTH) war dieser gemeinsame Befehlshaber der Allied Commander Naval Forces Southern Europe, der COMNAVSOUTH, und er war für diese Funktion deshalb besonders geeignet, weil er immer zugleich NATO-Seebefehlshaber wie auch nationaler Bereichsbefehlshaber der italienischen Marine ist. Bedacht werden muss dabei, dass die beiden Organisationen NATO und WEU aus politischen Gründen formal getrennt, aber für die effektive Durchführung der Operation inhaltlich vereinigt werden mussten. Die gemeinsamen Operationen mit WEU-Einheiten, die Unterstellung der STANAVFOR-LANT und französischer Einheiten unter die Führung des SACEUR und die damit verbundene Integration von Stabselementen in die Führungs-stäbe des COMNAVSOUTH und nachgeordneter Bereiche war auch Ausdruck einer bemerkenswerten Anpassungsfähigkeit der maritimen Führungsstrukturen im Bündnis.

Die Besonderheiten des Auftrages machten es erforderlich, alle Einheiten der Seestreitkräfte, die dem Überwachungsverband in der Operation SHARP GUARD zugeteilt wurden, aus ihrer vorherigen Verbandszugehörigkeit herauszulösen, sie in einem gemeinsamen Großverband zusammenzufassen und dem Kommando des gemeinsamen NATO/WEU-Befehlshabers zu unterstellen. Dieser multinationale Großverband bildete die Task Force 440 und der gemeinsame Befehlshaber, der COMNAVSOUTH, wurde damit zum Commander Combined Task Force 440, kurz CCTF 440.

Dieses Verfahren war durchaus nicht unumstritten, denn eigentlich sollen die Ständigen Einsatzverbände der NATO gerade im Einsatz als geschlossener Verband operieren und geführt werden. Der Grundsatz bleibt auch weiterhin gültig, allerdings war ein solcher geschlossener Einsatz in der Operation SHARP GUARD schon wegen der stark unterschiedlichen zahlenmäßigen Zusammensetzung der drei Verbände gar nicht möglich. Die WEUCONMARFOR verfügte z.B. nur über drei Schiffe und konnte daher als Verband im Überwachungsgebiet nicht ohne Verstärkung durch mindestens ein weiteres Schiff eingesetzt werden. Damit war die Zusammenfassung aller Schiffe in einem Pool quasi vorgegeben.

Durch diese Führungsorganisation wurde ein neuer Einsatzverband geschaffen und auch die Identität eines SHARP-GUARD-Verbandes gefördert. Den Befehlshabern der einzelnen vorher existierenden Verbände wurde in den Überwachungsgebieten die Funktion als Befehlshaber einer Task Group (Commander Task Group = CTG) übertragen, d.h. sie wurden auftragsbezogen eingesetzt. Diese Führungskonstruktion ist durchaus nicht neu, denn sie entspricht dem Verfahren und den Prinzipien, die in vielen NATO-Manövern immer schon praktiziert wurden, d.h. Schiffe verschiedener Nationen werden unter dem Befehl eines Verbandsführers zu sogenannten Task Groups zusammengefasst, wobei mehrere Task Groups dann eine Task Force bilden.

Bewährung des Operationsplans und der Führungs- organisation im Alltag der Embargoüberwachung

Der Zuschnitt der Überwachungsgebiete und die geographische Verteilung der Schiffe im jeweiligen Operationsgebiet in der Straße von Otranto bzw. vor Montenegro sollte sicherstellen, dass kein Handelsschiff unentdeckt in die Adria einlaufen konnte, auch nicht unter dem Schutz der Küste. Es wurde immer angestrebt, den ersten Kontakt mit den Handelsschiffen so weit südlich wie möglich aufzunehmen. Das gelang in den meisten Fällen mit Hilfe der MPA oder eines bordgestützten Hubschraubers. Die Flugzeuge konnten in relativ kurzer Zeit ein sehr großes Gebiet aufklären sowie bei Entdeckung eines Handelsschiffes über Funkkontakt die Identität feststellen und alle weiteren Informationen abfordern. Die in die Adria einlaufenden Schiffe mussten folgende Angaben machen: Name des Schiffes, Internationales Rufzeichen, Flaggenstaat, Name des Eigners, letzter Hafen und Abgangsdatum, Bestimmungshafen und Ankunftszeit sowie eine allgemeine Beschreibung der Ladung.

So blieb genügend Zeit, bis zur Annäherung des Schiffes an den Überwachungsverband die Angaben anhand der an Bord vorliegenden Listen zu verifizieren und gegebenenfalls über das italienische Flottenkommando Unstimmigkeiten klären zu lassen. Anschließend konnten entweder die Genehmigung zur Weiterfahrt gegeben werden oder die Anweisung, eine bestimmte Position anzusteuern und dort das Durchsuchungskommando eines der Schiffe des Überwachungsverbandes an Bord zu nehmen. Alle Schiffe im Überwachungsverband führten die Bezeichnung *Watchman*, ergänzt durch die Ziffernfolge der NATO-Kennung, die alle Kriegsschiffe an der Bordwand tragen, so z.B. „Watchman 215".

Normalerweise war auf diese Weise sowohl dem Handelsschiff als auch der betreffenden Einheit im Überwachungsgebiet Stunden vorher bekannt, wann etwa mit einer Überprüfung und Durchsuchung zu rechnen war. Überprüft werden mussten die Schiffspapiere, die Ladungsdokumente, die Übereinstimmung zwischen Besatzungsliste und tatsächlicher Anzahl von Besatzungsmitgliedern, und zu untersuchen waren alle Räumlichkeiten einschließlich der Laderäume soweit zugänglich. Konnte die Ladung nicht überprüft werden, weil die Laderäume oder Container nicht zugänglich waren, konnte das Schiff angewiesen werden, einen italienischen Hafen anzulaufen, der im Bereich des Überwachungsgebietes lag, um dort durch die italienische Küstenwache näher inspiziert zu werden. Das bedeutete normalerweise eine erhebliche Zeitverzögerung, und deshalb waren die Kapitäne sehr daran interessiert, einen ungehinderten Zugang zu allen Laderäumen für die Durchsuchungskommandos sicherzustellen.

Bei gutem Wetter wurden die Soldaten des Durchsuchungskommandos, das Boardingteam, mit dem Boot übergesetzt, bei schlechterem Wetter mit dem Hubschrauber, wobei sich dann das Boardingteam an einem langen Manntau aus dem über dem Schiff stehenden Hubschrauber auf das Oberdeck des Handelsschiffes abseilte. Deshalb musste in jedem Verband auch mindestens ein Schiff sein, dessen Hubschrauberbesatzung dieses Verfahren vor allem auch bei Nacht durchführen konnte. Wenn aus Wettergründen weder das eine noch das andere möglich war, wurden die Handelsschiffe auf die Reede vor Brindisi umgeleitet, wo sie dann vor Anker durch die italienischen Küstenwache inspiziert wurden. Das war, wie gesagt, nicht sehr beliebt, weil die Küstenwache nur tagsüber arbeitete und es daher die Handelsschiffe sehr viel Zeit kostete. Allerdings bei Windgeschwindigkeiten von mehr als 40 kn gab es keine andere Möglichkeit, und solche Wetterlagen waren nicht nur in den Wintermonaten sehr viel häufiger, als man glaubt. Sehr oft wurde dann das Schiff, das im Überwachungsgebiet am nächsten an Brindisi stand, beauftragt, mit seinem Boardingteam die italienische Küstenwache zu unterstützen, um das Verfahren abzukürzen.

Diese Untersuchungen dauerten im Schnitt einschließlich des Übersetzens und der Rückholung ca. zwei Stunden, und manche Einheiten im Überwachungsverband brachten es auf bis zu sechs solcher Boardings im Zeitraum von 24 Stunden. Das war eine ziemliche Belastung nicht nur für das Boardingteam, sondern auch für die gesamte Besatzung, weil aus Sicherheitsgründen viele Stationen sowohl an Oberdeck als auch im Inneren des Schiffes zusätzlich besetzt werden mussten. Nie wusste man vorher, wie sich das Handelsschiff während der Untersuchung verhalten würde. Eine gewisse Erleichterung trat immer erst dann ein, wenn der Sicherungstrupp die Schlüsselpositionen besetzt hatte und die Meldung vom Handelsschiff kam, dass alles unter Kontrolle sei.

Um diese Belastung auszugleichen – und auch auf Grund nationaler Vorgaben –, wurden die Schiffe in einem Ablöserhythmus von etwa zehn bis zwölf Tagen ausgewechselt, d.h. ein neues Schiff übernahm nach einer Übergabe der aktuellen Lage die Aufgabe, und das abgelöste Schiff verließ den Verband für einen Hafenbesuch und Erholung der Besatzung. Der Wechsel des Befehlshabers in See und seines Stabes in der Führung des Verbandes im Überwachungsgebiet erfolgte dagegen in einem Rhythmus von 30 Tagen, und dieser Wechsel führte von der

Funktion als Befehlshaber im Gebiet Otranto über die des Befehlshabers im Gebiet vor Montenegro zum Befehlshaber über alle Einheiten in der Ausbildung bzw. im Hafen. Für sie kam es daher zu langen Einsätzen in See von bis zu zwei Monaten ohne Unterbrechung nach 30 Tagen in Otranto und anschließend 30 Tagen vor Montenegro, nicht gerechnet dabei die Transitzeiten in das und aus dem Operationsgebiet. Da natürlich das jeweilige Führungsschiff dem normalen Ablöserhythmus von zehn bis zwölf Tagen folgte, gab es einen recht häufigen Wechsel des Flaggschiffes. Insgesamt 26 Mal haben wir, d.h. der Stab STANAVFORMED, in den neun Monaten während SHARP GUARD unsere Ausrüstung und persönliche Habe in Kisten und Koffer verpackt und das Führungsschiff gewechselt, was übrigens gerade während der Wintermonate auf Grund der Wetterlage ohne Hubschrauber sehr oft gar nicht möglich gewesen wäre. Auf diese Weise waren wir für einen großen Teil der Zeit im Operationsgebiet auf Fregatten der spanischen, holländischen, britischen, kanadischen und italienischen Marine eingeschifft und haben die Embargoüberwachung von dort geführt.

Die Verweildauer der Einheiten im Überwachungsgebiet war letztlich auch begrenzt durch Faktoren wie die Notwendigkeit zur Ergänzung von Frischproviant und Müllentsorgung. Kraftstoff übernahmen die Schiffe von Tankern regelmäßig in See im Überwachungsgebiet, für die Versorgung mit Trockengütern und die Entsorgung der Schiffe gab es aber keine Möglichkeit außer in den Häfen. In diesem Seegebiet war das verhältnismäßig unproblematisch, weil es genügend Häfen in der Adria gab, die schnell erreichbar waren. In einem anderen Seegebiet ohne diese Möglichkeit wäre dagegen eine andere Lösung notwendig geworden.

Die Versorgung mit Ersatzteilen, Post und auch der Personalaustausch – soweit in See notwendig – wurde mit den bordgestützten Hubschraubern durchgeführt. In Grottaglie bei Tarent war durch die NATO eine sogenannte Forward Logistic Site (FLS) eingerichtet wurden, und Versorgungsflüge dorthin wurden mindestens zweimal wöchentlich durchgeführt. Nur so war es auch möglich, den technischen Klarstand aller Schiffe auf dem notwendigen hohen Niveau zu halten. Ohne Hubschrauber hätten Schiffe bei Ausfall eines einsatzwichtigen Teilsystems das Gebiet verlassen und einen Hafen zur Reparatur anlaufen müssen. Selbst bei Austausch von Ersatzteilen innerhalb des Verbandes ist bei manchen Wetterlagen der Hubschrauber die einzige Möglichkeit, einen solchen Transport durchzuführen. Das Gleiche gilt für so genannte Medical Evacuations (MEDEVAC), d.h. den Transport von kranken oder verletzten Soldaten von einem Schiff ohne eigenen Arzt auf ein anderes

Schiff oder in ein Hospital an Land. Hubschrauber haben sich auch für diese Aufgabe in der Adria als unverzichtbar erwiesen.

Der Schlüssel zum Erfolg in der Embargoüberwachung war – neben vielen anderen Faktoren – ein aktuelles und lückenloses Lagebild im Seegebiet der Adria. Die Position jedes Handelsschiffes musste bekannt sein, egal ob im Hafen oder in See. Durchschnittlich liefen jeden Tag etwa 50 Handelsschiffe in die Adria ein. Nimmt man eine Verweildauer in diesem Seegebiet einschließlich Hafenliegezeit von etwa fünf bis zehn Tagen, so waren ständig die Positionen von ca. 250 bis 500 Handelsschiffen gleichzeitig zu überwachen. Spektakulärer waren und im Vordergrund des Medieninteresses standen natürlich die Boardingteams und die Überprüfung der Ladung aller einlaufenden Handelsschiffe. Das war auch für die Besatzungen der Schiffe gerade bei schlechtem Wetter und bei Nacht eine ziemliche Herausforderung, und es darf in seiner Gefährlichkeit keineswegs unterschätzt werden; leider hatten die Boardingteams auf Grund dieser besonderen Gefährdung in den vier Jahren der Embargoüberwachung zwei Todesfälle zu beklagen. Es war aber, was die Untersuchung der Handelsschiffe anging, auf die Erfahrung und das handwerkliche Können der Kommandanten und der Schiffsbesatzungen Verlass, während das Informationsproblem den Befehlshaber im Einsatzgebiet und seinen Stab immer wieder beschäftigte und es größter Aufmerksamkeit und ständiger Anstrengungen bedurfte, für den Verband ein aktuelles und wirklichkeitsgetreues Lagebild zu erhalten.

Zum Informationsproblem gehört neben dem Lagebild vor allem der Informationsaustausch über Daten- und Fernschreibverbindungen sowie die Kommunikation mit der Operationsführung im Marinehauptquartier. Um Handelsschiffe daran zu hindern, sich der Ladungskontrolle zu entziehen und einen Bruch der Embargobestimmungen zu versuchen, war ein sorgfältig abgestuftes Instrumentarium von Rules of Engagement (ROE) entwickelt worden, über dessen Anwendung teilweise der Kommandant des Kriegsschiffes entscheiden konnte, im Wesentlichen aber der Befehlshaber in See und der Oberbefehlshaber im Marinehauptquartier in Neapel. Neben den ROE gegenüber den Handelsschiffen gab es auch ROE für das Verhalten gegenüber den Seestreitkräften der ehemaligen jugoslawischen Marine. Bei der Anwendung von ROEs in der Embargokontrolle hat es sich gezeigt, dass Zurückhaltung und Geduld oft wichtiger und vor allem Erfolg versprechender waren als vorschnelle Eskalation. Reaktionszeiten auf Handelsschiffen sind naturgemäß viel länger, und oft waren es auch gar nicht Widerstand, Unwilligkeit oder übertriebene Langsamkeit, sondern schlicht nicht funktionierende Sprechfunkgeräte, Kompasse mit starken Abweichungen, Sprachschwierigkeiten, oder es war einfach keine Wache auf der Brücke bzw. sie war geschwächt infolge von Alkoholeinfluss.

In den allermeisten Fällen aber hatte es sich gezeigt, dass die Handelsschiffe über die Embargokontrolle informiert und auf die Überwachung gut vorbereitet waren. Viele Handelsschiffe, die im Liniendienst fuhren und regelmäßig in die Adria einliefen, hatten jedes Mal schon bei der ersten Kontaktaufnahme alle Informationen parat und gaben die Antworten schon, bevor die Fragen gestellt wurden. Manche Schiffe waren bis zu 25 Mal durchsucht worden auf ihren verschiedenen Fahrten in die nördliche Adria und kannten sich in dem Verfahren bestens aus. Die Boardingteams wurden meistens höflich empfangen, in ihrer Arbeit mit Geduld ertragen, öfter auch unterstützt und nur selten behindert.

Es hat in den vier Jahren nur drei schwere Zwischenfälle gegeben, wo Handelsschiffe den Versuch machten, sich einer Untersuchung zu entziehen, woran sie mit militärischer Gewalt gehindert werden mussten; alle Versuche haben mit einer Beschlagnahme in einem italienischen Hafen geendet. Solche Zwischenfälle aber sind Situationen, mit denen man in Krisenoperationen immer rechnen muss und die auch in den hier erwähnten Fällen eine Konsultation des Oberbefehlshabers in Neapel notwendig machten. Von entscheidender Bedeutung ist in solchen Situationen, die ja nicht vorhersagbar sind, die ständige Verfügbarkeit einer glasklaren Sprechfunkverbindung mit der militärischen Führung an Land, die nach Möglichkeit verschlüsselt sein sollte. Eine solche Verbindung war eines der wichtigsten Führungsmittel des Befehlshabers in See.

Für diese Art der Abstimmung, vor allem in sich schnell entwickelnden Lagen, kam die Fernschreibverbindung wegen der langen Spruchlaufzeiten gar nicht in Betracht. Bei im Schnitt über 500 Fernschreibeingängen am Tag allein über die Fernmeldeverbindungen der NATO gab es Laufzeiten – je nach Vorrangstufe – von sechs Stunden bis zu zwei Tagen, und das bei landseitig vollautomatisiert abgewickeltem Fernschreibbetrieb. Daher ist in einer Krisenoperation ein direkter telefonischer Kontakt zwischen allen wichtigen Führungsebenen von entscheidender Bedeutung.

In diesem Zusammenhang einige kurze Anmerkungen zur militärischen Bedrohung im Einsatzgebiet: Eine reale Bedrohung für die Einheiten in See hätten nur die Küsten-Flugkörper-Batterien, die Flugkörper-Korvetten bzw. Schnellboote und die U-Boote der ehemaligen jugoslawischen Marine darstellen können, sobald oder solange eigene

Einheiten in entsprechender Waffenreichweite gewesen wären. Die U-Boote waren im Adria-Einsatz weniger problematisch, denn sie hätten auslaufen müssen und sie sind es auch von Zeit zu Zeit, sind aber immer direkt unter der eigenen Küste geblieben, und ihre Position war zu jeder Zeit bekannt. Dies war der Tatsache zu verdanken, dass der Verband vor Montenegro ständig durch ein alliiertes U-Boot unterstützt wurde, das zwischen den Embargoüberwachungsgebieten und der montegrinischen Küste operierte.

Größere Probleme bereitete die mögliche Bedrohung durch Flugkörper, einmal von Seiten der Küsten-FK-Batterien und zum anderen durch Flugkörper der Schnellboote und Korvetten, da die NATO-Einheiten im Überwachungsgebiet vor Montenegro ständig innerhalb der Waffenreichweite patrouillieren mussten. Das führte zu einer recht hohen Belastung der Schiffe und Besatzungen vor Montenegro, weil ständige Gefechtsbereitschaft erforderlich war, ohne dass es jemals zu einem Zwischenfall gekommen wäre, zum Glück!

Erfahrungen im Hinblick auf zukünftige maritime Krisenoperationen

Zur Führung von Krisenoperationen werden in den allermeisten Fällen strategische Fähigkeiten benötigt, wie satellitengestützte weltweite Aufklärung, satellitengestützte Führungs- und Fernmeldemittel, see- und luftgestützte Transportkapazitäten über große Entfernungen, trägergestützte Seeluftstreitkräfte, schwimmende Einsatzunterstützung großer Verbände, Führungsschiffe für teilstreitkraftübergreifende und verbundene Operationen und die Fähigkeit zur Durchführung von amphibischen Operationen. Diese strategische Fähigkeiten sind heute nur im Besitz der amerikanischen Streitkräfte. Daher können Kriseneinsätze deutscher Seestreitkräfte – jedenfalls unter solchen Bedingungen – nur eingebunden oder angelehnt an internationale Organisationen und im Zusammenwirken mit verbündeten Streitkräften erfolgen.

Die große Mehrheit der tatsächlichen oder aus heutiger Sicht potenziellen Krisengebiete dieser Erde sind Küstenstaaten oder sie sind von See her erreichbar. Krisenvorsorge und Kriseneinsätze werden daher auch zukünftig auf geeignete Seestreitkräfte angewiesen sein. Es ist aber ebenso eine Tatsache, dass Seestreitkräfte alleine nur in den seltensten Fällen über alle erforderlichen Fähigkeiten der Krisenbewältigung verfügen. Krisenreaktionseinsätze werden daher in den meisten Fällen immer auch Einsätze im Verbund mit den Teilstreitkräften Heer und Luftwaffe sein.

Bezogen auf zukünftige Kriseneinsätze ist es auch wichtig, dass Schlussfolgerungen von den in der Adria gemachten konkreten Erfahrungen abstrahiert werden. Art der Operation, Seegebiet, Entfernungen von den Heimatstützpunkten, geographische und klimatische Gegebenheiten können möglicherweise ganz unterschiedlich von den Verhältnissen sein, wie sie in der Adria gegeben waren. So unterschiedlich allerdings die möglichen Krisenreaktionseinsätze auch sein mögen, so lassen sich doch einige allgemein gültige Feststellungen und Erkenntnisse aus den Erfahrungen mit dieser relativ neuen Form des Einsatzes festhalten:

– Kriseneinsätze werden immer, das sagt ja schon der Name, auf dem schmalen Grat zwischen Frieden – den es zu erhalten gilt – und dem drohenden Ausbruch eines militärischen Konfliktes durchgeführt. Streitkräfte, die im Rahmen des Krisenmanagements dorthin entsandt sind, haben keinen Kampfauftrag, sondern ein friedenserhaltendes Mandat, und deshalb werden solche Operationen unter sehr direkter politischer Kontrolle geführt. Die erhoffte politische Wirkung soll ja im Idealfall allein durch die militärische Präsenz erzielt werden. Dadurch wird das Recht – und die Pflicht – zur Selbstverteidigung keinesfalls eingeschränkt. Im Gegenteil, die Streitkräfte müssen sich eines überraschenden Angriffs jederzeit erfolgreich erwehren können. Diese Situation macht jede Krisenoperation für den militärischen Führer extrem belastend.

– In jeder Krisenoperation wird, objektiv gesehen, die Bedrohung relativ gering sein, weil bei einem friedenserhaltenden Mandat Umfang und Ausrüstung der entsandten Streitkräfte so gewählt werden müssen, dass die erhoffte politische Wirkung bereits als Folge einer glaubwürdigen militärische Präsenz eintritt. Wenn es aber zu einem überraschenden militärischen Zwischenfall kommt, dessen Folgen diese Glaubwürdigkeit zweifelhaft machen, sind allerdings auch die negativen Folgen gravierender. Das wäre nicht nur ein Prestigeverlust für die an der Krisenoperation beteiligten Nationen, sondern auch ein Rückschlag für die politischen Friedensbemühungen. Für die Fähigkeiten von See- und Seeluftstreitkräften bedeutet dies, dass in einem ganz entscheidenden Stadium der Krisenoperation ihre Reaktionsfähigkeit von größerer Bedeutung ist als ihre Aktionsfähigkeit, weil sie in der Lage sein müssen, den ersten Angriff erfolgreich abzuwehren, bevor sie ihrerseits in direkter Abstimmung mit der militärischen und politischen Führung der Krisenoperation agieren können.

– Je mehr aktuelle und gut ausgewertete Informationen der militärische Führer im Operationsgebiet über die Lage im Krisengebiet hat, desto besser wird die Fähigkeit der Streitkräfte, angemessen und rechtzeitig zu reagieren. Das Stichwort hier ist Intelligence, von Satellitenaufklärung über Nachrichtendienste bis hin zu den passiven und aktiven Sensoren auf den Schiffen. Aufklärung wird zu Recht als strategische Fähigkeit bezeichnet, und Investitionen in diesem Bereich, d.h. Gewinnung von Informationen aus Satellitenaufklärung und Übermittlung einer Lageauswertung an die eigenen Streitkräfte mit sofortiger Darstellung im Führungssystem der Schiffe, wird die Krisenreaktionsfähigkeit unserer Seestreitkräfte bedeutend erhöhen.

Dazu gehören natürlich auch eine funktionierende Führungsorganisation und moderne Führungsmittel. In einer Krisenoperation ist eine verzugslose und aktuelle Information von geradezu entscheidender Bedeutung. Die politische Führung, die eine solche Krisenoperation kontrolliert, muss zu jeder Zeit direkten Kontakt zum nationalen Befehlshaber im Einsatzgebiet haben und ebenso über die technischen Möglichkeiten verfügen, Texte oder Daten per Fax bzw. E-Mail mit den beteiligten Einheiten vor Ort auszutauschen.

– Eine für alle Einsätze gleichermaßen wichtige Schlussfolgerung ist die Tatsache, dass ohne eine flexible und funktionierende Versorgungsorganisation auch bei bestgeeigneten Seekriegsmitteln lang andauernde Krisenoperation nicht möglich sind, schon gar nicht in weiter Entfernung von den Heimatstützpunkten. Hierbei geht es um die Versorgung mit Kraftstoff, Ersatzteilen, Trockengütern, Frischproviant und Munition, aber auch um sanitätsdienstliche Versorgung, Personalaustausch und Postzustellung. Die Organisationsform im Detail wird immer abhängig sein von der Art der Operation, der Entfernung von den Heimatbasen und den Raum-/Zeitfaktoren im Operationsgebiet. In den meisten Fällen wird es eine Mischform sein aus landgebundener und schwimmender Versorgung. Hierfür braucht die Marine auf jeden Fall geeignete Einsatzmittel für die schwimmende Versorgung. In dem relativ engen Seegebiet der Adria mit kurzen Distanzen zu alliierten Stützpunkten und Häfen war es möglich, sich mit Schwerpunkt auf eine landgebundene Versorgung abzustützen, zumal da kritische Ersatzteile sehr schnell durch verbandseigene Hubschrauber von Land herangeführt werden konnten. In einem anderen Seegebiet ohne diese Möglichkeit ist aber eine alle Komponenten umfassende Einsatzunterstützung in See absolut notwendig.

– Sofern Krisenoperationen einschließlich der Transits in und aus dem Operationsgebiet nicht dicht unter der Küste oder in geschützten Gewässern durchgeführt werden, kommen für solche Einsätze nur allwetterfähige Schiffe in Frage. Selbst das Operationsgebiet der Adria, eigentlich ein relativ geschütztes Seegebiet, war mit den häufigen und überraschend auftretenden Starkwindwetterlagen eine eindrucksvolle Lektion für diese Forderung. Unverzichtbar sind darüber hinaus bordeigene Hubschrauber, weil sie die Einsatzreichweite der Aufklärungsmittel und der Waffen des Schiffes bedeutend erweitern. In einer Krisenoperation ist es vor allem die besondere Eignung in der Seeraumaufklärung und die zusätzliche Flexibilität, durch die Möglichkeit zum Personentransport und das schnellere Heranführen dringend benötigter Ersatzteile ein Höchstmaß an materieller und personeller Einsatzfähigkeit über längere Zeiträume zu erhalten. Insgesamt sind die Hubschrauber neben ihrer eigentlichen Einsatzrolle in der U-Jagd oder in der Seeraumüberwachung – und das nicht nur für Krisenoperationen – ein heute unverzichtbares Element im Einsatz von Seestreitkräften.

SHARP GUARD hat – und das gilt genauso für IFOR und SFOR – auch in der NATO die Einsicht wachsen lassen, dass zukünftige Kriseneinsätze nicht mehr isoliert durch einzelne Teilstreitkräfte zu leisten sind, sondern im Verbund, also „joint", und multinational, also „combined", durchgeführt werden müssen. Die neue Kommandostruktur der NATO, die Erprobungen von neuen – wenn notwendig mobilen – Combined Joint Headquarters sowie die Übungs- und Manöverplanungen der einzelnen Nationen wie auch in der NATO sind auch ein Ergebnis dieser Erfahrungen.

Unterm Blauhelm am Horn von Afrika

Holger Kammerhoff

Der Einsatz der Bundeswehr in Somalia UNOSOM II (United Nations Operation in Somalia) diente der logistischen Unterstützung von VN-Truppen. Vom 28. August 1993 bis 23. März 1994 waren in Belet Weyne/Somalia ca. 1.700 Soldaten des Heeres eingesetzt. An der Luftbrücke vom 25. August 1992 bis 21. März 1993 waren ca. 120 Soldaten der Luftwaffe beteiligt Die Evakuierung der letzten Soldaten des Heereskontingentes aus dem Hafen Mogadischu nach Mombasa/Kenia führte die Deutsche Marine mit einem Flottenverband durch.

Die Hafeneinfahrt lag weit im Norden und langsam nahm die Fregatte KÖLN Fahrt auf. Sie hatte auf den letzten Hubschrauber gewartet. Während die KÖLN Kurs Südwest eindrehte, blickten wohl alle Augen zurück auf die in gleißendem Sonnenlicht liegende Stadt Mogadischu. Achteraus und weit im Süden waren etwa ein Dutzend Kriegsschiffe zu erkennen. Auf dem Brückendeck neben dem Kommandeur des Flottenverbandes Somalia stehend, sah ich, dass sich nahezu alle meine Männer auf der Steuerbordseite versammelt hatten, während langsam das Stadtbild verblasste und die Küste den Blick beherrschte. Die KÖLN lief in ruhiger See, eine kleine Brise frischte auf und kühlte die erhitzte Haut.

Einige der am Oberdeck stehenden Soldaten schauten zu uns zur Brücke hoch, winkten, stießen die Faust in den Himmel oder zeigten mit den Fingern das V-Siegeszeichen. Die Stimmung war ausgelassen.

Noch waren die höher gelegenen Stadtteile, z.B. die alte Fabrik und der Tower des Flugplatzes klar zu erkennen. Hinter den Dünen, die zum Indischen Ozean abfielen, lag unser letztes Lager. Wie oft bin ich, aus Sicherheitsgründen die Stadt ostwärts liegen lassend, über diese Dünen geflogen? Unzählige Male in eigenen Hubschraubern oder denen der Vereinten Nationen (VN), wenn ich als Nationaler Befehlshaber und Kommandeur des Zweiten deutschen Kontingents UNOSOM II in Mogadischu zu tun hatte.

War es wirklich erst wenige Minuten her, dass ich als letzter deutscher Soldat Somalia verlassen hatte und mit dem bordeigenen Hubschrauber auf der KÖLN gelandet war? Über vier Monate Einsatz lagen hinter uns. Die Anspannung wollte nur langsam weichen. Die Verlegung war nicht planmäßig, aber erfolgreich abgeschlossen worden. Gott sei gedankt! Ob man sich in Deutschland wohl darüber im Klaren gewesen war, welche Probleme uns die geänderte Anzahl der Schiffe gemacht hatte – sieben statt der geplanten fünf – und noch erschwerend, einige anstelle der gewünschten Roll/On-Roll/Off-Schiffe solche mit Krananlagen geschickt hatte? Es ist sehr viel leichter, über eine Rampe in ein Schiff zu fahren, ungleich schwieriger und zeitraubender ist es, mit schiffseigenen Kränen schwere LKW an Bord zu heben und zentimetergenau abzustellen. Leider besaß der Hafen Mogadischu auch keine eigenen Umschlageinrichtungen. Es hatte mehrerer Verhandlungen im Hauptquartier (HQ) UNOSOM II bedurft, die Liegezeiten und – wenigen – Kaianlagen im Hafen von Mogadischu für die deutschen Schiffe zu fordern und mit dem UNOSOM II-Verlegeplan zu koordinieren. Schon bei meinen ersten Kommandeurbesprechungen im HQ UNOSOM II wurde schnell deutlich, dass die Durchsetzung unseres Planes einen langen Atem und Ausdauer erfordern würde. Bei anderen Truppenstellern änderten sich Pläne und Abläufe häufig, und man musste auf Überraschungen ständig gefasst sein. Viele Nationen wollten vor oder zeitgleich mit den Amerikanern das Land verlassen. Erschwerend für die Durchführung unserer Planung kam hinzu, dass sie mit den Absichten des italienischen Kontingents in Einklang zu bringen war, die uns als einen aus verfassungsrechtlichen Gründen nach Kap VI der UN-Charta eingesetzten Verband sichern sollten.

Als besonders hilfreich für unsere Rückverlegung hatten sich die amerikanische Unterstützung und der glückliche Umstand erwiesen, dass der von den VN eingesetzten Hafenmanagern in Mogadischu ein Landsmann aus Hamburg war. Er vertraute unseren Plänen bzw. den zeitlichen Zusagen und hielt sein Versprechen, uns im Hafen Platz für ständig ca. 60 Container, Raum für unser Verbindungskommando und für den Notfall eine Halle zur Übernachtung für etwa 100 Mann bereitzustellen. Mit einer Palette „Holsten Bier" hatten wir uns bei ihm bedankt und ihm eine gesunde Heimkehr gewünscht.

Der Blick zurück

Vor einer halben Stunde hatte ich über Inmarsat, ein von uns mitgenutztes ziviles Satellitenkommunikationssystem, dem Kommandierenden General in Koblenz melden können, dass alle deutschen Soldaten Somalia wohlbehalten verlassen hatten und sich an Bord der Schiffe des Flottenverbandes befanden – von unseren nahezu täglich geführten Gesprächen sicher die Meldung, auf die man in Deutschland vordringlich gewartet hatte.

Erinnern wir uns der politischen Ausgangssituation: UNOSOM II wurde nach Kapital VI der VN-Charta ohne Zustimmung der Konflikt-parteien eingesetzt, weil nach zweijährigem Bürgerkrieg jegliche staat-liche Autorität in Somalia fehlte. Es gab weder Polizeikräfte noch öf-fentliche Verwaltungen oder ein Gemeinwesen außerhalb von Clan-strukturen. Der Staat Somalia existierte faktisch nicht mehr. Als Soma-lia ins Chaos seines Bürgerkrieges sank, hatte der Afrika-Experte Wal-ter Michler schon 1992 erkannt, dass sich „in der Situation des Clan-Krieges ein vergleichsweise rascher Frieden nur durch eine Interventi-onsmacht von außen erreichen ließ, die den sich selbst speisenden Es-kalationskreislauf von Gewalt und Gegengewalt unterbricht und zum Stillstand bringt".

Basierend auf der VN-Resolution 794 vom 3. Dezember 1992 hatte die Bundesregierung nach einem Kabinettsbeschluss vom 17. Dezem-ber 1992 den VN u.a. das Angebot unterbreitet, zur Unterstützung der friedenserhaltenden Maßnahmen in Somalia ein verstärktes Nachschub- und Transportbataillon – nach Schaffung eines sicheren Umfeldes – be-reitzustellen.

Am 12. April 1993 baten die VN die Bundesregierung, die Operati-on UNOSOM II durch Entsendung des angebotenen Verbandes zu un-terstützen. Dem entsprach das Kabinett durch erneuten Beschluss vom 21. April 1993; der Bundestag stimmte am selben Tag zu. Mit Weisung Nr. 1 zur Beteiligung der Bundeswehr an UNOSOM II wurde der Einsatz durch den Bundesminister der Verteidigung ebenfalls am 21. April 1993 befohlen. Bereits am 28. April 1993 erfolgte die erste Verbindungsauf-nahme mit dem HQ UNOSOM II in Mogadischu. Das Vorkommando ver-legte am 12. Mai 1993 beginnend.

Der Auftrag des Deutschen Unterstützungsverbandes lautete „unter Operational Control des Logistic Support Command (LSC) ist in den Raum Belet Weyne zu verlegen, die logistische Unterstützung eines ca. 4.000 Soldaten starken UNOSOM II-Verbandes vorzubereiten und sich darauf einzustellen, ggf. nach Norden zu verlegen und dort in ähnlicher Weise zu versorgen."

Erst nach Entscheidung des Bundesverfassungsgerichtes am 23. Juni 1993 und Beschluss des Bundestages am 2. Juli 1993, mit dem der Ent-scheid der Bundesregierung vom 21. April 1993 in vollem Umfang zu-gestimmt wurde, begann am 3. Juli 1993 die Verlegung des Verbandes nach Zentralsomalia in die befriedete Region Belet Weyne.

Die zwei Hauptkontingente wurden jeweils in vier Teilkontingenten in Marsch gesetzt. Die Personalstärke des 1. Hauptkontingents betrug ca. 1.700 Soldatinnen und Soldaten, die des 2. Hauptkontingents knapp 1.400. Die Verlegung des Materials erfolgte überwiegend über See, die des Personals zeitlich angepasst im Lufttransport. Am 23. August 1993 war die Verlegung des Verbandes abgeschlossen und die Einsatzbereitschaft zur logistischen Unterstützung eines VN-Großverbandes hergestellt.

Der Deutsche Unterstützungsverband unterstützte zunächst eine nigerianische UNOSOM II-Einheit und anschließend Teile des italienischen UNOSOM II-Kontingents in einer Größenordnung bis zu max. 1.000, später ca. 500 Soldaten. Die Bemühungen der Bundesregierung zur Beibehaltung des ursprünglichen Operationskonzeptes von UNOSOM II, insbesondere die Gespräche des Generalinspekteurs am 2. Oktober 1993 in Mogadischu mit dem Sonderbeauftragten der VN und dem Befehlshaber von UNOSOM II, hatten keinen Erfolg gehabt. Die volle Leistungsfähigkeit des Verbandes wurde somit nicht abgefordert. Die Änderung der Operationsplanung schuf erst die Möglichkeit für ein verstärktes Engagement der deutschen Soldaten im humanitären Bereich. In Abstimmung mit dem VN-Sekretariat erfolgte daher im Rahmen des Kontingentwechsels bis zum 23. Dezember 1993 eine Anpassung des Deutschen Unterstützungsverbandes an die neue Lage in Somalia hinsichtlich Stärke, Ausrüstung und Gliederung. So wurde das zweite Hauptkontingent um ca. 400 Soldaten reduziert.

Die Ende Oktober 1993 nach Somalia verlegte indische Brigade wurde abweichend von den ursprünglichen Planungen im Süden Somalias eingesetzt. Die Medien berichteten leider immer, „die Inder seien nicht gekommen". Richtig ist vielmehr, dass der deutsche Verband seinen „sicheren Raum" nicht verlassen durfte. Der ursprünglich vorgesehene logistische Unterstützungsauftrag des Verbandes wurde somit auf Dauer nicht abgerufen. Das Bundeskabinett beschloss deshalb in seiner Sitzung am 20. Dezember 1993, die Beteiligung der Bundeswehr an UNOSOM II in Abstimmung mit den VN zum 31. März 1993 zu beenden. Die Rückverlegung der Verbandes aus Somalia wurde daraufhin durch BMVg am 22. Dezember 1993 befohlen.

Mission Completed

Bei der Verlegung der Kräfte nach Afrika hatte die Bundeswehr Neuland betreten. Die für die Verlegung des Hauptkontingents notwendigen Transportanforderungen wurden zeitgerecht bei der VN vorgelegt, die für die Verlegung des Materials erforderlichen Seetransportmittel anschließend durch die VN gechartert. Bereits bei der Beladung konnte die vorgeplante Verlegefolge aber nicht eingehalten werden, da die durch die VN bereitgestellten Schiffe nicht der jeweiligen Transportanforderung entsprachen. Erst durch ein kurzfristig national gechartertes zusätzliches Schiff konnte der Transport des Materials sichergestellt werden. Der Transport des Personals erfolgte demgegenüber in nationaler Verantwortung. Hierbei konnte durch den Einsatz militärischer Lufttransportmittel die notwendige Flexibilität für das zeitgerechte Zusammentreffen Material/Personal im Einsatzland Somalia sichergestellt werden. Bei den Verlegungen beider Hauptkontingente führten fehlende Umschlagmittel sowohl im Luft- als auch im Seetransport immer wieder zu erheblichen Schwierigkeiten, die nur durch die freiwillige Unterstützung anderer Nationen behoben werden konnten.

Auf Grund der während der Verlegung des Hauptkontingents gemachten Erfahrungen erfolgte die Rückverlegung ausschließlich in nationaler Verantwortung. Der Transport des Personals wurde dabei mit militärischen Transportmitteln in einem kombinierten See-/Lufttransport über Mogadischu/Mombasa nach KÖLN abgewickelt. Die in der Bundeswehr fehlende militärische Fähigkeit zum strategischen Transport erforderte in jedem Fall einen Rückgriff auf zivile Transportkapazitäten. Das Material wurde mit Bundeswehr-Charterschiffen (Dauercharter) und zusätzlich gecharterten Schiffen im Seetransport zurückverlegt. Während dies von Deutschland aus veranlasst wurde, waren wir, der Deutsche Unterstützungsverband, für die Verlegung des Geräts/Materials nach Mogadischu und die Beladung der Schiffe zuständig.

„Mission completed, Thanks a lot", hatte ich dem amerikanischen Stabsoffizier zugerufen, der, im offenen Jeep sitzend, wie wir alle mit Helm und Schutzweste bekleidet, die Flugmanöver der deutschen Marinehubschrauber beobachtete, bevor ich als letzter in den Hubschrauber der KÖLN sprang – von den Kameraden hineingezogen entsprach aber wohl eher den Tatsachen, denn es war eigentlich kein Platz mehr vorhanden. In den Hubschraubern waren die Sitze ausgebaut worden, um so viele „Wüstenfüchse" wie möglich aufnehmen zu können. Wir hielten uns gegenseitig fest, die Tür ließ sich nur mühsam zuziehen, und schon zog der Hubschrauber flach über den Kai, dicht über die Wellen zur knapp eine Seemeile entfernt liegenden Fregatte. Das ganze dauerte nur wenige Minuten. In mehreren Wellen hatten die Marinepiloten der KÖLN und der KARLSRUHE die letzten Heeressoldaten aus dem Hafen Mogadischu herausgeflogen.

Wir hatten das letzte Schiff, die MS MERCANDIAN QUEEN, beladen, die Sicherungen eingezogen und, nur noch mit Handfeuerwaffen ausgerüstet, diesen Augenblick herbeigesehnt. Die Amerikaner hatten absprachegemäß Schützenpanzer dort in Stellung gebracht, wo während unserer Beladetätigkeit ständig unsere Luftlandepanzer Wiesel mit 20-mm-Kanonen gegen die Altstadt und nördlich davon gesichert hatten. Von dort war gelegentlich in den Hafenbereich hineingeschossen worden. Deshalb hatten wir bereits vor Beginn der Verladung einen Schutzwall aus dreifach gestapelten Containern aufgebaut. Im Schutz dieser zum Kai hin offenen in U-Form errichteten Wände hatten unsere Männer des Hafenumschlagkommandos professionell die Ladegeschirre an Fahrzeugen und Containern angebracht.

Glück gehört dazu!

War es wirklich erst eine Woche her, dass wir mit dem letzten großen Problem hinsichtlich der Beladung konfrontiert waren? Wir waren in der Operationszentrale (OPZ) des Bereitstellungsraums im Lager Mogadischu zur täglichen Stabs- bzw. Chefbesprechung versammelt gewesen. Während einige Besprechungsteilnehmer noch nach Sitzgelegenheiten im Zelt suchten, stand der Leiter der Hafenumschlagsorganisation noch im Eingang, suchte und fand Augenkontakt zu meinem Stellvertreter und mir und ließ dann die Bombe platzen. „Uns fehlen Meter!" Einigen war wohl nicht gleich klar, was er tatsächlich meldete. Dann der Schock; das konnte doch nicht wahr sein, mochten meine Mitarbeiter gedacht haben. Auf meine Frage: „Wie viele?", schaute er kurz auf das druckfrische Fax in seiner Hand und eröffnete das Resultat seiner Berechnung: „Mindestens vier Autos". Die folgenden Flüche waren nicht druckreif. Da hatten wir alles daran gesetzt, das gesamte Material mit Ausnahme der Holzfußböden der Zelte, die wir zugunsten der Spendenkasse in Belet Weyne veräußert hatten, wieder in die Heimat zurückzuführen. Alle Kraftfahrzeuge, alle Anhänger und unsere Ausrüstung gehörte ja in den Bestand des Heeres, war kein „Verbrauchsmaterial". Wir hatten korrekt unseren Bedarf gemeldet, und jetzt schickte man uns ein Schiff, das platzmäßig nicht reichte. Konnte dieses letzte Schiff nicht einen Meter länger sein? An der Berechnung des Leiters der Umschlagorganisation, eines erfahrenen Stabsoffiziers, der sich bereits in gleicher Funktion bei der Verlegung bewährt hatte, war nicht zu zweifeln. Ebensowenig waren die Angaben des CARGO-Offiziers, der die verfügbaren Längenmeter der MS MERCANDIAN QUEEN vorausgefaxt hatte, in Frage zu stellen.

Blieb also nur, dass wir alle Fahrzeuge, die Anhänger und die Container nachzählten. Wir hofften alle darauf, dass ein Rechenfehler vorlag. Einen Tag später nach erneuter Prüfung dann die Gewissheit: für vier Fahrzeuge war kein Platz verfügbar, wir mussten dieser Tatsache ins Auge sehen. In einer eigens für die Lösung dieses Problems anberaumten Besprechung ging es heiß her. Sollten wir dies nicht einfach dem Leitführungskommando melden und abwarten? Dies wurde schnell verworfen, hatten wir doch immer um Handlungsfreiheit bzw. Spielraum gekämpft, um jetzt ein Problem abzuwälzen, statt es vor Ort zu lösen. Auch konnten wir das Versprechen, für die Norweger drei Transportpanzer mitzunehmen, nicht rückgängig machen; kleinere Kontingente waren auf unsere Hilfe angewiesen. Die Vorschläge meiner Mitarbeiter reichten von der Antragstellung, diese wenigen Kraftfahrzeuge den Italienern mitgeben zu dürfen, über das Angebot, beschädigte oder fahruntüchtige Fahrzeuge als Schrottfahrzeuge zu deklarieren und im Land zu lassen (man würde sich darum reißen) bis zum Vorschlag, diese Autos einfach über die Kaimauer in den Indischen Ozean zu fahren. So verlockend die letzten wohl nicht ganz ernst gemeinten Vorschläge auch waren, so verbot unser Ehrgeiz und unsere Pflichtauffassung, nicht mit dem gesamten Material die Verlegung abzuschließen. Ich forderte deshalb, alle Möglichkeiten auszuschöpfen und auch zu prüfen, ob nicht etwa „Huckepack" verladen werden könne. 140 Fahrzeuge, 45 Anhänger und 55 Container hatte die MS MERCANDIAN QUEEN aufzunehmen. Dank der großartigen Unterstützung des CARGO-Offiziers, eines wehrübenden Stabsoffiziers, gelang schließlich das Unterfangen. Keine Handbreit Platz blieb zwischen den Fahrzeugen. Einige Männer des Verzurrkommandos zeichneten sich durch wahrlich akrobatische Fähigkeiten aus, wie sie kriechend und kletternd ihre Arbeit verrichteten. Da ein Schiff von unten nach oben beladen wird, war Spannung bis zum Schluss angesagt. Wetten wurden angenommen. Zum Schluss „parkten" auf dem Oberdeck Anhänger und 2to LKW auf einem 7to LKW und 10to LKW, ein 2to LKW hatte auf seiner Ladefläche einen LKW 0,9to (Wolf), und Kräder waren grundsätzlich auf den Ladeflächen der LKW verstaut. Es sah aus wie bei den „Bremer Stadtmusikanten". Sicher waren wir allerdings erst, als der Kapitän und sein Lademeister nach eingehender Prüfung der Verzurrung und ihrer Berechnung nach ein Verrutschen oder Losreißen der Ladung auch bei stürmischer See ausschließen konnten. Das Glück war uns hold geblieben.

Als letztes Fahrzeug fuhr der Sicherungspanzer, ein mit Nachtsichtgeräten ausgerüsteter Luftlandewaffenträger Wiesel, in das Schiff. Ich hatte die Einladung des Leiters der Umschlagorganisation gern angenommen, sozusagen als krönenden Abschluss einer erfolgreichen Verlegung das allerletzte Fahrzeug auf Schiff bringen zu dürfen und fungierte als Kommandant des Wiesel. Ein bewegender Moment, der auf Fotos festgehalten wurde. Meine Männer hatten auch diese Beladung erneut Stunden früher als im Zeitplan vorgesehen abgeschlossen. Ich war verdammt stolz auf meine Mannschaft.

Wenn ich an das Wiesel dachte, kam mir wieder ein Vorfall in Erinnerung. Wann war es noch gewesen, dass der für die Sicherung verantwortliche Zugführer, ein Oberleutnant der Gebirgstruppe, bei mir beantragt hatte, für die Nacht mit seinem gepanzerten Fahrzeug an Bord des Schiffes die Sicherung vom Deck aus durchführen zu dürfen? Nach kurzer Rücksprache mit meinem Stellvertreter hatte ich seinerzeit zugestimmt, waren doch die Stahlwände des Schiffes stärker als die des Wiesel, und bei geschlossener Heckklappe des Schiffes war die Besatzung bei Nacht ungleich sicherer an Bord denn auf dem Kai.

Der Oberleutnant muss prophetische Gaben gehabt haben, sind doch tatsächlich in der folgenden Nacht zwei Mörsergranaten nur 200 m entfernt in den Klippen am Hafen detoniert.

Die Herausforderung

Nach Belet Weyne zu verlegen, war für das Deutsche Kontingent noch relativ einfach gewesen. Doch der Abzug aus Somalia, der nach dem Bundestagsbeschluss ja bis Ende März 1994 abgeschlossen sein sollte, gestaltete sich auf Grund einer verschärften Sicherheitslage dann doch viel schwieriger, als wir zunächst angenommen hatten. Zwischenzeitlich hatte sich die Lage zugespitzt. Es gab immer wieder blutige Auseinandersetzungen zwischen Somalis und den UNOSOM II-Truppen, vor allem der schnellen amerikanischen Interventionstruppe mit den Milizen. Es folgten anhaltende Kampfaktionen mit dem Ziel, die somalischen Milizen und Banden zu entwaffnen und die Sicherheit wiederherzustellen. Durch die Verluste auch unschuldiger Somalis wuchs der Hass der Bevölkerung auf die Präsenz der UNOSOM II-Truppen. Vor allem den Amerikanern, die das Beste wollten, gaben die Somalis die Hauptschuld am neuen Krieg. Besonders in der somalischen Hauptstadt wurde ständig gekämpft, und diese Gefährdung war in unsere Abzugs- und Rückverlegungsplanungen mit einzubeziehen.

Zwischen den Feiertagen Weihnachten/Neujahr hatte der Verband die Vorschläge für die Rückverlegung auszuarbeiten gehabt, und am 2. Januar 1994 konnte der Operationsplan dem Leitführungskommando zur

Genehmigung vorgelegt werden. Damit blieb dem Verband angemessen Zeit, um die wesentlichen Absprachen über die Nutzung eines
benötigten Bereitstellungsraumes sowie des See- und Flughafens Mogadischu mit UNOSOM II und den örtlich Verantwortlichen abzustimmen. Dem Verband wurden hierfür die Auflagen erteilt, die Rückverlegung so zu planen, dass er jederzeit auf allen Gebieten führungsfähig
blieb und im Raum Mogadischu wegen der Sicherheitslage nur den unbedingt notwendigen Umfang an Personal hält. Dem Verband wurde
ansonsten weitestgehend Handlungsfreiheit gewährt. Die Notwendigkeit hierfür hatte ich meinen Vorgesetzten, wichtiger aber noch, dem
Bundesminister der Verteidigung als dem Inhaber der Befehls- und
Kommandogewalt, persönlich bei seinem letzten Besuch erläutern können. Besonders hatten wir die Entscheidung des Bundesministers der
Verteidigung begrüßt, dass wir ab dem 1. Januar 1994 auch nicht mehr
eingeschränkt waren durch Auflagen, die für den Deutschen Unterstützungsverband bis dahin außerhalb eines „SECURE ENVIRONMENT"
im Raum Mogadischu galten. Jetzt lautete die Herausforderung: Wie
bringt man ca. 330 Container nach Mogadischu, wenn man nur knapp
20 Transportfahrzeuge hierfür hat?

Bewährte Partnerschaft

Ich erinnerte mich an die erste von zwei Kommandeurbesprechungen
(Commanders Conferences) in Mogadischu, die sich mit den Verlege-
planungen beschäftigten. Während das deutsche Konzept der Rückverlegung bereits stand, befanden sich andere Nationen noch in der Planungsphase. Es erwies sich als günstig, dass der Deutsche Unterstützungsverband durch vielfältige Hilfe für andere Kontingente bereits große
Anerkennung gefunden hatte, so dass auf die besondere Rolle der Deutschen Rücksicht genommen wurde. Nach der ersten Kommandeurbesprechung hatte ich den Stellvertretenden Kommandeur von UNOSOM
II aufgesucht, einen amerikanischen Zwei-Sterne-General, der mir schon
bei meiner ersten Begegnung volle Unterstützung zugesagt hatte. Wir
hatten seinerzeit herausgefunden, dass er unseren Generalinspekteur von
früher her kannte. Während er selbst Chef des Stabes der 1. US-Panzer-
division gewesen war, unterhielt er eine Partnerschaft mit dem vom Brigadekommandeur Naumann geführten Brigade. Beim Austausch der Erinnerungen stellten wir auch fest, dass ich seinerzeit als Bataillonskom-
mandeur dieser Brigade mit den Amerikanern bei einer gemeinsamen Unternehmung auf der Reiteralpe beteiligt war. Wir hatten gemeinsam das
über 2.000 m hohe Schottmalhorn bestiegen. Dieser von den Amerika-

nern später wegen der Strapazen als „Todesmarsch" bezeichnete Berg-marsch war in Erinnerung geblieben. Nachdem wir dies herausgefunden hatten, war die Sache gelaufen. Ehemalige Partner hatten sich wieder ge-funden und würden sich gegenseitig unterstützen. Schon früh wurde mir US-seitig Luftraumüberwachung durch Kampfhubschrauber zugesagt, etwa 60 km nördlich Mogadischu beginnend. Tatsächlich fand dies dann auch wochenlang ab Anfang Februar statt. Die jeweiligen Konvoiführer nahmen über HF-Funk Verbindung mit den amerikanischen Hubschrau-bern auf, um so sicher nach Mogadischu geleitet zu werden. Ich erhielt auch die Zusage, dass die Amerikaner mit einem gemischten Panzerba-taillon solange vor unserem Lager in Mogadischu und im Hafen verfüg-bar sein würden, bis alle deutschen Soldaten abgezogen seien. Für den Notfall, so erfuhr ich, ständen für die Schlussoperation auch Kampfflug-zeuge eines vor der Küste liegenden Trägers zur Verfügung. Auch die Be-reitstellung von medizinischer Versorgung wurde mir zugesagt für die kri-tische Zeit, wenn unsere eigene Sanitätsunterstützung in der Schluss-phase nicht mehr verfügbar sein sollte.

Nach der ersten Kommandeurbesprechung wurde ich zum Ende un-seres Gesprächs auch darüber informiert, dass der amerikanische Stell-vertreter Ende Januar den Blauhelm mit dem nationalen Helm tauschen und dann den Abzug der US-Truppen verantwortlich leiten würde. Das war eine gute Nachricht in Bezug auf seine Zusagen, die jetzt als eine bilaterale Unterstützung nicht mehr der Zustimmung des HQ UNOSOM II bedurfte.

Nachdem Ende Januar 1994 nach grundsätzlicher Akzeptanz unse-res Planes der türkische UN-Oberbefehlshaber (FORCE COMMANDER) seine Funktion an einen General aus Malaysia abgab, war sicher, dass unser Plan wohl nicht mehr geändert werden musste. Den Besuch des neuen Malaiischen Generals in Belet Weyne nutzte ich später, um ihm die besondere Rolle, die humanitäre Hilfeleistung des Deutschen Un-terstützungsverbandes, aber auch unser Sicherheitsproblem darzustel-len. Als er mir schilderte, Malaysia hätte die Absicht, länger in Somalia zu bleiben, kam mir die Idee, ihn für die Stationierung einer Einheit in Belet Weyne zu gewinnen. Diese Kompanie konnte unseren Abzug si-chern und einen Teil unseres Lagers übernehmen. Zu meiner Freude stimmte er dem Vorschlag zu und gab entsprechende Anweisungen. Es sah gut aus für unsere Verlegung. Dankbar konnten wir feststellen, die Unterstützung hatte planmäßig stattgefunden.

Aber auch die Italiener hatten ihren Anteil an unserer erfolgreichen Verlegung. Nach Abzug der italienischen Kräfte aus der Provinz Hiran hat-

ten wir eine italienische Kompanie in unser Lager Belet Weyne aufgenommen. Mit diesen Kräften sollte die Sicherung der geplanten Konvois
durchgeführt werden. Unserer Sonderrolle nach Kapitel VI der VN-Charta entsprechend waren die knappen italienischen Sicherungskräfte mit
unseren Sicherungskräften, die gut bewaffnet waren, so zu koppeln, dass
wir aus dem Dilemma unterschiedlicher Waffenanwendung (RULES OF
ENGAGEMENT) herauskamen. Wir Deutschen konnten nicht in jedem
Fall die Durchsetzung unserer Aufträge mit Waffengewalt erzwingen,
hatten aber selbstverständlich das Recht auf Notwehr und die Pflicht, anderen UNOSOM II-Nationen zur Hilfe zu eilen und das Leben dieser Soldaten auch mit unseren Waffen zu schützen. Dass Sicherheit groß geschrieben wurde, vermag auch folgende Aktion zu verdeutlichen.

Nachdem ein italienischer Konvoi in der Ortschaft Balad in einen Hinterhalt geraten war und Tote und Verwundete zu beklagen hatte, befahl ich die Prüfung einer Umgehung und anschließend den Bau einer
Umgehungsstraße für diese Ortschaft. Mit Hilfe des Koreanischen Kontingents, das wie die Deutschen unter Kapitel VI eingesetzt war, gelang
dieser Bau. Über 100 Kipperladungen Schotter wurden praktisch in die
Wüste gelegt und die Piste durch deutsche Pioniere ausgebaut. Unter
Leitung des Deutschen Verbindungsoffiziers zu den Italienern gelang es
so, die Ortschaft im Abstand nordwestlich zu umfahren.

Zusätzlich sicherten die Italiener mit ihren Radpanzern gegen die Ortschaft Balad, wenn deutsche Konvois diesen „Bypass" befuhren.

MOGA TOURS

Für die Rückverlegung waren insgesamt fünf Umläufe mit je drei Konvois (ein Konvoi ca. 50 Kfz) notwendig gewesen. Das gesamte Material des „Logistischen Unterstützungsverbandes" wurde auf diese Weise
zur Schiffsverladung nach Mogadischu transportiert. Die Strecke Belet
Weyne bis Mogadischu betrug 420 km oder zwei Tagesmärsche. Da wir
aus Sicherheitsgründen nicht bei Nacht marschieren wollten, war eine
Zwischenstation im vormals italienischen Stützpunkt in Gialalassi notwendig. Zwei Tage unter Vollschutz, das hieß eine mit Schutzweste und
Helm schweißtreibende Fahrt von Schlagloch zu Schlagloch auf der „Via
Infernale". Für Kraftfahrer und Kommandanten, aber auch für Beifahrer eine große Anstrengung in mörderischer Hitze und im Staub der vor-
anfahrenden Fahrzeuge, unterbrochen nur durch die geplanten und unvorhergesehenen technischen oder Nothalte.

Nach Eintreffen der Marschgruppen in Mogadischu wurden die für
die Verschiffung vorgesehenen Geräte und Fahrzeuge an die Umschlag-

organisation übergeben. Sicherungs- und Versorgungskräfte sowie Containerzugmaschinen verlegten nach Ablauf einer Nacht zurück nach Belet Weyne. Bei der Zusammenstellung der Marschgruppen wurde jeweils ein Marschbegleitpaket eingegliedert. Dieses Paket bestand aus einem Führungs- und drei Sicherungs-Transportpanzern (TPZ), einem LKW mit Tankaufsatzbehälter (TA), einem Kran, einem Schwerlasttransporter (SLT), einem Wasser-Kfz und einem Wartungstrupp. Die Besatzungen dieser Begleitkommandos waren die eigentlichen Helden der Rückverlegung. Sie hatten die gefahrvollen Konvoifahrten und damit verbundenen großen Strapazen gleich mehrfach zu bestehen. Während ich gewöhnlich die Konvois auf der gesamten Strecke Belet Weyne bis Mogadischu oder umgekehrt vom Hubschrauber aus überwachte, ständig über HF-Funk in Verbindung mit den Konvoiführern, aber auch mit den jeweiligen Operationszentralen, hatte ich einmal die zweitägige Fahrt persönlich mitgemacht. Ich wusste also um die großartige Leistung dieser Besatzungen, die voller Stolz die Anzahl ihrer MOGA TOURS mit schwarzen Strichen auf dem weißen Grund ihrer Fahrzeuge markierten. Die Führung der Marschgruppen hatte nur über Funk erfolgen können, da die Staubentwicklung ein Führen mit Zeichen ausschloss. Im Zuge der Rückverlegung hatte der Verband rund 250 von 330 Containern selbst transportiert, die restlichen Container wurden von der US-eigenen Firma „Brown & Roots" transportiert. Für den Containertransport hatte sich der Verband auch mit LKW 10to beholfen, die sich für diesen Zweck gut bewährt hatten. Nur ein Leichtverletzter war nach über sechs Wochen langen täglichen Konvoifahrten zu beklagen, als sich ein Tanklastzug überschlagen hatte, nachdem er im Sandstaub die Kurve verpasst hatte – und dies bei Durchschnittsgeschwindigkeiten um 25 km/h.

Der Bereitstellungsraum Mogadischu wurde für die meisten Soldaten lediglich ein Durchgangslager, bevor sie die Schiffe der Bundesmarine bestiegen. Etwa 200 Soldaten bildeten das Stammpersonal. Sie waren verantwortlich dafür, dass das Material korrekt auf die Schiffe verladen und das „Transitpersonal" aus Belet Weyne versorgt wurde. Wir waren sogar in der Lage gewesen, ein koreanisches Bataillon mit ca. 130 Kfz im Transit für eine Woche aufzunehmen.

Die „Blauen Jungs"

Auf Grund der in Mogadischu herrschenden Sicherheitslage hatte der Bundesminister der Verteidigung am 24. Januar 1994 entschieden, das Personal im kombinierten See- und Lufttransport von Mogadischu über

Mombasa zurückzuführen. Die Marine verlegte dazu einen Flottenverband vor die Küste Somalias, der zwei Fregatten, einen Versorger und einen Tanker umfasste.

Die Rückflüge von Mombasa – wo zum reibungslosen Ablauf ebenfalls eine Umschlagorganisation eingerichtet war – wurden mit Flugzeugen der Luftwaffe durchgeführt. Am 13. Februar 1994 hatte der Kommandeur des Flottenverbandes an Bord der KÖLN als dem ersten deutschen Kriegsschiff im Hafen von Mogadischu festgemacht, um die ersten 100 Soldaten aufzunehmen und sie nach Mombasa zu fahren, von wo es mit dem Flugzeug weiter nach Deutschland gehen sollte. Der Luftraum über Mogadischu erschien als zu gefährlich. Lediglich 200 Soldaten flogen direkt von Belet Weyne über Dschibuti nach Deutschland, alle übrigen Blauhelme des Deutschen Unterstützungsverbandes verließen Somalia auf dem Seeweg. Auf dem Weg nach Mombasa in Kenia saßen Heeres- und Marinesoldaten auf engstem Raum beieinander und teilten sich tatsächlich in Schichten schlafend die Kojen. Eine beeindruckende Gastfreundschaft und Kameradschaft, die unvergessen bleiben wird. Der Aufenthalt an Bord der Schiffe wurde für die Heeressoldaten, die „grünen Männchen" oder auch „Wüstenfüchse", wie sie von den Marinekameraden empfangen worden sind, zu einem Erlebnis. Duschen, ein „Swimming-Pool" und deutsches Essen sorgten für Abschalten, den notwendigen Abstand zum Einsatz und die Vorbereitung auf die Heimkehr. Das Schiff konnte besichtigt werden, und voller Stolz führten uns die Besatzungen durch die einzelnen Operationsräume. Höhepunkt war natürlich die Äquatortaufe. Nach altem Seemannsbrauch wird jeder Reisende, der die Südhalbkugel auf dem Seewege betritt, vom Dreck – davon hatten wir wahrlich genug gesehen – der Nordhalbkugel gereinigt.

In einem knapp dreistündigen Programm scheuchten die Seeleute uns über das Oberdeck, sparten bei den „Übungen" nicht mit Salzwasser und verabreichten nach etlichen Prozeduren den einen oder anderen Cocktail. Höhepunkt jedesmal die Standardfrage „Liebst Du Neptun" der verkleideten Bordcrew an die Täuflinge. Als Häuptling der „Wüstenfüchse" wurde ich zum Vergnügen auch meiner Männer einem Spezialprogramm unterworfen, bis man auch mir meine Liebe zum Gott der Meere abnahm. Im Ergebnis mag es heute mehr Angehörige der Gebirgstruppe als in der Bundesmarine geben, die mit Stolz im Besitz der entsprechenden Urkunde sind. Der Marine sei Dank für die gewährte Kameradschaft.

Humanitäre Hilfe

Während die KÖLN durch den Indischen Ozean lief, wurde mir bewusst: Jetzt existiert der Deutsche Unterstützungsverband nicht mehr. Die Soldaten kehren wieder in ihre Standorte zurück. Was hatten wir erreicht, was nehmen wir mit?

Bereits mit Eintreffen des Vorkommandos leisteten die deutschen Soldaten im Rahmen freier Kapazitäten direkte humanitäre Hilfe in Absprache mit den Vertretern der Clans, UNOSOM II und den Hilfsorganisationen für die somalische Bevölkerung. So hatten wir früh humanitäre Hilfe leisten und damit ein sichtbares Zeichen deutschen Engagements geben können. Der Deutsche Unterstützungsverband verwirklichte über 30 Einzelprojekte und übergab diese nach ihrem Abschluss an somalische Repräsentanten. Bei einzelnen Projekten fungierten Einheiten des Verbandes als so genannte „Paten". Viele Soldaten, Angehörige und Mitbürger in den Heimatstandorten beteiligten sich mit Geld- und Sachspenden.

Die Hilfe der Bevölkerung umfasste vor allem die ambulante und stationäre medizinische Versorgung im Feldhospital. Es wurden über 10.500 somalische Patienten behandelt. Im örtlichen Krankenhaus in Belet Weyne wirkten die deutschen Sanitätssoldaten bei über 8.100 Behandlungen mit, und unsere Ärzte assistierten bei rund 500 Operationen und vier Geburten.

Von dem insgesamt aufbereiteten Wasser, das der deutsche Verband mit entsprechenden Aufbereitungsanlagen aus dem Shabele-Fluss gewann, wurden 3,8 Millionen Liter an die Bevölkerung abgegeben; zudem wurden sieben Brunnen gebohrt bzw. wiederhergestellt. Durch weitere Instandsetzungsarbeiten wurden Infrastruktur und Bewässerungsmöglichkeiten in der Region verbessert und schulische Einrichtungen geschaffen. Eine aus unserer Sicht beeindruckende Bilanz. Dass diese Leistung breite Anerkennung fand, war auch ein Verdienst der über 400 den Einsatz begleitenden Journalisten und der inländischen Pressearbeit.

Die durch den Deutschen Unterstützungsverband geleistete humanitäre Hilfe hat wesentlich zu den stabilen Verhältnissen in der Region Belet Weyne und zu dem guten Verhältnis zu den Somalis beitragen können. Der Einsatz des Deutschen Kontingents in Somalia fand damit schon während des Einsatzes großes Interesse auch bei anderen Nationen.

Am 6. Februar 1994 hatte sich der Deutsche Unterstützungsverband mit einem Appell im Rahmen des „Tag des Verbandes" von der Provinz

Hiran verabschiedet. Zahlreiche Repräsentanten der Clans, der Ge-
bietskörperschaften (District Councils, Regional Councils), von UNOSOM
II und von zivilen Hilfsorganisationen nahmen an der Veranstaltung teil.
Ebenso unsere italienischen Kameraden, so dass ich für die Zusammenarbeit und erfahrene Unterstützung unseren Dank und unsere gut-
en Wünsche für eine friedliche Zukunft aussprechen konnte. Leider sah
ich mich veranlasst, die schöne und mit viel Liebe aller Einheiten vorbereitete Feier vorzeitig zu beenden. Die Nachricht vom Tod eines italienischen Offiziers und die Verwundung weiterer Soldaten, die in der
Ortschaft Balad in einen Hinterhalt geraten waren, ließ mir keine Wahl.

Die deutschen Soldaten hatten im Unterschied zu anderen Nationen
keine Verluste in Somalia zu beklagen. Das war auch auf die gute Personalauswahl, die ausgezeichnete Vorbereitung bzw. Ausbildung für
den Einsatz und die humanitäre Hilfe zurückzuführen. Schon dem ersten Kommandeur war Anfang August eine handunterschriebene „Erklärung zur Sicherheit der deutschen Freunde" ausgehändigt worden.
Sie garantierte den deutschen Blauhelmen Sicherheit und Bewegungsfreiheit in der Region Hiran. Wir Deutschen waren bei den Somalis beliebt. Dies kam unserem Auftrag entgegen. Das gute Verhältnis hatte
auch den tragischen Todesfall eines in unser Lager eingedrungenen So-
mali verkraftet. Unter Leitung meines Stellvertreters, unterstützt durch
unseren Rechtsberater und mit dem Beistand des evangelischen Mi-
litärpfarrers war in gut einem Dutzend Gesprächsrunden eine von allen
Betroffenen akzeptierte Entschädigung ausgehandelt worden. Ich hatte nur zu Beginn und einmal zwischendurch die Verhandlungen auf die
„Chefebene" ziehen müssen, als diese wegen der von somalischer Seite wiederholt geforderten Blutrache Gefahr liefen, sich festzufahren. Die
guten Beziehungen zu Deutschland gründeten nicht zuletzt darauf, dass
bereits vor 65 Jahren deutsche Ingenieure in Belet Weyne tätig waren.
Auch die Gesellschaft für Technische Zusammenarbeit (GTZ) hatte in den
80er Jahren auf den Gebieten Brunnenbau, Bewässerungstechnik und
Veterinärwesen den Bewohnern der Region Gutes getan. Hieran hatten wir mit unserer Hilfe anknüpfen können.

Der Geist von Belet Weyne

Wenn die Angehörigen des Deutschen Unterstützungsverbandes
eine Bilanz ziehen, was ihnen der Einsatz persönlich bedeutete, so sind
mir grundsätzlich zwei Dinge genannt worden:

– Erstens die Überzeugung, Hilfe in ein zerstörtes Land gebracht zu
  haben und durch die vielfältigen humanitären Aktivitäten konkre-

te Aufbauarbeit geleistet zu haben. Für Hunderttausende kam die multinationale Friedenstruppe der Vereinten Nationen in Somalia zu spät, aber sie kam und beendete den Krieg. Die Somalis haben uns nur ungern abziehen lassen, wir hatten uns mit unserer Arbeit und unserem Auftreten viel Achtung und Sympathie erworben. Dabei gewesen zu sein im ersten größeren Einsatz deutscher Streitkräfte „out of area" und Zeitzeuge zu sein, dies prägte das Selbstverständnis aller Angehörigen des Verbandes.

– Zweitens wurde immer als bedeutender persönlicher Gewinn die erfahrene Kameradschaft genannt. Das Zusammenleben auf engstem Raum, das Fehlen privater Nischen, in die man sich hätte zurückziehen können, und die strengen Regeln im Lager forderten von allen Soldatinnen und Soldaten gegenseitige Unterstützung, Rücksicht und Achtung.

Der Einsatz brachte eine bis dahin nicht gekannte Kohäsion in die Teileinheiten und Einheiten des Verbandes. Zeit- und Berufssoldaten sowie länger dienende Wehrpflichtige aus über 250 Einheiten, Reservisten, Ärzte, Truppenpsychologen und Militärseelsorger fühlten sich einem Verband zugehörig. Vorgelebte Kameradschaft und ein „Wir-Gefühl" bestimmten den Einsatz. Die im Soldatengesetz geforderte Pflicht zur Kameradschaft wurde über alle Dienstgrade hinweg als Zweibahnstraße erlebt. Der vom 1. Kontingent so genannte „Geist von Belet Weyne" beschreibt treffend das Klima, das im Verband für jeden Besucher sofort spürbar war.

Vertrauen in die Führung über alle Ebenen hinweg prägte unseren Aufenthalt in Somalia. Die Zusammenarbeit im Stab sowie zwischen Stab und Einheiten war vorzüglich und beeindruckte immer wieder. Nie zuvor hatte es besser motivierte und engagierte Soldaten in einem Heeresverband dieser Größenordnung in einem Einsatz außerhalb Deutschlands gegeben. Die vertrauensvolle Führung und ständige Unterstützung, die wir vom als Leitführungskommando eingesetzten III. Korps erfuhren, die häufigen Besuche des Kommandierenden Generals, um sich vor Ort zu informieren, sozusagen den Schulterschluss herstellend, um unsere Interessen bestmöglich und mit Nachdruck wahrnehmen zu können, dies alles wird in Erinnerung bleiben, weil es die Führung des Verbandes erleichterte. Beistand und Unterstützung vermittelten auch die vielen Besuche hochrangiger Persönlichkeiten, Politiker und Militärs.

Einsatz der Luftwaffe über Bosnien

Walter Jertz

Die Operation DENY FLY begann am 13. April 1993 und wurde mit der Indienststellung der Peace Implementation Force (IFOR) am 20. Dezember 1995 beendet. An der Operation waren etwa 4.500 Soldaten aus zwölf NATO-Staaten beteiligt. Kampfflugzeuge wurden von sechs NATO-Staaten zur Verfügung gestellt. AWACS-Überwachungsflugzeuge der NATO ergänzten den Einsatz der Kampfflugzeuge. Der deutsche Anteil an der Operation betrug 484 Soldaten der Überwachungskomponente AWACS.

Bei der Aufstellung eines Schnellen Einsatzverbandes mit dem Ziel, die Bewegungsfreiheit der UNPROFOR-Friedenstruppen in Bosnien-Herzegowina zu gewährleisten, war ein Luftwaffenkontingent im Einsatzgeschwader 1 und in den NATO-Stäben mit rund 650 Soldaten, 14 Kampfflugzeugen vom Typ Tornado (RECCE und ECR) in Piacenza/Italien stationiert, beteiligt. Hinzu kamen Lufttransportkräfte mit bis zu zwölf C-160 Transall.

Vom 20. Dezember 1995 bis 19. Dezember 1996 war die Bundeswehr mit ca. 4.000 Soldaten aller Teilstreitkräfte am Auftrag der IFOR-Truppen im ehemaligen Jugoslawien beteiligt. Die Leistungsbilanz der Luftwaffe stellt sich wie folgt dar:

Mit einer Personalstärke von ca. 500 Soldaten war das Kontingent mit Schwerpunkt auf den Flugplätzen in Vicenza (Nationaler Befehlshaber) und Piacenza (Einsatzgeschwader 1) in Italien mit folgender Flugbilanz eingesetzt:

– 1.006 ECR-Einsatzflüge Tornado (Schutz von deutschen und NATO-Luftfahrzeugen),
– 1.085 RECCE-Einsatzflüge Tornado (Aufklärung der Streitkräfte der ehemaligen Konfliktparteien, Überwachung von Kasernen, Truppenlager und Waffensammellagern) sowie
– 750 Lufttransporteinsätze.

Entwicklung des Konfliktes

Der Zerfall Jugoslawiens in seine Einzelstaaten führte zu kriegerischen Auseinandersetzungen, die nach Dauer und Intensität äußerst unterschiedlich waren. Im Februar 1991 erklären sich Kroatien und Slowenien wie auch die sogenannte „Serbische Republik Krajina" für unabhängig. Es folgen Bosnien-Herzegowina und Mazedonien, die im September bzw. Oktober 1991 den gleichen Schritt wagen. Serbien und Montenegro schließlich gründen im April 1992 die „Bundesrepublik Jugoslawien".

In Slowenien herrscht nach kurzen Kampfhandlungen Friede. Mazedonien wird zügig in die Unabhängigkeit entlassen. Kroatien jedoch kommt zunächst nicht zur Ruhe, unter anderem durch die Tatsache bedingt, dass die abtrünnigen Gebiete der Krajina-Serben sowie West- und Ostslawonien rund ein Drittel des gesamten kroatischen Staatsgebietes ausmachen.

Während der Auseinandersetzungen rufen die in der Krajina lebenden Serben zu den Waffen. Milizionäre errichten Barrikaden und Straßensperren und heizen damit die Stimmung in der Bevölkerung an. Bald werden Greueltaten an ortsansässigen kroatischen Minderheiten bekannt, die von der Gegenseite mit ähnlichen Aktionen beantwortet werden. Die Kämpfe in Kroatien weiten sich schnell aus; zunächst rückt die jugoslawische Volksarmee (JVA) in Ostslawonien ein, um im Rahmen einer Polizeimaßnahme Ruhe und Ordnung wiederherzustellen. Da in dieser Armee jedoch überwiegend Serben dienen, verbündet sich die JVA rasch mit den Milizen der Krajina-Serben und leistet militärischen Beistand im Kampf gegen die gerade im Aufbau begriffene kroatische Armee. Im Januar 1992 vermitteln die Vereinten Nationen einen Waffenstillstand, dem zufolge die JVA-Kräfte abziehen.

Mit dem „Blitzkrieg" in Westslawonien im Mai 1995 erobert die kroatische Armee einen Teil des abtrünnigen Gebietes zurück. Mit der Rückeroberung der Krajina im August 1995 wird der größte Teil des kroatischen Staatsgebietes wiederhergestellt. Der Auseinandersetzung um Ostslawonien wird auf dem Verhandlungswege beigelegt.

In Bosnien-Herzegowina, einem multikulturellen Staat mit rund 4,4 Mio. Einwohner, die der serbisch-orthodoxen, der kroatisch-katholischen oder der islamischen Glaubensrichtung angehören, verschärfen sich seit Anfang 1992 die Kämpfe. Zu dieser Zeit leben rund 44% Moslems, 32% Serben und 17% Kroaten in Bosnien-Herzegowina.

Mit der Unabhängigkeit Bosnien-Herzegowinas 1993 beginnt die JVA, auch aus diesen Landesteilen ihre Truppen nach Serbien abzuziehen, gestattet jedoch den bosnisch-serbischen Soldaten, die JVA mit ihren Waffen zu verlassen. Zudem liegen viele JVA-Kasernen in den von bosnischen Serben bewohnten Gebieten unweit der kroatischen Grenze. Die JVA-Einheiten übergeben eine große Anzahl gepanzerter Fahrzeuge und Artilleriegeschütze an die im Entstehen begriffene bosnisch-serbische Armee. Die Kroaten verhalten sich ähnlich in den von den bosnischen Kroaten bewohnten Gebieten. Nach dem zwischen den Serben und den Kroaten vereinbarten Waffenstillstand entfernen die Einheiten der ehemaligen kroatischen Armee in Bosnien ihre Verbandsabzeichen, erklären sich zur bosnisch-kroatischen Armee, um ihr Territorium gegen die bosnischen Serben zu verteidigen.

Im Frühjahr 1993 entflammen blutige Kämpfe zwischen den Muslimen und den bosnischen Kroaten, die durch die Ausrufung der „Republik Herzeg-Bosna" ihre Chance auf Eigenständigkeit sehen.

Die bosnischen Serben hingegen versuchen mit der Ausrufung der „Republika Srpska" ihre Eigenständigkeit zu dokumentieren. Diese „Republik" hat durch ethnische Vertreibungen von Kriegsbeginn bis Mitte 1995 fast 70% von Bosnien-Herzegowina besetzt.

Unter dem Eindruck der militärischen Erfolge der bosnischen Serben entsteht im März 1994 eine Zweckföderation zwischen den Muslimen und den serbischen Kroaten. Gemeinsam versuchen sie, die von den bosnischen Serben besetzten Gebiete in Bosnien zurückzuerobern, was diese mit heftigen Angriffen gegen die inzwischen von den Vereinten Nationen eingerichteten moslemischen Schutzzonen Gorazde und Sarajewo beantworten.

Im Verlaufe des Mai 1995 eskaliert die Lage in Bosnien; die bosnischen Serben beschaffen sich schwere Waffen aus von UN-Soldaten bewachten Sammellagern im Raum Sarajewo und beschießen die Stadt. Provokationen, Pressionen und gezielte Angriffe gegen die Soldaten der United Nation Protection Force (UNPROFOR) häufen sich.

Auf Grund der Nichtbeachtung eines Ultimatums zur vollständigen Einstellung der Kämpfe und zur Rückgabe der schweren Waffen durch die bosnischen Serben, greifen NATO-Kampfflugzeuge ein Munitionsdepot bei Pale an. Als Reaktion darauf beschießen die bosnischen Serben UN-Schutzzonen in Bosnien und nehmen UN-Angehörige als Geiseln.

Angesichts dieser Entwicklungen beschließen die Verteidigungsminister der Europäischen Union bei einem Treffen in Paris die Aufstellung einer mit schweren Waffen ausgerüsteten Schnellen Eingreiftruppe für Bosnien-Herzegowina. Mit ihrer Hilfe sollen die bisher nur leicht bewaffneten UN-Truppen bei der Erfüllung ihrer schwierigen Aufgabe unterstützt werden.

Die Rolle der Vereinten Nationen

Die Vereinten Nationen tun sich auf Grund unterschiedlicher Interessen und historischer Bindungen zunächst sehr schwer mit der Behandlung des Konfliktes. Sie erlassen bereits im September 1991 eine erste Resolution; es folgen eine Vielzahl weiterer UN-Beschlüsse ohne eigentlichen „Durchsetzungscharakter".

Erst die UN-Resolution Nr. 998, die die Aufstellung und Entsendung des Schnellen Einsatzverbandes (Rapid Reaction Force / RRF) genehmigt, markiert die entscheidende Wende. Dieser Verband wird aus Soldaten Frankreichs, des Vereinigten Königreichs Großbritannien und der Niederlande mit einer festgelegten Obergrenze von 12.500 Angehörigen gebildet. In einem Memorandum wird festgelegt, dass diese Bodentruppen in die Operationen und in die Befehlskette des bereits bestehenden UN-Kommandos im ehemaligen Jugoslawien eingegliedert werden. Nationale Ausrüstung, das heißt, keine blauen Helme und weiß gestrichene Fahrzeuge, sondern schwere Bewaffnung mit Tarnanstrich bis hin zu Artillerie und Panzerabwehrhubschraubern kennzeichnen den Verband. Einzig ein UN-Emblem an der Uniform tritt hinzu. Mit diesem Verband sind die erforderlichen Voraussetzungen geschaffen, um wirksam in das Geschehen einzugreifen.

Nach dem Ende aller Kampfhandlungen in Bosnien-Herzegowina wird mit der Annahme der Resolution Nr. 1031 – Mitte Dezember 1995 – die Aufstellung und Entsendung von Friedenstruppen (Implementation Forces/IFOR) nach Bosnien-Herzegowina genehmigt. Gleichzeitig wird die NATO ermächtigt, die in dem Friedensvertrag von Paris enthaltenen Vereinbarungen der Konfliktparteien zu überwachen und mit Waffengewalt durchzusetzen.

Beitrag der Luftwaffe

Ab Juli 1992 beteiligt sich die Luftwaffe mit Transportflugzeugen C-160 Transall an der Luftbrücke nach Sarajewo. Ein nicht ganz risikofreies Unternehmen, da ein Beschuss der Transportflugzeuge durch serbische Luftverteidigung nicht auszuschließen ist. Vor allem im Endanflug auf Sarajewo liegt eine erhöhte Gefahr, die durch ein eigens dafür entwickeltes Anflugverfahren verringert wird. Die Besatzungen der Transportflugzeuge wissen um die besondere Bedeutung ihrer Versorgungsflüge, mit denen sie den Menschen in Sarajewo Hoffnung geben.

Ab Herbst 1992 beteiligen sich deutsche Flugzeugbesatzungsmitglieder an der Überwachung des Flugverbotes über Bosnien-Herzegowina in NATO-Aufklärungsflugzeugen.

Der Schwerpunkt der eingesetzten Kampfkräfte liegt bei der Luftwaffe, die acht elektronische Aufklärungsflugzeuge vom Typ ECR-Tornado und sechs photooptische Aufklärungstornados (RECCE) entsendet. Diese Kräfte werden von elektronischen Aufklärungsflugzeugen vom Typ Breguet Atlantique der Marine unterstützt. Auftrag der Luftwaffenkräfte ist zunächst der Schutz und die Unterstützung der von NATO-Kampfflugzeugen durchgeführten Luftnahunterstützungseinsätze für den Schnellen Einsatzverband.

Darüber hinaus sind zwei Transall C-160 für medizinische Evakuierungsflüge vorgesehen. Zur Verstärkung der internationalen Stäbe ist die Beteiligung deutscher Soldaten geplant.

Der Bundestag entscheidet mit Mehrheit am 30. Juni 1995 für die Entsendung der Bundeswehr. Zum ersten Mal nach Beendigung des Zweiten Weltkrieges werden damit deutsche Soldaten in einen bewaffneten Einsatz entsandt. Deutschland hat sich diese Entscheidung nicht leicht gemacht.

Nationale Führungsstruktur

Bis zur Unterstellung unter die NATO sind die deutschen Kräfte dem Bundesminister der Verteidigung in jeder Hinsicht unterstellt. Er führt über das Führungszentrum der Bundeswehr bzw. den Koordinationsstab für Einsatzaufgaben. In diesem Gremium nehmen unter anderem die Inspekteure der beteiligten Teilstreitkräfte ihren Einfluss wahr.

Der Befehlshaber Luftwaffenführungskommando mit Sitz in Köln-Wahn, der dem Verteidigungsminister für den Einsatz direkt unterstellt ist, setzt die entsprechenden Weisungen des Ministeriums um. Die Befehle gehen direkt weiter an den nationalen Befehlshaber im Einsatzgebiet, der die Luftwaffenkontingente führt, bis diese der NATO für den Einsatz unterstellt werden.

Der zuständige deutsche Luftwaffengeneral in Italien ist nicht nur nationaler Befehlshaber im Einsatzgebiet, sondern in Doppelfunktion gleichzeitig Kommandeur Einsatzkontingent Luftwaffe und somit der Vorortverantwortliche für alle an diesem Einsatz beteiligten Luftwaffensoldaten und mit Einschränkung auch der Heeres- und Marinesoldaten in Italien.

Nach Unterstellung der Einsatzkomponenten der Luftwaffe unter die NATO ist der nationale Befehlshaber auf Zusammenarbeit mit dem

NATO-Hauptquartier in Vicenza angewiesen, um weiterhin nationale Interessen zu vertreten.

In nationaler Verantwortung verbleiben die der UN angebotenen Lufttransportmittel, die für MEDEVAC-Einsätze, humanitäre Hilfeleistung und zur Versorgung der Bodentruppen bereitstehen.

NATO-Führungsstruktur

Die Gesamtverantwortung innerhalb der NATO über die militärischen Operationen hat der Oberste Befehlshaber der NATO in Europa, der die Durchführungsverantwortung an den Oberbefehlshaber der NATO-Streitkräfte Europa Süd mit Sitz in Neapel übertragen hat. Dieser wiederum hat die Befehlsgewalt über die Luftstreitkräfte an den ihm unterstellten Befehlshaber der NATO-Luftstreitkräfte COMAIRSOUTH delegiert. Dem direkt nachgeordnet ist der Befehlshaber der 5. Alliierten Taktischen Luftflotte (5. ATAF) mit Sitz in Vicenza. Dieser führt die Luftstreitkräfte unmittelbar über einen multinationalen Gefechtsstand, das Combined Air Operation Center (CAOC).

Nach Unterstellung der deutschen Luftwaffenkräfte unter die NATO, werden diese wie alle anderen Luftstreitkräfte mittelbar von Neapel und unmittelbar aus dem NATO-Gefechtsstand in Vicenza geführt. In diesem international besetzten Hauptquartier werden alle Einsätze einvernehmlich mit den vertretenen Nationen geplant und zur Durchführung befohlen.

Die Führungsstruktur für den unmittelbaren Einsatz der NATO-Luftstreitkräfte besitzt damit im Wesentlichen den Charakter einer Koalition.

Zu Beginn der IFOR-Operationen wird ein multinationaler Lufttransportgefechtsstand (Regional Air Movement Coordination Center / RAMCC) zur Planung und Koordination der zahlreichen Transportflüge zur Unterstützung der IFOR-Truppen, die im ehemaligen Jugoslawien eingesetzt sind, eingerichtet.

Konfliktverlauf

Der bewaffnete Einsatz der NATO-Luftstreitkräfte unter dem Namen Operation DENY FLY beginnt im Frühjahr 1993 mit dem Überwachen und Durchsetzen des Flugverbots über Bosnien-Herzogewina. 1995 wird der Auftrag erweitert, um dem Schnellen Einsatzverband Schutz und Unterstützung aus der Luft zu gewähren („DETERMINED EFFORT"). Der Einsatz von Luftstreitkräften erreicht mit den Kampfeinsätzen der Operation DELIBERATE FORCE gegen bosnisch-serbische militärische

Einrichtungen im August und September 1995 seinen Höhepunkt. Dieser Einsatz führt letztlich zu den Annäherungsgesprächen von Dayton und dem anschließenden Friedensvertrag von Paris.

Seit Dezember 1995 werden im Rahmen der Operation JOINT ENDEAVOUR Land- und Luftstreitkräfte als Implementation Forces (IFOR) auf dem Balkan eingesetzt.

Auftragsdurchführung

Zeitgleich zur politischen Entwicklung und parallel zu den militärischen Entscheidungsgängen werden die allgemeinen Vorbereitungsmaßnahmen für die betroffenen Truppenteile angeordnet/eingeleitet. Die Nachrichtenlageführung auf allen Ebenen wird intensiviert. Die Führung der Geschwader in Jagel und Lechfeld nominieren die Einsatzbesatzungen. Das erforderliche Funktionspersonal wird identifiziert. Bedrohungsdateien werden angelegt und ständig aktualisiert. Zusätzlich erfolgt eine noch intensivere Unterrichtung vor allem der Fliegenden Besatzungen über die Einsatzparameter der über Bosnien-Herzegowina zu erwartenden Waffensysteme.

Der Kommunikationsbedarf sowie der Flächen und Raumbedarf in Piacenza wird ermittelt. Auf diesem Flugplatz liegt ein italienisches Geschwader, das die Aufnahme des deutschen Einsatzgeschwaders als Gastgeber begleitet. Der nationale übergeordnete deutsche Gefechtsstand wird in Vicenza eingerichtet, wo sich auch das NATO-Hauptquartier befindet. Art und Umfang der erforderlichen Kraftfahrzeuge werden festgelegt.

Neben den allgemeinen Vorbereitungen werden auch technische Änderungen am Tornado durchgeführt. So werden störsichere Flugfunkgeräte eingebaut sowie positionsbestimmende Systeme, die ihre Informationen von Satelliten empfangen. Die Triebwerke werden zur Schuberhöhung modifiziert.

Ein besonderes Augenmerk gilt der Erfüllung fliegertheoretischer und fliegerischer Vorbereitungen der fliegenden Besatzungen. So wird insbesondere über die Verhaltensweisen nach einem Rettungsausstieg unterrichtet einschließlich eines Seminars, das sich mit den Themen Gefangenschaft, Verwundung und Tod auseinandersetzt.

Die fliegerischen Vorbereitungen liegen schwerpunktmäßig auf der Teilnahme an Hochwertausbildungsabschnitten, wie:

– Luftkampfausbildung,
– Tiefstflugtraining,

- taktische Luftkriegsoperationen,
- besondere elektronische Kampfmaßnahmen sowie
- das Trainieren der Luftbetankung.

Die Luftwaffe im Einsatz

Die anfängliche Größenordnung des deutschen Kontingentes wird auf Grund theoretischer Werte, Erkenntnissen aus vergangenen militärischen Verlegeübungen und den zu erwartenden Aufgaben wie folgt festgelegt.

Die Gesamtstärke des Kontingentes darf eine festgelegte Obergrenze von 600 im Grundsatz nicht überschreiten. Rund 60 Bundeswehrangehörige werden im nationalen Gefechtsstand in Vicenza eingesetzt, die verbleibenden rund 540 Soldaten und zivile Mitarbeiter versehen ihren Dienst im Einsatzgeschwader Luftwaffe 1 in Piacenza.

Zur Verlegung der Einsatzkomponenten werden über 800 t Material transportiert mit über 110 Einsätzen C-160 Transall und nahezu 60 Kraftfahrzeugen. Eine bemerkenswerte logistische Leistung, die vom 17. Juli 1995 bis 25. Juli 1995 andauert.

Das Aufklärungsgeschwader 51 „Immelmann" aus Jagel ist mit sechs RECCE (Reconnaissance) Tornado und das Jagdbombergeschwader 32 aus Lechfeld mit acht ECR (Electronic Combat Reconnaissance) Tornado an der Verlegung beteiligt. Der Überflug über Österreich ist erlaubt.

Am 21. Juli 1995 landet der erste deutsche Tornado in Piacenza zum ersten bewaffneten Einsatz der Deutschen Luftwaffe.

Am 26. Juli 1995 werden zum ersten Mal nach dem Zweiten Weltkrieg deutsche Soldaten der NATO für einen bewaffneten Einsatz unterstellt ("Transfer of Authority"). Die deutschen Kräfte werden zunächst mit einer eingeschränkten (konditionierten) Unterstellung an die NATO abgegeben. Konditioniert deshalb, weil im Rahmen der „Eingewöhnungsphase" zuerst nur Flüge über dem italienischen Festland und den internationalen Gewässern (Adria) durchgeführt werden dürfen.

Am 31. Juli 1995 wird durch den Bundesminister der Verteidigung die Einsatzbereitschaft der deutschen Kräfte erklärt. Konsequenterweise wird daraufhin in den ersten Augusttagen 1995 die uneingeschränkte Einsatzunterstellung unter die NATO verfügt.

Bereits wenige Tage später fliegen zum ersten Mal deutsche ECR-Tornados im Rahmen eines Übungsfluges über Bosnien-Herzegowina. Ab Ende August beteiligen sich auch deutsche RECCE-Tornados an Aufklärungsflügen über Bosnien-Herzegowina. Begleitet werden sie von deutschen ECR-Tornados.

Einsatzdurchführung

Die Kampfflugzeuge der NATO werden ausschließlich im Rahmen so genannter Verbundener Luftkriegsoperationen (Composite Air Operations) eingesetzt, in der das gesamte Spektrum der im Einsatzraum anwesenden Luftstreitkräfte vertreten ist. Während des gesamten Zeitraumes über dem Einsatzgebiet werden die Luftwaffenkräfte von Jagdflugzeugen begleitet. Die Luftnahunterstützungskräfte werden von elektronischen Abstandsstörern und Kampfflugzeugen der Typen EF-18A, F-18D und Tornado, die mit Anti-Radar-Raketen ausgerüstet sind, begleitet. Die Aufklärungskräfte für diese Einsätze umfassen hochfliegende Spezialflugzeuge, verschiedene Aufklärungsdrohnen und unbemannte Luftfahrzeuge. Während des gesamten Zeitraums befinden sich Frühwarnflugzeuge vom Typ E-3 A (AWACS) im Luftraum über Ungarn oder über der Adria.

Darüber hinaus sind Tankflugzeuge, Führungs- und Koordinationsflugzeuge, so genannte „Airborne Battlefield Command and Control Center" (ABCCC) und die für den Notfall bereitstehenden Rettungsflugzeuge „Combat Search And Rescue/CSAR" in der Gesamtplanung berücksichtigt.

Die Maschinen fliegen nach dem Start zuerst über die Adria, wo sie sich mit den Tankflugzeugen treffen und ihren Kraftstoff ergänzen. Über ABCCC werden letzte Informationen übermittelt, Aufträge modifiziert, Zusatz- und Ausnahmegenehmigungen erteilt sowie die Luftfahrzeuge schließlich in das Zielgebiet über Bosnien-Herzegowina entlassen. Die Koordination der Flugzeuge innerhalb des so genannten „Flow-Plans" erfolgt ebenfalls durch diese fliegenden Gefechtsstände. Die Einsatzkräfte fliegen von verschiedensten Flugplätzen in Italien und Frankreich aus, zusätzlich sind die in der Adria operierenden Seeluftstreitkräfte eingebunden.

Der Flug in das Einsatzgebiet erfolgt über festgelegte Korridore im Luftraum über Kroatien und führt die deutschen Flugzeuge zunächst in den Raum Sarajewo, wo jede Mission eine bestimmte Zeitspanne im Zielgebiet verweilt. Während die Jagdbomber mit den bodengestützten vorgeschobenen militärischen Dienststellen Anflug- und Einweisungsverfahren üben, überwachen die Aufklärungsflugzeuge Nachschubwege der bosnischen Serben und Waffensammellager. Der Rückflug erfolgt je nach der noch vorhandenen Restkraftstoffmenge entweder noch einmal zu einem Rendezvous mit dem Großtanker über der Adria, oder direkt aus dem Zielgebiet zurück nach Piacenza bzw. dem jeweiligen Startplatz. Die Einsatzdauer beträgt dabei dreieinhalb bis viereinhalb Stunden.

Die Rückführung der Luftfahrzeuge und die Reihenfolge der Luftbetankung wird durch fliegende Gefechtsstände koordiniert. Diese Führungsmittel erweisen sich besonders bei technischen Notlagen oder bei nicht vorhergesagten Schlechtwetterlagen als äußerst hilfreich.

Über Bosnien-Herzegowina haben die NATO-Luftstreitkräfte die absolute Luftherrschaft. Eine Gefährdung durch gegnerische Jagdflugzeuge gibt es nicht. Eine besondere Bedrohung in geringen bis mittleren Höhen liegt jedoch bei der infrarotgesteuerten bodengebundenen Luftverteidigung und den Artilleriewaffen. Eine Risikobewertung führt zu der Entscheidung, Kampfflugzeuge grundsätzlich nicht unter 10.000 Fuß (ca. 3.000 m) Höhe fliegen zu lassen. Der besonderen Bedrohung der Kampfflugzeuge durch radargesteuerte Luftverteidigung, die auch in großen Höhen ihre Wirkung entfalten kann, wird man gerecht durch Begleitflugzeuge, die auf elektronischem Wege oder durch den Einsatz von Anti-Radar-Raketen wirksamen Schutz bieten.

Die ECR-Tornado fliegen in rund 20.000 Fuß Höhe (rund 6.000 m); die zur Aufklärung eingesetzten Tornado zwischen 10.000 und 20.000 Fuß Höhe.

Operation DELIBERATE FORCE

Trotz anhaltender politischen Bemühungen kommt es zum Einsatz der NATO-Luftstreitkräfte, unter dem Codenamen Operation DELIBERATE FORCE, die die entscheidende Wende im Konflikt bringt.

Auslöser für den massiven Einsatz der NATO-Luftstreitkräfte ist der am 28. August 1995 durch die bosnischen Serben durchgeführte Artilleriebeschuss von Sarajewo, dem 38 Menschen zum Opfer fallen.

Zuvor hatte am 25. Juli der NATO-Rat festgelegt, dass zur Sicherheit von Moslemschutzzonen künftig NATO-Luftstreitkräfte eingesetzt werden. Während dieses Treffens werden auch die Kriterien festgelegt, die zu deren Einsatz führen.

In der Nacht vom 30. August 1995 auf den 31. August 1995 fliegen NATO-Kampfflugzeuge Einsätze gegen ausgewählte militärische Ziele der bosnischen Serben im Raum Sarajewo, Pale und Tuzla. Alle eingesetzten fliegenden Besatzungen sind optimal auf diesen Kampfeinsatz vorbereitet.

Die Einsätze verlaufen in einer Perfektion, die deutlich macht, dass die NATO ihre in der Vergangenheit bei Übungen erworbenen Erkenntnisse bei diesem Einsatz umgesetzt hat.

Eingebunden in die NATO-Lufteinsätze sind die Soldaten des Schnellen Einsatzverbandes, die überwiegend mit Artilleriegeschützen überaus treffsicher einen wichtigen Beitrag leisten. Der gemeinsame Plan funktioniert und kann somit als der erste gemeinsame Einsatz von Land- und Luftstreitkräfte (Joint Land/Air Campaign) der NATO bezeichnet werden.

Noch am gleichen Morgen nimmt der UN-Befehlshaber Kontakt mit der bosnisch-serbischen Führung auf. Dieser wird mitgeteilt, dass die in der Nacht begonnenen NATO-Luftschläge in Übereinstimmung mit den von den Vereinten Nationen und der NATO gemeinsam getroffenen Vereinbarungen als Reaktion auf den Mörserangriff auf Sarajewo zu betrachten sind. Darüber hinaus wird die militärische Führung aufgefordert, alle schweren Waffen aus einem festgelegten Umkreis von Sarajewo zurückzuziehen. Damit wird der bosnisch-serbischen Militärführung gleichzeitig weitere Verhandlungsbereitschaft signalisiert.

Inzwischen treffen die ersten Aufklärungsanforderungen der Schnellen Eingreiftruppe bei der NATO ein. Diese Anforderungen werden im Verteidigungsministerium in Deutschland auf ihre Vereinbarkeit mit der gültigen Beschlusslage des Deutschen Bundestages geprüft und letztlich zur Durchführung freigegeben.

Bereits am ersten Tag der Kampfhandlungen wird eine französische Mirage 2000 in der Nähe von Pale abgeschossen. Über das Schicksal der beiden Besatzungsmitglieder kann vorerst nichts Definitives in Erfahrung gebracht werden.

In Vicenza müssen – parallel zu den Aktivitäten im Einsatzgeschwader 1 – Anpassungen an die bestehenden Einsatzplanungen durchgeführt werden.

Im Verlaufe der Kampfhandlungen teilen die bosnischen Serben der Weltöffentlichkeit mit, dass sie wegen der NATO-Luftschläge, diese nunmehr als Kriegspartei, auf der Seite der Kroaten und Moslems stehend, betrachten.

Der für diesen Tag geplante Aufklärungseinsatz deutscher Tornados muss über der Adria, wegen Problemen bei der Luftbetankung des zweiten Tornados, abgebrochen werden. Zwar hat der erste Tornado bereits in der Luft getankt, doch ist der Einsatz eines einzelnen Tornados wegen fehlender gegenseitiger Unterstützung untersagt.

Der nächste Flug deutscher Tornados ist für den Folgetag geplant. Für diesen und die folgenden Einsätze liegt die grundsätzliche Genehmigung durch das Verteidigungsministerium vor. Erst bei qualitativ neuen Einsätzen muss eine erneute Erlaubnis eingeholt werden. Am 1. September ist es dann so weit. Die deutschen Aufklärungstornados fliegen um 11:40 Uhr in Piacenza ab und sind knapp eine Stunde später im Luftraum über Bosnien-Herzegowina.

Aus der Sicht der Presse handelt es sich hierbei um den ersten Kriegseinsatz der Deutschen nach dem Ende des Zweiten Weltkrieges. Trotz der Aufregungen in Deutschland und dem Versuch, historische Verbindungen zum Beginn des Zweiten Weltkrieges herzustellen, handelt es sich nicht um den ersten „Einsatzflug" über Bosnien.

Die Reaktionen im Hauptquartier der Vereinten Nationen in Zagreb sind sehr positiv, da dem ersten deutschen Einsatz eine besondere Bedeutung beigemessen wird. Auf Anweisung des zuständigen Chefs des Stabes wird der Einsatz während der Lagebesprechung besonders anerkennend erwähnt.

Der deutsche Geschwaderkomodore in Piacenza stellt fest, dass auch die fliegenden Besatzungen diesen Einsatz als einen besonderen Flug bewerten und dass die Stimmung nach der erfolgreichen Durchführung locker und gelöst ist.

Am 2. September werden die Einsatzflüge der NATO-Luftstreitkräfte vorübergehend eingestellt. Den bosnischen Serben soll die Gelegenheit zur Aufnahme von Verhandlungen gegeben werden.

In der Folge fliegen nur taktische Aufklärungsflugzeuge Einsätze über Bosnien-Herzegowina. Auch deutsche Aufklärungstornados sind beteiligt. Leider ist das Wetter im Zielgebiet nicht besonders gut, so dass ein Großteil des Geländes nicht aufgeklärt werden kann. Nur die deutschen Tornados können mit der Entdeckung bosnisch-serbischer Panzer erneut einen Achtungserfolg erzielen.

Alle anderen Kampfflugzeugen haben inzwischen eine Bodenalarmbereitschaft eingenommen, die sie zum schnellen Handeln befähigen. Die Gespräche zwischen General Janvier und General Mladic führen nicht zum gewünschten Erfolg, da Mladic die Bedingungen der NATO als unannehmbar zurückweist. Daraufhin wird ihm ein 24-stündiges Ultimatum gestellt.

Inzwischen geht in allen Aufklärungsgeschwadern die fieberhafte Suche nach den Miragebesatzungen weiter. Verschiedene Funksignale werden zwar aufgefasst, können aber nicht deutlich zugeordnet werden. Es besteht weiterhin die Gefahr, dass die abgeschossenen Piloten bereits in den Händen der bosnischen Serben sind und diese die zur Rettung eingesetzten Soldaten in einen Hinterhalt zu locken suchen. Die Franzosen bitten alle beteiligten Luftfahrzeugbesatzungen, auf festgelegten Funkfrequenzen die Aufnahme eines Sprechkontaktes mit den Miragebesatzungen zu versuchen, da diese, genau wie auch die deutschen Flugzeugbesatzungen, über ein Funkgerät verfügen, das über eine bestimmte Frequenz eine Kontaktaufnahme ermöglicht. Die erforderlichen Details werden den Crews übermittelt.

Am Nachmittag werden Funksprüche der bosnischen Serben aufgefangen in denen die Wiederaufnahme der Beschießung Sarajewos angekündigt wird. Als Folge dieser Meldung werden die fliegenden Besatzungen in einen höheren Alarmzustand versetzt.

Weitere Flüge werden im Raum Sarajewo zur Unterstützung der Schnellen Eingreiftruppe geplant, um bei erneutem Aufflammen der Kämpfe sofort handlungsfähig zu sein. Da für diese Flüge nicht in jedem Fall die Fliegerleitung durch einen Angehörigen des Schnellen Einsatzverbandes garantiert werden kann, sind deutsche Tornados nicht eingeplant.

Am 3. September teilt General Janvier General Mladic schriftlich mit, dass dessen Antwortschreiben von NATO- und UN-Seite als unzureichend betrachtet wird. Die Wiederaufnahme der NATO-Kampfhandlungen wird für den nächsten Tag angedroht, falls die folgenden Bedingungen nicht erfüllt werden:

1. Abzug aller schweren Waffen aus der 20 km Zone um Sarajewo
2. Öffnung des Flugplatzes Sarajewo
3. Garantierte Bewegungsfreiheit für UNPROFOR-Truppen und für Mitglieder von humanitären Organisationen
4. Keine weiteren Angriffe auf die Schutzzonen der Moslems.

Am späten Abend werden die deutschen Tornados in eine erhöhte Alarmbereitschaft gesetzt. Auch am Folgetag sind alle erforderlichen Kampfflugzeuge weiterhin in erhöhter Alarmbereitschaft. Der amerikanische General ist aus Neapel wieder in Vicenza eingetroffen, ein Zeichen dafür, dass das Bombardement wieder aufgenommen werden wird. Der bosnisch/serbische Vizepräsident Koljevic hat inzwischen General Janvier mitgeteilt, dass die politische Führung der bosnischen Serben die Waffenstillstandsbedingungen anerkennt. Diese Meldung scheint nicht mit der militärischen Führung der bosnischen Serben abgestimmt zu sein.

Am Nachmittag werden die Luftangriffe gegen Stellungen der bosnischen Serben für mehrere Stunden wieder aufgenommen. Im Rahmen dieser Kampfhandlungen ist auch die Schnelle Eingreiftruppe erneut unmittelbar in die Kampfhandlungen verwickelt.

Auch am 6. September werden die Luftschläge der NATO fortgesetzt, da Mladic noch kein Einlenken signalisiert und die politische Leitung der bosnischen Serben offensichtlich den Einfluss auf ihn verloren hat.

Auch am 7. September gehen die Angriffe der NATO-Luftstreitkräfte weiter. Es werden Ziele im Raum um Banja Luka, eine bosnisch-serbische Hochburg, angegriffen. Deutsche Kampfflugzeuge sind nicht beteiligt.

Es wird jedoch weiterhin nicht damit gerechnet, dass die bosnischen Serben ihre schweren Waffen aus Sarajewo und Umgebung entfernen.

Inzwischen liegen nachrichtendienstliche Lagemeldungen vor, die einen gemeinsamen Angriff der kroatischen Serben mit den moslemischen Streitkräften im Nordwesten von Bosnien-Herzegowina in Kürze erwarten lassen.

In Pale meldet sich der Führer der bosnischen Serben mit der Feststellung zu Wort, dass ein Teil der Forderungen für die Einstellung der NATO-Luftangriffe erfüllt worden sei.

Am Flugplatz Banja Luka, einem wichtigen Militärflugplatz der bosnischen Serben, werden Hindernisse auf die Start-/Landebahn und die Rollwege platziert; mit dieser demonstrativen Selbstbeschränkung soll veranschaulicht werden, dass von diesem Flugplatz keine Einsätze geflogen werden können. Damit soll vermutlich der befürchteten Zerstörung dieses wichtigen Flugplatzes durch NATO-Luftangriffe vorgebeugt werden.

Erneut beginnen Friedensgespräche in Genf. Die NATO-Luftangriffe gehen derweil unvermindert weiter. In den Medien in Deutschland nehmen diese Kampfhandlungen einen breiten Raum ein. So schreibt die Frankfurter Allgemeine in ihrer Ausgabe vom 9. September: „...daß mit Luftstreitkräften allein ein Krieg nicht zu gewinnen ist, bestätigt sich in Bosnien erneut...".

Da die bosnischen Serben weiterhin keine Verhandlungsbereitschaft zeigen, wird es immer wahrscheinlicher, dass die Schnelle Eingreiftruppe eingesetzt werden wird, um die schweren Waffen der bosnischen Serben in der Nähe von zivilen Einrichtungen zu zerstören. Der Verband hat sich bisher deutlich zurückgehalten, um den bosnischen Serben, den politisch mit einem hohen Stellenwert versehenen Abzug noch zu ermöglichen. Auch sind die Grenzen der Lufteinsätze deutlich zu erkennen. Feindliche Ziele, die sich sehr nahe an bewohnten Gebieten befinden, werden, da sie nicht ohne Gefährdung für Nichtbetroffene aus der Luft bekämpft werden können, nicht angegriffen.

Durch die Einbindung der deutschen Tornados in diese Operationen ist Deutschland in der Verantwortung stärker in den Vordergrund gerückt. Es ist deshalb besonders wichtig, immer wieder darauf hinzuweisen, dass die Flüge deutscher Kampfflugzeuge nur zum Schutz und zur Unterstützung des Schnellen Einsatzverbandes geflogen werden.

In dieser Nacht verschießen die Verbündeten, als Reaktion auf aufgeschaltete Luftverteidigungsradargeräte, mehrere Dutzend Antiradarraketen, deren Wirkung am Ziel allerdings nicht einzuschätzen ist. An diesen Einsätzen ist die deutsche Luftwaffe nicht beteiligt.

Trotz der massiven, gezielten Luftangriffe zeigen auch an diesem Tage die bosnischen Serben nicht den nötigen Willen für Verhandlungen. Die Frage stellt sich, ob eine Pause in den Kampfhandlungen eingelegt werden soll mit dem Argument, Zeit zum Nachdenken zu gewähren. Darüber hinaus wird im NATO-Hauptquartier nachdrücklich die Frage diskutiert, ob eine Erweiterung des Zielkatalogs, der unter anderem auch industrielle Anlagen umfassen kann, sinnvoll und zulässig ist. Völlig ausgeschlossen sind Angriffe gegen zivile Ziele.

Beim Versuch, die Weltöffentlichkeit auf angebliche Verstöße während der NATO-Lufteinsätze aufmerksam zu machen, behaupten die bosnischen Serben, dass die Artillerie des Schnellen Einsatzverbandes ein Krankenhaus in Blazuj beschossen habe. Es werden Bilder von Toten und Verletzten gezeigt. Vermutlich handelt es sich hier um eine gezielte Desinformation durch die bosnischen Serben, um die Weltöffentlichkeit gegen die NATO-Angriffe einzustellen. Tatsache ist, dass das Krankenhaus keinerlei äußere Schäden aufweist, wobei auch die ausgehängte Rot-Kreuz-Fahne einen sehr sauberen und neuen Eindruck macht. Sehr schnell stellt sich heraus, dass es sich bei diesen Angaben um eine gezielte Desinformation gehandelt hat. Ein „klassisches" Beispiel dafür, dass militärische Kriegführung immer in Verbindung mit psychologischer Kriegführung gesehen werden muss.

In dieser Nacht werden erstmals die bereits während des Golfkrieges wegen ihrer Treffgenauigkeit gefürchteten Marschflugkörper, die so genannten „Tomahawk Cruise Missiles", von einem in der Adria liegenden amerikanischen Kriegsschiff gegen eine Kommandozentrale der bosnischen Serben in Listina, im Nordwesten von Bosnien-Herzegowina, eingesetzt. Diese militärische Einrichtung ist kriegswichtig für die bosnischen Serben, da dort das Luftlagebild für die militärische Führung erstellt wird. Diesem Einsatz vorgeschaltet ist ein Treffen zwischen General Janvier und General Mladic, das aber zu keinerlei Annäherung der Standpunkte geführt hat. Der Einsatz der Tomahawks hat offensichtlich den gewünschten Eindruck erzielt, so dass General Mladic nun an einem erneuten Treffen mit General Janvier interessiert ist. Auch wenn die Deutschen militärisch hier nicht eingebunden sind, ist diese Tatsache erwähnenswert, zeigt sie doch, dass durch die Anwendung militärischer Gewalt, Gegner an den Verhandlungstisch gezwungen werden können. Trotz anders lautender Äußerungen der bosnischen Serben werden Bewegungen von schwerem militärischem Gerät in der Sicherheitszone von Sarajewo ausgemacht.

Das Bombardement gegen Stellungen der bosnischen Serben geht auch am 12. September weiter, wenn auch mit verringerter Intensität, wobei sich der Schwerpunkt der Kampfhandlungen auf den Einsatz der Jets in der Luftnahunterstützung verlagert hat. Dabei sollen die untergezogenen schweren Waffen der bosnischen Serben bekämpft werden. Wieder einmal bewahrheitet sich die alte militärische Weisheit, dass man mit Luftstreitkräften zwar einen Sieg vorbereiten, den endgültigen Erfolg aber nur durch die Landnahme erreichen kann.

Am 13. September hängen tiefe Wolken über dem Einsatzgebiet. Der Flugbetrieb findet nur sehr eingeschränkt statt. Die parallel durchgeführten militärischen Auseinandersetzungen am Boden zwischen dem moslemisch/kroatischen Zweckbündnis und den bosnischen Serben führen zu großen Geländeverlusten für die bisher Erfolg gewohnten bosnischen Serben.

Am 14. September sind keine Flüge für die deutschen Tornados geplant. Man wartet auf politische Signale, die erkennbar machen, dass die Anstrengungen der letzten Tage zum Erfolg geführt haben. Um 17:00 Uhr wird die vorläufige Einstellung der Luftangriffe festgelegt, um die Verhandlungen auf politischer Ebene in Gang zu halten. Offensichtlich ist ein Kompromiss in greifbarer Nähe, der beiden Seiten ohne Gesichtsverlust die Einstellung der Kämpfe ermöglicht hat.

Ab 22:00 Uhr schweigen die Waffen. Der Einsatz militärischer Mittel bringt den gewünschten Erfolg. Die Konfliktparteien vereinbaren Verhandlungen zur politischen Beilegung der Auseinandersetzungen. Die Weichen sind gestellt für die „Annäherungsgespräche" in Dayton und die anschließenden Friedensvereinbarungen in Paris.

Am 20. Dezember 1995 endet der erste bewaffnete Auftrag der deutschen Luftwaffe.

Der deutsche Beitrag für IFOR

Am 28. November 1995 wird über den deutschen Beitrag zur Absicherung des Friedensvertrages entschieden. Deutschland beteiligt sich angemessen und solidarisch am weiteren Fortgang der friedensbildenden Maßnahmen im ehemaligen Jugoslawien. Der Deutsche Bundestag stimmt am 6. Dezember 1995 dem Beschluss der Bundesregierung zu, deutsche Truppen zur Absicherung des Friedensvertrages und des Friedensprozesses zu entsenden.

Folgende Truppen sind geplant:

– Verstärkung der bereits in Kroatien eingesetzten Sanitätskomponenten;

– das Feldhospital in Split wurde auf einen Umfang von 100 Betten erweitert;

– Einsatz beweglicher Arzttrupps sowie von drei Rettungshubschraubern, mit denen Verletzte im Bedarfsfall aus Bosnien ausgeflogen werden können;

– Bereitstellung von land- und luftgestützten Transportkräften des Heeres, einschließlich der erforderlichen Eigensicherung;

– Bereitstellung von Pionierkräften einschließlich der Kräfte zur Eigensicherung;

– Bereitstellung von weiteren Lufttransportkomponenten der Luftwaffe; die Transportflieger sollen mit der C-160 Transall auf Anforderung logistische Güter und Personal für die Friedenstruppe in das und aus dem ehemaligen Jugoslawien befördern;

– Bereitstellung der bereits eingesetzten Tornado der Luftwaffe; die Aufklärungs- und ECR-Tornado sollen in den Dienst der Friedenstruppe gestellt werden. Ihre Aufgabe wird es sein, Truppenbewegungen und -entflechtungen sowie die Abschaltung der radargestützten Flugabwehr zu überwachen; auch die bisher über der Adria eingesetzten Flugzeuge Breguet Atlantique der Marine bleiben Bestandteil der Friedenstruppen;

– Beteiligung an maritimen Operationen durch Schiffe und Seeaufklärer; der deutsche Marineverband in der Adria soll sich weiterhin an der Überwachung des Handels- und Waffenembargos Embargos beteiligen, solange dieses noch in Kraft ist.

Der neue Auftrag der Luftwaffe

Für die deutschen Luftwaffenkräfte ist keine Änderung der Führungsorganisation vorgesehen. Es bleibt bei der Unterstellung unter das NATO-Hauptquartier AFSOUTH und der unmittelbaren Führung des Einsatzes durch den NATO-Gefechtsstand in Vicenza. Der Einsatz der Tornados erfolgt von Piacenza aus, der Einsatz der Transall von Landsberg und der Einsatz der Breguet Atlantique aus Deutschland. Die nationale Kontrolle wird weiterhin durch den nationalen Befehlshaber in Vicenza sichergestellt. Der Oberbefehl über die deutschen Soldaten verbleibt beim Bundesminister der Verteidigung.

Zur Unterstützung der Friedenstruppen sind acht ECR-Tornados, sechs RECCE-Tornados sowie zwölf C-160 Transall im Einsatz. Zwei Transall werden, wie bisher, im Rahmen der medizinischen Notfallhilfe eingesetzt; weitere zehn Transall sind für Transportanforderungen der Friedenstruppen eingeplant. Beide Komponenten sind der NATO für den Einsatz unterstellt. Die nationale Kontrolle wird weiterhin durch den deutschen Befehlshaber im Einsatzgebiet sichergestellt. Um die erforderliche Sachkompetenz zu erreichen, werden Luftwaffensoldaten, die aus dem nationalen Transportbereich kommen, in die Lufttransportkoordinierungsstelle im NATO-Gefechtsstand in Vicenza integriert. Diese Soldaten sind sehr erfahren. Ihre Aufgabe ist neben der Beratung des deutschen Kommandeurs, das Einbringen nationaler Vorstellungen für die Transporteinsätze mit C-160. Sie müssen darauf achten, dass Einflüge in gefährlichere Regionen – nach entsprechender Risikobewertung – nur mit Flugzeugen, eingeplant werden die über eine vollständige Ausrüstung für elektronische Kampfführung verfügen. Der Einsatz bedarf der Zustimmung des deutschen Kommandeurs in Vicenza.

Für die Luftwaffe in Italien erfolgt der nahtlose Übergang der Unterstellung unter die NATO, unter der neuen Bezeichnung deutscher Luftwaffenanteil IFOR -AIR-, am 20. Dezember 1995 mit einem neuen, friedenserhaltenden Auftrag. Der Einsatz der Tornados beschränkt sich von nun an nicht mehr auf die Unterstützung des Schnellen Einsatzverbandes, da dieser mit dem Wechsel zu IFOR zu einem integralen Bestandteil der Friedenstruppen geworden ist. Die deutschen Kampfflugzeuge beteiligen sich nunmehr an allen Luftoperationen über ganz Bosnien-Herzegowina.

Von Kroatien in die „Box"

Friedrich W. Riechmann

Das deutsche Heereskontingent bei der Implementation Force (GECONIFOR (L)) hatte den Auftrag, die IFOR-Truppen aus den über 30 Nationen zu unterstützen. Das Kontingent besteht aus 2.647 Soldaten, darunter ca. 50 Frauen und ca. 100 Reservisten. Zu Kontingent gehören eine Stabskompanie, eine Fernmeldeeinheit, ein Einsatzunterstützungsverband. Zur Unterstützung der multinationalen IFOR-Kräfte sind u.a. ein Transportverband, ein Heeresfliegerabteilung, ein Pionierbataillon und das Feldlazarett mit mehreren beweglichen Notarzt- und Rettungssanitäterteams vorgesehen. Am 15. Januar 1996 läuft die Unterstützung der IFOR-Alliierten an. In Bosnien-Herzegowina gilt es, drei multinationale Divisionen zu versorgen. Die Räumung von bereitet viele Probleme. Es kommt auch zu Unfällen. Die Leistungsbilanz des Unterstützungskontingentes, das über ein Jahr im Einsatz war, kann sich sehen lassen. Das Feldhospital hat Patienten aus ca. 60 Nationen versorgt, die Konvois mit Containern, Stückgut, Schwerlasten und Betriebsstoffen haben über 5 Millionen Kilometer zurückgelegt, und es wurden über 200 Journalisten betreut.

Der deutsche Heeresbeitrag IFOR

Am 6. Dezember 1995 beschließt der Bundestag mit großer Mehrheit die Entsendung deutscher Truppen im Rahmen der Implementation Force (IFOR). Der Aufmarsch beginnt noch vor Weihnachten, denn der Friedensvertrag von Dayton hat enge Termine gesetzt: Rückzug aller Streitkräfte der ehemaligen Konfliktparteien hinter die Trennungszone bis Ende Januar 1996, Rückzug aller Streitkräfte aus den der jeweils anderen Konfliktpartei zu übergebenden Gebieten bis Mitte Februar 1996, Übernahme der übergebenen Gebiete durch die übernehmende Partei bis Ende März 1996 und schließlich bis Ende April 1996 Rückzug aller Streitkräfte und schweren Waffen in festgelegte Unterbringungsbereiche. Truppen, die nicht untergebracht werden können, sind aufzulösen. Einige hunderttausend Soldaten oder Freischärler der ehemaligen Konfliktparteien werden arbeitslos sein. Ein nicht zu unterschätzendes Konfliktpersonal wächst heran. Der Dayton-Vertrag sieht auch vor, dass im zweiten Halbjahr 1996 Wahlen in Bosnien-Herzegowina abzuhalten sind. Zu diesem Zeitpunkt beginnen die Verhandlungen zur Fortsetzung der Friedensmission mit einer Stabilization Force (SFOR). Der Bundestagsbeschluss vom 13. Dezember 1996 ist die Grundlage für die Teilnahme deutscher Soldaten am folgenden SFOR-Einsatz.

Das deutsche Heereskontingent bei der Implementation Force (GECONIFOR (L)) soll die IFOR-Truppen aus mehr als 30 Nationen unterstützen. Dafür stehen eine Stabskompanie, eine Fernmeldeeinheit, ein Einsatzunterstützungsverband für die Eigenversorgung zur Verfügung, und zur Unterstützung der multinationalen IFOR-Kräfte sind Transportverband, Heeresfliegerabteilung, Pionierbataillon und das Feldlazarett mit mehreren beweglichen Notarzt- und Rettungssanitäterteams vorgesehen. Sicherungskompanien übernehmen den Schutz. Das gesamte Kontingent besteht aus 2.647 Soldaten, darunter ca. 50 Frauen und etwa 100 Reservisten. Außerdem verstärken uns französische Sanitäter und ab September 1996 auch 30 albanische Infanteristen. Unsere Hubschrauberflotte wird während der Wahlen im Herbst 1996 wesentlich erweitert.

Der Bundesminister der Verteidigung führt den Einsatz national. Über Aufträge im serbischen Teil von Bosnien-Herzegowina, der Republica Srbska, entscheidet er selbst. Verfahren hierzu spielen sich sehr schnell ein und führen zu keinerlei Verzögerungen. Der Kommandeur des deutschen Heereskontingentes trägt zwei Hüte. Truppendienstlich ist er als Nationaler Befehlshaber im Einsatzraum dem Befehlshaber des Heeresführungskommandos, als Kommandeur des GECONIFOR (L) aber dem für die Verbindungszone verantwortlichen „Commander Communication Zone Forward" und später dann dem in Zagreb ansässigen „Commander Support" unterstellt.

Die Unterstützung durch diese multinationalen Kommandeure gestaltet sich freundschaftlich und hilfreich. In November 1996 tritt neben den Stab GECONIFOR (L) in Trogir/Kroatien der Vorbereitungsstab für die Stabilization Force GECONSFOR (L) in Rajlovac/Bosnien-Herzegowina, beide unter meiner Führung.

Bis zum Eintreffen des Kontingentes in Kroatien ist seit Herbst 1995 vorzügliche Vorarbeit geleistet worden, da hier bereits mit 500 deutschen Soldaten in zwei Wochen ein deutsch-französisches Feldlazarett zur Unterstützung der internationalen Schnellen Eingreiftruppe sowie aller UN-Soldaten im ehemaligen Jugoslawien aufgebaut worden war. Ohne das Engagement der Kommandeure unserer beiden Kontingente der UN PROTECTION FORCE (UNPROFOR) und ihrer Soldaten hätte sich der Aufbau von GECONIFOR (L) nicht so schnell vollzogen. Viele Türen öffnet unser Honorarkonsul in Split. Kroatien wird die Einsatzbasis, weil der Bundestagsbeschluss von Dezember 1995 keine Dauerstationierung in Bosnien-Herzegowina – der „Box", wie unsere Alliierten zu sagen pflegen – erlaubt. Zur Unterbringung unserer Frauen und Männer stehen nur einige wenige feste Anlagen an der Küste zur Verfügung, die durch Zelte sowie Wohn-, Sanitär- und Bürocontainer ergänzt werden. So wird die schon vom deutschen UNPROFOR-Kontingent auf Vordermann gebrachte und durch Feldlazarett und als Gefechtsstand des Kontingentskommandeurs genutzte Naval Base in Trogir durch GECONIFOR (L) erweitert. Der Hafen Sribenik kann als logistische Auslandsbasis angemietet und hergerichtet werden. Den Einsatzunterstützungsverband nimmt das vormalige kanadische Truppenlager Primosten, den Transportverband eine ehemalige Ferienanlage auf. Die völlig heruntergekommenen und kriegsbeschädigten Anlagen in Benkovac und Zadar für Pioniere bzw. Heeresflieger bedürfen umfassender Instandsetzungs- und Hygienemaßnahmen. Benkovac bereitet uns lange Kopfzerbrechen. Zunächst will uns die kroatische Armee nur ihren Militärschrotthof zur Verfügung stellen. Nach Revision dieser Entscheidung, einem balkanischen Ritual folgend, müssen als erstes Kampfmittelräumer ran. Ehe die erste Renovierungsmaßnahme beginnen kann, tauchen aus der Beute eines Bürgerkriegshelden kleine zottige Pferde im Areal auf.

Eine deutsche Presseagentur verbreitet die Meldung, dass diese Tiere zur Minenauslösung hineingetrieben worden seien. Tierschützer in Deutschland stehen Kopf. Wir geraten unter Zeitdruck, können aber schließlich unsere Unschuld beweisen. Dann müssen riesige Mengen von Munition abtransportiert werden. Im Gelände sind versteckte Ladungen gefunden worden. Sie werden gesprengt. Die letzten dort übrigens im März 1996. Tierkadaver liegen in Kellern und Ratten treiben possierliche Spiele. Der Heereshygieniker hat sein Eldorado. Seine Nebelkanone wirkt Wunder.

Erkunden und Herrichten der Feldlager in Kroatien waren eine wahre Herausforderung, die uns viele neue Erfahrungen gebracht hat. Manch einheimischer „Goldgräber" versuchte, sich eine goldene Nase zu verdienen. Aller Anfang ist schwer.

Bereits ab 15. Januar 1996 werden die IFOR-Alliierten von uns mit dem bis dahin verfügbaren Personal und Material und ab 19. Februar 1996 mit ganzer Kraft unterstützt. Damit vollziehen sich die Aufnahme von Personal und Material, der Aufbau der Feldlager sowie die ersten

Unterstützungsmaßnahmen in einem sehr engen Zeitfenster. Der für die Sicherungskräfte zuständige Kommandeur meldet den ersten Konvoi mit 18 Fahrzeugen am 23. Januar 1996 bei unserem Minister ab. Das Bild geht durchs Fernsehen. Am 19. Februar 1996 melde ich unserem Minister im Hafen von Sribenik das einsatzbereite Kontingent vor einer beschädigten Bogenlampe, die sich durch die Hitze einer in Brand geschossenen Lagerhalle verbogen hatte. Ein Symbol für unseren Einsatz.

Seit Eintreffen der ersten Soldaten vor Weihnachten hat es keine Pause gegeben, von etwas besinnlicher Heilig-Abend-Zeit und der Silvesternacht unter Kalaschnikow-Freudenfeuer abgesehen. Es haben alle angepackt. Die Transportdienststelle See mit ihren vortrefflichen Fachleuten, die Spezialisten des Einsatzunterstützungsverbandes und die anderen Bataillone arbeiten reibungslos zusammen. 43 Flüge, 13 Schiffstransporte sowie ein Eisenbahntransport sind durch die Zollabfertigung gelangt. 1.600 Fahrzeuge und 17 Hubschrauber stehen zeitgerecht zur Verfügung, auch wenn die Hafenbehörden ein Schiff an den für uns teuren Kai schicken, von wo aus es dann wieder an den richtigen Kai verholt werden muss, oder das Winterwetter unseren Heeresfliegern das Überqueren der Alpen erschwert.

In Bosnien-Herzegowina gilt es, die drei multinationalen Divisionen zu versorgen, die sich aus Verbänden von mehr als 30 Nationen zusammensetzen. Zu Beginn unseres Einsatzes sehen wir uns sehr kritischen Blicken ausgesetzt, weil man bezweifelt, dass die Deutschen ihren Auftrag ohne Einschränkungen würden durchführen können. Als Erstes überzeugen wir die Befehlshaber; ihre Stäbe brauchen länger, weil sich hier Vorurteile länger halten. Nach kurzer Anlaufzeit haben die Männer und Frauen von GECONIFOR (L) bewiesen, dass wir ein pünktliches, professionelles und ideenreiches Team sind, das keine Aufgabe als unlösbar ansieht. Die deutschen Offiziere und Unteroffiziere in den multinationalen Hauptquartieren begleiten unsere Arbeit eng und hilfreich.

Manches Anspruchsdenken ist verflogen, als deutlich wird, in welch bedrückender Atmosphäre von Zerstörung und Verwüstung sich der Einsatz vollzieht. Die Gebäude von Sarajewo zeigen nur noch grausame Gerippe. Viele sind aus Anlass der Olympiade von 1984 gebaut worden. Auf dem Lande und in der Stadt, auch in der Krajna ist die Art der Zerstörung eine abstoßende Wissenschaft für sich. Da sind bei Gebäuden mittels einer Kerze im Schornstein und eingelassenem Gas Dächer und Fenster einfach weggesprengt worden, ohne dass die Fassaden Kampfspuren aufweisen. Wände an anderen Hausruinen sind mit Tausenden von Einschüssen von Maschinenwaffen geradezu zersägt worden. Es brennt immer irgendwo, weil Menschen anderen Leid antun oder verbrannte Erde hinterlassen wollen; dies besonders während des vom Dayton-Vertrag vorgegebenen Landaustausches zwischen den Konfliktparteien. Wir werden die ärmlichen Trecks nicht vergessen, mit denen sich traurige, hungrige Menschen auf die Flucht begeben. Friedhöfe, wie der auf den Sportanlagen des Zetra-Stadions, ziehen sich mit neu aufgeschütteten Grabhügeln bis in die Vorgärten der Anwohner hinauf. Warnschilder „Vorsicht, Scharfschützen" geben deutliche Auskunft, was die Bürger von Sarajewo durchlitten, wie sie ihren Hunger mit Kohlköpfen gestillt haben, die auf jedem freien Fleckchen Erde, das für Scharfschützen nicht einsehbar war, angepflanzt worden sind.

Minen bleiben der Hauptrisikofaktor in Bosnien-Herzegowina und in der Krajna. Unglaublich viele sind vergraben worden. Die Hauptgefährdungszone liegt auch vor der Haustür unserer Basis. Als geräumt angegebene Minenfelder in entsprechenden Karten geben keine Gewähr, dass sich dort nicht doch noch Minen befinden. Dieser Gefahr ist nur mit dem Befehl „Nie befestigte Wege verlassen" zu begegnen. Der Sprung über den Graben hinter den Busch während der Marschpause darf nicht stattfinden. Eine Auswertung aller Minenunfälle bestätigt die Richtigkeit unserer Beurteilung. Eine gerade gelandete Instandsetzungskompanie wird Zeuge, wie die Särge einer gefallenen britischen Panzerbesatzung mit knappem militärischen Zeremoniell in die Heimat überführt werden. Die Minengefahr ist keine Fiktion, sie ist real. Wir stoßen auf Minen im Hochgebirge, als wir einen schneesicheren Platz für unsere Winterausbildung suchen. An der Brückenbaustelle Visoko sind Minen verschiedener Art verlegt worden. Vor Baubeginn ist umfangreich mit dem Minenräumpanzer Keiler oder per Sprengung geräumt worden. Hier wird auch unser Kamerad und Kampfmittelräumer-Oberleutnant durch eine Mine schwer verwundet. Um weiteres Risiko zu minimieren, werden Schützendruckminen in zweistelliger Zahl mit einem Pionierpanzer Dachs beseitigt, der mit zwei Kommandeuren und einem freiwilligen Oberfeldwebel als Fahrer besetzt ist. Eine Woche später verliert 200 m von dieser Stelle entfernt ein Bosniake seinen Fuß. Er überlebt, weil unser beweglicher Arzttrupp sofort zur Stelle ist.

Der Minenräumpanzer Keiler bildet das starke Rückgrat unserer Räumaktivitäten zur eigenen Sicherheit. Kann er wegen weichen oder felsigen Untergrundes nicht eingesetzt werden, ist antiquierte Minensuche per Hand in den meisten Fällen die einzige Möglichkeit, sichere Arbeitsbedingungen für unsere Männer und Frauen zu schaffen. Die Reparatur der Bahnstrecke Volinja – Sunja stellt uns vor gleiche Probleme mit Schützendruckminen und versteckten Ladungen. Die Umsicht, Gelassenheit und Entschlossenheit unserer Kampfmittelräumer nötigen mir größten Respekt ab.

Die letzte große Herausforderung für GECONIFOR (L) stellt die Umstrukturierung von IFOR zu SFOR dar. Es müssen noch mehr Aufgaben parallel gemeistert werden. Zum einen werden die alliierten IFOR-Kräfte weiter unterstützt, zum anderen muss das von Deutschland kommende SFOR-Personal aufgenommen und mit seinem Material gekoppelt werden. Voraussetzung für die Einsatzbereitschaft des SFOR-Kontingentes ist der Aufbau des Feldlagers Rajlovac für den Stab des nationalen Befehlshabers, den gepanzerten Einsatzverband, die Heeresfliegerstaffel mit Flugfeld, das Feldhospital und den deutsch/französischen Einsatzunterstützungsverband. Für Letzteren werden zusätzliche Hallen auf dem Gelände von Energo Invest im ehemaligen Niemandsland zwischen Sarajewo und dem serbischen beherrschten Ilidza angemietet und hergerichtet. In Mostar sind die deutschen Angehörigen des Stabes der Multinationalen Division Nord Ost unterzubringen, ebenso wie elektronische Aufklärungskompanie und Drohnenbatterie. Unsere Pioniere werden aus Ustikulina nach Rajlovac verlegt, um hier noch einmal genauso hart gefordert zu werden. Wir müssen in Rajlovac vor Erschöpfung Pausen einlegen, aber das Datum der Einsatzbereitschaft von GECONSFOR am 6. Februar 1997 treibt uns voran. Unsere französischen Kameraden unterstützen, wo immer möglich.

Der modulare Aufbau des Feldhospitals hat sich beim Umzug von Trogir nach Rajlovac besonders bewährt. Nach anfänglichen Reaktionen von Fachleuten, die außerhalb des Lazarettes standen, „Es geht nicht!" haben zwei Oberstärzte und ein Oberstleutnant einen vorbildlichen Plan entwickelt, so dass die Verlegung unter Aufrechterhaltung der Versorgung auf hohem Niveau innerhalb eines Monats abgeschlossen wird. Eine Luftlandesanitätskompanie sichert die frühzeitige Einsatzbereitschaft in Rajlovac. Unsere Sanitätssoldaten haben viel Vertrauen im Einsatz gewonnen.

Bedrohung, weite Entfernungen und die Tatsache, dass ohne Vorkehrungen der Bereitschaftsstand nicht erhöht werden kann, erfordern bei jedem Konvoi oder jeder Pionierarbeitsstelle Autarkie und damit den „Einsatz der verbundenen Kräfte". Dabei wirken Führung, Sicherung, Transport, Eigenversorgung sowie Bewegliche Arzttrupps und Rettungsmittel eng zusammen und sind auf Verstärkungen eingestellt. Unser Sicherungsstandard liegt bewusst über dem der Allgemeinheit der Alliierten, weil wir in einem weiten und unübersichtlichen Raum häufig auf uns allein gestellt sind. Die demonstrative Sicherung hat sicher folgenreiche Übergriffe auf Konvois und Lager verhindert.

Das Sicherheitskonzept erweist sich als richtig beim Minenunfall in Visoko oder auch, als bei der schweren Verletzung eines Soldaten durch ein umfallendes Brückenteil im Neretva-Tal in kürzester Zeit reagiert werden kann.

Viele dieser Einsätze zeigen die eindrucksvolle, persönliche und stille Tapferkeit unserer Frauen und Männer: Ein 7-Tonnen-LKW eines Konvois kommt beim Ausweichen auf die weiche Bankette und gleitet 300 m einen immer steiler werdenden Hang hinunter. Der Fahrer springt erst ab, nachdem er seinen erstarrten Beifahrer hinausgeworfen hat. Beide bleiben schwerverletzt im minenverseuchten Gelände zwischen Sipowo und Prijedor in der Republica Srbska liegen. Es ist keine Frage für Notarzt und Kameraden, die Verletzten mit gebotener Vorsicht, Umsicht und Entschlossenheit aus dem gefährlichen Gebiet zu bergen. Genauso sieht sich die Besatzung eines unserer Hubschrauber in der Pflicht, die Verletzten bei Nacht und aus unbekanntem, gebirgigem Gelände auszufliegen. Neben reaktionsschneller Hilfe gelingt auch in allen Fällen die rasche Unterrichtung der Angehörigen der Verletzten noch vor Verlautbarungen der Presse. Unsere Soldatinnen und Soldaten führen ihre Aufträge mit dem Gefühl der Sicherheit aus, dass Heeresflieger wie Rettungstrupps alles daran setzen werden, sie bei einem Unglück herauszuholen. Darüber hinaus steht die bestmögliche medizinische Versorgung in unserem Feldlazarett zur Verfügung.

Der Einsatz verstärkt das Gespür für situationsgerechtes Führungsverhalten. Die Sinnhaftigkeit des Auftrages stets vor Augen, wird die Verantwortung, für die Konsequenzen des eigenen Handelns einzustehen, auf allen Ebenen positiv erlebt und vorgelebt. Der Wille, Aufträge rasch und umfassend zu erledigen, sie auch notwendigerweise durchzusetzen, ist beeindruckend. Unsere Führer und Unterführer führen von vorn und mit Aufträgen. Zum Ansehen unserer Soldaten tragen bei die frühzeitige, unbürokratische Hilfe, noch vor Herstellen der vollen Einsatzbereitschaft und vor Unterstellung unter die IFOR ebenso wie die in Übungen erworbene Fähigkeit, in NATO-Standards zu denken und zu arbeiten. Unsere jungen freiwilligen Wehrdienstleistenden können mit ihrer Bescheidenheit und ihrer Leistungsbereitschaft mit den langgedienten Mannschaftsdienstgraden unserer Partner konkurrieren. Es gibt viele Beispiele für besondere Pflichterfüllung.

Frauen arbeiten nicht nur erfolgreich im Feldlazarett, sie gehören auch zu beweglichen Arzt- und Sanitätstrupps, die alle Konvois begleiten und in den vorgeschobenen Lagern ihren Dienst versehen.

Reservisten arbeiten in vielen Spezialfunktionen, z.B. der Einrüstung einer Panzerung in über 300 Kraftfahrzeugen und fast 40 Pionierma-schinen. Diese Aufgabe war sehr schwierig, denn jedes Fahrzeug hat eine eigene Geschichte und einen eigenen Charakter. Somit passen die vorgefertigten Panzerplatten häufig nicht. Es wird dennoch geschafft. Organisatorischer Leiter in einem Kontingent ist ein Oberfeldwebel der Reserve, im Zivilleben Gewerbeoberlehrer.

Der Einsatzunterstützungsverband arbeitet rund um die Uhr in den zugigen Hallen des Hafengeländes von Sribenik, um den hohen Schad-materialanfall nach Rückkehr von Einsätzen in kürzester Zeit abzuar-beiten, damit kein Einsatz beschränkt werden muss.

Die Feldpost hat zu spüren bekommen, dass unsere Soldaten wieder das Briefeschreiben gelernt hatten. In einem Monat entfielen, rein sta-tistisch gesehen, auf jeden Angehörigen von GECONIFOR (L) 17 Post-sendungen. Verlängerte Laufzeiten oder Ausfall von Sendungen machen sich sofort deutlich bei der Laune der Truppe negativ bemerkbar. Logis-tikbrigade, aber auch die Post AG mit ihren kompetenten Postlern in Bundeswehruniform, vollbringen immer wieder Kraftakte.

Transportsoldaten fahren mit großem persönlichen Einsatz, gerade am Anfang in Eis und Schnee im Hochland, unter schwierigsten Bedin-gungen, weil sie wissen, dass sie von den Alliierten genau beobachtet werden. Mir sind hier Transporte von UN-Gefechtsfahrzeugen von Tuz-la nach Ploce oder die Transporte von Behelfsbrücken von Split nach Bo-sanska Gradiska für ungarische Pioniere in Erinnerung.

Eine besondere Leistung vollbringt das zweite Kontingent, das in ei-ner einwöchigen, abenteuerlichen Reise mit langen Umwegen drei schwere Diesellokomotiven von PLOCE über Rijeka mit einem Save-Übergang bei Zupanje 1.100 km weit nach Tuzla transportiert. Dieses Kontingent muss seine Leistungen in extremer Hitze vollbringen.

Umsicht und Entschlossenheit beweist ein junger Oberleutnant als Konvoiführer zusammen mit seinen Soldaten. Er ist mit seinem Konvoi bei Doboi in eine Schießerei zwischen Serben und Bosniaken geraten. Er sichert den Konvoi rundum mit klaren Befehlen, lässt unter Deckung eines Transportpanzers Fuchs drei auf der Straße liegende verwundete Zivilisten durch seinen beweglichen Arzttrupp versorgen, klärt zusam-men mit schwedischen Sicherungskräften auf und führt den Konvoi er-folgreich zum Ziel. Vor dem Ansatz seiner Aufklärung meldet mir der Oberleutnant die Lage und seine Absicht. Seine klare und entschlossene Stimme gibt mir die Gewissheit, dass der junge Offizier und seine Soldaten die Sache im Griff haben.

Pioniereinsätze sind vielfältig und finden an vielen Brennpunkten statt. Viele der Projekte werden von Kontingent zu Kontingent weitergereicht und finden großen Anklang in der Öffentlichkeit. Das Hausen in den spartanischen vorgeschobenen Lagern in Ruinen, das Leben unter bedrohlicher Lage und die immer an die körperliche Leistungsgrenze gehende harte Arbeit bei Eis, Schnee, Schlamm, Kälte und extremer Hitze sind nur zu bewältigen, weil von vorn geführt wird.

Ein junger Oberfeldwebel führt einen Halbzug Pioniere, Instandsetzungs- und Küchensoldaten und einen beweglichen Arzttrupp im Hochgebirge oberhalb von Konjic, um eine tiefverschneite Ausweichversorgungsstraße nach Mostar mit Schneeräumgerät zu öffnen. Er leitet entschlossen und fürsorglich den Einsatz seiner Kräfte, berät sich mit Arzt und Heeresbergführer, kommuniziert mit Händen und Füßen mit dem französischen Sicherungsbataillon und bringt das Projekt in eindrucksvoll kurzer Zeit zum Abschluss. Auf unsere Unteroffiziere können wir stolz sein.

Bei der Erkundung der Visoko-Brücke liegt tiefer Schnee. Das Umfeld ist vermint. Wir kommen an die Brücke nur mit Hilfe der Kampfmittelräumer heran, die sich mit Minensuchnadeln voraustasten. Alle Führer sind vor Ort. Absolute Spurtreue. Mulmiges Gefühl, aber Auftrag ausgeführt. Bei dem Minenunfall in Visoko nimmt die Truppe nach Abtransport des Verwundeten die Arbeit wieder auf. Dies ist eine besondere Führungsleistung.

Das Lager Ustikulina im Gorazde-Zipfel an der Drina bietet Schlafmöglichkeiten dicht gedrängt in Zelten. Strom wird mit Aggregaten produziert, und Wasser muss über viele Kilometer herangefahren werden. Hier gibt es kein privat-sein, hierhin kommen abends die Pioniere oft erfolgsgestimmt, manchmal frustriert, weil das Wetter das mühsam Aufgebaute der Bergstraße des „Gorazde-Corridor-Access-Track" wieder zum Einsturz gebracht hat. Hier müssen die Vorgesetzten Mut zusprechen und Wunden kühlen. Wir kommen über die Runden.

Die Brücke in Foca kann erst gebaut werden, nachdem die alten Brückenteile abgesprengt worden sind. Die Sprengung muss in weniger als 100 m Entfernung von einer dem Fluss zugewandten Glasfront ausgeführt werden. Die Serben glauben nicht, dass wir diesen Auftrag übernehmen. Aber sie haben nicht mit dem Ideenreichtum unserer Offiziere und Unteroffiziere gerechnet. Teile der zerstörten Brücke werden zerschweißt, der Rest mit einem besonderen in England beschafften schonenden Sprengstoff erfolgreich und ohne Glasschaden abgesprengt. Bei der Brückeneinweihung bedanken sich alte Serben mit Tränen in den Augen bei unseren jungen Soldaten. Aggression, die vorher unsere Sicherungskräfte zu spüren bekommen, die sie aber mit Entschlossenheit abwehren, schlägt in Respekt vor der Leistung unserer Soldaten um.

Die Sadba-Brückenwiderlager sollen auf beiden Flussseiten zugleich gebaut werden, weil sonst der Termin nicht gehalten werden kann. Eine andere Nation sagt eine Zufahrtsstraße am Südufer zu. Als die Materialtransporte beginnen sollen, ist die Straße noch nicht fertig. Der Führer vor Ort entschließt sich, nicht zu warten, sondern das Material nach einer Erkundung mit Schleppzügen, bestehend aus einem Bergepanzer und einem LKW, watend durch die Drina zu transportieren; ein Beispiel für Entschlussfreude.

Unsere Heeresflieger sind ebenfalls bis an die Grenzen des Möglichen gefordert. Die Masse der Einsätze vollzieht sich unter Gebirgsflugbedingungen, und sie erfüllen ihren Auftrag bei Wind und Wetter. Sie halten neben dem Großraumrettungshubschrauber, unserem fliegenden Hospital, immer zwei leichte Rettungshubschrauber einsatzbereit und geben so unserer Truppe Sicherheit. Sie transportieren unsere bewegliche Befehlsstelle, übernehmen ihren Anteil am IFOR-Shuttle-Dienst, fliegen Geschütze und Mörser unserer Alliierten als Außenlast in Vorbereitung auf Notfälle, führen VIP- und Erkundungsflüge durch und sind in der Lage, eine luftbewegliche Reserve für eigene, deutsche Notfälle nach vorne zu bringen. Unsere Heeresflieger stellen die Mittel für flexible Wahlbeobachtung und sind darauf vorbereitet, schnell Truppen zu verlegen. Die Hubschrauber sind ebenfalls mit einer modulen Schutzausrüstung versehen. Die ersten Flüge nach Sarajewo machen wir jedoch noch ohne diese Schutzausstattung. Wir sitzen in der ersten ungewissen Zeit angespannt auf unseren Bristol-Schutzwesten. Ein zweiter Hubschrauber ist in der Regel dabei, beide mit „Doorgunner", denn mindestens beim Anflug auf Sarajewo werden Hubschrauber immer wieder aus den Ruinen beschossen, wovon wir verschont bleiben. Unsere Hubschrauber sind nicht so üppig mit Navigationshilfen ausgerüstet wie die unserer amerikanischen oder britischen Partner. Nach wenigen Einweisungsflügen kennen auch unsere Männer die Eigenheiten des Landes aus Fliegersicht und kompensieren ältere technische Standards durch gezieltes Vertrautwerden mit dem Einsatzraum. Sie stellen mit Umsicht und Entschlossenheit ein verlässliches Transportmittel. Wenn

einer unserer Piloten – selten genug – meldet: „ Es geht nicht weiter",
dann hat er alles Mögliche versucht. Alle Flüge werden durch Radar-
flugzeuge AWACS überwacht. Das Verfahren funktioniert, wie wir am
eigenen Leibe erleben können. Als wir bei einem unserer Konvois landen, wird unsere Abmeldung bei AWACS nicht aufgenommen. Das Ergebnis ist, dass innerhalb von zehn Minuten ein Rettungshubschrauber
über uns kreist.

Mit Beginn der IFOR-Mission wird die Bettenzahl verdoppelt und
Notärzte mit Rettungssanitäter zugeführt. Fortan sind diese bei allen
Einsätzen zu finden. Diese spezielle Komponente, ergänzt durch unsere Rettungshubschrauber, verbindet nun das Feldhospital aufs Engste
mit den Operationen in der „Box". Die Installation eines Computerto-
mographen steigert die Leistungsfähigkeit. Diese Investition hat sich bereits beim ersten schweren Unfall amortisiert. Das Spektrum der Leistungen geht von komplizierten neurologischen Operationen nach
Schussverletzungen bis hin zur Wiederherstellung von Schwerstunfall-
verletzten. Ich denke an den kleinen serbischen Jungen, der mit einem
Projektil im Kopf halb gelähmt eingeliefert und nach Operation und intensiver Pflege wiederhergestellt wird. Traurig stimmt uns, dass andere
Volksgruppen nicht bereit sind, den kleinen Jungen zur Rehabilitation
aufzunehmen. Der Hass wird sehr deutlich. Mit großem Respekt erle-
be ich die Entscheidungsfindungsprozesse unserer Ärzte bei schwersten
Fällen.

Die Sicherungskräfte mit albanischem Zug, insgesamt drei Kompa-
nien, bestehend aus Panzeraufklärern und Fallschirmjägern oder Ge-
birgsjägern oder Panzergrenadieren, haben großen Anteil am Erfolg der
IFOR-Mission. Sie demonstrieren Gefechtsbereitschaft und haben damit
Angriffe verhindert. In kritischen Phasen beweisen sie Umsicht und wirken deeskalierend. Der Sicherungseinsatz an der Absturzstelle des Flug-
zeuges, in dem der amerikansiche Wirtschaftsminister Ron Brown mit
seiner Delegation den Tod fand, fordert unsere Gebirgsjäger in chaoti-
schem Umfeld. Sie erwerben sich hier höchste Anerkennung bei unseren Verbündeten.

Mit 1.800 Transport- und Pionieraufgaben, von denen 80% in Bosnien-Herzegowina ausgeführt wurden, sind wir „Members of the Team"
geworden.

Unser Feldhospital hat Patienten aus mehr als 60 Nationen versorgt.
Unsere Konvois mit Containern, Stückgut, Schwerlasten und Betriebsstoffen haben mehr als 5 Mio. Kilometer zurückgelegt. Auf 190.000 ge-

fahrene Kilometer kam ein verschuldeter Unfall. Eine Zahl, die für den hohen Ausbildungsstand unserer Soldaten spricht. Es wurden etwa 2.000 Journalisten betreut. Für die Zusammenarbeit untereinander und mit unseren Alliierten war eine sachliche und offene Atmosphäre kennzeichnend. Namhafte Politiker der Bundesrepublik Deutschland, kirchliche Würdenträger, Vertreter gesellschaftlicher Gruppen, von Interessenverbänden und Vorgesetzte haben ihre Solidarität mit uns bei ihren Besuchen bewiesen. Uns haben auch Politiker besucht, die den Streitkräften nicht nahe stehen. Dabei konnten Vorurteile abgebaut und unverkrampfte Gespräche eröffnet werden. Die Leistung unserer gut ausgebildeten Soldatinnen und Soldaten sowie die eindrucksvolle Unterstützung aus der Heimat hat unsere alliierten Partner überzeugt. Wir haben uns als Teil der Gesamtoperation gefühlt und unseren Platz im internationalen Gefüge mit Behutsamkeit gesichert.

Mit der Übergabe des deutschen Heereskontingentes durch den Befehlshaber des Heeresführungskommandos an meinen Nachfolger am 24. Januar 1997 im Feldlager Rajlovac ging der Einsatz des deutschen Heeresbeitrages zur Implementation Force nach etwa einem Jahr zu Ende.

Gleiche Rechte und Pflichten –
Die deutsche Beteiligung an SFOR

Hans-Otto Budde

Der Autor berichtet über den SFOR-Einsatz der Brigade Centre im Jahr 1997 in Bosnien-Herzegowina. Diese deutsch-französische Brigade unter einem deutschen Kommandeur bestand aus dem Stab, einem deutschen gepanzerten Einsatzverband, einem französischen Bataillon, einem ukrainischen Bataillon, einem deutsch-französischen Logistikverband mit albanischen Sicherungskräften und einer Pionier- und Feldlagerbetriebskompanie mit Sanitätstruppe. Einen Kernpunkt des Sicherungseinsatzes bildete die Operation COLOMBO zum Schutz des Papstes während seines Besuches in Sarajewo am 12. und 13. April 1997.

Sarajevo/Rajlovac, es ist Mittwoch, der 30. Juli 1997, 9:45 Uhr. Ich stehe auf dem Place de France, vor mir sind die Abordnungen der Truppenteile der Brigade Centre angetreten.

In wenigen Minuten wird mich der Kommandeur der Multinationalen Division Süd-Ost vom Kommando über die Brigade entbinden – sechs Monate durfte ich sie führen.

Eigentlich müsste ich zuhören – General Delange spricht ja zu mir, über mich. Aber ich kann mich nur schwer konzentrieren, meine Gedanken schweifen immer wieder ab – nicht nach Müllheim, wo ich in wenigen Stunden meine Familie wiedersehen werde, sondern die vergangenen Monate fliegen wie im Zeitraffer vorüber – Bilder, die sich eingebrannt haben:

Das Gespräch im Dienstzimmer von Minister Rühe, der mir die politische Dimension des Einsatzes und die Bedeutung für die Bundesrepublik Deutschland erklärt, die Erkundung in Sarajevo mit der Verbindungsaufnahme zu Général Ladeveze, der die Brigade Centre führte und den ich ablösen sollte, die Ausbildung der deutschen und französischen Soldaten, die als Kern der DFGFA, der deutsch-französischen Gruppe, und damit der Brigade Centre zu Beginn des Jahres 1997 mit mir nach Bosnien-Herzegowina verlegen sollten.

Ich erinnere mich an die ersten Pressegespräche auf dem Truppenübungsplatz Münsingen – ungezählte sollten folgen.

- „Wie fühlen Sie sich als erster deutscher Kommandeur, der mit seinen Soldaten auf dem Balkan eingesetzt wird – so, wie die Soldaten anderer Nationen auch?"
- „Sind Sie stolz, endlich in den Einsatz gehen zu können?"
- „Werden auf dem Balkan Ihre Soldaten nicht selbst ein Problem werden – statt das vorhandene zu lösen?"

Viele meiner französischen Untergebenen waren bereits im Einsatz, sie kennen Sarajevo und haben mir auch in der Vorbereitung geholfen. Dennoch sind meine Erwartungen „gemischt" – vieles bleibt nebulös.

Natürlich waren Auftrag und „Rules of Engagement" klar definiert.

Zwischen Sarajevo und Mostar, Kiseljak und Foca-/Serbinje sollen wir ein vertragskonformes Verhalten der ehemaligen Kriegsgegner durchsetzen und die Sicherheit der Bevölkerung ebenso gewährleisten wie die Freizügigkeit. Mit Sarajevo-Dobrinja, Konjic, Jablanica und Kiseljak sowie dem Gorazde-Korridor sind die kritischen Bereiche beschrieben, daneben kommt es darauf an, die Hauptverbindungsstraße Sarajevo – Mostar offen zu halten und die regelmäßig stattfindenden Präsidententreffen in LUKAVICA zu schützen. 7.200 km^2! Ein Raum von der dreifachen Größe des Saarlandes. Und über ihn sollten wir die militärische Verantwortung übernehmen. Wir, das waren der Stab der deutsch-französischen Brigade, ein deutscher gepanzerter Einsatzverband, ein französisches Bataillon, ein ukrainisches Bataillon, ein deutsch-französischer Logistikverband mit albanischen Sicherungskräften, eine Pionier- und Feldlagerbetriebskompanie und Sanitätstruppe.

Bei der Auftragserfüllung halfen uns Heeresfliegerkräfte, ebenfalls in einem multinationalen Verband unter Führung der Division in Mostar zusammengefasst, und das deutsche Feldlazarett, mit der Truppe zusammen in Rajlovac stationiert. Ausbildung, Verlegung, Einrichten des Feldlagers, Ablösung unserer Vorgänger, alles wert, davon detailliert zu berichten – aber alles nur Schritte auf dem Weg zum ersten gemeinsamen Einsatz.

Sarajevo/Zetra-Stadion, es ist der 10. Februar 1997.

Am Vormittag habe ich die Führung übernommen, am Nachmittag erste Kommandeurbesprechung der Division auf dem Gefechtsstand der italienischen Brigade. Der Divisionskommandeur, Général le Chatelier, hat mich gebeten, zur neuen Brigade Centre vorzutragen.

Vor mir sitzen die Kommandeure der italienischen Brigade Nord, der spanischen Brigade Süd, der Divisionsreserve unter Führung eines marokkanischen Oberst und die Abteilungsleiter des Divisionsstabes.

„Mon Général, Messieurs! C'est une grande joie et un plaisir pour moi que de pouvoir vous présenter la … ."

Ein Offizier stürmt in den Salle d'opération und meldet, dass in Mostar ein Anschlag verübt wurde: Bosniaken, die an einer religiösen Zeremonie im kroatischen Teil der Stadt teilgenommen hatten, waren beschossen worden, vermutlich von Polizisten. Weitere Einzelheiten über den Ablauf und die genaue Zahl der Toten sind noch nicht bekannt. Es muss gehandelt werden, keine Zeit mehr für Vorträge.

„Wie fühlen Sie sich, Herr General", hatte noch vor drei Stunden ein Reporter gefragt.

„Wie fühlen Sie sich als deutscher General im Einsatz auf dem Balkan – mit gleichen Rechten und Pflichten?"

Als ich später am Nordausgang von Mostar einen Checkpoint überprüfe, an dem deutsche Soldaten die Fahrzeuge nach Waffen und Sprengstoff durchsuchen, weiß ich, was das heißt, gleiche Pflichten:

Spähpanzer so auf der Hauptverkehrsstraße in Stellung gebracht und durch zusätzliche Hindernisse geschätzt, dass die Fahrzeuge nur langsam und wie bei Slalom fahren können. Soldaten unter Stahlhelmen und mit Splitterschutzweste in voller Gefechtsbereitschaft. Gegenseitige Sicherung, Beobachtung der Umgebung, Halten der Funkverbindung – wie in der Ausbildung.

Ja, wir teilen das Risiko, wir tragen die gleiche Last der Verantwortung. Die ersten Wochen werden wir noch kritisch beobachtet und getestet. Nicht nur von Bosniaken, Serben und Kroaten – auch die anderen SFOR-Truppen wollen wissen, wer an ihrer Seite steht.

Aber nach dem 10. Februar und weiteren Beweisen von Professionalität und Standfestigkeit ist diese Phase vorüber. Dabei hilft uns auch, dass wir selbst Multinationalität und praktizierte Integration von Hause aus mitbringen, aus der deutsch-französischen Brigade in Müllheim.

Meine Soldaten erleben, dass die uns gegebenen Aufträge ohne Rücksicht auf unsere Nationalität erteilt werden. Und es erfüllt uns mit Stolz, gleich und mit Kameradschaft behandelt zu werden.

Es heißt nicht „Germans to the front", es wird aber auch keine Schutzglocke über die Brigade Centre mit ihren deutschen Soldaten gestülpt.

Sarajevo/Flugplatz, es ist der 12. April 1997, 12:30 Uhr.

Ich stehe vor meinem vorgeschobenen Gefechtsstand HARPON und blicke über die Landebahn zur „Usine Famos". Diese völlig zerstörte Fabrik auf der ehemaligen Frontlinie ist der noch immer am stärksten verminte Komplex in Bosnien-Herzegowina.

Neben mir steht Colonel Verna, der Kommandeur des 2. REI, eines stolzen Infanterieregiments der Fremdenlegion, das mir seit über zwei Monaten untersteht. Er hat soeben den Abschluss aller Vorbereitungen auf die Operation COLOMBO gemeldet. Seine Legionäre haben einen engen Sicherheitskordon um den Flugplatz gelegt, eine deutsche Kompanie ist ihnen dazu unterstellt.

Operation COLOMBO.

Das ist der Einsatz der Brigade Centre, um den Papst während seines Besuches in Sarajevo am 12./13. April zu schützen und – nicht weniger kritisch – die Sicherheit der hierzu erwarteten Pilger aus den kroatischen Enklaven in Bosnien-Herzegowina zu gewährleisten.

Operation COLOMBO.

Dies bedeutet eine weiträumige Absicherung des Flugplatzes so, dass beobachtetes Flachfeuer auf dem Flugplatz auszuschließen ist sowie dass die Anflugzone und die Beobachtungsstellen, von denen Steilfeuer geleitet werden könnte, kontrolliert werden.

Das verlangt die Absicherung der Fahrtstrecke des Papstes entlang der Sniper Alley bis zum Stadtzentrum und die lückenlose Überwachung des Museums, dem Ort der Gespräche des Papstes mit den drei Präsidenten.

Das verlangt aber auch den Schutz der Konvois der Pilger aus Kiseljak und Mostar und die Überwachung der Fahrtstrecke.

Am Vormittag hatten mir bereits Oberstleutnant Schuschenko, der Kommandeur des ukrainischen Bataillons, und Colonel Oberto, mein Chef des Stabes, den Vollzug aller Maßnahmen zur Überwachung der Straßen gemeldet, unsere Hubschrauber unterstützten uns ebenso wie Spezialkräfte der Divisionen.

Außerdem wird der Luftraum kontrolliert.

Nun also die Meldung von Colonel Verna.

Ich weiß, dass ich mich auf ihn und seine Soldaten verlassen kann.

Und ich spüre, dass er das gleiche Vertrauen in die ihm unterstellten deutschen Soldaten hat.

Er hat die verstärkte Jägerkompanie in der Anflugsschneise eingesetzt – ein sehr kritischer Bereich.

Als er mich am Vortage und zusammen mit dem Kompaniechef in Operationsführung und Stellungen einwies, habe ich gespürt, dass er sich mit den deutschen Soldaten ebenso identifiziert wie mit seinen Legionären; während COLOMBO gehört die Jägerkompanie zum 2. REI!

Der durchdachte Einsatz der Kompanie und die tadellose professionelle Haltung der Jäger haben ihn überzeugt!

Oberstleutnant von Schönberg, der Kommandeur des deutschen Bataillons meldet, dass vor wenigen Minuten in einer Unterführung der Sniper Alley über 20 Panzerminen gefunden wurden... .

Innerhalb kürzester Zeit trifft der Kommandeur der SFOR, General Crouch, bei mir ein und bittet mich, meine Lagebeurteilung vorzutragen.

Kann ich vorschlagen, dass der Papst die ursprünglich festgelegte Fahrstrecke über die Sniper Alley wählt? Welches sind die möglichen Alternativen?

Inzwischen habe ich auch die Information, dass unmittelbar nach dem Minenfund die ersten Reporterteams vor Ort waren und das französische Fernsehen bereits um 13:00 Uhr über das Räumen der Minen berichtete. Ich melde dies dem COMSFOR und gehe besonders darauf ein, dass die Minen fast ohne Vorsichtsmaßnahmen, dafür aber spektakulär und medienwirksam und in schier unglaublicher Geschwindigkeit aufgenommen werden.

Außerdem war auch dieser Straßenabschnitt zuvor genau nach Sprengsätzen überprüft worden!

Ich bin mir sicher, dass keine echte Gefährdung vorliegt – diejenigen, die die Minen legten, nehmen sie zur Zeit wieder auf. Warum? Vielleicht um zu beweisen, dass der Staat Bosnien-Herzegowina durchaus in der Lage ist, den Papst selbständig und ohne SFOR-Unterstützung zu schützen.

General Crouch fragt nach dem Risiko.

Yes Sir, das Risiko bleibt, aber wir haben das Mögliche getan!

Der gepanzerte Einsatzverband hat die kritischen Stellen mit Spähtrupps besetzt, die Scharfschützen beherrschen die Hochhäuser insbesondere im Bereich des Museums, in Parallelstraßen stehen die Reserven auf Abruf bereit.

Ich habe von Schönberg hierzu noch eine französische Fallschirmpionierkompanie unterstellt – die Pioniere haben zwei halbzerstörte Hochhäuser besetzt, die das Museum von der Altstadt abgrenzen – und 16 ukrainische Scharfschützen für den Anti-Sniper-Einsatz.

Die ukrainischen Scharfschützen wurden zu einem Zug zusammengefasst, dem ein eigener Sektor am Westabschnitt der Sniper Alley zugewiesen wurde. In dieser Lage halte ich eine Mischung auch wegen der Sprachprobleme für nicht praktikabel, denn in dieser Lage können weder Fehler noch unnötiger Zeitverzug akzeptiert werden – es kann um Leben und Tod und dabei um Sekunden gehen.

Oberstleutnant von Schönberg konnte deshalb seine Scharfschützen um das Museum konzentrieren.

Ich habe mir die Stellungen am Vorabend angesehen und mit den Männern gesprochen. Viele kenne ich vom Anschießen ihrer Gewehre, ich weiß, was sie können: Fleck auf 500 m! Ich weiß aber auch, dass wir viel von ihnen verlangen: Stundenlang in höchster Konzentration in Stellung liegen und beobachten, bewegungslos, angespannt. Morgen werde ich bei ihnen sein, wenn der Papst sich mit den Präsidenten trifft.

General Crouch kennt unseren Einsatz, er ist überzeugt, dass er sich auf seine multinationale Brigade Centre verlassen kann.

Operation COLOMBO wird planmäßig fortgesetzt.

Noch vor einem Jahr eine völlig irreale Situation:

Ein deutsches Bataillon schützt den Papst in Sarajevo und wird hierzu durch französische Pioniere und ukrainische Scharfschützen verstärkt. Ein Regiment der Fremdenlegion sichert in der gleichen Operation den Flugplatz und verfügt zusätzlich über einer deutsche Kompanie.

Und ein deutscher General führt diesen Teil der Operation COLOMBO.

Als sich 24 Stunden später der Papst auf dem Rückflug nach Rom befindet und die Pilger ihre Gebiete unversehrt erreicht haben, melde ich „Journeé calme dans la zone de responsabilité de la brigade marquée principalement par la visite du pape qui ... se déroulait ... conformément au programme établi."

Ein ruhiger Tag ...

Aber es gab auch bittere Stunden ....

Am späten Abend des 23. Mai 1997 notiere ich in meinem Tagebuch:

„Heute nun ist das passiert, was ich schon seit langem befürchte: Zwei Soldaten wurden bei einem Unfall getötet ... ."

Ich hatte mit Oberst Andic, dem serbischen Korpsführer in unserem Verantwortungsbereich, ein Treffen in Foca/Serbinje anberaumt, um ihn über eine Operation am Ostausgang des Gorazde-Korridor aufzuklären.

Wir wollten, um Stärke und Präsenz zu demonstrieren, die im Außenlager Filipovici eingesetzte französische Kompanie durch eine marokkanische Einheit der Divisionsreserve im Rahmen einer Luftlandeoperation mit amerikanischen Hubschraubern ablösen.

Ich wusste, dass Andic hiervon erfahren hatte und nun befürchtete, diese Operation würde dazu dienen, die Vorbereitung der Festnahme mutmaßlicher Kriegsverbrecher zu verschleiern.

Da ich ihn kenne, will ich ihn vor unüberlegten Gegenmaßnahmen warnen. Ich bin gerade dabei, als der Fahrer der mich begleitenden Patrouille den Raum betritt und mir kommentarlos eine Meldung auf den Tisch legt:

„Unfall im Feldlager Rajlovac, ein Toter, zwei Schwerstverletzte."

Ich breche das Gespräch ab, Andic bemerkt nur: „Schade, dass es keine Bosniaken waren." Auch eine Art von Kondolenz!

Als ich Rajlovac erreiche, ist ein weiterer Soldat den Verletzungen erlegen, der dritte befindet sich noch in einem kritischen Zustand.

In den Tagen danach rücken wir noch enger zusammen, und wir alle erfahren dankbar, was Kameradschaft bedeutet.

Als während der Trauerfeier am 28. Mai das Lied vom Kameraden gespielt wird und wir dabei auf die Bilder der beiden Soldaten blicken, die anstelle der Särge mit Blumen geschmückt vor uns aufgerichtet sind, sehen wir im Hintergrund, wie eine Patrouille das Feldlager verlässt, ... der Einsatz geht weiter.

Kalinovic, es ist der 13. Juni 1997.

Ich sitze mit Soldaten meines Stabes, dem Kompaniechef der französischen Kompanie, die für diesen Teil der Republica Srbska verantwortlich ist, und mit über 100 serbischen Familien zusammen in der Sporthalle einer vom Krieg halb zerstörten Schule. Es ist die Feier zum Schuljahresende und zugleich der Tag, an dem wir Geschenke überreichen wollen.

Herr Sänger, der Bürgermeister unserer Garnisonsstadt, hat Wort gehalten: bei der Abschiedsfeier im Müllheim hatte er uns versprochen, dass die Bürger an uns denken werden. Also haben sie etwa 20.000 DM gesammelt und uns diese Spende zur Verfügung gestellt, um der Bevölkerung zu helfen.

Wir haben uns mehrere Schulen in unterschiedlichen Gebieten ausgesucht, heute ist die serbische Kleinstadt Kalinovic an der Reihe.

Ein für diese Aufgabe prädestinierter Reserveoffizier hat ein Paket zusammengestellt: Musikinstrumente und Bälle, Zeichengerät und Spielwaren; die Soldaten haben noch Obst und Süßigkeiten hinzugefügt.

Die Kinder singen uns ein Lied über den Frieden vor, man kann ihre Sehnsucht verstehen, denn sie kennen den Krieg.

Wir übergeben unsere Geschenke und dann spricht der Schulleiter. Er dankt uns nicht nur in der bei solchen Anlässen üblichen Art, er beschämt uns mit seiner Dankbarkeit, als er auf meine Frage, welche Bitten er denn noch habe, antwortet:

„Wir freuen uns schon, wenn Sie nur mit einem Ball wiederkommen. Sie sind die ersten, die uns helfen, die überhaupt gekommen sind.

Sie geben damit unseren Kindern das Gefühl, nicht vergessen zu werden, und die Hoffnung, eine Zukunft zu haben."

Bevor wir uns am späten Nachmittag verabschieden, erfahren wir, dass die Schule über den Winter schließen muss, weil keine Öfen vorhanden sind, um die Klassenzimmer zu beheizen – im Winter 97/98 wird sich das auch ändern!

Plötzliche Stille unterbricht meine Gedanken – General Delange hat seine Rede beendet. Jetzt noch den Platz wechseln mit meinem Nachfolger, Brigadegeneral Müller, und dann ist mein Einsatz beendet.

Vieles wird sich im Laufe der Jahre ändern; anstelle der deutsch-französischen Brigade wird ein anderer Stab führen, das Feldlager wird ein anderes Gesicht erhalten, der Schwerpunkt mag sich auf die Unterstützung des Wiederaufbaus und der Flüchtlingsrückführung verlagern.

Bleiben aber wird ein Einsatz deutscher Soldaten mit gleichen Rechten und Pflichten, gleichen Risiken und Lasten, mit Verantwortung und Erfüllung, Freude und Schmerz. Und bleiben wird auch der Beitrag zur friedlichen Entwicklung einer Region – im Verbund mit Soldaten der internationalen Staatengemeinschaft.

Das deutsche Kontingent in einer Führungsrolle

Fritz von Korff

*Die UN-Resolution 1244 zur Entsendung einer internationalen Ko-
sovo-Friedenstruppe (KFOR) bildete die Voraussetzung für den
Einsatz von ca. 50.000 KFOR-Soldaten im Kosovo. Nachdem der
Deutsche Bundestag am 11. Juni 1999 dem Einsatz bewaffneter
deutscher Streitkräfte an einer Sicherheitspräsenz im Kosovo zugestimmt hat, begann bereits am 12. Juni 1999 das Einfließen der
KFOR-Truppen in das Kosovo, dabei um 23:00 Uhr das Eintreffen
einer deutschen Voraus-Kompanie mit Kampf- und Schützenpanzern in Prizren.*
*Die Vielfalt der Herausforderungen und Aufgaben war für die
deutschen Soldaten eine neue Erfahrung, denn dazu zählten: Polizeiaufgaben, Betreiben eines Gefängnisses, Ausübung der „Richterfunktion", Sicherstellung der Wasser- und Stromversorgung,
Grenzkontrollen, Müllentsorgung, Aufbau der Infrastruktur etc.*

Der Heereseinsatz im KOSOVO

In der Nacht vom ersten auf den zweiten Februar 1999 erhielt das
Kommando der Panzerbrigade 12 den Befehl des Heeresführungskommandos (HFüKdo) „JOINT GUARANTOR TIER 3", das bedeutete,
ohne weiteren Vorbefehl als Brigadekommando (BrigKdo) für ein deutsches Brigadeäquivalent mit Führungsaufgabe (Lead Nation Function)
bereit zu stehen. Die Truppenteile des deutschen Kontingentes:

– Panzergrenadierbataillon 112 (PzGrenBtl 112) mit
  zwei Panzergrenadierkompanien (PzGrenKp) und
  zwei Panzerkompanien (PzKp) von Panzerbrigade 21 (PzBrig 21),
– Jägerbataillon 571 (JgBtl 571),
– ein Fernmeldebataillon (FmBtl) und ein Versorgungsbataillon
  (VersBtl)

hatten innerhalb von 15 Tagen die Verlegebereitschaft in den Standorten herzustellen und zeitlich gestaffelt nach einer durch die 14. Pan-
zergrenadierdivision (PzGrenDiv) durchgeführten Kontingentausbildung

ab Anfang März nach Mazedonien zu verlegen. Das war der erste Einsatz des Deutschen Heeres mit Krisenreaktionskräften (KRK-Einsatz).

Der Einsatz der Panzerbrigade 12 und der ihr zugeordneten Truppenteile verlief im Wesentlichen in drei Abschnitten:

- Verlegung nach und Einsatzvorbereitung in Mazedonien
- Einfließen in das Kosovo
- Operationsführung im Kosovo.

Dabei waren folgende zeitliche Rahmenbedingungen von Bedeutung:

1. Februar 1999: Alarmierung in Deutschland
24. Februar: Verlegung eines Planungselementes der Brigade nach Mazedonien
28. Februar: Eintreffen erster Teile des Jägerbataillons
7. März: Verlegung des Brigadestabes (BrigStab)
24. März: Beginn der Luftkriegsführung der NATO

Ende März/Anfang April verlegten die mechanisierte Kompanie, die Fallschirmpanzerabwehrkompanie und die leichte Flugabwehrbatterie zur Verstärkung des Schutzes eigener Kräfte in Mazedonien.

Am 8. Juni wurde das Militär-Technischen Abkommen (MTA) zwischen der NATO und der serbischen Führung unterzeichnet.

Am 11. Juni erfolgten der Beschluss des Deutschen Bundestages für den Einsatz deutscher Kräfte im Kosovo und der Beginn des Marsches des Gefechtsverbandes durch Albanien.

Am 12. Juni begann das Einfließen der KOSOVO FORCES (KFOR) in das Kosovo; dabei traf um 23:00 Uhr die deutsche Voraus-Kompanie mit Kampf- und Schützenpanzern in Prizren, der Hauptstadt des Kosovo ein.

Am 15. Juni zogen die letzten serbischen Kräfte aus dem Raum Prizren ab.

Am 17. Juni boten die kosovo-albanischen Befreiungskräfte (UCK) an, im Raum Prizren, Orahovac und Suva Reka keine Waffen zu tragen.

Am 20. Juni wurde ein entsprechendes Abkommen zwischen KFOR und UCK unterzeichnet.

Die Zeit in Mazedonien

Mit dem Eintreffen der ersten Führungselemente der Brigade in Tetovo wurde allen schnell klar, dass der Auftrag der Brigade nicht im Sinne einer Operation „TIER 3", d.h. Evakuierung von OSZE-Beobachtern aus dem Kosovo mit mechanisierten Kräften, lauten würde, sondern die Umsetzung des Abkommens von Rambouillet. Dieses Abkommen war für den 16. März angekündigt. Es galt also, mit den verfügbaren und den später eintreffenden Kräften einen Operationsplan zu entwickeln, um dort nach Abschluss eines Vertrages sofort Präsenz zeigen zu können. Für die mögliche Anfangsoperation standen im März der Brigade an Kräften zur Verfügung: Stab und Stabskompanie, ein Jägerbataillon, ein vermindertes Fernmeldebataillon und ein Versorgungsbataillon.

Das mechanisierte Bataillon sollte erst Anfang April in das Einsatzgebiet verlegen. Der Brigade war die Beteiligung eines niederländischen Artilleriebataillons (ArtBtl) angekündigt, und die ersten Verbindungsaufnahmen und Absprachen wurden schon in Deutschland durchgeführt.

Zunächst wurde die Verlegung aller angekündigten deutschen Kräfte ausgesetzt, bis ein Verhandlungsergebnis vorliegen würde. Mögliche Vergeltungsschläge serbischer Kräfte gegen Einrichtungen und Truppenteile der NATO in Mazedonien erforderten intensive Schutzvorrichtungen bis hin zur möglichen Abwehr von zeitlich begrenzten Angriffen serbischer Streitkräfte.

Es wurde 24 Stunden am Tag die Grenze im Sektor der deutschen Brigade mit überwacht und die Truppe in Bereitschaft gehalten. Trotz dieser Maßnahmen galten alle Anstrengungen innerhalb der Brigade einem möglichen Einsatz im Kosovo. Die Planung wurde permanent den veränderten Rahmenbedingungen angepasst und intensiv Weiterbildung für die Stäbe durchgeführt. Die Truppe wurde – trotz des teilweise monotonen Sicherungs- und Wachdienstes – wo immer möglich, ausgebildet. So wurde z.B. der Wachdienst am Kasernentor wie ein Check Point betrieben, denn das würde ein wesentlicher Auftrag der Truppe im Einsatz sein.

Die Dislozierung der deutschen Truppenteile über ganz Mazedonien und die knappe Verfügbarkeit von nutzbaren Ausbildungseinrichtungen schränkte die Bemühung jedoch erheblich ein. Eine besondere Belastung in dieser Zeit kam auf den militärischen Führer zu. Mit Beginn der Luftangriffe setzte in Deutschland die Diskussion über den möglichen Einsatz von Bodentruppen zur Erzwingung eines Friedensabkommens ein. Davon bekam die Brigade in Mazedonien kaum etwas zu spüren. Der militärische Führer konnte dies wahrheitsgemäß seinen Soldaten mitteilen, jedoch von zu Hause über Handy und durch die Fernsehübertragung entstand für den Soldaten ein völlig anderer Eindruck.

Beispiel:

Der Befehlshaber sagte beim Appell: „Kein Einsatz von Bodentruppen im Kosovo!"

Der deutsche Verteidigungsminister dagegen erklärt im Fernsehen: „Erster gefährlicher Kampfeinsatz."

Also doch Bodentruppen?

Die verängstigten Freundinnen, Eltern und Ehefrauen der Soldaten rufen wegen der Fernseh- und Zeitungsberichte an.

Das war die Gemengelage!

Jeder hatte die Wahrheit gesagt; der Minister bezog sich allerdings bei seinen Aussagen auf den Einsatz der Tornados! Hier musste der Führer in besonderem Maße für Ruhe, Sicherheit, Zuversicht und Vertrauen sorgen, denn zu den Sachverhalten kam bei einigen eine gewisse Portion Angst hinzu, zumal auch die Berichte von Gewalttaten der jugoslawischen Streitkräfte, der Polizei, der UCK und von paramilitärischen Gruppen bekannt waren und gelesen wurden.

Mit der Vertreibung der Kosovo-Albaner aus dem Kosovo nach Albanien und auch nach Mazedonien begann eine neue Phase für die Brigade. Den Menschen schnell zu helfen und deshalb mit den zivilen Hilfsorganisationen für Unterbringung und Verpflegung zu sorgen, war jetzt wichtigste Aufgabe, um eine humanitäre Katastrophe zu verhindern.

Dem deutschen Heereskontingent kam dabei die Aufgabe zu, neben dem Bau von Flüchtlingslagern und Versorgungsfahrten das Flüchtlingslager Cegrane in Zusammenarbeit mit der UNO-Flüchtlingshilfsorganisation (UNHCR) zu betreiben. Es war faszinierend zu sehen, welche Fähigkeiten in der Truppe steckten. Nicht nur die Führungsleistung und das Organisationstalent, sondern vor allem die Initiative der dort eingesetzten Soldaten halfen hier, den über 40.000 Menschen in kürzester Zeit ein Leben mit einer Mindestversorgung zu garantieren. Aber dies alles änderte nichts an der Ausrichtung der Köpfe „auf den kommenden Einsatz im Kosovo".

Das niederländische Panzerartilleriebataillon traf mit ersten Teilen im April ein. Damit war die Brigade eine multinationale Brigade. Diese gesamte Phase in Mazedonien vom Zeitdruck der ersten Tage, der Ungewissheit während der Luftangriffe, der Hilfe für Menschen in der Not und der kontinuierlichen Planung und Vorbereitung auf den Einsatz trotz widriger Umstände, führte zu einem Zusammengehörigkeitsgefühl der Truppe, aus dem die Leistungen später im Kosovo erwachsen konnten.

Der Marsch in das Kosovo

Mit Beginn der Verhandlungen über den Abzug der serbischen Streitkräfte Anfang Juni wurde allen deutlich bewusst, dass der Einmarsch
unmittelbar bevorstand. Aus Deutschland wurde jetzt das mechanisierte
Bataillon nach Mazedonien verlegt, und die Niederländer begannen, die
restlichen Teile ihres PzArtBtl ebenfalls zu verlegen. Die Rahmenbedingungen für den Einmarsch hatten sich deutlich gegenüber den Planungen im März geändert. Es musste davon ausgegangen werden, dass
die Infrastruktur zerstört ist und Minen und verstärkte Ladungen im gesamten Raum teilweise unsystematisch verlegt wurden, die serbische
Administration das Land verlassen wird und die im Land verbliebene albanische Bevölkerung unter schwierigsten Bedingungen bis hin zu katastrophalen Zuständen leben würde. Eine Bedrohung durch ver-
sprengte serbische Streitkräfte, vor allem aber paramilitärische Gruppen
gegenüber der KFOR, war sehr wahrscheinlich. Als besonders schwierig wurde empfunden, dass keine Aufklärung zeitlich voraus angesetzt
werden konnte. Es wurde ein Marsch in ungeklärter Lage in ein frem-
des, zerstörtes Land.

Der Auftrag sollte wie folgt lauten:

– Überwachen und Durchsetzen des Militärtechnischen Abkommens
  (MTA) und ab dem 20. Juni 1999 der Vereinbarungen mit der UCK,
– Sicherstellen von Recht und Ordnung,
– humanitäre Hilfe in Unterstützung des UNHCR, soweit die eigenen
  Kräfte dies zulassen.

Die Absicht des Befehlshabers der alliierten Streitkräfte im Kosovo
(Commander Kosovo Forces – ComKFOR) war neben dem Sicherstellen
eines sicheren Umfeldes der Schutz der eigenen Truppe in allen Phasen
der Operationsführung

Nach Unterzeichnung des Militär-Technischen Abkommens musste
der Marsch innerhalb von zwei Tagen begonnen werden. Die Ereignisse überschlugen sich. Das Zusammenführen der Kräfte in zwei Marschgruppen, das Herstellen der materiellen und personellen Einsatzbereitschaft und Befehlsausgaben bestimmten das Geschehen. Das Engagement und das flexible Reagieren aller Soldaten hat dazu geführt, dass
die Brigade pünktlich den Marsch beginnen konnte. Um mit den
zunächst relativ schwachen Kräften ein Höchstmaß an Präsenz und Stärke zu demonstrieren, galt es, mehr zu scheinen, als zu sein. Daher entschied sich die Brigade, mit zwei Marschgruppen über zwei Marsch-
straßen den Kosovo zu gewinnen, mit einer verstärkten Kompanie ei-

nen Tag voraus kampfstark aufzuklären, um so wichtige Punkte als Voraussetzung für das Einfließen der Brigade zu nehmen. Die eine Marschgruppe marschierte quer durch Albanien von Westen und die andere über Skopje Urosevac, von Nordost in den Raum der Brigade. Die Marschgruppe über Albanien bestand aus ca. 300 und die andere aus ca. 400 Fahrzeugen, einschließlich aller Kampfpanzer.

Innerhalb der Marschgruppen konnte mit VHF geführt werden, aber für die Brigadeführung gab es keine ständige Verbindung zu den Marschgruppen. Hubschrauber halfen enorm, vor allem aber führte die Auftragstaktik hier zum Erfolg.

Für beide Marschgruppen war es ein schwerer Auftrag. Die Straßen in Albanien waren mehr als eng, in schlechtem Zustand, zum Teil nur geschottert und im Gebirge ohne Seitenbegrenzung und mit ausgesprochen engen Haarnadelkurven versehen. Die Brücken hatten nicht die Tragfähigkeit für beladene Transporter, so dass Marder oft entladen werden mussten. Vor allem die Führer und die Fahrer großer und schwerer Fahrzeuge leisteten hier Enormes.

Aber auch die andere Marschgruppe hatte es nicht einfach. Beim Überqueren des Duljepasses bei stockdunkler Nacht wurden Detonationen und Lichtblitze links und rechts in den Wäldern beobachtet, niemand wusste, was es war, und man fand auf der Straße die Leiche des am Abend ermordeten Stern-Reporters. Sie wurde mitgeführt.

Das Einfließen in den Raum Prizren und die Erlebnisse der ersten Tage sind mit Worten nur schwierig wiederzugeben. Die jubelnde albanische Bevölkerung, die die deutschen Soldaten wie Befreier auf den Straßen begrüßte und in der Nebenstraße die aufgefahrenen Konvois der serbischen Streitkräfte und der serbischen Spezialpolizei, die ihre Familienangehörigen dort eingegliedert hatten, standen sich in nahezu grotesker Weise gegenüber. Die Spannung war hoch. Während Teile der Serben noch plünderten, versuchten Albaner Rache an den fast schutzlos aufgefahrenen Serben zu verüben. Entlang der Abzugsstraßen wurden verschiedene Hinterhalte der UCK gemeldet. Von überall her erreichten uns Meldungen von Schusswechseln. Die serbischen Kräfte drohten, mit Waffengewalt sich den Abzug zu erzwingen. So galt es, aus dem jubelnden Empfang heraus sofort einen sicheren Abzug der Serben zu ermöglichen. In diesem Spannungsfeld standen unsere Soldaten genau zwischen den Fronten. Sie schützten erfolgreich den Abzug. Der Einsatz von Kräften der operativen Information mit Lautsprecherwagen hat dabei sehr geholfen.

Mit dem Abzug der Serben fehlte jegliche staatliche Autorität. Plünderungen, Verschleppungen, Greueltaten waren an der Tagesordnung. Teilweise noch aus Rache oder rein aus Habgier motiviert, wurden aus allen Bereichen solche Meldungen an die Brigade und Bataillone herangetragen. Darüber hinaus wurden überall Leichen gefunden, und die ersten Meldungen über Massengräber wurden bestätigt. Die Truppe ging allen Meldungen nach, klärte auf, ermittelte, verhinderte durch Präsenz weitere Verbrechen und war somit rund um die Uhr im Einsatz. Die Belastungen in den ersten Tagen waren extrem. Neben den psychischen Konflikten dieser Tage trat mehr und mehr auch die physische Erschöpfung in den Vordergrund. Der militärische Führer stand im Brennpunkt. Der Spagat zwischen militärisch Notwendigem und noch Machbarem führte zu Höchstleistungen im Bereich der Menschenführung. Dazu trat, dass trotz der gewaltigen Eindrücke strikt Neutralität und Sachlichkeit gefordert wurden. Dies konnte nur mit eiserner Disziplin aller Beteiligten erreicht werden. Der einzelne Soldat, die kleine Kampfgemeinschaft und das Innere Gefüge der Einheiten und Verbände haben dies erst möglich gemacht.

Das Aufgabenspektrum im Einsatz

Auch wenn sich die turbulente Lage nach den ersten Tagen beruhigte, so kam auf die Brigade eine Unzahl von Aufgaben zu, die nicht immer in den militärischen Alltag einzuordnen waren. Hier seien exemplarisch einige Beispiele genannt, um die Vielfalt der Herausforderungen zu verdeutlichen:

– Polizeiaufgaben mit täglich bis zu 320 Anzeigen, die über Telefon – die alte Rufnummer 92 war wieder geschaltet – oder bei der in der Stadt eingerichteten Feldjägerdienststelle sowie beim Brigadegefechtsstand eingingen und neben Mord und Vergewaltigung auch Diebstahl und Verschleppungen anzeigten.

– Betreiben eines Gefängnisses, das erst in Ordnung gebracht werden musste, d.h. vor allem Durchsuchen nach unentdeckten Explosivkörpern und deren Beseitigung mit Fachkräften, dem EOD-Trupp (Explosive Ordonance Disposal).

– „Richterfunktion" ausüben. Das bedeutete, dass jeden Abend entschieden werden musste, welche der Verhafteten im Gefängnis bleiben mussten.
Die Weisung Nr. 8 aus Deutschland gab hier in vorbildlicher Weise die erforderliche Rechtssicherheit für die Brigadeführung.

- Die Wasser- und Stromversorgung musste sichergestellt bleiben, obwohl das Führungspersonal geflüchtet war.
  Ehemalige Mitarbeiter, die um 1992 entlassen wurden, halfen hier, und über das Koordinierungsbüro der Bundesregierung konnten die erforderlichen Mittel schnell beschafft und das Wasserwerk mit Hilfe des Technischen Hilfswerkes (THW) repariert werden.

- Die Feuerwehr war besonders wichtig und wurde vom THW unterstützt. Es gelang, das Personal durch eine geringe Lohnzahlung zu binden. Zeitweise musste das Personal auch gegen Bedrohung geschützt werden, denn es passte nicht jedem, dass brennende Häuser gelöscht wurden.

- Auch bei der Müllentsorgung half das Koordinierungsbüro, in dem es 1 Millionen Müllbeutel kaufte. Damit konnten die Haushalte ihren Müll sammeln, und LKW der Brigade und die letzten zwei LKW einer Firma sowie von der Jugend in Prizren organisierte Traktoren mit Anhänger fuhren den Müll aus der Stadt.

- Beim Betreiben des Krankenhauses kam es darauf an sicherzustellen, dass kein Personal entlassen wurde, nur weil es einer bestimmten Ethnie angehörte. In gleicher Weise musste geprüft werden, dass alle Patienten gleich behandelt wurden. Als Druckmittel gegenüber der Krankenhausleitung stand ihnen nur das Versagen von Medikamenten zur Verfügung.

- Medienaufgaben, d.h. den Radiosender der Stadt zunächst instand setzen, um anschließend mit Hilfe von Redakteuren aus Andernach, Offizieren der OpInfo und Mitarbeitern der Deutschen Welle sowie Einheimischen aus Prizren ein Programm auszustrahlen, das allen Ethnien gerecht wird. Darüber hinaus dient der Sender der Brigade zur Information der Bürger, und der Sender bietet den Soldaten der Brigade täglich von 18:00 bis 21:00 Uhr ein Programm.

- Humanitäre Hilfe wird in Zusammenarbeit mit dem UNHCR (United Nations High Comissioner for Refugees) und einigen Hilfsorganisationen geleistet bei der Ausgabe von Verpflegung, bei dem SHELTER-Programm, bei der Reparatur von Häusern, Straßen und der Wasserversorgung.

- Auch die Sicherheit in der Stadt wird verbessert.
  Die Autos werden, wie es früher war, aus der Innenstadt verbannt, und der Benzinverkauf aus Kanistern und Flaschen in der Innenstadt wird verboten.

- Der persönliche Schutz für Ethnien und der Schutz von serbischem Kulturgut – z.B. 42 Kirchen – musste schwerpunktmäßig sichergestellt werden.

- Eine große Menge der anstehenden Verwaltungsaufgaben war jedoch für die Truppe unlösbar: Eigentumsfragen (das Katasteramt ist geplündert), Baugenehmigungen, Mietrecht, Marktabgaben, Steuern.

- Grenzkontrollen werden ohne Grenzabkommen durchgeführt; es wird nur nach Waffen und Munition durchsucht.

- Starthilfen für die Wirtschaft werden in sehr bescheidenem Umfang gegeben, z.B. indem Mehl an Bäckereien ausgegeben wird. Das Brot wird durch die Brigade gekauft. Die Druckerei druckt für die Brigade Flugblätter, und schließlich beschäftigt die Brigade insgesamt über 150 Einheimische als Dolmetscher, Küchenkräfte und Hausmeister.

- Mit der Einberufung des „Runden Tisches" wird begonnen, den später die ersten zwei eintreffenden UN-Verwalter übernehmen.

Doch auch die Multinationalität wirkte sich mit zunehmender Einsatzdauer aus. Nach sechs Tagen im Raum galt es, ein türkisches, ein österreichisches, bis zu zwei russische und zeitweise ein schwedisches Bataillon in den Raum zu integrieren, zumindest aber die Planungen und Absprachen zu treffen.

Der Stab selbst wurde auch zunehmend multinationaler. Niederländische Offiziere und Unteroffiziere, Verbindungsoffiziere der Russen, Österreicher und Türken waren integriert und bereicherten die Stabsarbeit durch ihre Erfahrungen und Kenntnisse. Hier sei angemerkt, dass vor dem Hintergrund der Geschichte gerade auf dem Balkan eine deutsche Brigade neben den Truppenteilen zwei russische, ein niederländisches, ein türkisches und ein österreichisches Bataillon 60 Jahre nach Ende des zweiten Weltkrieges führt. Dieses Phänomen der funktionierenden gemeinsamen Arbeit ehemaliger Kontrahenten kann langfristig auch den Menschen im Kosovo verdeutlichen, dass die Zukunft Chancen für ein gemeinsames Zusammenleben von Gegnern ermöglicht, auch wenn das in der Gegenwart unvorstellbar erscheint.

Das Führungszentrum der Bundeswehr

Dieter Stockfisch

Das Führungszentrum der Bundeswehr (FüZBw) wurde am 1. Januar 1995 geschaffen, um dem Bundesminister der Verteidigung im Frieden bei seiner Führungsverantwortung von Einsätzen der Bundeswehr im Ausland zu unterstützen. Hierzu zählen vorrangig Krisenreaktions-Einsätze (KRK) der deutschen Streitkräfte. Kern der Aufgabenstellung des FüZBw als Teil des Führungsstabes der Streitkräfte ist die Wahrnehmung ministerieller Aspekte der Einsatzführung. Dabei koordiniert das FüZBw alle einsatzwilligen Entscheidungen bei Auslandseinsätzen der Bundeswehr mit den anderen Abteilungen des Ministeriums und legt sie entscheidungsreif dem Minister vor. Anschließend setzt das FüZBw alle notwendigen Maßnahmen in Weisungen und Befehle um, die dann den mit der Einsatzführung beauftragten Führungskommandos der Teilstreitkräfte erteilt werden. Das FüZBw im Bundesministerium der Verteidigung in Bonn ist rund um die Uhr besetzt, um permanent reaktionsfähig zu bleiben.

Seit 1960 hat die Bundeswehr über 120 humanitäre Hilfsaktionen in über 50 Ländern (Katastrophen- und Hungergebiete) der Welt durchgeführt. Diese Hilfeleistungen basierten auf bilateralen Abkommen zwischen Deutschland und den Empfängerstaaten. Beispielhaft waren die Hilfs- und Katastropheneinsätze in Italien 1976/80/81 (Erdbebeneinsätze), in Griechenland 1990/93 (Brandkatastrophen) oder in Äthiopien und im Sudan 1984/85/89 (Hungersnot). Mit der Planung und Durchführung dieser humanitären Einsätze wurde stets eine Teilstreitkraft beauftragt, die diese Einsätze – meist war es die Luftwaffe – in eigener Verantwortung abwickelte.

Mit der Beendigung des Ost-West-Konfliktes nahm Deutschland zunehmend an internationalen Aktionen zur Bewältigung von Krisen und Maßnahmen zur Erhaltung des Friedens teil. Diese Beteiligungen erfolgten im internationalen Rahmen unter dem Mandat der Vereinten Nationen (VN). Ein spezielles Führungselement für die ministerielle Führung solcher Einsätze fehlte anfangs. So mussten beispielsweise noch bei der

Kurdenhilfe 1991 in der Türkei und im Iran, bei der VN-Mission 1992 in Kambodscha oder bei der Unterstützung der VN-Mission in Ex-Jugoslawien 1992 jeweils spezielle Arbeitsstäbe etabliert werden.

Die ersten Einsätze zeigten bereits, dass es an einem fest eingerichteten Führungsinstrument mangelte. Bei nationalen Einsätzen kann nicht immer auf NATO-Kommandostrukturen zurückgegriffen werden, vielmehr sind eigene nationale Führungsstrukturen erforderlich. Daher wurde mit einem Erlass vom 9. Februar 1993 zur Verbesserung der „Entscheidungsabläufe im Ministerium für die Einsatzführung der Bundeswehr im Frieden" ein Koordinierungsstab für Einsatzaufgaben der Bundeswehr (KSEA) und das Referat „Einsatzführung Bundeswehr" (FüS IV 4) eingerichtet.

Der erste größere Auslandseinsatz der Bundeswehr in Somalia 1993/94 mit annähernd 1.700 Soldaten außerhalb Europas trug dazu bei, dass am 1. Januar 1995 das Führungszentrum der Bundeswehr (FüZBw) aufgestellt wurde. Der Koordinierungsstab für Einsatzaufgaben der Bundeswehr blieb erhalten.

Arbeitsweise des KSEA

Dem Koordinierungsstab für Einsatzaufgaben (KSEA) gehören Vertreter der zivilen und militärischen Abteilungen des Bundesministerium der Verteidigung (BMVg) an. Er ist auf Unterabteilungsleiter-/Stabsabteilungsleitebene eingerichtet und dem Generalinspekteur zugeordnet. Dieser Stab besteht aus ca. 18 Mitgliedern und zusätzlichen Vertretern der Kirchenämter der Bundeswehr und des Wehrbeauftragten. Der KSEA bespricht alle erforderlichen Pläne und Maßnahmen für den Auslandseinsatz der Streitkräfte und bereitet auch Entscheidungen für den Minister vor. Dieser Stab wird in Personalunion vom Leiter des FüZBw als Leiter KSEA geführt. Er tagt periodisch oder bedarfsweise. Die umfangreiche Besetzung dieses ministeriellen Stabes brachte es anfangs mit sich, dass die Auslandseinsätze der Truppe vornehmlich administrativ nach rechtlichen Vorgaben, Erlassen und politischen Rücksichtnahmen (Presse) durchgeführt wurden, weniger nach den Kriterien militärischer Truppenführung bzw. den Prinzipien der Auftragstaktik. Dies war verständlich, und die Unsicherheit und Unerfahrenheit waren groß, denn die Bundeswehr betrat bei ihren ersten Auslandseinsätzen (Somalia) Neuland. Damals wurden selbst unbedeutende Nebensächlichkeiten wie die versehentliche Abgabe eines Schusses in die Luft an das Ministerium gemeldet und im KSEA ausführlich behandelt. Mit zunehmenden Erfahrungen und gewachsener Routine seit Bosnien und dem Kosovo haben sich die anfänglichen Unsicherheiten und der Drang zur detaillierten Regelungsdichte gelegt.

Aufgaben des FüZBw

Das FüZBw als zentrales Führungselement im BMVg unterstützt den Minister in der Führung der Bundeswehr im Frieden bei ihren Einsätzen außerhalb Deutschlands sowie bei Hilfeleistungen in Not- und Katastrophenfällen im In- und Ausland; wie z.b. beim Einsatz der Bundeswehr beim Oder-Hochwasser 1997.

Meist müssen für solche Einsätze situations- und aufgabenbezogen, verschiedene Verbände aus allen Teilen der Bundeswehr zusammengestellt und die nationale Führung sichergestellt werden. Zudem ist immer auch ein intensiver Abstimmungsbedarf mit anderen Nationen und internationalen Organisationen wie heute in Bosnien und im Kosovo notwendig. Zudem verlangen Parlament und Öffentlichkeit für alle Maßnahmen und Entscheidungen nicht nur Information, sondern auch Rechenschaft. Dies sind zusätzliche Auflagen, die den rein militärischen Führungsablauf belasten.

Daher stellt das FüZBw in Koordination mit dem KSEA die umfassende Vorbereitung von Entscheidungen und ihre Umsetzung und Kontrolle sicher. Hierzu werden alle erforderlichen Maßnahmen und Weisungen in Befehle an die Führungskommandos umgesetzt. Nach der reinen Lehre bildet die Wahrnehmung ministerieller Aspekte, nicht aber die unmittelbare Führung der Truppe vor Ort den Kern der Aufgabenstellung des FüZBw. Diese Aufgabenteilung lässt sich in der Praxis jedoch nicht immer einhalten. Einmal ermöglicht eine moderne Fernmeldeführung wie z.b. über SATCOM (Satellite Communication) die unmittelbare Anbindung der Truppe im Einsatzgebiet an das FüZBw. Dies verleitet immer zum direkten Hineinbefehlen vom grünen Tisch in das Einsatzgeschehen vor Ort oder zum Abfordern von Meldungen, Berichten und Stellungnahmen aller Art – das FüZBw will und muss ja über alles informiert sein. Zum anderen muss das FüZBw bzw. der Minister gegenüber Parlament und Öffentlichkeit ständig auskunftsfähig sein. Informationen gerade bei Auslandseinsätzen besitzen nun einmal eine politische Dimension in unserem Lande.

Schließlich bedeutet der Begriff Zentrum auch Zentralisierung. Daher konnte nicht ausbleiben, dass insbesondere für KRK-Einsätze der Streitkräfte das FüZBw eine hohe Regelungsdichte für die Truppe im Einsatzgebiet in Form von umfangreichen Vorschriften erlassen hat, in denen sogar die Zuteilung des Messweines der Militärgeistlichen geregelt wird. Dieser Trend zur administrativen Perfektion im Einsatzgeschehen der Truppe vor Ort ist der unausrottbare Versuch, nichts dem Zufall zu überlassen. Er steht aber dem freien, schöpferischen Handeln der Truppe nach der Führung mit Aufträgen entgegen.

Organisation des FüZBw

Das FüZBw ist in drei Stabsbereiche untergliedert: Einsatzplanung, Einsatzführung und Lageführung. Hierfür existieren 78 militärische und zivile Dienstposten.

Die Aufgaben im Bereich Einsatzplanung umfassen u.a. Ausplanung der Auslandseinsätze; Abstimmung der Planung mit anderen Ressorts der Bundesregierung sowie mit den Alliierten und internationalen Organisationen; Auswertung von Einsätzen; Entwicklung nationaler Einsatzoperationen und die Erstellung wie Datenbanken.

Der Schwerpunkt in der Einsatzführung liegt in der Koordinierung und Umsetzung ministerieller Aspekte der Führung im Einsatz. Die Lageführung erstreckt sich auf die fortwährende Aktualisierung des Lagebildes, Aufrechterhaltung der Ansprechbarkeit im Tages- und Nachtdienst oder Erprobung und Üben der Verfahren zur Sicherstellung der nationalen Führungsfähigkeit.

Herausforderung an das Heeresführungskommando

Klaus Reinhardt

Die gedankliche Geburtsstunde des Heeresführungskommandos war die neue strategische und militärpolitische Lage der Bundesrepublik Deutschland.

War es bis dahin Aufgabe deutscher Streitkräfte gewesen, unter NATO-Kommando ausschließlich zur Verteidigung des eigenen oder allenfalls zur Verteidigung des Territoriums von Bündnispartnern eingesetzt zu werden, so ging es nun darum, die erforderlichen politischen, personellen, materiellen, rechtlichen und organisatorischen Voraussetzungen zu schaffen, deutsche Truppen in humanitären und Friedenseinsätzen, z.B. unter dem Mandat der UNO, auch außerhalb deutschen Territoriums einsetzen zu können.

Als eine der entscheidenden militärisch-organisatorischen Voraussetzungen war in diesem Zusammenhang zunächst nur vorgesehen, einen kleinen, operativen Stab aufzubauen, der befähigt sein sollte, eigene Landstreitkräfte auf derartige Einsätze vorzubereiten und sie über weite Entfernungen auch führen zu können. Dieser Stab bekam die Bezeichnung „Heeresführungskommando".

Erst später wurde entschieden, dem Heeresführungskommando auch die deutschen Heeresanteile in den bi- und multinationalen Korps und der Multinationalen Division (Center), das Kommando Luftbewegliche Kräfte und 4. Division (KLK), die Truppen Oberste Bundeswehrführung und die Heeresführungstruppen truppendienstlich und auf Befehl auch für den Einsatz zu unterstellen.

Schließlich wurden die bis dato bestehende Organisation des Territorialen Heeres aufgelöst und deren Aufgaben zusätzlich dem neuen Heeresführungskommando übertragen. Der Befehlshaber des Heeresführungskommandos wurde daher auch mit der Aufgabe des Nationalen Befehlshabers für das Staatsgebiet der Bundesrepublik Deutschland und damit mit der unmittelbaren Führung der Wehrbereichskommandos im besonderen Aufgabenbereich der Nationalen Territorialen Aufgaben beauftragt.

Der Befehlshaber des Heeresführungskommandos wurde seinerseits für den Einsatz dem Bundesminister der Verteidigung unterstellt. Damit wurde die für einen Auslandseinsatz militärisch verantwortliche Kommandobehörde der politischen Führung unmittelbar zugeordnet und zugleich eine operativ schnelle Reaktionsfähigkeit der Bundesregierung sichergestellt.

In der Praxis hat dieses Unterstellungsverhältnis allerdings niemals unmittelbar, sondern immer nur über das Führungszentrum der Bundeswehr stattgefunden. Der Bundesminister der Verteidigung hat sich zu keiner Zeit zu Fragen der operativen Planung, zu Problemen der praktischen wie personellen Einsatzvorbereitungen, zu Schwierigkeiten der täglichen Führung oder zu sonstigen mit unseren Auslandseinsätzen in Somalia, in Kroatien und in Bosnien-Herzegowina verbundenen Fragen durch das Heeresführungskommando direkt, sondern immer nur durch Angehörige des Ministeriums beraten lassen.

Das Heeresführungskommando ging mit entscheidenden Teilen aus dem damaligen Stab des III. Korps in Koblenz hervor, der im Rahmen der neuen Heeresstruktur Ende März 1993 aufgelöst wurde. Als wir im III. Korps den Vorbefehl zur Umstrukturierung in das Heeresführungskommando erhielten, wusste keiner so recht, was dies letztendlich bedeuten und welche Herausforderungen in der neuen Organisation auf uns zukommen würden.

Dies sollte sich durch den im Sommer 1993 noch durch das III. Korps geführten Einsatz in Somalia im Rahmen des UNO-Friedenseinsatzes UNOSOM jedoch sehr schnell ändern. Bisher nur vage angedachte Vorstellungen wurden rasch zu konkreten Aufgaben, grobe Zeitvorstellungen wurden zu eng gesetzten Terminen.

Die wohl wichtigste erste Erkenntnis und geistige Herausforderung war, dass unsere traditionelle Vorstellung von deutscher Auftragstaktik in bisher praktizierter Form aus zwei Gründen nur sehr begrenzt anwendbar war.

Da galt es zunächst, die politischen Rahmenbedingungen, Vorgaben und laufenden Eingriffe zu akzeptieren und in militärisch bindende Aufträge umzusetzen: Ein Auslandsaufenthalt von nur ca. 1.600 Mann findet höchste politische Aufmerksamkeit und benötigt breite parlamentarische Zustimmung möglichst über Parteigrenzen hinweg. Er ist daher in seinem parteipolitischen wie öffentlichen Interesse mit keinem Übungsvorhaben zu Hause auch nur annähernd vergleichbar. Auslandseinsätze sind für die politische Führung mit einem hohen Risiko verbunden. Dies gilt primär für den Bundesminister der Verteidigung. Es ist daher durchaus nachvollziehbar, dass die politischen Vorgaben eng gesetzt werden und, sowie sie einmal parlamentarisch bestätigt sind, kaum noch Handlungsspielraum zulassen. Dies zeigt sich ganz besonders bei der Diskrepanz zwischen militärischen Vorschlägen zur Ausplanung von einzelnen Truppenkontingenten und den „politisch" ausgeplanten Personalumfängen, die ein durch die Einsatzbedingungen später erforderliches Nachsteuern kaum mehr möglich machten.

Dabei lässt sich die Frage, wo politische Verantwortung in Mikromanagement übergeht, nicht immer klar beantworten. War es wirklich nur politische Verantwortung, wenn z.B. der damalige Verteidigungsminister am 10. Juli 1995, d.h. nur drei Tage vor der Verlegung erster deutscher Kräfte im Rahmen des UN-Einsatz UNPROFOR nach Kroatien, ohne Rücksicht auf bereits getroffene Entscheidungen und ohne Rücksprache mit dem für diesen Einsatz verantwortlichen Heeresführungskommando die vorgesehene Verwendung von mehr als 100 Soldaten bis zu deren Dienstgrad hin persönlich überprüft? Der Minister befahl damals, die für die logistische Versorgungsbasis im Einsatzland sowie die unabdingbaren Weitfernmeldeverbindungen bereits ausgesuchten und ausgebildeten Spezialisten gegen Soldaten der nach Kroatien gehenden Sanitätsbrigade 1 oder anderer Sanitätstruppen des deutschen Heeres auszutauschen. Dies war wegen der zeitgleichen Forderung des Ministers, bereits Anfang August mit ersten Teilen in Trogir einsatzbereit zu sein, praktisch gar nicht mehr umsetzbar.

Frühzeitig mussten wir im Heeresführungskommando erfahren, dass wir trotz unseres eindeutigen Charakters als nationales deutsches Führungskommando ohne sichere und laufend praktizierte Sprachkenntnisse in englischer, aber auch in französischer Sprache, nicht in der Lage waren, die vielen und fast täglich erforderlichen multinationalen Absprachen zu treffen. Ohne gute Sprachkenntnisse sind Vorbereitung und Durchführung multinationaler Auslandseinsätze nicht möglich. Dies gilt natürlich in noch vermehrtem Maße für die Soldaten, die in den multinationalen Einsatzstäben vor Ort Dienst tun.

Auslandseinsätze erfordern modernste und bestmögliche Fernmelde- und Datenübertragungsmittel, um den Informationsbedarf aus der Heimat jederzeit zu decken und Detailfragen der politischen Führung sofort beantworten zu können. Gleich zu Beginn des Somalia-Einsatzes im Sommer 1993 ist der Mangel derartiger Führungsmittel dramatisch sichtbar geworden: Damals war das Bundespresseamt durch einen Funkamateur informiert worden, dass deutsche Soldaten in Mogadischu angeblich erschossen worden seien. Der Forderung des Bundeskanzleramtes nach sofortiger Überprüfung des Sachverhaltes konnte das III.

Korps damals nicht nachkommen, da die einzelnen, unabhängig voneinander eingesetzten deutschen Hilfstruppen weder funk- noch fern-
meldetechnisch angebunden waren. Glücklicherweise stellte sich am
gleichen Abend beim Vollzähligkeitsappell die angebliche Hiobsbot-
schaft als Falschmeldung heraus.

Der Mangel adäquater Führungs- und Fernmeldemittel in der Auf-
stellungsphase des Heeresführungskommandos war in der Tat eine meiner ganz besonderen Sorgen. Ich meldete daher dem Generalinspekteur
der Bundeswehr, dass wir uns auf diesem so eminent wichtigen Gebiet
im Vergleich zu anderen Nationen noch im „Steinzeitalter moderner
Kommunikationsmittel" befänden und bat ihn um dringende Abhilfe.

Hier haben wir in der Zwischenzeit hervorragende Fortschritte erzielt.
In engster Zusammenarbeit mit allen für die Beschaffung befassten
Dienststellen ist es gelungen, für unsere Truppen im Auslandseinsatz
Führungs- und Datenübertragungsmittel anzuschaffen, die keinen in-
ternationalen Vergleich mehr zu scheuen brauchen.

Unsere Truppenteile in Bosnien-Herzegowina und in Mazedonien
setzen heute zum Verbindungshalten Satcom, Inmarsat und kleine,
tragbare, mit GPS (Global Positioning System) verbundene Laptops ein,
mit denen im Bedarfsfall jederzeit auch vom Heeresführungskommando in Koblenz aus mit jeder Patrouille und mit jedem Spähtrupp im Einsatzland Kontakt aufgenommen werden könnte. Modernste satellitengestützte Datenübertragungsanlagen wie CRONOS und WAN (Wide
Area Network) gehören heute ebenso zur Standardausstattung wie das
interne Datenkommunikationssystem LAN (Local Area Network).

Neben diesen technischen Führungseinrichtungen im Einsatzland ist
eine ständige Verbindung zum Heimatland durch ein rund um die Uhr
besetztes, technisch perfekt ausgestattetes Lagezentrum im Heeresführungskommando in Koblenz unabdingbare Voraussetzung, um jederzeit Meldungen entgegennehmen, aber auch in Richtung Einsatzland
sowie dem Bundesministerium der Verteidigung gegenüber auf allen Gebieten auskunftsfähig zu sein. Die ursprüngliche Vorstellung, wegen der
erwartungsgemäß wohl immer nur kurzen Auslandseinsätzen dieses Lagezentrum ständig mit eigenem Personal aus den Abteilungen des Heeresführungskommandos besetzen zu können, hat sich angesichts der
Fortdauer der Einsätze und der sehr begrenzten Personaldecke in Koblenz als illusionär erwiesen. Zwischenzeitlich ist dem Heeresführungskommando ausreichendes Fachpersonal zugestanden worden, das es erlaubt, eine 24-stündige Führungsfähigkeit zu realisieren.

Als Folge der nun schon sehr langen Stehzeit deutscher Truppen im ehemaligen Jugoslawien – seit Juli 1995 befindet sich insgesamt das 12. Kontingent im Einsatz – ist es seit längerem nicht mehr möglich, an modernen Führungs- und Fernmeldemitteln ausgebildetes Fachpersonal in den Einsatz zu schicken, ohne laufend auf Truppenteile der Hauptverteidigungskräfte zurückzugreifen. Dies gilt für Fernmeldepersonal in gleicher Weise wie für die Spezialisten im Bereich des Sanitätsdienstes, der ABC-Abwehr, der Pioniere, der zivil-militärischen Zusammenarbeit, des Presse- und Informationswesens, der Elektronischen Aufklärung, der Drohnenbatterien, der Feldjäger u.a. Hier genügen die Spezialisten der Krisenreaktionskräfte, die von ihrer Aufgabenstellung her die eigentlichen Träger von Auslandseinsätzen sein sollten, bei weitem nicht aus, den erforderlichen Bedarf zu decken. Die Konsequenz daraus ist, dass das gesamte deutsche Heer das für Auslandseinsätze erforderliche Personal stellen muss.

Die Struktur des „Neuen Heeres für Neue Aufgaben" – im Rahmen der derzeit gültigen Bundeswehrstruktur damals als eine „Bundeswehrreform" gepriesen, die für die Dauer der nächsten zehn Jahre halten soll – hat sich den realen Anforderungen länger andauernder Auslandsaufgaben als nur sehr begrenzt gewachsen erwiesen. Im Rahmen der jetzt angelaufenen Untersuchungen zu einer neuen Bundeswehrstruktur wird es daher entscheidend darauf ankommen, aus den erkannten Defiziten Konsequenzen zu ziehen und die deutschen Landstreitkräfte in Struktur, Dislozierung und Ausrüstung viel konsequenter als bisher auf die Erfordernisse längerer und zeitlich auch parallel laufender Einsätze im Ausland hin auszurichten.

Bis dahin wird es eine der Hauptaufgaben des Heeresführungskommandos bleiben, in zeitlich weit vorausschauender Planung die Einheiten und Verbände der Hauptverteidigungskräfte auszuwählen und für Auslandseinsätze festzulegen. Dieser Auswahlprozess führt zu einem erheblichen Zusatzaufwand im deutschen Heer, da Wehrpflichtige, die keinen Auslandseinsatz leisten dürfen, ausgeplant, gegen andere Soldaten ausgetauscht, Einheiten neu zusammengestellt und meist an ihnen nicht bekanntem Gerät zusätzlich ausgebildet werden müssen. Mit der „Standardisierten Einsatzplanung" (SEP) hat das Heeresführungskommando ein Verfahren erarbeitet, das – basierend auf den bisherigen Einsatzerfahrungen – ablauforganisatorisch ein einheitliches Verfahren festlegt und damit die Planung im nachgeordneten Bereich vereinheitlicht.

Die einsatzbezogene Vorbereitung unserer Soldaten macht eine sehr breit gefächerte und personalintensive zusätzliche Ausbildungsorgani-

sation erforderlich, die jedem Soldat vor seiner Verlegung ins Einsatzland eine Zusatzausbildung zwischen sechs bis zwölf Wochen abver-
langt. Diese Soldaten stehen damit schon vor dem eigentlichen Einsatz
einen erheblichen Zeitraum für ihre Einheiten und Verbände nicht mehr
zur Verfügung.

Das Gesamtpaket dieser Zusatzausbildung baut auf den Fähigkeiten,
die jeder Soldat in der Allgemeinen Grund- und Spezialgrundausbildung
erworben hat, konsequent auf. Es wurde zusammen mit der Infanterieschule des Heeres, mit der Truppe im Einsatzland und mit den praktischen Erfahrungen unserer alliierten Freunde vom Heeresführungskommando entwickelt und ist zum entscheidenden Baustein des fachlichen Selbstvertrauens und der psychischen Stärke unserer Frauen und
Männer im Einsatzland geworden.

Es umfasst eine intensive Einzel- und Wiederholungsausbildung an
Waffen und Gerät sowie eine begrenzte Einsatzausbildung der Einheiten im Standort. Je nach Spezialverwendung werden eine große Zahl
von Fachleuten zusätzlich an unseren oder an den Schulen unserer Alliierten ausgebildet. Alle Männer in Führungsfunktion vom Zugführer
an aufwärts werden am Zentrum für Innere Führung mit den Besonderheiten des jeweiligen Einsatzes, des Landes, der Religion, der histo-
risch-kulturellen Hintergründe des Konfliktes sowie mit den Schwierigkeiten vertraut gemacht, die ihre Soldaten bei einem Einsatz weit weg
von Zuhause zu bestehen haben. Dabei geht es auch um so kritische
Fragen wie Verhalten bei Gefangennahme, bei Verwundung oder bei
Todesfällen.

Jeder Soldat – vom Gefreiten bis zum General – durchläuft an der Infanterieschule in Hammelburg eine stark fordernde, einwöchige ein-
satznahe Ausbildung, der sich für einzelne Verbände eine weitere zumindest einwöchige Verbandsausbildung auf dem Truppenübungsplatz
Heuberg anschließt.

Dieses sehr personalaufwendige Vorbereitungs- und Ausbildungs-
programm, für dessen Durchführung in den unterschiedlichen Bereichen
insgesamt dreimal mehr Personal erforderlich ist, als ein Einsatzkontingent umfasst, hat sich bewährt und wird von den Soldatinnen und Soldaten sehr gut angenommen. Die hohe Moral, die anerkannt gute Leistung der Truppe im Einsatz und die Tatsache, dass die deutschen Truppenkontingente bisher glücklicherweise keine Einsatzverluste zu beklagen hatten, sprechen für die Richtigkeit dieses Ausbildungskonzepts,
das bisher mehr als 50.000 Soldatinnen und Soldaten für Somalia, für

Kroatien, für Bosnien-Herzegowina und Mazedonien mit Erfolg durchlaufen haben.

Als besonders wichtige Voraussetzung für die Erfolge bei Auslandseinsätzen hat sich die Einrichtung eines „Deutschen Nationalen Befehlshabers im Einsatzland" erwiesen. Dieser General hat den Auftrag,
alle im Einsatzland stationierten deutschen Soldaten – unabhängig davon, in welchen Truppenteilen oder multinationalen Stäben, an welchem
Ort oder in welcher Funktion sie auch immer eingesetzt sind – truppendienstlich zu führen, sie zu versorgen, sich um ihre Betreuung zu
kümmern und alle sonstigen, aus nationaler Sicht erforderlichen Maßnahmen vor Ort zu entscheiden und umzusetzen. Der Deutsche Nationale Befehlshaber im Einsatzland ist dem Befehlshaber des Heeresführungskommandos unterstellt und diesem damit für alles verantwortlich, was im Einsatzland läuft.

Das Kommando Luftbewegliche Kräfte (KLK) wurde eigens für diese Aufgabe aufgestellt und in seiner Stabsgliederung auf Auslandseinsätze hin strukturell optimiert. Das KLK hat zwischenzeitlich bei unzähligen Übungen im Ausland, vor allem aber auch bei den Einsätzen
von Somalia über Trogir bis hin nach Sarajevo/Railovac den Deutschen
Nationalen Befehlshaber im Einsatzland sowie dessen Stab mehrmals
gestellt und unsere Kontingente mit Erfolg vor Ort geführt. Doch auch
in diesem Stab hat die eingeschränkte Verfügbarkeit von Personal für
länger dauernde Auslandseinsätze wie auf dem Balkan dazu geführt,
dass das KLK diese Führungsaufgabe nicht alleine übernehmen konnte. Bis heute hat daher fast jedes Divisionskommando diese so wichtige Führungsaufgabe des Deutschen Nationalen Befehlshabers im Einsatzland übernehmen müssen und damit eigene Erfahrungen bei Auslandseinsätzen sammeln können.

Die Besonderheiten eines Einsatzes im Ausland weckt auch das besondere Interesse der Presse und damit der Öffentlichkeit. Das Heeresführungskommando hat sich daher vom ersten Auslandseinsatz in Somalia an sehr aktiv und mit gutem Erfolg im Sinne positiver Öffentlichkeitsarbeit in die Pressebetreuung eingeschaltet. Mehr als tausend Journalisten aller Nationen und jeglicher Provenienz, von der schreibenden
Zunft über Radio-Reporter bis hin zu unzähligen Fernsehteams, haben
über die Arbeit unserer Frauen und Männer in den diversen Auslandseinsätzen berichtet. Absolute Ehrlichkeit aller Soldaten in den Aussagen
gegenüber den Journalisten, Offenheit in der Darstellung der Probleme
vor Ort und der eigenen Arbeit, technische Unterstützung und Beglei-
tung der Journalisten bei den Fahrten ins Einsatzgebiet sind Voraus-

setzungen für gute, vertrauensvolle und damit professionelle Zusammenarbeit mit der Presse.

Die Einrichtung einer Presse- und Informationszentrale (PIZ), in der alle diese erforderlichen Unterstützungsarbeiten durch eigene Pressefachleute koordiniert, Artikel für die regionale Heimatpresse zu Hause geschrieben sowie Truppenzeitungen für die eigenen Soldaten im Einsatzland – wie der inzwischen legendäre KEILER in Sarajevo/Railovac – erstellt werden, hat sich sehr bewährt. Eine kritische Auswertung zeigt, dass mehr als 90% aller Presseberichte fair, sachlich und objektiv über die Arbeit unserer Soldatinnen und Soldaten berichtet haben und damit zu einer wichtigen psychologischen Brücke für die Akzeptanz der Auslandseinsätze in der Heimat geworden sind.

Eine besonders einschneidende Metamorphose während der Auslandseinsätze hat die Abteilung G 4 des Heeresführungskommandos durchlaufen. Während des Somalia- und zu Beginn des GECONUNPF-Einsatzes gab es noch kein Heeresunterstützungskommando. Es war damals erst mit rudimentären Teilen im Aufbau begriffen. Folglich war zu diesem Zeitpunkt das Heeresführungskommando nicht nur für die Versorgungsplanung, sondern auch im Detail für die Versorgungsdurchführung verantwortlich. Die dabei gewonnenen Erfahrungen in der praktischen Versorgungsverantwortung hatte u.a. den Aufbau eines elektronisch gestützten Material-Verfolgungssystems zur Konsequenz, mit dessen Hilfe Versorgungsgüter, ob sie nun per Flugzeug, mit dem Schiff oder auf dem Landweg transportiert werden, von der Versorgungsbasis im Inland bis zum Empfänger im Einsatzland datenmäßig verfolgt und richtig zugeordnet werden können.

Entscheidender aber war, dass die Logistiker des Heeresführungskommandos gelernt hatten, vor und während eines Auslandseinsatzes die richtigen, operativ weitreichenden Fragen zur Beschaffung von Sondergerät und zur Einsatzversorgung zu stellen. Es galt und gilt dann, diese Materialbedarfsforderungen in Forderungen an das Heeresunterstützungskommando umzusetzen und deren Realisierung zu überwachen.

Nach dem Aufbau der Versorgungsbasis im Einsatzland liegt der Schwerpunkt der Logistikabteilung des Heeresführungskommandos daher konsequenterweise nicht mehr in der Versorgungsdurchführung, sondern in deren operativer Steuerung sowie vor allem in der Koordinierung des Transportes von Personal und Material ins Einsatzland und zurück.

Unter Nutzung rechnergestützter Planungshilfen und in enger Abstimmung mit dem Lufttransportkommando der Luftwaffe sowie der Transportdienststelle See der Bundesmarine sorgt die Abteilung G 4 seit über drei Jahren in exzellenter und routinierter Planungsarbeit für eine reibungslose Anschlussversorgung sowie für die unzähligen, bisher planmäßig verlaufenden, wenn auch zuweilen komplizierten Kontingentwechsel (z.B. von IFOR zu SFOR) unserer Soldaten.

Zwei Bereiche, die in der täglichen Friedensarbeit zu Hause nur begrenzt zum Tragen kommen, gewinnen bei Auslandseinsätzen höchste Bedeutung.

Das ist zum einen die Arbeit der Rechtsberater, die im Einsatzland die rechtlichen Voraussetzungen für die Stationierung und den Aufenthalt unserer Truppen auf fremdem Gebiet aushandeln und in einem Stationierungsabkommen (Status of Forces Agreement = SOFA) verbindlich festlegen müssen. Darüber hinaus haben sie die Verhaltensregeln der Soldaten in so genannten „Rules of Engagement" in enger Absprache mit unseren Alliierten und der politischen Führung des Ministeriums für den jeweiligen Einsatz abzustimmen sowie rechtlich verbindlich abzufassen. Schließlich beraten sie die Kommandeure vor Ort im Einsatzland in nationalen wie internationalen Rechtsfragen und vertreten sie in den entsprechenden multinationalen Fachgremien. Dies ist ein Aufgabenpaket, das weitaus komplizierter und ggf. auch politisch weitreichender sein kann als die Aufgaben eines Rechtsberaters in einer Kommandobehörde im Inland.

Der zweite Bereich, den ich in diesem Zusammenhang ansprechen will, ist die Betreuung unserer Soldaten im Ausland sowie deren Familien im Inland. In der Regel verbringen die Soldaten im Einsatzland vier bis sechs Monate in engen Behelfsunterkünften, ohne persönliche Intimsphäre, weit weg von zu Hause. Jeder Tag, so die Soldaten im Einsatz, ist „Mittwoch", d.h. es gibt kein freies Wochenende, keine geregelte Arbeitszeit, noch viel weniger planbare Freizeit, es gibt keinen Ausgleich für den körperlich wie psychisch erheblich fordernden Einsatz, teilweise aber auch sehr ermüdenden Routinedienst. Entsprechend hoch ist der Bedarf der Soldatinnen und Soldaten nach Informationen von daheim. Der Hunger auf Nachrichten über alles, was zu Hause läuft, von der Freundin, dem Freund über Familie bis hin zum Sport und zur Politik, ist enorm. Auch umgekehrt gibt es ein sehr hohes Informationsbedürfnis der Familien, Freunde und Freundinnen daheim, die wissen wollen, wie es ihren Angehörigen und Freunden im Einsatz geht, wie groß die Gefährdung im Vergleich zu Meldungen der Medien tatsächlich ist.

Die ersten Wochen des Somalia-Einsatzes haben uns damals sehr drastisch vor Augen geführt, wie entscheidend für Stimmung und Moral der Truppe, auch der Daheimgebliebenen, ein regelmäßiger Postdienst und jedem zugängliche Telefonverbindungen sind. Dies ist heute eine Selbstverständlichkeit: die Post von und nach Bosnien-Herzegowina dauert zwei Tage, Telefonverbindungen stehen, sie werden im Zeitalter des Handys z.T. aber nur noch begrenzt in Anspruch genommen.

Familienbetreuungszentren in den Heimatstandorten geben rund um die Uhr Auskunft über die Lage vor Ort im Einsatzland und kümmern sich in Gemeinschaftsaktionen, aber auch im Einzelfall um die zurückgebliebenen Familien.

Die Abteilung G 1 des Heeresführungskommandos hat unter engem Rückgriff auf die Erfahrungen unserer Alliierten ein ausgewogenes Betreuungsprogramm aufgebaut und den jeweiligen Erfordernissen vor Ort flexibel angepasst. Dieses Programm hat sich bestens bewährt und ist in der Zwischenzeit in seinen Grundelementen von einer Reihe anderer Nationen übernommen worden.

Sport-, Fernseh-, Video-, Bücherei- und dezentrale Kantineneinrichtungen, gutes Essen sowie der eigene Betreuungssender „Radio Andernach", aber auch der Einsatz von Militärgeistlichen beider Konfessionen sowie von Militärpsychologen sind für die Soldatinnen und Soldaten wichtige Ventile, Dampf abzulassen, vom Dienst zeitweise abzuschalten und sich körperlich wie mental Ausgleich zu verschaffen. Dieses Betreuungspaket – gekoppelt mit trockenen, klimatisierten Unterkünften, vernünftigen sanitären Anlagen und einer exzellenten sanitätsdienstlichen Betreuung – ist entscheidende Grundlage für die gute Moral, die enorm hohe Arbeitsleistung und den ungewöhnlich niedrigen Krankenstand unserer Frauen und Männer im Einsatzland.

Als das Heeresführungskommando am 30. September 1994 mit einem Großen Zapfenstreich auf dem Ehrenbreitstein in Koblenz ins Leben gerufen wurde, haben viele Fachleute die Notwendigkeit dieses Kommandos kritisch hinterfragt. Seitdem haben eine Reihe Delegationen befreundeter Streitkräfte Koblenz besucht, um sich über diese neue Kommandobehörde des deutschen Heeres zu informieren und Erfahrungen auszutauschen. Heute gibt es bei den belgischen, britischen, dänischen, französischen und italienischen Landstreitkräften Stäbe, die den operativen Aufgaben des Heeresführungskommandos entsprechen und unsere Erfahrungen entsprechend umgesetzt haben.

Das Heeresführungskommando hat bei Katastropheneinsätzen im In-
wie Ausland, in vielen Übungen, vor allem aber in humanitären wie frie-

denserhaltenden Auslandseinsätzen ohne Unterbrechung geführt und seine operative Fähigkeit nachgewiesen.

Das Heeresführungskommando ist schrittweise in sein neues Auftragsspektrum hineingewachsen und hat in nun bereits jahrelanger Praxis deutlich gemacht, dass es für die Planung, für die Ausbildung und für die Führung von Auslandseinsätzen unerlässlich geworden ist.

Nichts ist jedoch so ungewiss wie die Zukunft. Das starre Festhalten an bisher Bewährtem kann daher sehr rasch Grundlage des Misserfolgs von morgen sein. Jeder Auslandseinsatz ist anders. Die berechtigten Ausbildungsanforderungen und Organisationsformen für den Einsatz in Bosnien-Herzegowina können für Einsätze unter anderen Rahmenbedingungen völlig verkehrt und kontraproduktiv sein. So musste die Ausbildung für die in Mazedonien eingesetzten deutschen Anteile der „extraction forces" deutlich anders konzipiert werden als die für Sarajevo und Mostar.

Das Heeresführungskommando wird sich daher auf dem bisher Erreichten nicht ausruhen. Die entscheidende Herausforderung bleibt vielmehr, sich auch die geistige Flexibilität und gedankliche Freiheit zu bewahren, um jede neue Lage kritisch und unvoreingenommen zu analysieren. Nur so wird das Heeresführungskommando auch künftig in der Lage sein, bei neuen Herausforderungen die jeweils richtigen Fragen zu stellen und die darauf richtigen Antworten zu finden.

Herausforderungen an das Flottenkommando

Rainer Feist

Das Flottenkommando hat sich in den letzten Jahren zu einem leistungsfähigen Leitführungskommando entwickelt. Dabei konnte es auf eine über 40-jährige Erfahrung im weltweiten Einsatz deutscher See- und Seeluftstreitkräfte zurückblicken. Das Flottenkommando mit seinem modernen „Maritime Operations Center" (MOC) stellt das maritime Hauptquartier (MHQ) dar, von dem der Befehlshaber der Flotte die deutschen See- und Seeluftstreitkräfte rund um die Uhr, weltweit und kontinuierlich führt. In seiner zweiten Verantwortung als NATO-Befehlshaber COMGERFLEET (Commander German Fleet) werden seiner operativen Führung Einheiten anderer NATO-Partner unterstellt, wenn sie im Nordeuropäischen Bereich operieren.

Die Führungskommandos aller drei Teilstreitkräfte können bei Bedarf und auf Entscheidung der politischen Leitung als Leitführungskommando eingesetzt werden. Das Begriffsungetüm signalisiert Zweierlei: Dass es sich bei solchen Operationen, bei denen ein Leitführungskommando eingesetzt wird, erstens um eine teilstreitkraftübergreifende Operation („joint") handelt, und dass zweitens im Rahmen eines internationalen Einsatzes ein „Nationaler Befehlshaber im Einsatzgebiet" mit der Wahrnehmung der besonderen nationalen Belange und Interessen betraut wird.

Das Flottenkommando hat Erfahrungen als Leitführungskommando in den NATO-Großmanövern „Battle Griffin 1996" und „Strong Resolve 1998" gesammelt und war 1999 zum dritten Mal erneut als Leitführungskommando im Manöver „Battle Griffin 1999" für die Führung der deutschen Kontingente aller drei Teilstreitkräfte im Übungsgebiet verantwortlich. Es stellte dabei zum zweiten Mal den nationalen Befehlshaber im Einsatzgebiet mit einem gemischten Stab aus allen drei Teilstreitkräften eingeschifft und abgestützt auf ein „Containerdorf" als Oberdeckssladung auf einem Tender der Flotte als mobilem Hauptquartier.

Das Flottenkommando hoch oben im Norden in Glücksburg an der Flensburger Förde besteht nun schon seit gut 40 Jahren. Es ist im Grunde genauso alt wie die Bundeswehr selbst. Während damals eine nationale Führungsfähigkeit der übrigen deutschen Streitkräfte nicht geplant war und womöglich mit Misstrauen der neuen Verbündeten verfolgt worden wäre, war die nationale Führungsfähigkeit für See- und Seeluftstreitkräfte der Marine von Anfang an unabdingbar erforderlich, selbstverständlich und im Bündnis akzeptiert. Denn See- und Seeluftstreitkräfte werden bereits im Friedensausbildungs- und -übungseinsatz weltweit eingesetzt und müssen daher auch kontinuierlich national geführt werden können. Und es ergab sich dabei ganz zwangsläufig, dass der deutsche Befehlshaber der Flotte nicht nur für die Führung der Flotte in nationaler Verantwortung zuständig war, sondern auch in Doppelfunktion als NATO-Befehlshaber für die Führung von NATO-Verbänden aus seinem Hauptquartier eine zweite und zusätzliche Rolle übernahm.

Einheiten der Flotte stehen an jedem Tag des Jahres in See und besuchen Häfen im Ausland. Grenzen, die etwa wie das NATO-Beistandsgebiet den Bewegungsraum von Streitkräften begrenzen können, existieren für Seestreitkräfte nicht. Sie operieren im freien Seeraum der hohen See rund um den Globus und mit jeweils diplomatischer Anmeldung und Genehmigung auch in den territorialen Gewässern, Kanälen und Häfen der Gastgeberländer überall auf der Welt. Der Wendekreis des Krebses, so wichtig er für das Bündnis auch ist, hat für Seestreitkräfte lediglich seine astronomische Bedeutung als Wendekreis.

Für die Einheiten der deutschen Flotte gilt seit den ersten Tagen der Marine bis heute und natürlich auch für die Zukunft Präsenz auf den Meeren der Welt und Besuche in Häfen in allen fünf Kontinenten. Die Aufträge, Einsatz- und Leistungsfähigkeit als Instrument deutscher Sicherheitspolitik zu erzielen und zu demonstrieren und damit einen wirkungsvollen Beitrag zur Verteidigungsfähigkeit der maritimen Nordatlantischen Allianz zu leisten, aber auch Vertrauen zu schaffen, Verbindungen zu knüpfen, die deutsche Außenpolitik zu unterstützen, für Deutschland im internationalen Bereich zu werben, das Vertrauen der Verbündeten in die Leistungsfähigkeit der Deutschen Marine zu schaffen und auszubauen, die Leistungsfähigkeit deutscher Industrie im wehrtechnischen Bereich zu beweisen, bestanden schon immer. Dabei sollte die Bewertung des maritimen Beitrags Deutschlands zu diesem Bündnis, das vor allem für die Sicherheit Europas die Brücke über den Atlantik schlägt, nicht auf die Sicherung der Ostsee und die Sicherung der atlantischen Seeverbindungen reduziert werden.

Um die weit gefächerten Aufgaben der Marine mit dem Beitrag zur kollektiven Verteidigungsfähigkeit als zentralem Element erfüllen zu können, bedarf es erstens einer ausgewogenen Flotte, die in der Lage ist, in allen Dimensionen maritimer Operationen auf dem Wasser, unter Wasser und in der Luft zu operieren, und es bedarf der Fähigkeit, diese

Flotte zu jeder Stunde eines Tages und an jedem Tag des Jahres sicher und effektiv zu führen. Das Flottenkommando mit seinem „Maritime Operations Center" (MOC) ist deshalb das maritime Hauptquartier (MHQ), aus dem heraus der Befehlshaber der Flotte die deutschen See- und Seeluftstreitkräfte rund um die Uhr kontinuierlich führt. In seiner zweiten Verantwortung als NATO-Befehlshaber COMGERFLEET (Commander German Fleet) können seiner operativen Führung auch Einheiten anderer Bündnispartner oder ständige Einsatzverbände der NATO unterstellt werden, wenn sie im Nordeuropäischen Bereich operieren.

Beispielsweise fanden die ersten gemeinsamen Übungen der ständigen NATO-Einsatzverbände Atlantic und Mittelmeer (Standing Naval Force Atlantik unter einem deutschen Admiral und Standing Naval Force Mediterranean) im Frühjahr 1998 in der Nordsee ebenso unter operativer Führung des Befehlshabers der Flotte als COMGERFLEET statt, wie der erste Besuch eines NATO-Verbandes, des Einsatzverbandes Atlantik im Herbst 1998 im russischen St. Petersburg.

Die Kommandostruktur der NATO ist reformiert, neu gefasst und gestrafft worden. Die neue Kommandostruktur wird im Jahr 2000 Realität sein. Das deutsche Flottenkommando wird dann wie in der Vergangenheit weiterhin seine nationalen Aufgaben erfüllen, und der Befehlshaber der Flotte wird dann weiterhin als „Maritime Component Commander" (MCC), als COMGERFLEET für die NATO verfügbar sein. Für Einsätze, bei denen deutsche See- und Seeluftstreitkräfte anderen NATO-Befehlshabern im Kommandobereich Europa, wie beispielsweise dem Mittelmeer oder im Kommandobereich Atlantik operativ unterstellt werden, wird es seine Aufgabe bleiben, die nationalen Interessen zu vertreten und mit „Full Command" die in jedem Fall in nationaler Verantwortung bleibende Führungsverantwortung wahrzunehmen, unabhängig davon wo und wie deutsche Marineeinheiten eingesetzt sind. Die Reform der NATO-Kommandostruktur führt damit zu einer Straffung und Reduzierung internationaler NATO-Hauptquartiere, erhält aber die Verfügbarkeit des Flottenkommandos für die NATO.

Das Ziel einer europäischen Sicherheits- und Verteidigungsidentität mit der Konkretisierung einer gemeinsamen Außen- und Sicherheitspolitik und der Perspektive einer gemeinsamen Verteidigungspolitik in Europa gewinnt neue Aktualität. Damit rückt auch die Rolle der WEU und die Stärkung des europäischen Pfeilers der Allianz in den Vordergrund. Für Operationen und Einsätze der WEU wurden auf dem Gipfel von Madrid 1997 klare Regeln verabschiedet. Nach ihnen sollen Kräfte und Mittel der Allianz der WEU verfügbar gemacht werden können, ohne dass neue und zusätzliche Führungs- und Streitkräftestrukturen geschaffen werden. In diesem Rahmen hat Deutschland bereits seit langem als ein nationales operatives Hauptquartier das Flottenkommando gemeldet, das solche Operationen, wenn durch die WEU gewünscht, führen kann.

Für die Flotte kann dies einerseits die Bereitstellung der Einheiten der Flotte auch für Operationen der WEU und andererseits den Einsatz des Flottenkommandos selbst bedeuten, aus dem heraus der Befehlshaber der Flotte solche Einsätze operativ führen können muss.

Ob im Rahmen der NATO, ob im Rahmen der WEU oder in nationalem Einsatz, die Kontinuität in der umfassenden Führungsverantwortung des Befehlshabers der Flotte gegenüber der ganzen deutschen Flotte bleibt immer gewahrt. Das allein ist in der heutigen Situation eines tiefgreifenden Wandels, der Struktur und Modernisierung der Flotte erfasst, Struktur und Umfang der Streitkräfte verändert, neue Aufgaben der Friedenssicherung und des Krisenmanagements zu den alten hinzufügt, neue Formen der Kooperation mit neuen Partnern zusätzlich schafft, bereits in sich eine erhebliche Herausforderung. Dabei gilt wie bei jedem Einsatz von Streitkräften, dass das Flottenkommando nicht nur die Einheiten in See führt. Vor die Führung tritt stets die Planung. Das Flottenkommando ist deshalb beides, Einsatz- und Planungsstab für die Einsatzführung der deutschen See- und Seeluftstreitkräfte.

Die Marine brauchte den Weg einer festen Unterteilung der Flotte in Hauptverteidigungskräfte und Krisenreaktionskräfte nicht zu gehen. Sie verfolgt vielmehr für alle Einheiten eine zyklische Einsatzplanung, mit der sichergestellt wird, dass immer 40 % der See- und Seeluftstreitkräfte im Status Krisenreaktionskräfte für nationale wie NATO-Einsätze verfügbar sind. Das bedeutet, dass jedes Schiff oder Boot mit seiner Besatzung am Beginn einer Betriebsperiode durch Einzelausbildung, Verbandsausbildung, Durchlaufen spezialisierter Ausbildungs- und Schießabschnitte, Teilnahme an nationalen, multinationalen und NATO-Manövern zu voller Einsatzfähigkeit geführt wird. Während dieses Abschnitts der aufbauenden Ausbildung zählt die Einheit zu den Hauptverteidigungskräften der Marine.

Mit Erreichen der spezifizierten Einsatzfähigkeit tritt die einzelne Einheit dann in den Kreis der Krisenreaktionskräfte, bis sich die Betriebsperiode ihrem Ende nähert, personelle und materielle Einsatzfähigkeit wieder absinken, so dass sie erneut zur Kategorie Hauptverteidigung rechnet, bis sie schließlich die Betriebsperiode beendet, aus dem fah-

renden Bereich der Flotte austritt und mit einer neuen Instandset-
zungsperiode in Werft und Marinearsenal, häufig auch Umbau und Modernisierung, wieder die materiellen Voraussetzungen schafft für einen
neuen Einsatzzyklus, den sie zunächst erneut im Kreis der Hauptverteidigungskräfte, danach wiederum bei den Krisenreaktionskräften durchläuft, bis schließlich wieder eine Instandsetzungsphase heransteht.

Es versteht sich von selbst, dass diese zyklische Einsatz- und Be-
triebsplanung für die Besatzungen wie für das Material sehr vorteilhaft
ist. Sie stellt aber an das Flottenkommando als den Planungsstab für alle
Einsätze der schwimmenden und fliegenden Marine erhebliche Anforderungen.

Es müssen vielfältige, und häufig miteinander konkurrierende Faktoren berücksichtigt werden, vorrangig natürlich Anforderungen an die
Flotte durch laufende internationale Einsätze, wie etwa der Auf-
klärungsbeitrag durch Flottendienstboote zum Verfikationseinsatz Kosovo, fliegerische Überwachungsbeiträge für die Operation SILENT
WATCH und DETERMINED FORGE über der Adria, zwei seit Jahren anhaltende und Flugstunden fressende Einsätze. Berücksichtigt werden
müssen Wünsche der Politik zum Anlaufen bestimmter Häfen zu Pflege und Ausbau bilateraler Beziehungen. Berücksichtigt werden müssen
natürlich auch als Grundlage für alle Einsätze die Ausbildungserforder-
nisse der Einheiten und Verbände, um das Ziel Einsatzfähigkeit für Krisenreaktionskräfte zeitgerecht zu erreichen.

Sicherzustellen ist vor allem auch der sichtbare maritime Beitrag zum
Bündnis durch Beteiligung an den vier ständigen Einsatzverbänden der
NATO im Atlantik und Mittelmeer, eine signifikante Beteiligung an
NATO-Manövern, künftig sicher auch im Rahmen der WEU. Der Beteiligung an der Partnerschaft für den Frieden kommt ebenso wie der Zusammenarbeit in See mit den wichtigen Bündnispartnern USA, Großbritannien, Frankreich, Italien sowie den Nachbarn im Nordflanken-
raum, aber auch mit den neuen Partnern, besonders Polen, den Baltischen Staaten, Russland, Schweden und Finnland große Bedeutung zu.

Wichtige Planungsfaktoren sind aber auch die für die Einheiten verfügbare Zahl an Seetagen pro Jahr und natürlich als besondere Hürde
die verfügbaren Haushaltsmittel. Einsatzplanung unter Berücksichtigung aller relevanten Faktoren und der avisierten Ziele führt schließlich
zu dem in der Flotte berühmten jährlichen „Jahresübungs- und Erhal-
tungsplan", kurz „JÜEP" genannt, den der Befehlshaber der Flotte kurz
vor Ende des Planungsjahres für das kommende Einsatzjahr erlässt.

Aus der Planung wird dann Einsatz, den der Befehlshaber der Flotte aus seiner Einsatzzentrale, dem „Maritime Operations Center" (MOC) als zentralem Führungsinstrument des Hauptquartiers führt.

Das Maritime Operations Center

Das Maritime Operations Center besteht aus einem Verbund einzelner funktionaler Zellen, die alle dem Ziel dienen, eine aktuelle Übersicht über die Lage der eingesetzten See- und Seeluftstreitkräfte in ihren Einsatzräumen sowie über die Lage fremder Streitkräfte zu führen und alle die Informationen aus dem eigenen Bereich und aus den Führungsgrundgebieten zusammenzuführen, die zur Vorbereitung und Umsetzung von Führungsentscheidungen erforderlich sind.

In direkter Nachbarschaft zum eigentlichen Lagedarstellungszentrum befinden sich das Naval Air Operation Center – (NAOC), das Luftransportbüro, die Maritime Patrol Aircraft (MPA)-Zelle, je eine Zelle für den Betrieb des taktische Datenübertragungssystems Link-11 und Küsten-Radar-Organisation (KRO), die Zelle zur Vergabe sämtlicher durch die deutsche Flotte nutzbaren Übungsgebiete und schließlich die Search And Rescue (SAR) Rettungsleitstelle.

Aus dieser Einsatzzentrale heraus wird die Flotte durch „Führen mit Auftrag" geführt und überwacht, wobei die Verbandsführer in See die volle Verantwortung für ihre Einheiten behalten. Hier wird das operative Lagebild der See- und Seeluftstreitkräfte erstellt und ständig aktuell gehalten. Um diese Aufgabe zu erfüllen, ist die Einsatzzentrale an 365 Tagen im Jahr rund um die Uhr besetzt. Hier leisten mehr als 20 Soldaten und zivile Mitarbeiter für die geophysikalische und ozeanographische Beratung durchgehend Dienst.

Einem Duty-Commander als Wachleiter sind alle Soldaten im Schichtdienst unterstellt. Er trifft im Normalfall auftragsgemäß die Entscheidungen im täglichen Umgang mit der Flotte bzw. bereitet für den Befehlshaber der Flotte und seinen operativen Stab Entscheidungsoptionen vor. Direkte Zuarbeit leisten der Duty-Officer Operation, der den Duty-Commander bezüglich der Überwasserlage unterstützt und die Eigenlage Überwasserstreitkräfte erstellt.

Der Duty-Officer Submarine ist für die direkte U-Bootführung zuständig und somit verantwortlich für die Sicherheit und Fernmeldeführung der U-Boote in See. Der Duty-Officer Naval Air Operations leitet den Einsatz der Jagdbomber PA 200 Tornado, der Seeraumüberwachungs- und U-Jagdflugzeuge Breguet Atlantique sowie der Hubschrauber Sea King im nationalen und internationalen Rahmen. Der Duty-Officer SAR ist für die Einleitung, Koordinierung und Durchführung von Such- und Rettungsmaßnahmen bei Luft- und Seenotfällen zuständig. Er arbeitet in engem Kontakt mit der deutschen Gesellschaft zur Rettung Schiffbrüchiger zusammen und veranlasst auf deren Anfragen die Einsätze der in ständiger Sofortbereitschaft stehenden Marinerettungshubschrauber, die in nahezu täglicher Routine für die Menschen auf den Inseln oder in Notlagen auf See und an den Stränden oft lebensrettend sind. Auch die spektakulären Rettungs-, Lösch- und Bergebemühungen im Herbst 1998 für den italienischen Frachter Pallas vor den ostfriesischen Inseln erforderte zunächst den Rettungseinsatz der Sea-King-Hubschrauber, um die Besatzung des Schiffes aus orkanhafter See zu bergen und anschließend Löschmannschaften und Bergepersonal über dem Wrack abzuseilen und später wieder abzubergen. Die Besatzungen dieser Hubschrauber fliegen auch dann noch, wenn niemand sonst mehr fliegt.

Erstmalig wurde im Jahre 1981 im Maritime Operations Center des Flottenkommandos ein automatisiertes Führungsinformationssystem in Betrieb genommen und seitdem fortlaufend modernisiert. Dieses Datenverarbeitungssystem Marinehauptquartier (MHQ) ist direkt mit nationalen und internationalen Fernmeldezentren verbunden. Dabei handelt es sich um Fernschreib- und Sprechfunknetze, Satellitenverbindungen und das Tieffrequenznetz für U-Boote. Das Marineführungs- und Informationssystem unterstützt im Wesentlichen durch Automatisierung und Bearbeitung eingehender und ausgehender Fernschreiben, und es ermöglicht eine automatisierte, umfassende Lagebilderstellung in allen Operationsgebieten der Flotte.

Weiterhin besteht die Option, von diesem Hauptquartier aus zwei taktische automatisierte Datenübertragungsnetze Link-11 parallel zu betreiben. Mit ihrer Hilfe erfolgt der Echtzeit-Lagebildaustausch zwischen dem Hauptquartier und allen linkfähigen eigenen und NATO-Seestreitkräften sowie mit den NATO-Frühwarnflugzeugen AWACS.

Ab Mitte 1996 wurde das Maritime Command Control and Information System (MCCIS) im Lagezentrum erprobt und 1997 eingeführt. Mit MCCIS ist in der NATO erstmals ein einheitliches maritimes Führungs- und Informationssystem verfügbar. Damit wird die Darstellung ausgetauschter Meldungen des Lagebildes zwischen den MCCIS-Einheiten der Flotte in See und dem Maritime Operations Center automatisiert und wesentlich beschleunigt.

MCCIS bedeutet darüber hinaus den automatisierten Lagebildaustausch mit anderen Marinehauptquartieren der NATO, so dass das Lagebild des Flottenkommandos als einen wesentlichen Faktor für eigene Führungsentscheidungen routinemäßig auch die Positionen und Lageinformationen der Seestreitkräfte unserer Bündnispartner global miterfasst. Abgesetzte Zellen für operative Logistik und das Militärische Nachrichtenwesen bilden eine wesentliche Ergänzung wie auch der Anschluss an das Führungsinformationssystem „Rubin" des Verteidigungsministeriums. Rubin verbindet das Flottenkommando nicht nur mit den Führungsstäben im Verteidigungsministerium, sondern vor allem auch mit dem Führungszentrum der Bundeswehr und den Führungskommandos von Heer und Luftwaffe. Der wöchentliche Lageabgleich per Videokonferenz zwischen dem Führungszentrum BW und den Führungskommandos aller drei TSK ist längst Routine. Die Einrüstung und damit unmittelbare Anbindung auch an die Führungsinformationssysteme von Heer und Luftwaffe ist geplant.

Globale Fernmeldeführung

Der weltweite Einsatz der Flotte stellt nicht nur hohe Anforderungen an Datenverarbeitung und Systemverbund, sondern fordert darüber hinaus ein Führungssystem, das jederzeit über große Entfernungen einen sicheren und schnellen Informationsaustausch ermöglicht, große Datenmengen bewältigt und so die Voraussetzung für ein klares Lagebild und einen zielgerichteten, raschen Ablauf des Führungsvorganges schafft.

Rückgrat der Fernmeldeführung der Flotte ist ein Netzwerk von Sende- und Empfangsanlagen zwischen Borkum und Rügen, das aus den ständig besetzten Fernmeldezentralen in Glücksburg als Teil des Marinehauptquartiers und Sengwarden nahe Wilhelmshaven betrieben wird. Dabei wird das gesamte Frequenzspektrum von UHF/VHF für Verbindungen im Küstenvorfeld sowie über HF/LF für weitreichende Verbindungen zu Einheiten in entfernten Seegebieten bis hin zu VLF (Längstwelle) für die weltweite Führung von getauchten U-Booten genutzt.

Zunehmend wird der militärische, in bestimmten Bereichen auch der zivile Satellitenfunk für die Führung der Flotte genutzt und gewinnt das Internet an Bord Bedeutung zur Datenübertragung, aber auch zur Versorgung der Besatzungen mit aktuellen Nachrichten aus aller Welt. Die Bundeswehr selbst verfügt noch nicht über eigene Satellitenkapazität und bleibt so derzeit auf Partner angewiesen, wie selbstverständlich neben den eigenen Führungssystemen auch die Mittel der NATO zur Verfügung stehen und genutzt werden.

Dabei ist auch der Fernmeldeverbund unter Einbeziehung von Funkstellen verbündeter und befreundeter Marinen bewährte Praxis. So stützte sich ein Verband der Flotte, der in japanischen Gewässern operierte, unter anderem auf Fernmeldeeinrichtungen in Djibouti und Canberra ab.

Nachrichtengewinnung

Wesentliche Grundlage erfolgreicher Planung, Führung und Durchführung von Einsätzen bildet die Kenntnis um die Lage in einem Einsatzgebiet, die Kenntnis von Fähigkeiten, Möglichkeiten und Absichten dort aktiver fremder Streitkräfte – kurz: die Feststellung und Beurteilung der sogenannten Fremdlage. Auch die Soldaten und Offiziere des A2-Lagezentrums arbeiten rund um die Uhr im Hauptquartier zur Erstellung einer aktuelle Fremdlage in enger Abstimmung mit dem Amt für Nachrichtenwesen der Bundeswehr, NATO-Hauptquartieren und Nachbarmarinen. Besondere Fernmeldeverbindungen, gesicherte Computernetze und Datenbanken liefern dazu ständig aktuelle Informationen zu fremden Ländern und Streitkräften, zu Krisen- und Konfliktregionen. Diese werden im A2-Lagezentrum unmittelbar erfasst, ausgewertet, bewertet und aufbereitet. Sie bilden eine der wesentlichen Grundlagen für die Führungsentscheidungen des Befehlshabers, aber auch unverzichtbare Unterstützung für die Verbandsführer in See.

Aus dem A2-Lagezentrum heraus werden überdies die Spezialschiffe und -flugzeuge der Flotte zur Aufklärung von Fernmeldeverbindungen und elektronischer Anlagen geführt. Mit ihren Einsätzen werden Grundlagendaten ermittelt. Mit ihren besonderen Fähigkeiten sind sie aber auch hervorragend geeignet, das elektronische Umfeld eines Krisengebietes umfassend zu durchdringen und Einheiten aller Teilstreitkräfte im Einsatz mit wichtigen Informationen über fremde Streitkräfte einsatzunmittelbar zu unterstützen. Besondere Vorteile genießen dabei die Spezialschiffe, die über lange Zeiträume hinweg ununterbrochen in der Nähe eines Krisengebietes operieren und Auffassungen bis tief ins Hinterland analysieren, sich dabei selbst aber außerhalb von Territorialgewässern im hoheitsfreien Raum auf hoher See aufhalten können.

Geophysikalische Beratung im Dienst der Flotte

Führung der Flotte im weltweiten Einsatz fordert für Führungsentscheidungen zwingend auch die Berücksichtigung der Wetterlage und -entwicklung sowie der ozeanographischen Bedingungen in jedem Seegebiet, in dem Einheiten der Flotte operieren, sowie die regelmäßige Unterrichtung und Beratung von Kommandanten und Verbandsführern in

See. Geophysikalische und ozeanographische Beratung sind deshalb unverzichtbare Elemente der täglichen Lagebeurteilung und stellen besondere Anforderungen an die Meteorologen und Ozeanographen der Abteilung Geophysik im Flottenkommando, die damit eine in der Bundeswehr wohl eine einmalige Expertise über Wetter und ozeanographische Bedingungen in allen Weltmeeren entwickelt hat. Häufige Einschiffungen der Spezialisten auf Einheiten der Flotte helfen dabei durch Erfahrungen vor Ort diese Expertise auszubauen und weiterzuentwickeln. Gerade für kleinere Einheiten wie Schnellboote, oder Minenabwehreinheiten können die in außerheimischen Seegebieten herrschenden Wetter- und Umweltbedingungen kritisch werden, wenn nicht frühzeitig auf gefährdende Wettererscheinungen hingewiesen wird. Schiffe, die wie die Fregatten der Marine Bordhubschrauber einsetzen und im Regelfall nicht über einen eingeschifften Geophysiker an Bord verfügen, müssen zusätzlich mit einer verbindlichen Flugwetterberatung versorgt werden. Das erfolgt in den heimischen Gewäsern von Nord- und Ostsee alle drei, in außerheimischen Gewässern alle sechs Stunden rund um die Uhr. Hinzu kommen die Wahrnehmung des Wetterwarndienstes, Vorhersagen für Radar- Infrarot- und Sonarreichweiten, sowie die Beratung des SAR-Dienstes der Marine, eine weitere essenzielle Herausforderung rund um die Uhr durchgehend über das Jahr. Man mag bei Überlegungen zu Aufgaben eines Leitführungskommandos vielleicht nicht in allererster Instanz an die geophysikalischen Dienste denken, aber für eine Flotte, die schwimmt, taucht und fliegt, gilt ganz einfach gesagt: Wetter und Ozeanographie sind nicht alles, aber ohne diese zwei ist alles nichts!

Führung aus dem Schutzbau

Für die Unterbringung des Maritime Operations Center mit dem Führungsinformationssystem Marinehauptquartier (MHQ) wurde bereits in den 70er Jahren eigens ein unterirdisch verbunkerter, gehärteter und EMP-geschützter Schutzbau auf dem Gelände des Flottenkommandos in der Kasernenanlage Meierwik errichtet, der ab Mitte 1993 wegen dringender Baumaßnahmen vor allem zur Asbestsanierung für eine Übergangszeit nicht genutzt werden konnte.

Um die kontinuierliche Führungsfähigkeit des Befehlshabers der Flotte mit dem Flottenkommando zu gewährleisten, wurde während dieser Zeit der gesamte operative Bereich des Hauptquartiers in oberirdische Infrastruktur verlagert und von dort verzugslos weiterbetrieben. Nach dieser nunmehr sechsjährigen so genannten „Zwischenlösung" ist das Maritime Operations Center im Frühjahr 1999 mit all seinen Funktionen und Peripherieanlagen zurück in den Schutzbau gezogen.

Auf vier Etagen werden die Organisationsbereiche Rechenzentrum, Fernmelde-, Operationszentrale und Haustechnik untergebracht, wobei letztere die für den Betrieb des Schutzbaus notwendigen Geräte und Dienste zusammenfasst.

Damit ist sichergestellt, dass eine eigene störungsfreie Stromversorgungsanlage, Tiefbrunnen, Klima- und Luftaufbereitungsanlage sowie entsprechende Unterbringungsräume für das Personal einen von der Außenwelt unabhängigen Einsatzbetrieb erlauben.

Vor allem aber steht damit dem Befehlshaber der Flotte wieder ein Operationszentrum zur Verfügung, in dem die modernsten Lagefeststellungs- und Lagedarstellungssysteme im engen räumlichen Zusammenhang mit allen funktionalen Teilzellen die optimale Gewähr dafür bieten, auch komplexe Führungsaufgaben bewältigen zu können.

Einsatzplanungsstab

Trotz jahrzehntelanger Erfahrung in der Einsatzplanung und Einsatzführung der Flotte im Bündnis bedeutet die Führung teilstreitkraftübergreifender „joint"-Einsätze auch für das Flottenkommando eine neue und besondere Herausforderung.

Die Erfahrung des zurückliegenden Jahrzehnts hat mit aller Deutlichkeit gezeigt, dass es gerade solche Einsätze sein dürften, in denen die Streitkräfte zur Sicherung oder Wiederherstellung des Friedens, zur Abwendung von Krisen beizutragen haben werden.

Jedes Führungskommando muss daher in der Lage sein, die Einsatzplanung von Kontingenten von Heer, Luftwaffe und Marine zu koordinieren und den Einsatz selbst über den Nationalen Befehlshaber im Einsatzgebiet und seinen Stab ganz oder teilweise, d.h. in den Bereichen zu führen, in denen dies nicht durch das Bündnis geschieht.

Auf der Grundlage seiner umfangreichen Erfahrungen mit dieser Aufgabe in NATO-Großmanövern hat das Flottenkommando daher die eigene Leistungsfähigkeit erhöht und die Zusammenarbeit mit Heer und Luftwaffe intensiviert.

Im Flottenkommando selbst wurde ein Einsatzplanungsstab aufgestellt, der speziell mit allen Fragen der teilstreitkraftübergreifenden („joint") Einsatzplanung und Unterstützung der Einsatzführung betraut wurde. Er bildet zugleich den Kernstab für einen Nationalen Befehlshaber, mit dem er in ein Einsatzgebiet verlegen kann – ganz gleich, ob dieser eingeschifft oder an Land aufgestellt wird.

Bei den jährlichen operativen Seminaren der Flotte für Verbandsführer, bei denen insbesondere die Aspekte teilstreitkraftübergreifender und multinationaler Kriseneinsätze behandelt werden, sind Offiziere von Heer und Luftwaffe seit Jahren nicht mehr wegzudenkende, gern gesehene Teilnehmer. Schließlich hat das Flottenkommando nach gründlicher Vorbereitung begonnen, in Übungen sowohl die Unterstützung von Heereseinheiten im Ausland zu üben wie auch ihren Einsatz in einer Krisenlage von See aus und unter Führung der Flotte. Mit der Luftwaffe wurde über die normale Zusammenarbeit im Einsatzausbildungsbetrieb hinaus begonnen, Ausbildung und materielle Ausrüstung für gemeinsame Einsätze aufeinander abzustimmen.

Analyse und Auswertung

Auf Einsatz wie Übung folgt zwingend die Auswertung und Analyse, um die richtigen Lehren für künftige Rüstung und Ausrüstung, die Weiterentwicklung von Taktiken und Verfahren ziehen zu können. Es ist eine besondere Eigenschaft der Seestreitkräfte aller Bündnispartner der Nordatlantischen Allianz, dass Einsatzverfahren, Taktiken und Doktrinen gemeinsam entwickelt, erprobt und verabschiedet werden. Was Marinesoldaten an den Schulen der Marine lernen, sind keine nationalen, sondern fast ausschließlich NATO-Lehrstoffe.

Bereits darin manifestiert sich die multinationale Ausrichtung der Flotte, deren Einheiten wie die der Seestreitkräfte der Bündnispartner es gewohnt sind, in internationalen Verbänden zu operieren und dies auch tatsächlich können. Denn trotz unterschiedlicher Nationalität sind die Vorschriften identisch, existieren gemeinsam erarbeitete Verfahren und, trotz unterschiedlicher Hardware, kompatible Führungs- und Fernmeldesysteme.

Für das Flottenkommando ergibt sich daraus die Notwendigkeit, durchgeführte Einsätze und Manöver auszuwerten und zu analysieren, um an der Taktikentwicklung im Bündnis mitwirken zu können. Nationale Wünsche und Erfahrungen werden so in internationale Gremien eingebracht. Auch operative Anforderungen an die künftige Entwicklung von Rüstung und Ausrüstung in der Marine können so vom Nutzer derselben identifiziert werden. Gerade die rasante Technologieentwicklung vor allem im elektronischen Bereich stellt hier an alle Nationen erhebliche Herausforderungen.

Marine-Schifffahrtleitung

Eine Herausforderung ganz besonderer Art, die ebenfalls intensive internationale Zusammenarbeit im Bündnis und zugleich eine enge Kooperation mit der Handelsschifffahrt erfordert, stellt sich dem Flottenkommando unter dem Stichwort „Handelsschifffahrt, Marine-Schifffahrtleitung". Historisch gewachsen ist diese ganz marinespezifische Aufgabe in der Zusammenarbeit von Reedern, Kapitänen und Marine über die nationalen Grenzen hinweg aus den Erfahrungen der Alliierten des letzten Weltkrieges, die sich mit einem ausgeklügelten System der Konvoiführung und einem weitverzweigten Routensystem bemühten, die Verluste ihrer Handelsschifffahrt in vertretbaren Grenzen zu halten. Diese Aufgabe gehört wie alle anderen militärischen Aufgaben zur gemeinsamen Sicherheitsvorsorge der Verbündeten, Schutz und Sicherung der Handelsschifffahrt als originärer Bestandteil der kollektiven Verteidigungsfähigkeit.

Nach Ende des Kalten Krieges hat diese Aufgabe nicht etwa an Bedeutung verloren, sondern ganz im Gegenteil neue Aktualität erlangt. Es wurde sehr schnell deutlich, dass Entwicklungen in Krisenregionen der Welt, in welchen Seegebieten auch immer, Leitungs- und Lenkungsmaßnahmen zum Schutz der Handelsschifffahrt erforderlich werden lassen können. Auch die jüngsten Meldungen über zunehmende Piraterie in südostasiatischen und einigen afrikanischen Gewässern geben Hinweise auf Gefahren, die der Handelsschifffahrt weit entfernt von der friedlichen Heimatregion erwachsen können. Handelsschiffe sind eben zu jeder Zeit die Hauptnutzer der freien See. Sie sind das Instrument, und ihre Seewege sind die Lebensadern, die unser export- und importabhängiges Land mit Absatzmärkten, Rohstoffländern und Partnern verbinden. Die Seewege wie auch die zivile, ökonomische und militärisch nutzbare Seetransportkapazität zu schützen und effektiv zu nutzen ist deshalb von strategischer Bedeutung und eine komplexe Aufgabe in Krise und Krieg.

Nach einer Entscheidung der Bundesregierung übernimmt dann der Befehlshaber der Flotte die Leitung der Schifffahrt in nationalem Rahmen und im Falle einer entsprechenden Bündnisentscheidung auch als Befehlshaber einer „Naval Control of Shipping"-Region, die in einem bedrohten Seegebiet eingerichtet wird – unter Umständen in weit entfernten Gebieten. Er muss lageabhängig die eigene und alliierte Handelsschifffahrt informieren und warnen, den Schiffsverkehr um Minen-, U-Boot- oder anderweitig gefährdete Gebiete herumleiten, vor gegnerischem Zugriff und Angriff bewahren sowie aus den eigenen Marine-operationen heraushalten.

Ein rein militärisches Lagebild über eigene und fremde Seestreitkräfte reicht dann nicht mehr aus. Es muss durch ein „Lagebild Handelsschifffahrt" ergänzt werden. Die „Naval Control of Shipping"-Organisation im Flottenkommando leistet diese Arbeit einschließlich der erforderlichen Aufgaben eines „Shipping Centers": Führen eines Handelsschiffsplots und Informationsaustausch mit den Schiffen in See, mit den nationalen Schifffahrtsbehörden und mit den in den Brennpunkten eingerichteten land- und seegestützten „Shipping Control Points".

In der Krise ist die Zusammenarbeit der Handelsschifffahrt mit den Streitkräften und die Befolgung militärischer Weisungen zur Schifffahrtleitung grundsätzlich freiwillig. Beim Übergang zum Verteidigungsfall wird für die eigene und alliierte Schifffahrt daraus jedoch eine Pflicht. In der NATO wird dann ein zentrales Seetransportmanagement durch die „Civil Direction of Shipping"-Organisation und ein weltweites NATO-„Naval Control of Shipping" für die sichere Wegführung eingerichtet. NATO-Befehlshaber und die Nationen stehen deshalb bereits heute in einem Verbund der Marine-Schifffahrtleitung, auch in diesem Bereich inzwischen rechnergestützt mit eigenen Informations- und Führungssystemen.

Getragen wird die Marine-Schifffahrtleitung mit den beiden durch das Flottenkommando gesteuerten nationalen Leitstellen in Hamburg und Bremerhaven ganz überwiegend durch eine äußerst lebendige und aktive Gemeinschaft von etwa 400 Reservisten aus der christlichen Seefahrt. Es sind Schiffskapitäne, Handelsschiffsoffiziere und Lotsen, die sich für diese Aufgabe engagieren. Sie leisten zusammen etwa 3.000 bis 3.500 Wehrübungstage pro Jahr. Kameraden von Heer und Luftwaffe sind im Flottenkommando deshalb nicht die einzige Verstärkung, wenn es als Leitführungskommando agiert. Zahlreiche, immer wieder höchst engagierte wehrübende Offiziere aus der Handelsschifffahrt gesellen sich regelmäßig dazu. Denn gerade weil in der Marine-Schifffahrtleitung nur wenig aktive Marineoffiziere eingesetzt sind und sie überwiegend durch Reservisten getragen wird, ist ihre Aktivierung einschließlich der Leitung und Beratung von Handelsschiffen im Manövergebiet regelmäßiger Bestandteil von NATO-Manövern.

Das betrifft auch den Einsatz von Handelsschiffsoffizieren als Verbindungsoffiziere in der Embargokontrolle an Bord von Kampfeinheiten, da sie sich in zivilen Schiffsdokumenten und Ladungspapieren sehr viel besser auskennen als die Seeoffiziere der Marine. Ihr Einsatz in den Boardingteams unserer Fregatten war über Jahre eine unschätzbare Hilfe und Bereicherung an Bord der deutschen Einheiten in der Adria zur Überwachung des Embargos gegenüber dem ehemaligen Jugoslawien.

Operative Logistik

Ganz treue Begleiter aller Einsätze sind Schäden, Ausfälle, Reparaturen, und häufig haben sie außerdem die unangenehme Eigenart, dann aufzutreten, wenn uneingeschränkte Einsatzfähigkeit erforderlich ist, und dort zu geschehen, wo die Nachführung von Ersatzteilen und/oder Technikern nur unter Schwierigkeiten möglich ist. Eine zentrale Herausforderung an das Flottenkommando in der täglichen Führungsaufgabe, ebenfalls mit globaler Ausrichtung, ist daher die operative Logistik.

Der Befehlshaber der Flotte ist neben der operativen Führung auch für die materielle Einsatzfähigkeit aller schwimmenden und fliegenden Verbände verantwortlich. Man kann beide Bereiche gar nicht voneinander trennen. Im Grunde ist logistische Führung originärer Bestandteil der operativen Führung. Dabei arbeiten das Marineunterstützungskommando (MUKdo), verantwortlich in der rückwärtigen Logistik für alle Anforderungen von Einheiten der Flotte, und das Flottenkommando eng zusammen, denn die Beurteilung der Defizite, die Priorisierung der logistischen Unterstützung, die Entscheidung über Durchführung oder auch Ablehnung einer Instandsetzungsmaßnahme bis hin zur Zusammenführung der fordernden Einheit mit Instandsetzungspersonal und Material in See oder in Abstützpunkten ist Teil der operativen Führung und liegt in der Verantwortung des Flottenkommandos.

Der diensthabende Duty Officer Logistics sichtet alle eingegangenen Informationen, Forderungen, Lageberichte und Erfüllungsmeldungen und bereitet sie für die morgendliche Lagebesprechung auf. Diese Lagedaten werden durch die Fachdezernate ausgewertet, in der Lagebesprechung mit möglichen Lösungs- und Entscheidungsvorschlägen dargestellt, diskutiert und entschieden. Fast zeitgleich erfolgt dann der Abgleich der Logistiklage Flotte und die Abstimmung mit dem Marineunterstützungskommando. Dabei werden vor allem für die Anforderungen von „kritischen Ersatzteilen" und Engpassartikeln, bei denen die Bestandslage nur eine begrenzte Zuteilung zulässt, vom Flottenkommando nach operativen Gesichtspunkten die Prioritäten festgelegt, an das Unterstützungskommando weitergeleitet und als logistische Weisungen an die Einheiten in See umgesetzt. Der Rücklauf der Informationen zu den eingeleiteten Maßnahmen aus dem Unterstützungsbereich wird wiederum ausgewertet und leitet den nächsten operativen Entscheidungszyklus ein.

Wie in jedem operativen Stab ist Logistik von Anfang an auch Teil der operativen Planung. Durch die Funktion Leitführungskommando hat auch die logistische Planung eine neue Dimension erhalten mit der Koordination der nationalen Einsatzunterstützung. Die beteiligten Führungskommandos von Heer und Luftwaffe sind in dieser Rolle auf Zusammenarbeit angewiesen, ebenso wie das Flottenkommando, wenn ein anderes Leitführungskommando benannt ist.

Innerhalb der Marine agiert Flottenkommando als koordinierende Stelle zusammen mit Marineamt und Marineunterstützungskommando. Für Kriseneinsätze erkundet ein gemeinsames Team die vorhandene Infrastruktur, die für die rückwärtige Unterstützung am Rande des Einsatzgebietes genutzt werden soll, ermittelt, welcher Bedarf besteht, welche Leistungen multinational oder durch das Gastland erbracht werden können und wie der nationale Beitrag für eine multinationale Einrichtung aussehen muss.

Dieser Prozess des „fact finding" schließt mit der Teillage Logistik ab und mündet in die Erstellung eines Unterstützungskonzeptes. Bei der Planung der logistischen Unterstützung stehen folgende Überlegungen im Vordergrund:

– So einsatzunmittelbar (einsatznah) wie möglich – und dennoch ungefährdet,
– ohne Überdehnen der Verbindungen,
– nicht natürlichen Zwängen entgegen (Geographie, Klima),
– einfach, aus bestehenden Organisationen und Strukturen heraus,
– kostenorientiert und effizient.

Im Falle von KRK-Einsätzen, aber auch bei Übungen wird das nationale logistische System der Marine ergänzt durch Aspekte der multinationalen Logistik, um durch eine möglichst gemeinsame Nutzung vorhandener Mittel Kostenredundanzen zu vermeiden. Dabei ist im Detail zu klären, welche Bereiche durch das Gastland, durch die NATO (multinationale Logistik) oder national abgedeckt werden können und sollen. Daraus folgt, dass die Nationen bestimmte Mittel für die Organisation einer gemeinsamen Logistik vorübergehend bereitstellen sollen. Der von dem verantwortlichen NATO-Befehlshaber eingesetzte Multinational Logistic Commander (MNLC) ist dann für den Einsatz dieser Mittel verantwortlich.

Praktische Erfahrungen mit diesem System wurden von 1993 bis 1996 in der Operation SHARP GUARD gesammelt mit den deutschen Schiffen in den ständigen Einsatzverbänden STANAVFORMED und STANAVFORLANT und Marinefliegerkräften. Die Marine war dabei auch personell an der multinationalen logistischen Organisation unter Führung des COMNAVSOUTH in Neapel beteiligt. Über die nationale und verbandsinterne Ebene hinausgehend erfolgte bei dieser Operation eine Koordinierung der logistischen Unterstützung erstmals durch eine MNLC-Organisation. Sie koordinierte den Einsatz der von den Nationen und dem Gastland bereitgestellten logistischen Kräfte und Mittel und war zentraler, bevollmächtigter Ansprechpartner im Rahmen Host Nation Support (HNS).

Zur Unterstützung der Einheiten in See war dem MNLC eine Forward Logistic Site (FLS) in Grotlagie (bei Tarent) unterstellt. Wesentliche logistische Leistung war der Transport von Personal und Material zwischen den Einheiten in See und der FLS, meist durch Hubschrauber. Hinzu kamen die Unterstützung bei der Einleitung von Instandsetzungen, medizinische Unterstützung an Land und die Verbindungsfunktion zu den italienischen Behörden.

Die nationalen logistischen Verfahren der Marine sind grundsätzlich so ausgelegt, dass alle geplanten Einsatzaufgaben der Flotte ohne besonderen Anpassungsbedarf unterstützt werden können. Sie haben sich auch in der internationalen Kooperation mit den Bündnispartnern bewährt. Nachdem die notwendigen internationalen und nationalen Rahmenbedingungen geschaffen und die MNLC-Organisation vollständig etabliert war, wurden auch beim Adria Einsatz Sharp Guard die Leistungen der FLS durch die Nationen umfassend genutzt, so dass die ersten Erfahrungen mit einer multinationalen Logistikorganisation im Einsatz für die Weiterentwicklung als Instrument im Bündnis durchaus richtungweisend sind.

Ausblick

In der Gesamtschau zum Ende des Jahrhunderts und an der Schwelle zum nächsten Jahrtausend ist die Lage im Flottenkommando als Marinehauptquartier zur Führung von See und Seeluftstreitkräften national, in der NATO oder der WEU sowie als verfügbarem Leitführungskommando für deutsche Einsatzkontingente im teilstreitkraftübergreifenden multinationalen Kriseneinsatz geprägt und – dies ist kein Widerspruch – durch Kontinuität, anhaltenden Wandel und Umbruch.

Kontinuität beschreibt die seit Jahrzehnten bestehende ununterbrochene Führungsaufgabe für die Einsatzplanung und Einsatzführung aller deutschen See- und Seeluftstreitkräfte rund um die Uhr. Für den Befehlshaber der Flotte wirkt das Flottenkommando mit seinem Marinehauptquartier damit als zentrale Einsatzleitstelle für alle Einheiten der Marine. Die ca. 130 schwimmenden Einheiten und die fliegenden Verbände der Flotte sind ganz sicher nicht alle gleichzeitig in See und in der Luft, aber während des ganzen Jahres sind Einheiten und Verbände gleichzeitig im Einsatz im Bereich der heimischen Nordflanke, aber auch in weit entfernten Seegebieten und Ozeanen, in nationalen und NATO-Verbänden, in Manövern mit Bündnismarinen und neuen Partnern, landen auf Flugplätzen in Europa und Übersee, besuchen Häfen auf allen Kontinenten. Allein die geographische Dimension vermittelt bereits einen Eindruck von der Komplexität der Planungs- und Führungsanforderungen im operativen Bereich, aber ebenso auch der Personalführung, operativer Logistik zur Gewährleistung der materiellen Einsatzfähigkeit und Versorgung über lange Zeiträume und große Distanzen sowie der Einhaltung diplomatischer Regeln und Gepflogenheiten in den unterschiedlichsten Ländern. Der tägliche Lagevortrag in der Operationszentrale des Flottenkommandos und die daran anschließende Lagebesprechung mit allen Abteilungsleitern und Spezialisten fordert immer Führungsentscheidungen zum weiteren Vorgehen unter Abwägung aller einsatzrelevanten Faktoren ebenso wie eine daran anschließende Überwachung der kontinuierlichen Lageentwicklung.

Kontinuität im Flottenkommando prägt auch die Rolle des Befehlshabers der Flotte im Rahmen der NATO, künftig auch der WEU. Das beinhaltet die auftragsbezogene Unterstellung eigener deutscher Einheiten unter andere NATO-Befehlshaber, und es beinhaltet ebenso die Unterstellung und operative Führung durch den Befehlshaber der Flotte von NATO- und Partnereinheiten und Verbänden bei NATO-Einsätzen und internationalen Manövern.

Deutsche Soldaten im Hauptquartier SFOR

Werner Widder

Das Stabsquartier

In der zweiten Aprilhälfte des Jahres 1997 ist der Winter nach Sara-jevo zurückgekehrt. Nachts sinkt die Temperatur unter Null. Schnee-matsch macht die Straßen rutschig. Der Flugbetrieb auf dem unter Kon-trolle französischer Soldaten stehenden Flughafen ist unregelmäßig und wird durch widrige Witterungseinflüsse beeinträchtigt – eine blei-bende und oft unangenehme Erfahrung im Winterhalbjahr.

Die erste Fahrt vom Flughafen zum Hauptquartier in Ilidza (HQ SFOR = Headquarters Stabilization Force), einem Vorort von Sarajevo, wirkt deprimierend: Zerstörungen und Trümmer gleich direkt gegenüber der Flughafeneinfahrt (seit Ende 1998 sind die Wohnblocks repariert), bet-telnde Kinder, barfuß und frierend, in der Ortsmitte. Gibt es Hoffnung, hat der SFOR-Einsatz einen Sinn?

Die Einfahrt zum Hauptquartier ist gut gesichert. Die weitläufige, ehe-mals gepflegte Hotelanlage ist festungsähnlich ausgebaut. Hier hatte das österreichische Erzherzogspaar im Juni 1918 die letzte gemeinsa-me Nacht verbracht. Jene Zimmerflucht dient heute als Büroräume für den britischen Stellvertreter des Befehlshabers SFOR. Etwa 4 m hohe Sichtblenden und dahinter mannshohe Splitterfangwälle gewähren Schutz gegen mögliche Anschläge.

Die Anlage ist durch einfache, dabei sehr zweckmäßige Holzbauten, oft in Anlehnung an Container oder Kabinen-LKW, zu einer militärischen Kommandozentrale ausgebaut. Zwei Parabolantennen von 3 m im Durchmesser weisen auf eine starke US-Präsenz hin. Ein trotz Schalldäm-mung steter Geräuschpegel geht von großen Stromaggregaten aus, die die Unabhängigkeit des SFOR-Befehlszentrums von der örtlichen und wirklich unzulässigen Stromversorgung sichern. Diese unvermeidbare Lärmquelle bestimmt die Wohn- und Arbeitsplatzqualität: eine den Ag-gregaten zu- oder eben abgewandte Lage.

Mitten im Hauptquartier unterbricht ein sehr gepflegtes, von Blu-menrabatten bewachsenes Rasenrondell mit einem kleinen Spring-brunnen die tarn-olivgrüne Nüchternheit Dieser freundliche Anblick wird unterstützt durch eine neu errichtete Kantine im Blockhausstil, das „Crystal Palace".

Es gibt einen großen Offiziersspeiseraum und zwei weitere für die anderen Dienstgrade. Vier reichliche und auch gehaltvolle Mahlzeiten werden gereicht, die vierte um Mitternacht. Es gibt viel Obst und frische Salate. Das Angebot an Vorspeisen und verschiedenen Hauptgerichten ist ebenso verführerisch wie das an Süßspeisen und Käsesorten. Selbstdisziplin und sportliche Aktivitäten sind unerlässlich, um in jeder Hinsicht in Form zu bleiben. Neben der minenfreien und durch Patrouillen gesicherten Laufstrecke gibt es ordentliche, mit modernen Geräten ausgestattete Fitnessräume. Sie werden intensiv genutzt.

Die Betreuungseinrichtungen sind ansprechend. Zwei Schnellrestaurants in Holzkonstruktion stehen jedermann offen. Für die Offiziere ist im Hauptgebäude (gleich neben dem Speisesaal) eine Bar reserviert; hier können auch internationale TV-Programme verfolgt werden. Im Nebengebäude gibt es die Kantine mit den üblichen Spielgeräten; auch hier sind Fernsehräume eingerichtet. Schließlich ist eine Lagerkapelle vorhanden, die für Gottesdienste verschiedener Konfessionen genutzt wird.

Für das SFOR-Hauptquartier stellen norwegische Infanteristen die Wachmannschaft. Die jungen Soldaten treten diszipliniert, bestimmt und dabei doch höflich und zuvorkommend auf. Etwa im Zwei-Monate-Rhythmus wird ihre eintönige Wachroutine durch eine mehrtägige Gefechtsübung unterbrochen. Dann übernehmen unsere deutschen Soldaten aus Rajlovac die Wache. Dies ist eine besondere Herausforderung, denn der Vergleich mit den Norwegern ergibt sich zwangsläufig. Nicht immer halten „wir" dem stand: Die überzeugende Kombination „bestimmtes Auftreten und höfliche Freundlichkeit" fällt unseren jungen Bundeswehrsoldaten recht schwer. Ein klares Defizit lässt sich nicht beheben: Das Englisch (fast) aller norwegischen Soldaten übertrifft klar die Sprachfähigkeiten unserer Soldaten.

Jeweils etwa 400 Soldatinnen und Soldaten aus Heer, Luftwaffe und Marine leisten hier Schichtdienst in einem Joint and Combined Headquarters (d.h. ein gemeinsames Hauptquartier, in dem alle Teilstreitkräfte und mehrere Nationen vertreten sind). Für die Gesamtstärke von fast 1.000 reicht die Unterkunftskapazität nicht aus. Wenn auch die Stubenbelegung äußerst dicht ist (auch Stabsoffiziere bis zum Oberst teilen sich zu zweit oder dritt das Appartement), reicht der Raum nicht. So gibt es im Stadtgebiet von Sarajevo zusätzliche Unterkünfte. Ein Bus-Shuttledienst stellt den Transport sicher.

Im Herzen von Sarajevo in der so genannten Residency sind die für
die Zivil-militärische Zusammenarbeit (CIMIC) eingesetzten Kräfte des
SFOR-Hauptquartiers untergebracht.

In Anlehnung an den ehemals militärischen Teil des Flughafens ist
„auf der grünen Wiese" inzwischen ein Truppenlager gebaut. Dieses
Butmir genannte Areal besteht vorwiegend aus Containerbauten. Ansprechend gestaltete Kantinen und kleine Restaurants in Holzbauweise
sind entstanden. Auch dieses Lager ist optimal baulich abgesichert. Bisher dient Butmir im wesentlichen lediglich der Unterbringung. Seit
Herbst 1998 wird emsig an festen Stabsgebäuden aus Fertigteilen gebaut. Die Absicht ist, im Sommer 1999 das HQ SFOR von Ilidza hierher
nach Butmir zu verlegen.

Der Alltag der Stabsarbeit

Der Routinedienst wird zunächst von den Forderungen und Erwartungen des vorgesetzten Kommandos, SHAPE in Mons, und von den Festlegungen des Befehlshabers (COMSFOR = Commander SFOR), eines US-
Vier-Sterne-Generals, bestimmt. Vorstellungen der Befehlshabergruppe,
zu der neben dem stellvertretenden Befehlshaber) einem französischen
Drei-Sterne-General, noch der für die Operationsführung zuständige
zweite Stellvertreter, ein britischer Generalleutnant, sowie der deutsche
Chef des Stabes im Range eines Generalmajors gehören, kommen hinzu. – Von April bis Dezember 1997 bin ich dieser Chef gewesen.

Der Tagesdienst beginnt, zumal in einem amerikanisch dominierten
Stab, sehr früh. Gegen 6:15 Uhr wird das „Morning Reading Package"
verteilt. Es enthält die Lagemeldungen der letzten 24 Stunden sowie –
gleich wichtig – die Auswertung der internationalen Medienberichter-
stattung. Für unser Team im Büro des Chef des Stabes (drei deutsche
Offiziere sowie ein dänischer Luftwaffenoberstleutnant) bedarf es einiger „Erprobungen", wie die gründliche Lektüre dieser etwa 60-80 Seiten umfassenden Mappe in englischer Sprache optimal organisiert werden kann. Wir „Nicht-Muttersprachler" schaffen dies nur mit verteilten
Rollen sowie mit einer – sicherlich personenbezogenen – Markiertech-
nik ("Muss/soll/kann gelesen werden!"). Es gelingt uns sogar, Zeit für
ein kurzes Frühstück zu finden.

Um 8:00 Uhr tritt die erweiterte Befehlshabergruppe im persönlichen
Speiseraum des Befehlshabers zusammen. Ein Koch und eine Ordon-
nanz der US-Army umsorgen diesen von früh bis spät.

Der G 2, ein US-Brigadegeneral, trägt zu den Aktivitäten der ehemaligen Konfliktparteien und der G 3, ein US-Zwei-Sterne-General, zur „Eigenen Lage" vor. Oft im Mittelpunkt steht der Pressevortrag durch den PIO (Public Information Officer), ein amerikanischer Oberst. Dieser wird grundsätzlich durch einen der Sprecher SFOR unterstützt, Oberstleutnante oder Majore aus englischsprachigen NATO-Staaten, manchmal auch aus Australien oder einem BENELUX-Land. Dieser junge Stabsoffizier (es gibt auch die ein oder andere Dame in Uniform in diesem wichtigen Aufgabenbereich) wird täglich montags bis freitags um 11:00 Uhr im Pressezentrum den internationalen und bosnischen Medien für SFOR Rede und Antwort stehen.

Selten werden in dieser Morgenrunde, an der auch der politische und der juristische Berater – auf die noch ausführlich einzugehen sein wird – teilnehmen, operative oder andere weitreichende Entscheidungen getroffen. Regelmäßig aber wird die „Presselinie" besprochen und festgelegt. Die Medien spielen, vor Ort im Einsatzland und ebenso in den verschiedenen „Heimatländern" sowie in Brüssel, eine wesentliche Rolle. Die Sprecher brauchen inhaltlich verpflichtende Vorgaben, die sie dann auf der Basis guter Ausbildung und hinreichender Erfahrung „mediengerecht" anbieten können. Und auch in der Befehlshabergruppe muss eine alle Führungspersönlichkeiten bindende „Sprachregelung" gefunden werden. Das Prinzip von der Einheit der Führung bleibt in einem multinationalen Hauptquartier gültig, ja es gewinnt hier zusätzliche Bedeutung.

Um 9:00 Uhr tritt die über Videoleitungen nach Mons, Brüssel, Neapel, Heidelberg u.a. sowie in die drei Divisionsgefechtsstände in Banja Luka, Mostar und Tuzla und auch in den „rückwärtigen" SFOR-Gefechtsstand in Zagreb übertragene „Morgenlage" *(Morning VTC = Morning Video Transmitted Conference) mit* etwa 60 Teilnehmern zusammen. Unter Leitung des COMSFOR nehmen die erweiterte Befehlshabergruppe, alle Abteilungsleiter, Offiziere und zivile Mitarbeiter auf herausgehobenen Dienstposten sowie Verbindungsorgane der unterstellten Divisionen und auch der wichtigsten im Regierungsauftrag tätigen Internationalen Organisationen teil. Diese recht große Runde dient vorwiegend der allgemeinen Information. Sensitive Sachverhalte werden nicht erörtert und wesentliche Entscheidungen nicht getroffen. Die Morgenlage dauert zwischen 45 und 90 Minuten.

Direkt im Anschluss leitet der Chef des Stabes die tägliche Abteilungsleiterbesprechung. Hier werden stabsintern Aufträge erteilt, notwendige Koordinierungen können erfolgen, und der Bearbeitungsstand größerer Projekte wird besprochen. Auch Fragen des täglichen Dienstbetriebes,

Abends um 19:00 Uhr versammelt der für die Operationsführung zuständige britische Generalleutnant, der zweite Stellvertreter des Befehlshabers, einen engen, SFOR-internen Kreis zur *Abendlage*. Durch Videoleitungen verbunden, tragen die Kommandeure der drei Divisionsbereiche (Mostar im Südosten unter französischer, Banja Luka im Nordwesten unter britischer und Tuzla im Norden unter amerikanischer Führung, im Stab in Mostar gibt es ein starkes deutsches Kontingent von etwa 30 Offizieren, 20 Unteroffizieren und zehn Mannschaften) zum Tagesablauf vor. Die Abteilungsleiter geben ihre Beiträge.

Während dieser allabendlichen Videokonferenz werden Entscheidungen getroffen, sofern sie nicht dem Befehlshaber vorbehalten sind. Auch Absprachen über Divisionsgrenzen hinweg werden geregelt sowie Unterstützungsanträge an den Stab gestellt und meist auch umgehend entschieden. Obwohl diese Besprechung für die laufende Operationsführung von Bedeutung ist, bleibt ihr der Befehlshaber grundsätzlich fern. Im Übrigen ist sie auch die einzige Gelegenheit der unmittelbaren und persönlichen Fühlungsnahme – wenn auch über Video – zwischen dem Hauptquartier und den Divisionskommandeuren. Auch der erste stellvertretende Befehlshaber, ein französischer Generalleutnant, nimmt nicht teil. Diese Abendlage wird als Vorrecht des britischen Stellvertreters respektiert. Für unser deutsches Verständnis von militärischem Führungsverhalten – gerade im Einsatz – bleibt dies fremd.

Der Befehlshaberwechsel im Sommer 1997 – inzwischen hat es einen weiteren im Herbst 1998 gegeben – bringt für das Hauptquartier manche Änderungen. Eine wesentliche betrifft die Sonntagsroutine. War bisher auch dieser siebte Tag der Woche wie jeder andere (wenn auch mit um eine Stunde später verlegten Besprechungen), so gibt es nun eine wirkliche, willkommene und auch notwendige Unterbrechung des Alltags. Nur die Abendlage bleibt.

Dies also ist das Zeitmuster für das Hauptquartier, das alle weiteren Aktivitäten bestimmt. Der Wechsel für Tag- und Nachtschicht ist auf 7:00 Uhr und auf 19:00 Uhr festgelegt.

Befehlswege und Informationsstränge

Im Jahre 1997 sind in Ilidza, Budmir und der Residency Soldatinnen, Soldaten und zivile Mitarbeiter aus 21 Nationen tätig. Es gibt allein im

Hauptquartier 17 SFOR-Angehörige im Generalsrang, die von zehn NATO-Staaten entsandt sind.

Den größten Personalanteil mit jeweils etwa 270 Mitarbeitern stellen die US-Streitkräfte und wir, die Bundeswehr. Im Juli 1977 sind 84 Offiziere, 125 Unteroffiziere, 62 Mannschaftsdienstgrade und zwei zivile Mitarbeiter Deutsche. Diese deutsche Anteil ist bis Anfang 1999 etwa identisch geblieben.

Natürlich gilt auch für die Stabilization Force in Bosnien-Herzegowina der Grundsatz von Befehl und Gehorsam. Oberste politisch-strategische Kommandoebene ist das NATO-Hauptquartier in Brüssel. Weisungen des Generalsekretärs, in der Regel auf der Grundlage eines Beschlusses des NATO-Rates oder – in Ausnahmefällen – auf der Basis einer Übereinkunft der Kontaktgruppe (USA, F, UK, I, D und RUS) werden grundsätzlich über SHAPE umgesetzt und an das HQ SFOR gegeben.

Regelmäßig etwa alle zwei Monate besucht der Generalsekretär der NATO die Region und trifft dabei auch jeweils mit dem Befehlshaber SFOR zusammen.

Der eigentliche militärische Dienstweg beginnt bei SHAPE in Mons. Der SACEUR, immer ein US-Vier-Sterne-General, nimmt an allen – und wirklich allen – Entscheidungen des COMSFOR Anteil: Er initiiert sie, er billigt oder ändert Planungen, er bewertet getroffene Entscheidungen und deren Ausführung. Täglich (!) und an sieben Tagen in der Woche gibt es ein ausführliches Telefongespräch zwischen dem SACEUR und seinem (amerikanischen!) Vier-Sterne-Generalskameraden, dem COMSFOR. Nichts, aber auch gar nichts, was von Bedeutung ist (oder ggf. sein könnte!), bleibt dabei unerwähnt. Häufige Dienstaufsichtsbesuche des SACEUR, nicht eben selten im Abstand von zehn bis vierzehn Tagen, verstärken dessen umfassende und unmittelbare Kontrolle. Parallel zu diesen intensiven und ausführlichen Führungsgesprächen (von meistens 30 oder gar mehr Minuten Dauer!) haben die beiden für die SFOR-Operationsführung in SHAPE und im HQ SFOR zuständigen Offiziere – beide sind amerikanische Generalmajore – mehrmals täglich Telefonkontakte.

Diese für deutsche Vorstellungen überaus enge Anbindung versucht der COMSFOR auch gegenüber seinen drei Divisionskommandeuren zu verwirklichen. Natürlich ist der amerikanische Generalmajor in Tuzla mit seinem rein amerikanisch besetzten Stab besonders folgsam. Selbständiger und auf größere Durchführungsfreiheit bedacht sind der britische Divisionskommandeur in Banja Luka, dem auch ein rein national-britisch geprägter Stab zuarbeitet, und vor allem der französische Kommandeur in Mostar, ein Général de Division. Dieser wahrt einen gewissen Abstand und beansprucht Gestaltungsspielraum. Hinzu kommt, dass in Mostar der einzige höhere Stab – neben dem HQ SFOR in Sarajevo – liegt, der wirklich multinational (F, D, I, E) besetzt ist.

Diese vergleichsweise unabhängige Stellung des „Sektors Südost" hat für uns Deutsche einen beachtenswerten Nebeneffekt. Da unser SFOR-Kontingent in diesem Bereich eingesetzt ist und dem Divisionskommando in Mostar untersteht, gerät die DFGFA (Deutsch-Französische Gruppe/Brigade) etwas an den Rand der täglichen Aufmerksamkeit des COMSFOR und auch seines HQ. Hinzu kommt, dass in Mostar Französisch die offizielle Arbeitssprache ist. Meldungen und Berichte aus Mostar müssen, wenn sie in Sarajevo eben nicht in Englisch vorgelegt werden, übersetzt werden. Dies braucht Zeit und führt nicht seiten zu Rückfragen oder gar Missverständnissen.

Die SFOR-Entsendestaaten haben auf Grund der politischen Bedeutung der Mission ihre Streitkräftekontingente national eng angebunden. Das Kontingent Russlands (etwa 1.200 Mann) hat sogar einen gesonderten Befehlsweg über einen russischen Generaloberst in SHAPE mit der NATO vereinbart, der grundlegenden Führungsvorbehalt beansprucht und zugestanden erhält; lediglich in Durchführungs- und örtlichen Organisationsfragen hat der amerikanische Divisionskommandeur im „Sektor Nord", in dem die russische Formation eingesetzt ist, Befehlsbefugnis.

Völlig selbstverständlich praktizieren die amerikanischen Verantwortlichen den nationalen Dienstweg. Da SACEUR und COMSFOR amerikanische Generale sind – ebenso übrigens wie die Befehlshaber der SFOR unterstützenden Luft- und Seestreitkräfte –, ist der Weg nach Washington kurz. Das nationale Plazet wird offenbar regelmäßig und auch in Detailfragen eingeholt. Ebenso häufig werden für SFOR-Initiativen ausgelöst, die oft ihre Quelle in der US-Regierung haben.

Auch die anderen Partner in SFOR konsultieren die eigenen Autoritäten, „zu Hause" regelmäßig und vor wichtigen Aktionen auch ad hoc. Nicht immer stößt dies auf amerikanisches Verständnis. Wir Deutschen haben ein inzwischen eingespieltes Informationsnetz aufgebaut, das unseren Nationalen Befehlshaber in Rajlovac sowie das Heeresführungskommando in Koblenz und das Führungszentrum in Bonn (über sichere Leitungen) einschließt.

Eine Informationsschlüsselrolle haben die NIC (NIC = National Intelligence Cell). Elf Nationen (die größeren NATO-Staaten, aber z.B. auch Schweden) haben ihre nationalen Lagezentren innerhalb des HQ SFOR eingerichtet. Mit eigenen, sicheren Fernmeldemitteln versorgen diese ihre nationalen Ansprechstellen mit den notwendigen Informationen.

Die Zusammenarbeit der NIC untereinander ist intensiv – und geschieht wohl nach dem Grundsatz „Do ut des!" (= Gibst Du mir, gebe ich Dir!)

Eine neue Erfahrung für den Bundeswehrangehörigen im Hauptquartier SFOR ist die Rolle der *Political Advisors*. Dem COMSFOR ist durch den Generalsekretär der NATO ein ziviler Politischer Berater beigegeben. Zusätzlich hat die US-Regierung *für* diesen US-General einen nationalen Politischen Berater abgestellt. Auch der britische Stellvertreter verfügt über einen solchen zivilen Mitarbeiter. Im Sommer 1997 entsendet auch Paris einen jungen Beamten für den französischen stellvertretenden Befehlshaber. Übrigens sind auch im britischen und im amerikanischen Divisionsstab zivile politische Berater eingesetzt.

Eine dänische Diplomatin ist im Jahre 1997 der Political Advisor aus dem NATO-Hauptquartier. Auch in Tuzla ist eine Dame aus dem State Departement in Washington tätig. Die zwei Kollegen aus London und der französische Beamte kommen aus den beiden Verteidigungsministerien. Diese für uns „Staatsbürger in Uniform" befremdlich anmutenden Dienstposten sollen zum einen die politischen Implikationen und Folgewirkungen militärischer Operationen aufzeigen. Sie haben ferner den Auftrag, die politische Situation im Einsatzland zu analysieren. Es liegt nahe, ihnen auch eine gewisse „Aufpasserrolle über die Militärs" zuzuschreiben, die ihnen die jeweiligen politischen Entscheidungsträger zugedacht haben. In jedem Falle dürften sie eine Informationsverpflichtung auf diplomatisch-politischen Kanälen haben.

Auch die Bedeutung der *Legal Advisors: im* Einsatzalltag ist festzuhalten. Die militärischen Bestimmungen des Dayton-Abkommen (Agreement on the Military Aspects of the Peace Settlement) umfassen in der englischen Fassung 35 Schreibmaschinenseiten, das gesamte Abkommen 134 Seiten. Weitere bedeutsame, amtliche Dokumente füllen 200 Seiten. Beschlüsse des UN-Sicherheitsrates sowie von NATO-Gremien gilt es ebenso zu beachten wie das Kriegsvölkerrecht und andere international bindende rechtliche Auflagen. Auch nationales Recht des Einsatzlandes sowie von Entsendestaaten kann wichtig werden. Ein Team von bis zu fünf fachlich versierten Juristen in Uniform stellt notwendige, willkommene juristische Expertise bereit. Auch ein deutscher Jurist aus unserem BMVg ist hier eingesetzt gewesen.

Englischkompetenz, Fachwissen sowie IT-Kenntnisse

Das Beherrschen der englischen (Militärfach-)Sprache ist Voraussetzung für erfolgreiche Mitarbeit in einem multinationalen Stab. Im Vergleich schneiden wir Bundeswehrangehörigen ordentlich dabei ab, auch wenn Defizite nicht übersehen werden können. Das „lebenslange" Erwerben und Halten der Fähigkeit, sich im Englischen (möglichst auch im Französischen) ohne größere Mühe – auch am Funkgerät, am Telefon und mittels PC – sprachlich bewegen zu können, ist eine vor allem individuelle Herausforderung; der Dienstherr kann nur Grundlagen legen.

Die deutschen Soldaten – alle Dienstgrade – überzeugen in der Regel durch ihre ordentliche Ausbildung und ihre umfassenden fachlichen Qualitäten. Entscheidend für die Wertschätzung unserer Offiziere, Unteroffiziere und auch Mannschaften in internationalen Stäben ist darüber hinaus ihre Selbständigkeit, ihr Einfallsreichtum und ihre Gründlichkeit – in dieser Reihenfolge! Die einleuchtende Bestätigung dafür ist die oft gehörte Personalanforderung für komplexe und neue Aufgaben: „Native speaker or German!" (= Soldat mit Englisch als Muttersprache oder Deutscher).

Die Arbeit am und mit dem Computer ist die dritte Grundvoraussetzung für erfolgreichen Dienst in einem multinationalen Stab – und nicht nur dort. Auch hier halten wir Deutschen in der Regel den international üblichen Standard.

Natürlich wird der Vorteil der Auftragstaktik auch und gerade in internationaler Umgebung deutlich. Allerdings birgt dies auch Gefahren: Nicht jeder Vorgesetzte aus einer anderen Armee billigt die Freiheit in der Auftragsdurchführung zu. Und nicht jeder Untergebene aus einer anderen Nation ist sicher und souverän genug, einen Vertrauensvorschuss zu rechtfertigen. Mehr als in vertrauter Bundeswehrumgebung üblich ist es daher empfehlenswert, die Absicht des Vorgesetzten genau in Erfahrung zu bringen oder das gewollte Ziel im Detail zu erläutern.

Bilanz

Die Erziehung und Ausbildung in der Bundeswehr sowie die Einsatzvorbereitung legen die notwendigen Grundlagen für einen erfolgreichen soldatischen Dienst auch im multinationalen Rahmen. Die Begegnung mit Menschen aus verschiedenen Ländern ist spannend und besonders befriedigend für den, der ihnen aufgeschlossen und tolerant begegnet. Humor ist auch und gerade in einem internationalen Umfeld hilfreich (vor allem die Fähigkeit, zunächst über sich und dann über andere zu lächeln!). Der Respekt vor der je eigenen Identität anderer Nationen erlaubt durchaus den Stolz auf die eigene als deutscher Soldat.

Militärisches Nachrichtenwesen im Einsatz

Ulrich Küster

Der IFOR- und SFOR-Einsatz im ehemaligen Jugoslawien haben das Gewicht des Militärischen Nachrichtenwesens im Auslandseinsatz der Bundeswehr deutlich herausgestellt. Der Einsatzerfolg beruht entscheidend auf Informationsüberlegenheit. Dabei erzielt die personengebundene, nicht-technische Aufklärung, Human Intelligence (HUMINT) genannt, die besten und aktuellsten Ergebnisse für das Lagebild. Informationsgewinnung zum Schutz vor terroristischer und nachrichtendienstlicher Bedrohung ist ein zentraler Punkt bei Auslandseinsätzen. Das deutsche Militärische Nachrichtenwesen hat durch die komplexen Praxiserfahrungen bei Auslandseinsätzen der Bundeswehr erheblich an Profil und Anerkennung gefunden.

Die Beteiligung an Auslandseinsätzen hat das Militärische Nachrichtenwesen aus seinem Schattendasein herausgeführt. Mit zunehmender Übernahme von Aufgaben, die denen der Alliierten gleichwertig sind, und der damit einhergehenden Komplexität der Führung von Einsatzverbänden im Ausland, steigt auch der Bedarf an Informationen über Lage und Gegebenheiten in den Einsatzländern. Damit nehmen auch die Forderungen an das Militärische Nachrichtenwesen zu.

Das Militärisches Nachrichtenwesen hat an Gewicht gewonnen. Steigende Informationsdichte, ebenengerechte Detaillierung und Kurzfristigkeit bei der Bereitstellung erfordern neue Wege und Innovation in der Lagefeststellung und beim Erschließen neuer Informationsquellen. Truppenführer, die sich auf einen Auslandseinsatz vorbereiten oder einen Einsatz führen, sehen ihren für die Nachrichtengewinnung zuständigen G2-Offizier nun mit anderen Augen. Wurde das in der Truppe eingesetzte Personal des Militärischen Nachrichtenwesens in der Vergangenheit nur selten in seiner Hauptaufgabe gefordert, so wird heute seine Professionalität vorausgesetzt, vor allem beim Einsatz im multinationalen Rahmen. Langsam erreicht das deutsche Militärische Nachrichtenwesen die Anerkennung, die ihm angesichts der gestellten Forderungen gebührt. Dennoch ist es selbst nach drei Jahren Einsatz im ehemaligen Jugoslawien noch weit von der Stellung und der Selbstverständlichkeit entfernt, die das Nachrichtenwesen in anderen Streitkräften hat.

Lagefeststellung und Bearbeitung der Lage anderer Staaten werden durch die Beteiligung an Auslandseinsätzen quantitativ und qualitativ in einem solchen Maße gefordert, dass die durch die jahrelange Vernachlässigung des Führungsgrundgebietes 2 entstandenen Defizite nun deutlich zu Tage treten. Die Beteiligung an Auslandseinsätzen trifft das Nachrichtenwesen zu einem Zeitpunkt, zu dem als Folge einer nicht mehr existierenden direkten territorialen Bedrohung Deutschlands Personalumfang und -struktur des Zentralen Militärischen Nachrichtenwesens und auch des G2/S2-Personals des Heeres so reduziert wurden, dass die Auftragserfüllung qualitativ leidet. Ein Umdenken und Einleiten entsprechender Schritte ist notwendig, damit das Militärische Nachrichtenwesen im internationalen Bereich der Bedeutung Deutschlands entsprechend mithalten kann.

Die Beteiligung an Auslandseinsätzen hat die Anforderungen an des G2-Personal qualitativ grundlegend verändert. Heute ist der Spezialist gefragt. Ein G2 muss neben den „militärtechnischen" Kenntnissen wie Gliederung, Ausrüstung und Bewaffnung von Streitkräften, auch Kenntnisse über fremde Völker und Kulturen und ihre ethnischen Besonderheiten haben. Er muss die Bedeutung politischer, wirtschaftlicher, sozialer, kultureller, religiöser, ökologischer und geographischer Faktoren erkennen und in die Beurteilung der Lage einbeziehen.

Diese neuen Forderungen an die Qualität des im Militärischen Nachrichtenwesen eingesetzten Personals werden noch nicht überall gesehen und finden in der Personalauswahl nicht immer ihren Niederschlag. Umfang, Struktur und Ausbildung des G2-Personals sind angesichts der Vielzahl der bei Auslandseinsätzen im nationalen und im multinationalen Bereich regelmäßig zu besetzenden Dienstposten nicht zeitgemäß und stehen hinter dem zurück, was unsere Alliierten als notwendig erachten. Wir sind gezwungen, auf Angehörige anderer Führungsgrundgebiete zurückzugreifen und sie nach einer kurzen Unterweisung ohne die für die Aufgabe notwendige Professionalität einzusetzen. Sie erreichen verständlicherweise nicht das Niveau der Alliierten, was beim multinationalen Einsatz zum Ausschluss von Informationen führt.

Während bei Einsätzen im Rahmen der Bündnis- und Landesverteidigung aus den Aufklärungsergebnissen die wahrscheinlichste Absicht des Gegners und daraus eine Bedrohung für die eigenen Kräfte nach

Raum und Zeit abzuleiten ist, erfolgt bei Friedensmissionen zusätzlich eine Bewertung hinsichtlich des vertragskonformen Verhaltens der Konfliktparteien. Die Aufklärungsforderungen sind somit anders und breiter gefächert als in der Bündnis- und Landesverteidigung.

Der Erfolg eines Einsatzes wird entscheidend mitbestimmt durch Führungsüberlegenheit, die wesentlich auf Informationsüberlegenheit beruht. Bei Einsätzen außerhalb Deutschlands ist der Führer des deutschen Kontingents und Nationale Befehlshaber im Einsatzgebiet für die Informationsgewinnung verantwortlich. Diese hat gezielt zu erfolgen, muss alle verfügbaren Quellen und „Sensoren" umfassen und auftragsbezogen gesteuert werden.

Während des Einsatzes in SOMALIA wurde vom deutschen Unterstützungsverband Nachrichtengewinnung im klassischen Sinne nicht durchgeführt. Eine aktive und gezielte Informationsgewinnung fand nicht statt.

Erst beim Einsatz im Rahmen IFOR, mit einer für die deutschen Soldaten erhöhten Gefährdung, wurde eine Zelle G2 mit einem G2-Stabsoffizier und eine German Military Information Cell (GEMIC) als eine Art Aufklärungszentrale in den Stab des Nationalen Befehlshabers im Einsatzgebiet eingegliedert. Die GEMIC konnte durch intensive Zusammenarbeit mit NATO-Stäben und durch eigene Aktivitäten auf den Informationsbedarf des Nationalen Befehlshabers zugeschnittene Informationen selbst gewinnen und auch gezielte Aufträge zur Informationsgewinnung an die S2-Offiziere der unterstellten Verbände geben.

Aufbauend auf den damit gewonnenen Erfahrungen wurde mit dem Übergang in den SFOR-Einsatz die Zelle G2 und die GEMIC zu einer Zelle Militärisches Nachrichtenwesen im Stab des Nationalen Befehlshabers zusammengefasst. Sie wird geführt von einem erfahrenen G2-Stabsoffizier und beinhaltet die Elemente Lagebearbeitung, Informationsgewinnung und Militärische Sicherheit. Damit sind alle Bereiche des Militärischen Nachrichtenwesens in einem Organisationselement zusammengefasst. Diese Form der Eingliederung des Nachrichtenwesens in den Stab des Nationalen Befehlshabers und seine Anbindung an das nationale Informationssystem des Militärischen Nachrichtenwesens JASMIN und das US-System LOCE haben sich bewährt. Dies versetzt den Nationalen Befehlshaber in die Lage, seiner Verpflichtung nachzukommen, täglich die aus seiner Sicht bewertete Lage im Einsatzland zu melden.

Grundsätzlich verfolgt Nachrichtengewinnung und Aufklärung das Ziel, Kenntnisse über Potenziale, Absichten und Handlungsmöglichkei-

ten eines Gegners oder einer Konfliktpartei zu erlangen. Bei Friedensmissionen sind zusätzlich Informationen über die Einstellung der Bevölkerung, von offiziellen und informellen Führungspersönlichkeiten
und von lokalen Behörden zum beendeten Konflikt und den früheren
Konfliktparteien entscheidende Faktoren bei der Beurteilung der Lage
im Einsatzland und, wie in Bosnien, des mit einem Friedensabkommen
konformen Verhaltens. Die Absichten militärischer und paramilitärischer Verbände, lokaler Polizeikräfte, ihre Organisationsstrukturen und
ihre Einstellung gegenüber der internationalen Friedenstruppe, das Bestehen organisierter Kriminalität und deren Verbindungen sind wesentliche Aufklärungsziele für eine Beurteilung der Bedrohung der eigenen Truppe. Erkenntnisse über Veränderungen im Verhalten der Bevölkerung, über die Normalisierung des täglichen Lebens, den Wiederaufbau von Wohngebäuden, Verkehrs- und Wirtschaftsinfrastruktur
sowie über das Verhalten gegenüber der Friedenstruppe runden das Lagebild ab und bilden oftmals die Grundlage für humanitäre Hilfe und
gezielte wirtschaftliche Unterstützung.

Solche Arten von Informationen können unsere klassischen, auf die
Erfüllung von Aufklärungsforderungen in der Landes- und Bündnisverteidigung optimierten technischen Aufklärungskräfte nur bedingt liefern. Dennoch sind sie auch bei dem breiteren Auftragsprofil von Friedensmission grundsätzlich für solche Einsätze geeignet, z.B. bei der
Überwachung von Kasernenanlagen und Waffensammellagern oder des
Funkverkehrs der Konfliktparteien.

Als die beste Art, die mehr dem emotionalen Bereich zuzuordnen-
den Informationen zu gewinnen, hat sich bei allen durch unsere Alliierten durchgeführten Friedensmissionen die personengebundene,
nicht-technische Aufklärung, Human Intelligence (HUMINT) genannt, erwiesen. Diese Form der Nachrichtengewinnung ist in der Bundeswehr
unbekannt. Fast 60% der wesentlichen Lageinformationen wurden
beim NATO-Einsatz IFOR durch HUMINT-Aufklärung gewonnen. Von daher ergibt sich für das deutsche Heer die Notwendigkeit, über diese
Form der taktisch-operativen Aufklärung nachzudenken.

Die HUMINT-Aufklärung führt Nachrichtengewinnung durch in Form
von Gesprächsaufklärung, von Spähaufklärung und durch Auswertung
offener Quellen wie Zeitungen, Fernsehen, Radio und Veröffentlichungen anderer Art.

Gesprächsaufklärung zielt auf die Bevölkerung, auf Angehörige der
örtlichen, einheimischen oder internationalen Polizeikräfte, auf An-

gehörige von staatlichen und nichtstaatlichen Hilfsorganisationen sowie auf Angehörige der Streitkräfte der Konfliktparteien. Das Lagebild wird ergänzt durch Spähaufklärung, die Erkenntnisse bringt und dokumentiert zu Einrichtungen militärischer und paramilitärischer Kräfte, von Polizeikräften und von Objekten mit militärischer Relevanz, aber auch zum Wiederaufbau von Wohngebäuden sowie von Verkehrs- und Wirtschaftsinfrastruktur, also zu Bereichen, in denen Schritte zur Normalisierung des täglichen Lebens sichtbar werden.

Einsätze von HUMINT-Aufklärungstrupps erfolgen immer erkennbar als offene Aufklärung, ohne Verwendung einer Legende und immer mit offen getragenen Waffen. Sie führen keine nachrichtendienstlichen Operationen durch und – im nachrichtendienstlichen Sinne – auch keine Quellen.

HUMINT-Aufklärung liefert auch Beiträge zur Gefährdungsanalyse für die eigene Truppe, die entweder zufällig nebenher anfallen oder auf Grund konkreter Aufklärungsforderung gezielt gewonnen werden, z.B. Informationen über Gruppen, die Aktionen gegen die eigene Truppe planen, oder Informationen über Aktivitäten im Umfeld der Beschaffungskriminalität. Allerdings muss ein HUMINT-Trupp seinen Einsatz dort beenden, wo seine eigene Gefährdung zu groß wird und wo nur noch tiefergehende nachrichtendienstliche Fachexpertise Erfolg bringt. Deshalb ist beim Auslandseinsatz speziell für diese Zwecke ausgebildetes Personal erforderlich, auch für die Mitarbeit in multinationalen Counter-Intelligence-Verbänden, da nur dieses Personal über die dafür notwendige Ausbildung verfügt und wegen des ihm anhaftenden „Stallgeruchs" dort auch anerkannt und informiert wird.

Auch der SFOR-Einsatz zeigt, dass die wesentlichen Informationen zum großen Teil durch HUMINT-Aufklärung gewonnen werden. Die Erfahrungen unserer Alliierten zeigen, dass HUMINT-Aufklärung eine für Einsätze im erweiterten Aufgabenspektrum besonders gut geeignete Aufklärungsform ist. Ihre überaus positiven Erfahrungen mit HUMINT müssen in konzeptionellen und später auch strukturellen Überlegungen in der Bundeswehr ihren Niederschlag finden.

Die Evakuierung deutscher Staatsbürger aus Tirana 1997 hat deutlich gemacht, dass bei einer sich schnell zuspitzenden Krisenlage keine Zeit vorhanden ist, zu beginnen, umfassende Informationen über das Einsatzgebiet von überall her zusammenzutragen, sie zu verdichten und für die Entscheidungsfindung und die Planung einer Hilfsoperation aufzubereiten. Ein ständig aktualisierter Grunddatenbestand muss ständig vorhanden und kurzfristig abrufbar sein. Deshalb baut das

Führungszentrum der Bundeswehr eine zentrale DV-gestützte Datenbank als Instrument für die Informationsversorgung der politischen und
militärischen Führung auf. Unter wesentlicher Abstützung auf das Amt
für Nachrichtenwesen und das Amt für Militärisches GeoWesen, aber
auch auf zivile Quellen werden hier Informationen über Krisenstaaten
und -regionen ständig aktualisiert verfügbar gehalten.

Die Einsatzkräfte des Heeres benötigen für Planung und vor allem für
die Durchführung schnell und unter hohem Zeitdruck ablaufender Operationen auf ihre Belange und auf die Einsatzdurchführung abgestimmte
Informationen und Unterlagen. Diese werden von der Abteilung G2 des
Heeresführungskommandos unter Rückgriff auf das Amt für Nachrichtenwesen und die Datenbank vorbereitet und in „Einsatzordnern" als
Hardcopy, aber auch DV-gestützt über das Informationssystem JASMIN
den Nutzern bereitgestellt.

Eine optimale Nachrichtengewinnung und Informationsversorgung
ist im Einsatz nur dann gewährleistet, wenn neben dem G2/S2-Perso-
nal in der Truppe und in multinationalen Stäben auch Elemente des Zentralen Militärischen Nachrichtenwesens vor Ort sind. Das Amt für Nachrichtenwesen verfügt über „German National Intelligence Cells" (GE-
NIC), die bei multinationalen Stäben eingesetzt werden und dort Informationen austauschen. Sie sind durch das datenübertragungsfähige Informationssystem JASMIN mit dem Amt und anderen Elementen des
Nachrichtenwesens vernetzt. Für eine Lagefeststellung vor Ort können
militärische Unterstützungskommandos an Botschaften oder Fact-Fin-
ding-Teams unter Beteiligung des Militärischen Nachrichtenwesens eingesetzt werden. Das Amt für Nachrichtenwesen hält dazu ausgesuch-
tes Personal in einem Krisenreaktionsteam bereit, das kurzfristig in
Marsch gesetzt werden kann.

Informationsgewinnung zum Schutz der Truppe vor terroristischer
und nachrichtendienstlicher Bedrohung ist ein zentraler Punkt bei Auslandseinsätzen. Dabei spielt neben dem Informationsaustausch im multinationalen Rahmen der Friedenstruppe und der Nachrichtengewinnung und Aufklärung vor allem die Nachrichtenbeschaffung eine ganz
entscheidende Rolle. Die Selbstbeschränkung durch die Eingrenzung der
Tätigkeit des Militärischen Abschirmdienstes (MAD) auf das Territorium
Deutschlands im MAD-Gesetz stellt sich als großes Hemmnis und als
Lücke im Schutzkonzept dar. Eine Änderung der gesetzlichen Grundlagen ist dringend notwendig.

Informationen zu gewinnen und Beobachtungen dem S2-Offizier zu
melden, gehört zu den Aufgaben eines jeden Soldaten. Im Gegensatz

zu anderen Nationen ist der Mehrheit unserer Soldaten ein solches Verhalten fremd. Das Gefühl für Beobachtungen, die für das Militärische Nachrichtenwesen relevant sein können, ist in der Bundeswehr nur sehr wenig entwickelt. „Nachrichtengewinnung aller Truppen" ist aber gerade bei Friedensmissionen besonders wichtig. Appelle bringen kaum Änderung. Deshalb ist bereits in der Ausbildung zum Offizier oder Unteroffizier anzusetzen, um langfristig eine Veränderung des Verhaltens zu erreichen.

Dem Schutz der Truppe ist in allen Phasen des Einsatzes besonderes Augenmerk zu widmen und hohe Priorität einzuräumen. Maßnahmen umfassen nicht nur den Schutz von Leib und Leben der Soldaten, sondern ebenso den Schutz von Feldlagern und anderen Einrichtungen, in denen Soldaten ihren Dienst verrichten. Schutzmaßnahmen sind mehr als das Auslegen von S-Draht-Rollen und das Aufstellen von Schildern „Militärischer Sicherheitsbereich", wie wir spätestens nach Drohungen gegen das Feldlager in Rajlovac im Sommer 1997 wissen. Schutzmaßnahmen beginnen bei der Ausbildung im Erkennen von Gefahren und angemessener Reaktion darauf. Sie reichen von Geheimhaltungsmaßnahmen bei der Planung und Vorbereitung von Einsätzen, über eine lagegeangepasste Bewachung und ihrer Ergänzung durch organisatorische und materielle Absicherungsmaßnahmen bis hin zur Verteidigung von Liegenschaften und Konvois.

Beim Einsatz in Somalia wurde das Feldlager Belet Huen durch zwei Sicherungskompanien bewacht. Jeden Tag befanden sich 132 Soldaten und damit eine gesamte Sicherungskompanie rund um die Uhr im Wacheinsatz. Beim SFOR-Einsatz ist eine solche personalintensive Sicherungskomponente wegen des engen Personalrahmens für das deutsche Kontingent nicht vorhanden. Die Wache des Feldlagers Rajlovac, einem sehr unübersichtlichen Teil einer weitgehend zerstörten Kasernenanlage, ist von allen hier untergebrachten Truppenteilen zu stellen und geht damit zu Lasten des Einsatzauftrages.

Zahlreiche Eindringversuche krimineller, meist jugendlicher Banden zeigten schon bald, dass trotz einer Verstärkung des Zaunes durch S-Draht-Rollen eine effektive Bewachung nur mit einer unverhältnismäßig großen Zahl an Wachsoldaten möglich war. Abhilfe schaffte hier der Einsatz von Diensthunden, die, in einem Land, das sich bis vor kurzem im Krieg befand, ganz offensichtlich eine abschreckendere Wirkung haben als die Androhung des Schusswaffengebrauchs. Der Einsatz von Wachbegleithunden in Feldlagern, als Begleithunde bei Patrouillen im Außenbereich, als Sprengstoff- und Rauschgiftspürhunde bei der Zugangskontrolle und als Sprengstoffspürhunde zur Unterstützung von EOD-Maßnahmen in Feldlagern und bei Gepäckkontrollen hat sich nicht nur bewährt, sondern ist fester Bestandteil des Konzeptes zum Schutz der Truppe im Auslandseinsatz geworden.

Künftig wird ein weiteres Element hinzutreten. Mobile elektronische Absicherungs- und Überwachungstechnik kann die Detektion von Eindringversuchen wesentlich erhöhen und die Truppe im Wachdienst entlasten. Solche, im Gegensatz zu baulichen Absicherungsmaßnahmen wiederverwendbare Technik, besteht aus einer Sensorausstattung, einer Videoverifikation sowie einem Melde- und Alarmierungssystem und kann modular, der Bedrohungslage und dem Schutzobjekt nach Art und Größe angepasst, eingesetzt werden.

Der Einsatz in Bosnien-Herzegowina zeigt, dass Schutzmaßnahmen dann besonders wirkungsvoll sind, wenn sie im Verbund eingesetzt werden. Wachen, bauliche Absicherungsmaßnahmen, Diensthunde und mobile Absicherungstechnik ergänzen sich höchst wirkungsvoll und bieten unseren Soldaten ein großes Maß an Sicherheit.

Logistik in neuer Qualität

Peter Brüggemann

Die Anpassung der Logistik an die neue Rolle im erweiterten Aufgabenspektrum des Heeres verlangte flexible Strukturen und mobile Kräfte, um die Versorgung der Truppen über weite Entfernungen und in Einsatzgebieten ohne ausreichende Infrastruktur zu gewährleisten. Die Erfahrungen auf diesem Gebiet, die das Heer bei seinen Auslandseinsätzen gemacht hat, lehren, dass Logistik bereits bei den ersten operativen Gedanken und Planungen integriert sein muss.

Die Anpassung der Logistik an die neue Rolle im erweiterten Aufgabenspektrum des Heeres verlangte eine deutliche Abkehr von der ehemals statisch auf einen Einsatz im Inland ausgerichteten Logistik zu flexiblen Strukturen und mobilen Kräften, um die Versorgung der Truppen über weite Entfernungen und in Einsatzgebieten ohne ausreichende Infrastruktur und unmittelbaren Rückgriff auf inländische Ressourcen sicherzustellen. Diese Ausgangslage hat die Einsätze der letzten Jahre wesentlich charakterisiert. Gefragt war somit vor allem mutige Improvisation, weil mit der geplanten logistischen Umstrukturierung des „Neuen Heer für Neue Aufgaben" den zeitlichen, den quantitativen und qualitativen Forderungen der Politik für die Auslandseinsätze nicht gefolgt werden konnte. Demzufolge kam es darauf an, flexibel Struktur, Kräfte, Mittel und Verfahren an den konkreten logistischen Auftrag und die Verhältnisse im Einsatzland anzupassen. Die neuen Randbedingungen wie fehlende Infrastruktur, nicht vorhandene oder zerstörte Industrie, große Entfernungen sowie die Einbindung in neue multinationale Strukturen bestimmten die logistischen Herausforderungen. Aber auch durch die von der Politik vorgegebenen Gesamtstärken für alle Kontingente GECONUNPF, GECONIFOR und GECONSFOR erforderten die Entwicklung neuer logistischer Einrichtungen im Einsatzland hinsichtlich Stärke, Ausrüstung und Qualität.

Eine Sanitätsunterstützungskompanie wie bei GECONUNPF, einen deutsch-französichen Stabs- und Einsatzunterstützungsverband (St/EUVbd) wie bei GECONSFOR wird man im deutschen Heer vergeblich suchen. Sie waren z.B. ein Tribut an die politischen Vorgaben der Bundesregierung hinsichtlich des VN-Mandates und der erklärten deutsch-

französischen Zusammenarbeit. Der binationale St/EUVbd wurde einvernehmlich mit Frankreich zu Gunsten eigenständiger nationaler Lösungen 1998 aufgelöst. Bei der Folgeoperation SFOR seit Juli 1998 ist
ein neu strukturiertes nationales Logistikbataillon eingesetzt, in dem die
Instandsetzungs-, Nachschub- und Transportfähigkeiten und eine Komponente für den Betrieb des Feldlagers unter einheitlicher Führung abgebildet werden.

Ein grundlegender multinationaler logistischer Ansatz konnte hier
nicht zum Erfolg führen, weil gemäß NATO-Vertrag Logistik immer nationale Aufgabe ist. Die jeweils nationalen Ausstattungen und Verfahren sprechen (noch) dagegen. Dennoch konnte der politische Ansatz des
Job-Sharing in einigen Bereichen umgesetzt werden, z.B. Versorgung
aller SFOR-Truppen mit Betriebsstoff durch Frankreich als Lead Nation.
Ebenso konnten bei GECONSFOR binationale Verträge über das Management der Feldlager mit Frankreich abgeschlossen werden. Multinationale Lösungen werden die Zukunft bestimmen müssen, um die
Kosten bei solchen Einsätzen zu begrenzen. Alle Nationen haben dieses Problem. So wird es zunächst wohl bei der Realität bleiben: keine
multinationale Logistik – aber Logistik im multinationalen Umfeld. Dennoch bleibt anzumerken, dass man sich informell überall, wo es nur
irgendwie möglich ist, gegenseitig unterstützt.

Das dreistufige logistische Konzept des Heeres hat für alle Auslandseinsätze die Basis gebildet. Es kam jeweils dahingehend in modifizierter
Form zur Anwendung, dass die logistische Basis im Einsatzland, die normalerweise das Heeresunterstützungskommando (HUKdo) mit einem Ein-
satzunterstützungskommando (EUKdo) stellt, durch die Logistiktruppen
des Einsatzkontingentes gebildet wird. Führer dieser Basis – eine nationale Aufgabe – ist der Nationale Befehlshaber im Einsatzland (NatBefh
i.E.). Nur bei der Einrichtung des schon genannten multinationalen
St/EUVbd wurde vom Prinzip abgewichen: Dieser Verband, unter ab-
wechselnd einem deutschen und französischen Kommandeur, wurde
von dem Brigadekommandeur der multinationalen Brigade Centre geführt. Gleichzeitig hatte aber auch der NatBefh i.E. ein fachliches Zu-
griffsrecht auf dieselben Logistiktruppen im Rahmen seiner nationalen
logistischen Aufgabe. Diese logistische Führungsstruktur, eine Folge von
Vorgaben, wurde aus verständlichen Gründen mit der Folgeoperation
GECONSFOR zugunsten des Logistikbataillons wieder aufgegeben.

Das Gegenstück zur logistischen Basis i.E. bildete die logistische Basis im Inland. Diese Aufgabe wird durch das HUKdo mit der Logistikbrigade 2 (LogBrig 2) wahrgenommen. Das Prinzip dieser An-

schlussversorgung hat sich bewährt. Alle Versorgungsgüter für das deutsche Heereskontingent werden von der LogBrig 2 disponiert und mit zivilen Speditionen über Straße in das Einsatzland transportiert, in der Regel fünf Transporte pro Woche. Der Transport von dringend benötigten Versorgungsgütern wie auch Material, das Sicherheitsbestimmungen und der Gefahrgutverordnung unterliegt, wird per Lufttransport verbracht. Die Anfangstransporte des Großgeräts erfolgten stets per Schiff.

Neben den vorhandenen logistischen Fähigkeiten des Personals aus dem Friedensbetrieb im Inland wurden neue Fähigkeiten verlangt, die personell anfangs nicht abgedeckt werden konnten. So mussten z.B. das Management für Liegenschaftsmaterial, das im Einsatz Wehrmaterial wird, wie auch standortgebundene Aufgaben (Abwasser, Kanalisation usw.) durch Soldaten wahrgenommen werden; Bereiche, für die es keine ausgebildeten Soldaten gibt, weil diese Aufgaben im Inland durch die zivile Verwaltung wahrgenommen werden. Aber auch im Bereich der Materialerhaltung mussten Soldaten Gerät instandsetzen, für das keine militärische, sondern nur zivile Instandsetzung vorgesehen war. Es ging bei der Planung also darum, verfügbares Spezialpersonal für die logistische Durchführung i.E. zu identifizieren, ohne DV-Unterstützung (!), und einzuplanen – eine echte Herausforderung für die Truppe, wie sich ständig herausstellte.

Die Stärke des logistischen Elements mit Wahrnehmung der Aufgaben der logistischen Ebene 2 und der logistischen Basis beträgt bei diesen Einsätzen (ohne Waffensysteme) mit Gesamtstärken von ca. 1.500 bis 2.500 im Durchschnitt ca. 400 Soldaten. Bei Einsätzen geringerer Stärke wie z.B. in Mazedonien, wo nur die logistische Ebene 1 (d.h. nur die Eigenversorgung der eingesetzten Truppe) abgebildet wird, verringert sich der logistische Anteil deutlich. Das bedeutet aber gleichzeitig eine erheblich höhere Verantwortung des HUKdo in der Folgeversorgung.

Schon früh wurde erkannt, dass für das logistische Führungs- und Funktionspersonal nicht nur die obligatorische militärische Zusatzausbildung in Hammelburg notwendig war, sondern dass mit hohem Improvisationsaufwand zusätzliche Speziallehrgänge für Bedienung und Instandsetzung an den beiden logistischen Schulen (Technische Schule und Nachschubschule des Heeres) eingerichtet werden mussten. Mit Beginn des Jahres 1998 wurde ein logistischer Lehrgang für Auslandseinsätze kreiert, um zum einen das logistische Personal früh zusammenzuführen und zum anderen gemeinsam die logistischen Verfahren und Bedingungen des Einsatzlandes zu üben. Dies führte zu einem hohen Einsatzstand der Logistik i.E. und hat die Richtigkeit dieser Ausbildungsmaßnahme nachdrücklich bestätigt.

Es bestanden auch materielle Defizite, die es auszugleichen galt. Dies bedeutet nicht, dass das deutsche Heer unzweckmäßig ausgerüstet war, sondern die Ausrüstung musste an die neue Auftragslage und die Rahmenbedingungen des erweiterten Aufgabenspektrums angepasst werden, z.B. auf Grund extremer Klimabedingungen, schlechter Infrastruktur, Bedrohung durch Minen, Heckenschützen. Die bei allen Einsätzen erhobenen materiellen Forderungen orientierten sich an den neuen konkreten Aufgaben vor Ort. Materialbeschaffungen erfolgten im notwendigen Umfang mit besonderer Priorität für den Schutz der Soldaten und für Führungsmittel. Aber auch die Basis für das Leben in einem autarken Feldlager war aufzustellen. Materialbeschaffungen in beachtlichem Umfang waren mit dem Bundesamt für Wehrtechnik und Beschaffung (BWB) und dem HUKdo zu realisieren.

Mit dem bewährten vollständigen Entwicklungs- und Beschaffungsgang für Wehrmaterial, der im Sinne hoher militärischer Qualitätsanforderungen zeitlich sehr aufwendig ist, waren diese Aufgaben nicht zu lösen. Es wurde das Verfahren eines verkürzten Beschaffungsganges über einen Forderungskatalog eingerichtet, was letztendlich in der Wirkung einer Sofortbeschaffung gleichkommt. Nur durch die Begrenzung von Ausschreibungen und unbürokratischem Einsatz bei allen Materialverantwortlichen war es möglich, der Truppe im Einsatz schnell das benötigte Material zur Verfügung zu stellen. Es darf dabei nicht übersehen werden, dass dieses Verfahren zwar, sofern das Material in der Industrie verfügbar war, eine schnelle Lieferung garantierte, aber hinsichtlich den militärischen Forderungen nach Qualität und Einsatzreife Abstriche in Kauf zu nehmen waren. Zukünftig wird man sich sicherlich noch intensiver mit der Fragestellung auseinandersetzen müssen, inwieweit man insbesondere bei Peripheriegerät, also nicht Waffensystemen, oder bei Gerät, das hohen technologischen Entwicklungsgeschwindigkeiten unterliegt wie z.B. Hardwarekomponenten in der Datenverarbeitung, mit vorher exakt bewerteten Kompromissen nur noch auf handelsübliches Material zurückgreift und gleichzeitig auch eine entsprechende Wiederbeschaffung nach betriebswirtschaftlicher Nutzung einplant. Damit werden Beschaffungsvorgänge deutlich beschleunigt und letztendlich auch der logistische Aufwand reduziert. Der Anfang ist notgedrungenerweise mit den Auslandseinsätzen gemacht worden. Dennoch darf nicht verkannt werden, dass ein derartiger Ansatz zusätzlich Gefahren beinhaltet. Das

Anspruchsverhalten der Truppe im Einsatz, bedingt durch die Motivation des Einsatzes, führt zu materiellen Forderungen, die häufig im Bereich von „nice to have" statt „need to have" anzusiedeln sind. Zu fordern ist Optimierung und nicht Maximierung, ein nicht zu unterschätzendes Problem der Spezialisten. Gerade hier ist das unmittelbare Zusammenwirken des Taktikers und des Logistikers unabdingbar, um die zu entscheidenden Beschaffungen sinnvoll in die Auftragserfüllung einzupassen und vor allem den logistischen Aufwand begrenzt zu halten. Denn sonst wird das Verhältnis „Kämpfer zu Logistiker" noch ungünstiger für den eigentlichen Einsatzauftrag. Damit wird gerade im Bereich der Beschaffung die gemeinsame Führungsaufgabe deutlich. Aus dieser Sicht können die ersten Auslandseinsätze des Heeres als improvisierter Startpunkt für grundlegende Konzeptionen von Materialbeschaffungen angesehen werden.

So war z.B. zwar bereits im ersten Kontingent Personal für die Instandsetzung von neu beschafften Stromerzeugeraggregaten und Klimageräten für Kühlcontainer vorgesehen, aber es war zu Beginn des Einsatzes mit GECONUNPF nur ein (!) ausgebildeter Soldat im Heer verfügbar. Benötigt wurde das Personal aber auch schon für die Wartung der Kühlcontainer während des Seetransportes, daher wurden Soldaten der Instandsetzungstruppe sehr kurzfristig vor Beginn des Transportes ausgewählt, durch den einzigen vorhandenen Ausbilder in einem Crashkurs und anschließend im laufenden Einsatz im Einsatzgebiet fertig ausgebildet. Auf im Somalia-Einsatz eingesetztes Personal konnte auf Grund der Fluktuation und des Wechsels der Kühlcontainerart nicht mehr zurückgegriffen werden. Dies führte zwangsläufig zu – vermeidbaren – Schäden an Kühlcontainern, die sich erst nach langer Zeit mit erheblichem Kostenaufwand und mit Unterstützung durch die Herstellerfirma beheben ließen.

Die bisher konzeptionell vorgesehene Unterbringung der Soldaten in Einheitszelten musste schon für Somalia nachgebessert werden. Zeltböden wurden hergestellt und nach Afrika verlegt. Für den stationären Einsatz in Jugoslawien beginnend mit GECONUNPF wurden diese Zelte nicht mehr benötigt, da die Vereinten Nationen (VN) teilweise Unterkunftscontainer zur Verfügung stellte bzw. nach Beschaffung durch die Bundeswehr die Kosten übernahm. Die VN stellten aber nicht das benötigte Unterkunftsgerät wie Betten, Tische und Stühle zur Verfügung. Die mussten gesondert aus Deutschland verlegt werden. Ein Kleiderschrank, der so genannte Spind, war für einen Kriegseinsatz im eigenen Land nicht vorgesehen, der deutsche Soldat lebte aus dem Seesack. Dies konnte für den Einsatz im ehemaligen Jugoslawien, der für mindestens ein Jahr geplant war, nicht die Lösung sein. Folglich wurden durch die Bundeswehrverwaltung die entsprechenden Spinde bereitgestellt und mit Hilfe von zivilen Speditionen nach Kroatien verlegt.

Der Wechsel der Auftragsführung von den VN zur NATO hatte zur Folge, dass diese Unterkunftscontainer nicht mehr von den VN bereitgestellt wurden und abgezogen werden sollten. Container waren aber auf Grund des erhöhten Bedarfs, da die deutsche Kontingentstärke nun auf über 2.500 Soldaten anstieg, weder in Deutschland noch im restlichen Europa zeitgerecht zu beschaffen. Die bereits vorhandenen VN-Container in Kroatien sowie weitere Container der kanadischen Truppen (wir nutzten deren Stationierungsorte) mussten im Laufe einer Nacht ungeachtet der Beschaffungsrichtlinien zu den Preisvorstellungen der VN gekauft werden, obwohl deren Qualität deutlich geringer war als die bereits bei einem deutschen Hersteller in Auftrag gegebenen Container mit Klimageräten und eingebauter Ausstattung . Die Alternative wäre eine Zeltunterbringung im Winter gewesen. Die „weißen", mit teuren Klimageräten nachgerüsteten VN-Container sind noch heute nach fast fünf Jahren im Einsatz. Hier wurde logistisches Neuland betreten, denn Erfahrungen mit der dauerhaften Unterbringung von Soldaten in Containern waren nicht vorhanden. So wurden in der ersten Planung und Beschaffung nicht ausreichend dimensionierte Sanitärcontainer vorgesehen. Ein Austausch dieser Container mit neuen war aus haushaltsrechtlichen Gründen nicht möglich. Nur bei Nachbeschaffungen nach Erreichen der „Altersgrenze" kann mit modernen, der Dauerbelastung gewachsenen Containern unterstützt werden. Heute, nach Verlängerung des Mandates hat man die teils total zerstörte Infrastruktur in der ehemaligen jugoslawischen Kaserne wieder soweit instand gesetzt, dass ein Teil der Soldaten in festen Unterkünften untergebracht werden kann.

Da in Jugoslawien Strom auf Grund der zerstörten Infrastruktur und des Eigenbedarfs des sich im Wiederaufbau befindenden Landes nicht zur Verfügung gestellt wurde und auch aus Gründen der eigenen Autarkie nicht auf das örtliche Stromnetz zurückgegriffen werden sollte, musste der gesamte Energiebedarf mit eigenen Stromerzeugeraggregaten (SEA) sichergestellt werden. Der benötigte Energiebedarf, er entspricht dem einer Kleinstadt mit nahezu 6.000 Einwohnern, konnte aber mit den bereits vorhandenen Aggregaten der Bundeswehr (Bw) nicht bereitgestellt werden. Ad-hoc-Beschaffungen von auf dem Markt befindlichen Großaggregaten waren daher erforderlich. Diese Geräte werden nur durch wenige Unternehmen hergestellt. Die Abhängigkeit von diesen

Unternehmen insbesondere hinsichtlich Ersatzteilen und der zeitlichen Verfügbarkeit von Wartungspersonal führte häufig zu mangelnder Energieversorgung und entsprechenden Einschränkungen im Einsatzland. Diese SEA wurden mit Dieselkraftstoff betrieben. Die Soldaten, die die SEA mit täglich bis zu 35.000 Liter betanken mussten, waren mit Sicherheit am meisten gefordert; Tag und Nacht wurde der Kraftstoff benötigt, langes Schlafen war für diese Soldaten nicht möglich.

Soldaten mit der Ausbildung zur Entwicklung eines modernen und ökonomischen Energiemanagements gab es in der Armee nicht. Hier konnten junge Instandsetzungsoffiziere ihre Hochschulausbildung in Elektrotechnik erfolgreich anwenden. In Deutschland genutzte Standards konnten nicht immer in das Einsatzgebiet übertragen werden. Erst 1998 und 1999 ist es gelungen, moderne Stromerzeugeranlagen zu beschaffen, die hinsichtlich Umweltschutz, Dauerbelastung und Wartungsfreundlichkeit den Anforderungen genügen.

Neuland wurde auch betreten mit der Einrichtung von Wohn- und Bürocontainern. Das benötigte Material wie Betten, Tische, Stühle, Regale, Spinde etc. (das sogenannte Liegenschaftsmaterial) wird in Deutschland durch die zivile Bundeswehrverwaltung beschafft und verwaltet. Da Liegenschaftsmaterial im Einsatz in den Status Wehrmaterial übergeht, verändern sich dementsprechend die Verantwortlichkeiten. Jetzt war der militärische Führer ohne Materialkenntnis zuständig für die Bewirtschaftung. In den Einsatz bei GECONUNOSOM, GECONUNFF, GECONIFOR und GECONSFOR konnten aber nur Soldaten geschickt werden, zivile Angehörige der Bundeswehr konnten im Status als Soldat auf Grund freiwilliger Verpflichtung eingesetzt werden. Die Abgrenzung der Kompetenzen hinsichtlich Bewirtschaftung, Beschaffung einschließlich der Forderung nach entsprechender Eignung sowie der Nachweisführung führt noch heute zu einem hohen Koordinierungsaufwand zwischen den beteiligten militärischen Kommando- und den zivilen Bundeswehrbehörden.

Der Auftrag, einen ununterbrochenen Nachweis über das eingesetzte Material und die Verwendung der Haushaltsmittel im Sinne der Bundeshaushaltsordnung sicherzustellen, stellte die Logistik vor erhebliche Hürden, die es in kurzer Zeit zu überwinden galt. Mit Beginn des Einsatzes in Somalia war es in der Bundeswehr noch üblich, den Nachweis gemäß der Bundeshaushaltsordnung mittels handschriftlich geführter Karteikarten mit Urkundencharakter zu führen. Die VN forderten aber zur Übernahme der Kosten durch Datenverarbeitung erstellte Datenträger (Disketten) mit Datenfeldern, die in der Bundeswehr nicht geführt wurden. Dazu wurde unter Nutzung der Industrie mit erheblichen Kostenaufwand ein spezielles Nachweisprogramm DVU UNO entwickelt, das gleichzeitig auch der Nachweisführung bei den eingesetzten Truppenteilen diente. Die durch die Bundeshaushaltsordnung vorgegebene Buchungshistorie konnte durch DVU UNO aber nicht sichergestellt werden, weil die Datenmengen weder durch die Software, noch durch die Hardware bewältigt werden konnten. Daher musste DVU UNO mit Wechsel von VN zur NATO durch ein neues DV-Verfahren abgelöst werden, welches den Anforderungen der Bundeshaushaltsordnung genügt. Ein zeitgleicher Austausch des DV-Verfahrens war aber nicht möglich, da das dafür vorgesehene DV-Verfahren (DVU Materialbewirtschaftung) erst noch entwickelt und in Deutschland im Heer zum Einsatz kommen sollte. Die Ausbildung des entsprechenden Personals begann gerade. So wurde entschieden, erst die Einführung im Inland und den Abschluss der Ausbildung abzuwarten und als letzten Verband des Heeres den Einsatzverband im ehemaligen Jugoslawien auf das neue Verfahren umzustellen. Dies wurde der Schwerpunktauftrag eines Kontingentes im Frühjahr 1998. Die Umstellung wurde erfolgreich und zeitgleich mit der Umstellung auf ein neues logistisches Verfahren durchgeführt.

Der enorme Bedarf an Kraftstoffen und die in Somalia und Jugoslawien fehlende Infrastruktur zur Lagerung sowie der damit verbundene Transportbedarf führte zur Beschaffung von neuem Material, welches für die Nutzung in der Bundeswehr eigentlich nicht vorgesehen war. Die bisher im Heer vorhandenen Lagerungsmöglichkeiten konnten auf Grund gesetzlicher Beschränkungen nicht genutzt werden, ausreichender Transportraum für den Transport von Kraftstoffen über große Entfernungen bei gleichzeitiger Eignung für die schwierigen Straßen- und Geländeverhältnisse war nicht vorhanden. Um ohne weiteren Umschlag für den Seetransport genutzte Kraftstofftransportcontainer auch für die Lagerung in Jugoslawien zu nutzen, mussten bürokratische Hindernisse ungeahnten Ausmaßes überwunden und teure Auffangwannen von der Industrie geleast werden.

Bereits in Somalia wurde die Forderung nach einem geländegängigem Straßentransportwagen (STW) für Betriebsstoff mit ausreichendem Fassungsvermögen erhoben. Nach einer Entwicklungs- und Fertigungszeit von nur knapp drei Jahren konnten STW 8 x 8 mit einem Fassungsvermögen von 15.000 Liter Kraftstoff für den Einsatz im ehemaligen Jugoslawien der Truppe übergeben werden. Ein kleinerer Anteil dieser STW wurde ebenso wie bereits vorher ca. 250 Kraftfahrzeuge mit einem

Schutzsystem, der modularen Schutzausstattung, gegen Beschuss mit Handwaffen und gegen Minen ausgestattet.

Die bisher vorhandenen LKW und Klein-Kfz wie der Geländewagen Wolf oder Unimog mussten gegen Beschuss mit Handwaffen und gegen die Minengefahr mit einem nachträglich anzubringenden Schutzsystem in Plattenform ausgestattet werden. Die Kraftfahrzeuge befanden sich aber bereits im Einsatz. Ausreichend Arbeitsplätze für die Soldaten und die Monteure der zivilen Firma waren auf Grund der Kriegsfolgen und fehlender Infrastruktur nicht verfügbar. Zulässiges Gesamtgewicht, Ausmaße und das erforderliche Maß an Übersichtlichkeit und Handhabungssicherheit wurden teilweise deutlich überschritten. Ausnahmegenehmigungen der Zulassungsbehörden mussten für den Betrieb im ehemaligen Jugoslawien erwirkt werden. Durch Improvisation und gute Organisation gelang es, die Umrüstung vor Ort ohne spürbaren Verlust an Leistung und Qualität durchzuführen. Die Notwendigkeit und Fähigkeit dieser mit ca. 30 Millionen DM teuren Schutzausstattung wurde nie bestritten. Diese Kraftfahrzeuge gab es nur im Einsatzland und nicht in Deutschland. Die dafür eingeplanten Kraftfahrer konnten daher erst im Einsatzland während des laufendes Einsatzes ausgebildet werden. Die niedrige Unfallrate spricht trotz gegenteiliger Befürchtungen für gute Ausbildung und das Können der eingesetzten Kraftfahrer.

Die benötigten Ersatzteile sowie ausgebildetes Personal für Wartung und Pflege konnten nach geraumer Zeit verfügbar gemacht werden. Weitere umfangreiche technische Anpassungen der modular geschützten Fahrzeuge, z.B. die Ausstattung mit Klimaanlagen waren notwendig, da sich die nun schussfesten Scheiben nicht mehr öffnen ließen und während des Sommers im Führerhaus Temperaturen bis zu 60 Grad Celsius gemessen wurden. Ein längerer Transport bzw. Einsatz war unter diesen Bedingungen nicht mehr durchzuführen.

Die Versorgung mit Verpflegung war durch die unterschiedlichen Mandatsträger wechselnden Einflüssen unterworfen. Wurde bei GECONUNPF die Verpflegung durch die VN bereitgestellt, die natürlich in ganz Europa kostengünstig einkaufte und so auch eine ungeahnte Vielfalt an Nahrungsmitteln zur Verfügung stellte, obwohl die Fleischprodukte aus Deutschland bezogen wurden, musste im Rahmen der NATO wieder auf eigene Ressourcen zurückgegriffen werden. Frischwaren wie Obst und Gemüse sowie Backwaren waren in Kroatien noch auf den örtlichen Märkten zu beziehen. In Bosnien-Herzegowina war dies aber nicht mehr möglich, der Bäcker „um die Ecke" war dort nicht vorhanden. Es wurde nahezu alles aus Deutschland mit zivilen Speditionen zugeführt. Bei der Zubereitung der Verpflegungsmittel konnte man bei der geringen Truppenstärke noch auf die eingeführten Feldküchen zurückgreifen, mit der Erhöhung der Truppenstärke auf das Fünffache reichte die Leistungsfähigkeit der Feldküchen aber nicht mehr aus. Ein neues, leicht zu transportierendes System musste her. Die Küchencontainer waren geboren! Es gab aber nur einen Hersteller in Deutschland, der in der Lage war, in der geforderten Zeit sechs solcher, aus zwei Containern bestehende Systeme herzustellen und zu liefern. Die anfängliche Begeisterung wich schnell. Die Küchencontainer waren nur mit großem Aufwand hygienisch sauber zu halten. Die Technik der handelsüblichen Apparate und Geräte waren der Dauerbeanspruchung nicht gewachsen. Die Abhängigkeit vom Hersteller als Quasi-Monopolist trübte das Bild weiter, eine andere Lösung gab es aber zu diesem Zeitpunkt nicht.

Die großzügige Bereitstellung von Verpflegung konnte allerdings das Bedürfnis der Soldaten auch nach anderen Artikeln nicht befriedigen. Tabakwaren, alkoholische Getränke, Süßwaren, aber auch Chips, Salzstangen, Zeitungen, persönliche Hygieneartikel mussten bereitgestellt werden. Die für die Landesverteidigung vorgesehene Versorgung mit diesen Artikeln, den Marketenderwaren, konnte nicht ohne Weiteres für die Einsätze in Somalia und im ehemaligen Jugoslawien vorgenommen werden. Es fehlte gänzlich an Erfahrung auf diesem Gebiet; es gab kein ausgebildetes Personal für Einkauf, Lagerung und Verkauf; es gab kein Abrechnungsverfahren hinsichtlich der eingenommenen Gelder, keine Regelungen für die Behandlung der verwirtschafteten Überschüsse und keine Kontrollmechanismen. Zollrechtliche Fragen waren rasch zu klären, eine Abstimmung im multinationalen Rahmen unter Berücksichtigung der nationalen Eigenheiten und Bestimmungen war erforderlich. Wieder mussten Improvisations- und Organisationsvermögen Einzelner die Marketenderwarenversorgung „auf die Füße" stellen. Heute ist dies ein klar strukturiertes, mit eindeutigen Regelungen versehenes Verfahren, das friktionslos die Versorgung der deutschen Soldaten sicherstellt und auch den Überprüfungen des Bundesrechnungshofes standhält. Auch diese Leistungen prägen den erfolgreichen Einsatz.

Ebenfalls neue Wege wurden mit der Postversorgung über die Feldpost beschritten. Dies bedeutet, dass die Post (und zwar nur die Privatpost) in die Einsatzländer zu den Kosten der Inlandspost transportiert wird. Die restlichen Kosten trug die Bundeswehr, d.h. sie stellte den Transport vom Feldpostamt der Post AG in Deutschland zum Feldpostamt des Einsatzverbandes im Einsatzland sicher. Konnte während der Anfangszeit die Post noch mit den regelmäßig fliegenden Transportflugzeugen der Luftwaffe zugeführt werden, musste auf Grund des ständig hohen Aufkommens (täglich fast 10.000 kg Post) später auf den Transport mit LKW durch zivile Speditionen ausgewichen werden. Nur noch auf diesem Wege war es möglich, diese Menge an Briefen und Paketen innerhalb einer akzeptablen Zeit, nämlich durchschnittlich fünf Tage, den Soldaten bzw. den Adressaten in Deutschland zuzustellen.

Auch in der Materialerhaltung, insbesondere bei der Betreuung der zahlreich vorhandenen Kommunikationsgeräte, wie Computer, Faxgeräte, Kopierer und den Satellitenfunkgeräte, war neuer Boden zu beackern. Im Inland werden diese Geräte durch die zivilen Firmen gewartet und instand gesetzt, in Bosnien-Herzegowina konnte auf diese Unterstützung aber nicht zurückgegriffen werden. Findige „Instandsetzer" konnten aber nahezu alles warten und instandsetzen. Sie gaben ihr Wissen an die jeweiligen Nachfolger weiter. Jetzt werden diese Fachgebiete auch im Rahmen der Regelausbildung abgedeckt. Unkonventionell mussten die Ersatzteile beschafft werden. Mittlerweile wurden Ersatzteilpakete mit z.T. vollständigen Systemen verlegt und zentral für die deutschen Truppenteile bereitgestellt.

Das gleiche Verfahren wurde bereits in der Planung für den Einsatz der Radpanzer vom Typ Luchs und Fuchs vorgesehen. Es wurden bereits bei Beginn des Einsatzes wesentlich mehr komplette Systeme als verfügbare Besatzungen in das Einsatzgebiet verlegt, um so bei Ausfällen von diesen wichtigen, entscheidenden Großgeräten durch einfaches „Umsteigen" der Besatzung mit unverändert hoher Präsenz im Lande verfügbar zu sein. Die ausgefallenen Radpanzer konnten dann ohne großen Zeitdruck instand gesetzt werden. Dieser Ansatz widersprach zwar den bisher vorgesehenen Verfahren, setzte sich aber durch. Der täglich sichtbare Erfolg und die hohe Präsenz der deutschen Gefechtsfahrzeuge sprechen für das hier gewählte teure Verfahren.

Mittlerweile wird aber der Geländewagen Wolf statt der Panzerfahrzeuge eingesetzt. Diese Fahrzeuge sind zwar im Inland in einer hohen Stückzahl im täglichen Einsatz, Ersatzteile aber werden gemäß der Konzeption nicht in den logistischen Einrichtungen bevorratet, sondern unmittelbar bei der Herstellerfirma bei Bedarf durch die jeweiligen Instandsetzungseinheiten beschafft. Bei einem so dichten Händlernetz wie in Deutschland ist das kein Problem, in Bosnien-Herzegowina aber gab es diese Händler nicht. Somit war der Beschaffungszeitraum über Deutschland zu groß. Die Verfügbarkeit der einsatzbereiten Wolf begann bei zunehmender Beanspruchung und Nutzung zu sinken. Verfügbare Kapazitäten bei Nachschub und Instandsetzung wurden nicht genutzt. Das Verfahren war ineffektiv. Das Heeresführungskommando (HFüKdo) setzte durch, dass ein relativ großer Vorrat an Ersatzteilen beim Hersteller dezentral beschafft und zentral in der logistischen Basis eingelagert wurde. Die Einsatzbereitschaft der Wolf stieg wieder auf ein dem Auftrag angemessenes Niveau, nahezu täglich 90%. Der Erfolg spricht für sich.

Die insgesamt hohe materielle Einsatzbereitschaft des Materials in allen Einsätzen ist in erster Linie eine Folge des vorbehaltlosen Einsatzes des Logistikpersonals im Einsatz- wie auch im Inland. Zum einen werden im Einsatz diese Leistungen erbracht, weil die „friedensbestimmenden Fesseln" lockerer sind, zum anderen diesen Einsätzen die absolute Priorität gilt. Aber es zeigt auch, dass die logistischen Grundprinzipien grundsätzlich funktionieren, auch wenn die Verfahren noch weiter konzeptionell anzupassen sind. Besonders erfreulich ist, dass das gesamte logistische Personal, sei es der Nachschub-, der Instandsetzungs-, der Transportsoldat oder der Soldat im logistischen Management, den logistischen Auftrag mit gleicher hoher Motivation durchgeführt hat wie z.B. die Grenadiere ihre Patrouillen. Von morgens bis spät abends, jeden Tag haben diese Soldaten dieselbe Tätigkeit in der Instandsetzung, im Lager, beim Umschlag, in der Küche usw. wahrzunehmen, kaum Abwechslung bei zum Teil sehr ungünstigen Bedingungen, wie z.B. extrem niedrigen oder hohen Temperaturen in zerschossenen Hallen, wo Heizgeräte nur bedingt wirken und Klimageräte nicht eingesetzt werden können. Improvisation, fachliches Können, Durchhaltefähigkeit und der Wille, den Einsatz der Kameraden sicherzustellen, zeichnen diese Soldaten aus, die mit ihrer logistischen Leistung auch zu dem großen Erfolg dieser Einsätze beigetragen haben.

Die lebenswichtige Funktion der Logistik hat sich bei allen eingesetzten Führern mental festgesetzt. Während im Friedensbetrieb zu Hause Logistik nicht diesen Stellenwert hat, weil es andere Prioritäten gibt, zeigt sich im Einsatz die Notwendigkeit der Logistik unerbittlich. Dabei ist die Erkenntnis entscheidend, dass Logistik Zeit benötigt, dass Logistik bei den ersten operativen Gedanken integriert sein muss, soll die Operation erfolgreich sein – ein Fakt, den die Kriegsgeschichte nur allzu überzeugend lehrt, den man aber auch tatsächlich berücksichtigen muss.

Führungsunterstützung in nationaler Verantwortung

Helmut Hoffmann

Die ersten Erfahrungen in der Führungsunterstützung bei Auslandseinsätzen haben die deutschen Fernmeldekräfte des Heeres 1992 in Somalia gemacht. Dabei stellte sich bald heraus, dass der Einsatz militärischer Satelliten in der Führungsunterstützung unverzichtbar ist. Auch lehrten die Erfahrungen, dass es kein allgemeingültiges Schema für die Führungsunterstützung im Ausland gibt. In jedem Land herrschen unterschiedliche Bedingungen für den Fernmeldeverkehr. In Somalia wurden beispielsweise vorrangig Funkgeräte und handelsübliche Handfunksprechgeräte genutzt. Bei den IFOR- und SFOR-Einsätzen waren bereits Satellitentelefone im Einsatz. Allerdings bilden die unzureichenden Datenübertragungskapazitäten in feldmäßigen Netzen und die eingeschränkte technische Interoperabilität der Führungsmittel bei multinationalen Einsätzen auch heute noch Grenzen, die es schrittweise zu überwinden gilt.

Kurz vor Weihnachten 1998 trafen die deutschen Fernmeldekräfte für die „Kosovo Verification Mission" (KVM) in Tetovo/Mazedonien ein. Wenige Tage später stand die Mehrkanalsatellitenverbindung nach Deutschland, die Teilnehmer des Automatisierten Kommunikationsnetzes des Heeres (AUTOKO) waren angeschlossen, die AUTOKO-Bündel zum Heeresführungskommando geschaltet und zusätzliche Teilnehmer an einer erstmals eingesetzten digitalen Integralvermittlung mit Direktwahlmöglichkeit in das ISDN der Bundeswehr betriebsbereit. Verbindungen für das Militärische Nachrichtenwesen und für die Logistik waren ebenso vorbereitet wie die Leitungen zur Verbindung der Local Area Networks (LAN) in Koblenz und in Tetovo. Alles lief planmäßig. Verzögerungen bei der Anschaltung eines ISDN-Anschlusses der mazedonischen Post und beim Herstellen der Betriebsbereitschaft des Kurzwellenfunktrupps aufgrund eines technischen Defekts waren unkritisch und nach wenigen Tagen behoben. Auftrag ausgeführt! Keine besondere Leistung, sondern mittlerweile Standard, der erwartet wird.

Nur wenige Außenstehende können jedoch ermessen, wie viel Expertise und planerische Kompetenz bei allen beteiligten Dienststellen und wie viel Professionalität und Können auf der Durchführungsebene hinter diesem „planmäßigen" Ergebnis stecken. Können, das in zurückliegenden Einsätzen gewachsen ist und alle Bereiche der Führungsunterstützung (FüUstg) umfasst.

Die rasante Entwicklung wird im Blick zurück deutlich.

Als ich im April 1992 beim III. Korps in Koblenz meinen Dienst antrat, arbeitete der Korpsstab mit Schwerpunkt an einem Untersuchungsauftrag des damaligen Inspekteurs des Heeres, Generalleutnant Helge Hansen, um dessen Absicht, das Heer so schnell wie möglich auf den Einsatz von Krisenreaktionskräften in einem erweiterten Aufgabenspektrum vorzubereiten, umzusetzen.

Nach Auswertung von Erfahrungsberichten von Einsätzen anderer Nationen im gesamten Spektrum – von UN-Beobachtermissionen über humanitäre Hilfe bis zum Golfkrieg – und von Verfahrensregelungen verschiedenster Organisationen wurden Strukturen und Verantwortlichkeiten für die FüUstg bei Auslandseinsätzen schnell deutlich. Ebenso deutlich wurden Defizite und Lücken in unserer Führungsmittelausstattung, die bislang für eine Verteidigung im Bündnis, im eigenen Land mit seinen klimatischen und geographischen Gegebenheiten und unter Nutzung fester Fernmeldeinfrastruktur optimiert worden war.

Bei einem Besuch der Stabsabteilungsleiter des III. Korps unter Führung des damaligen Kommandierenden Generals, Generalleutnant Peter Heinrich Carstens, in den USA im Juni 1992, u.a. im Department of the Army, im Forces Command und beim XVIII. Airborne Corps wurde deutlich, dass Führungsmittel in eigener Verfügungsgewalt, die in einer der Reaktionsform angemessenen Weise verlegbar sein müssen (z.B. im Lufttransport!), zwingend erforderlich sind. Die herausragende und ständig wachsende Bedeutung eines militärischen Satellitensystems zur Sicherstellung einer wirkungsvollen nationalen Führung und eines leistungsfähigen Informationsverbundes mit hohen Datenübertragungskapazitäten wurde betont. Demgegenüber war HF-Funk für den Weitverkehr in der US-Armee bedeutungslos geworden. Kurzwellen- und Ultrakurzwellenfunk (VHF) wurden jedoch für die Führung mobiler Teileinheiten und Einheiten als gleichbedeutend betrachtet.

Unter dem Eindruck der amerikanischen Möglichkeiten war die Bewertung unserer Fähigkeiten im Jahr 1992 nicht so negativ, wie man dies hätte erwarten können. Es bestanden zwar Lücken, bei konsequenter Fortsetzung des mittlerweile angelaufenen Planungsprozesses für ein Satellitensystem der Bundeswehr, bei zeitgerechter Realisierung der Modernisierung der Fernmeldemittel des Heeres (z.B. AUTOKO 90, SEM 93, HF-Schreibfunktrupp A/C), fallweiser Ergänzung durch kommerzielle Mittel und Herstellen der Luftverladbarkeit für einige Trupps für Erkundungs- und Vorauskräfte, bestanden gute Möglichkeiten, in kommenden Einsätzen bestehen zu können. Bei dieser Beurteilung wurde allerdings nicht davon ausgegangen, dass ein Einsatz unmittelbar bevorstehen könnte.

Nachdem das Kabinett am 17. Dezember 1992 beschlossen hatte, deutsche Soldaten nach Somalia zu entsenden, ging am 18.12.1992 die Weisung des BMVg zur Unterstützung der Humanitären Hilfe der Vereinten Nationen (VN) ein. Der vorläufige Zeitplan sah die Verlegung des Erkundungs-/Vorkommandos am 29.12. vor. In den verbleibenden vier Werktagen bis zum Abflugtermin wurden u.a. handelsübliche HF-Funkgeräte und Satellitennavigationsanlagen gekauft, in der Truppe behelfsmäßig in LKW Wolf eingerüstet, die Fahrzeuge „VN-weiß" gespritzt und die Bediener ausgebildet. Der Umstand, dass der Einsatzbeginn nach Einspruch des damaligen Außenministers Klaus Kinkel zunächst verschoben werden musste, hatte auf diese Aktivitäten keinen Einfluss. Lediglich eine nach Weihnachten geplante Erprobungsübung durfte nicht mehr durchgeführt werden.

Warum diese Hektik zu Weihnachten 1992?

Die Umsetzung der Vorstellungen zur Verbesserung der Führungsfähigkeit – z.B. technische Anpassung von Führungsmitteln oder Kauf handelsüblicher Technik – war noch nicht erfolgt. Nach den Bestimmungen für die Entwicklung und Beschaffung von Wehrmaterial (EB-Mat) waren zunächst die bedarfsbegründenden Dokumente zu erarbeiten. Diese Phase war noch nicht abgeschlossen.

Andererseits hatte die politische Brisanz von Auslandseinsätzen unmittelbare Auswirkungen auf die Einsatzvorbereitungen. Die Termine von Kabinetts-, Parlaments- oder Bundesverfassungsgerichtsbeschlüssen haben auch in der Folgezeit die Vorbereitungen in der Truppe stets nachhaltig beeinflusst. Alles was auf anstehende Beschlüsse hätte „präjudizierend" wirken können, war zu unterlassen. Hierzu gehörten natürlich auch haushaltswirksame Maßnahmen.

Ein Kauf der oben erwähnten Funkgeräte war deshalb vor dem 18. Dezember 1992 nicht möglich. So kam es auch, dass weiß gespritzte LKW „Wolf" mit „UN"-Aufschrift und handelsüblicher Funkausstattung

mehrere Monate lang die Falckenstein-Kaserne in Koblenz für Reich-
weitenüberprüfungen nicht verlassen durften und ohne Erprobung in
den Einsatz verlegen mussten. Im Rahmen der normalen Ausbildungs-
und Übungstätigkeit war es aber möglich, ausgewählte Versuche durchzuführen, wie z.B. die Übertragung von AUTOKO-Fernbündeln über
handelsübliche Satellitenverbindungen oder die Datenübertragung vom
Rechenzentrum Köln-Wahn der Luftwaffe zu einem abgesetzten Rech-
ner der Heeresflieger zur Versorgung mit heeresfliegertypischem Material. Beides hätte sonst nicht auf Anhieb im Somalia-Einsatz funktioniert!

Theoretische Vorbereitungen waren möglich, sie erfolgten aber regelmäßig mit der Weisung, die „Mitwisser" begrenzt zu halten und den
nachgeordneten Bereich nicht zu beteiligen. Diese Auflage und der militärpolitische Planungsprozess bei Einsätzen in Verantwortung der Vereinten Nationen oder der NATO führten letztendlich zu einem Dilemma.

Die Erfahrung lehrt, dass es kein allgemeingültiges Schema für die
FüUstg bei Auslandseinsätzen gibt. Auf den Einzelfall optimierte Lösungen sind erforderlich. Dies betrifft Führungsorganisation, -mittel
und -verfahren in gleicher Weise. Stets sind alle Führungsebenen, vom
Inhaber der Befehls- und Kommandogewalt bis zur Einheitsebene des
Einsatzkontingents hinsichtlich ihrer Führungsfähigkeit zu überprüfen.
Der in der Sache vorgegebene Top-Down-Approach und das, zumindest
zeitweise, „Beteiligungsverbot" erschweren dabei Stabsarbeit und Planungsprozess. Die mit ersten Überlegungen befasste Höhere Kommandobehörde hat die für eine Ausplanung aller Ebenen erforderlichen
Detailkenntnisse naturgemäß nicht. Nachgeordnete Ebenen können
regelmäßig erst in einem fortgeschrittenen Stadium beteiligt werden
und sehen sich vor vollendete Tatsachen gestellt. Nachbesserungen mit
zusätzlichen Personalforderungen sind dann nur in begrenztem Um-
fange möglich. Die vorgegebenen personellen Obergrenzen des Kontingents und der Einzelelemente schränken flexibles Handeln ein.

Mittlerweile verfügen wir aber über ausreichend Erfahrung, um bestimmte Kernfähigkeiten abbilden und diese lagegerecht nach Art und
Umfang modular ergänzen zu können. Dabei wird das Fernmeldesystem
der Bundeswehr (FmSysBw) regelmäßig mit Satellitenverbindungen in
Einsatzverantwortung des Amtes für Fernmelde- und Informationssysteme der Bundeswehr in das Einsatzland verlängert und mit einem oder
mehreren Anschaltpunkten abgeschlossen. Diese bilden für das Einsatzkontingent den Zugang zur wähl- und schalttechnischen Nutzung
des FmSysBw und sind Abholpunkt für Punkt-zu-Punkt-Verbindungen

für besondere Bedarfsträger. Dem Heeresführungskommando steht damit die breite Palette aller Dienste zur Verfügung. Es nutzt mit Schwerpunkt AUTOKO als ein geschlossenes, in eigener Verfügungsgewalt stehendes System. AUTOKO-Inseln in Deutschland und im Einsatzraum werden dabei durch Transitverbindungen des FmSysBw verknüpft.

Im Einsatzland bilden die taktischen Systeme das Rückgrat für die Kommunikation. Hier gilt auf allen Ebenen die „One-up"-Regel, d.h. grundsätzlich werden auf allen Ebenen Führungsmittel der nächsthöheren Ebene vorgesehen.

Ich erwähne einige Details aus dem Funkbereich, um die mühsamen ersten Schritte hin zur Fähigkeit der Unterstützung von Auslandseinsätzen zu verdeutlichen:

Als das Erkundungskommando in Somalia erstmals über HF-Sprechfunk mit den zu Weihnachten 1992 beschafften Amateurfunkgeräten auf Anhieb erfolgreich Verbindung mit dem III. Korps aufgenommen hatte, begann die (vermeintliche) Renaissance des HF-Funks. Funk wurde im Vorfeld des Somalia-Einsatzes sehr forciert, weil es einerseits das einzige weitreichende und kryptologisch sichere Fernmeldemittel in eigener Hand war und andererseits bekannt war, dass Wüstenbedingungen nur sehr verkürzte und für den Auftrag unzureichende Reichweiten über VHF-Funk zulassen würden.

Eine vorgezogene Beschaffung der tragbaren HF-Funkgeräte PRC 2200 war nicht möglich, die Beschaffung anderer Geräte als Übergangslösung wurde ebenso abgelehnt wie die Nutzung leistungsfähiger Funkgeräte der ehemaligen NVA vom Typ SEG-15D. Letztere sollen nicht unseren VDI-Bestimmungen entsprochen haben. Dann tauchten wenige Wochen vor Verlegung des Hauptkontingents nach Somalia unerwartet mehrere Hundert Funkgeräte SE-6861 (20 W) und SE-6863 (100 W) auf. Die Geräte waren eingelagert, weil der vorgesehene Export aus unbekannten Gründen nicht durchgeführt werden konnte.

Kurz nach Einrüstung der Funkgeräte bei einer Zivilfirma im Raum Koblenz in LKW und Transportpanzer erfolgte die Verlegung in den Einsatz. Es zeigte sich, dass eine schnelle Lösung nicht immer eine gute Lösung sein muss. Die Geräte als solche waren leistungsfähig, wurden jedoch ohne Bedienungsanleitung, ohne Technische Dienstvorschriften und ohne sonstige Materialgrundlagen an die Truppe übergeben. Im Einsatz stellte sich heraus, dass die Akkumulatoren der tragbaren Geräte auf Grund jahrelanger Lagerung tief(st)entladen waren, beim Ladevorgang zerstört wurden oder die Ladung nur sehr kurze Zeit hielten. Ein Materialerhaltungskonzept existierte nicht. Ein Zustand, den die Soldaten im Einsatz als Zumutung empfanden und der vermeidbar gewesen wäre. Die Truppe, die in Deutschland mit der Übernahme und Weitergabe der Geräte beauftragt wurde, hatte aber weder die Sachkenntnisse noch die Zeit, etwa 700 Funkgeräte zu prüfen, geschweige, sie einem Dauertest zu unterziehen.

Ohne umfangreiche Funkausstattung wäre die Auftragserfüllung des deutschen Unterstützungsverbandes Somalia nicht denkbar gewesen. Etwa 400 Funkgeräte, handelsübliche Handfunksprechgeräte zur Kommunikation mit zivilen Hilfsorganisationen und anderen nicht-militärischen Ansprechpartnern sowie HF- und VHF-Truppenfunkgeräte wurden genutzt. Sie haben sich bewährt.

Funkverbindungen zwischen Deutschland und Somalia führten nach Einrichtung der Satellitenstrecken jedoch nur noch ein Schattendasein. Der G4-Kreis von der Logistikbrigade 2 in den Einsatzraum wurde vorzeitig wegen unzureichender Auslastung eingestellt.

Auch bei IFOR wurde HF-Funk zunächst intensiv eingesetzt, die Nutzung ging aber später deutlich zurück, weil auf Grund der Geländegegebenheiten ununterbrochene Verbindungen nicht hergestellt werden konnten. Aus Sicherheitsgründen wurden für Verbindungen von der Basis zu Konvois oder abgesetzten Kommandos zunehmend Satellitentelefone verwendet. Bei SFOR ergab sich ein ähnliches Bild. HF-Funk spielt heute, dies muss eindeutig festgestellt werden, (wieder) nur eine untergeordnete Rolle. Woran liegt dies?

Für den Bedarfsträger ist HF-Funk nicht erforderlich, da er ausreichend andere Mittel zur Verfügung hat. Mehrkanalsatellitenverbindungen sind ausgesprochen stabil und leistungsfähig. Einkanal-Satellitentelefone für den mobilen Einsatz sind zuverlässig, decken mit ihrem Variantenreichtum den Bedarf auf ganzer Breite und sind nutzer- und ausbildungsfreundlich. Musste das Vorkommando in Somalia mehrere Wochen noch mit drei (!) Einkanal-Satellitentelefonen auskommen, so stehen heute im Organisationsbereich Heer ca. 150 Geräte für Einsatzzwecke zur Verfügung. Dies ist ausreichend für die Unterstützung von Heereskontingenten in einer heute denkbaren Größenordnung.

HF-Funk wird auch deshalb nicht angenommen, weil er subjektiv „unzuverlässig" ist und den Anforderungen des modernen Kommunikationsbedarfs nicht mehr genügt. Seit 1991 hat die flächendeckende Einführung von handelsüblichen Telefaxgeräten in das Heer die Stabsarbeit und das Kommunikationsverhalten verändert. Es gibt kaum noch Befehle oder Meldungen ohne graphische Anteile oder Tabellen. Diese sind zurzeit über HF-Funk nicht oder nur zeitaufwendig übertragbar. Datenverarbeitungsnetze entwickeln sich langsam auch bei uns zum neuen Kommunikationsmedium. Auch der hierfür erforderliche Übertragungsbedarf wird durch HF-Funk (in einer den Nutzer zufriedenstellenden Weise) nicht gedeckt werden können.

Nutzerfreundliche und vom Nutzer selbst zu bedienende, satellitengestützte und damit weltumspannende Systeme mit einem umfassenden Angebot an Kommunikationsdiensten (Sprechen, Faxen, E-Mail etc.) und der Möglichkeit, „Closed-User-Groups" zu bilden, werden die Kommunikationsmittel der Zukunft sein und den HF-Funk insbesondere auf höheren Führungsebenen verdrängen. Dies gilt nach meiner Bewertung auch für Einsätze des Heeres unterhalb eines „High-Intensity-Conflicts". Im beweglichen Gefecht und im Zusammenwirken mit fliegenden oder schwimmenden Einheiten anderer Teilstreitkräfte wird Funk jedoch weiterhin eine bedeutende Rolle spielen. Die in Entwicklung befindlichen „Multiband-/Multirole-Geräte" (HF bis UHF) scheinen für das Heer ein geeignetes Mittel zu sein, die Einsatzmöglichkeiten bestimmter Truppengattungen führungstechnisch variabler zu gestalten.

Führungsmittel, die vom Nutzer als nicht mehr zeitgemäß und als nur eingeschränkt leistungsfähig bewertet werden, haben langfristig keine Zukunft. Hierfür gibt es weitere, aktuelle Beispiele. Ein in Somalia eingesetzter, von jeder Fernschreibstelle in Deutschland adressierbarer Fernschreibtrupp, wurde so gut wie nicht genutzt und vorzeitig zurückverlegt. Fernschreiben sind „out". Dem Führungsinformationssystem des Heeres (HEROS) war ein ähnliches Schicksal beschieden. Der Versuch, HEROS bei IFOR im Informationsverbund zu nutzen, scheiterte im Wesentlichen, weil es nicht gelang, dieses, für das Gefecht der verbundenen Waffen optimierte System auf den geänderten Bedarf und auf den mittlerweile im zivilen Umfeld üblichen technischen Standard und Bedienungskomfort umzustellen. Eine schnelle Adaption, z.B. zur Verbesserung der Grafikfähigkeit, wäre unter Rückgriff auf handelsübliche Produkte möglich gewesen. Diesbezügliche Versuche einer unkonventionellen Lösung seitens Heeresführungskommando endeten jedoch erfolglos (und mit einer ministeriellen Rüge).

HEROS ist auch heute nicht im Einsatz, dagegen boomen Fachinformationssysteme und Anwendungen zur Unterstützung der allgemeinen Stabsarbeit. Sie stellen die Übertragungssysteme vor schwierige Auf-

gaben. Die unzureichenden Datenübertragungskapazitäten in den feldmäßigen Systemen und die sich daraus ergebenden erheblichen Ein-
satzbeschränkungen sind bisher nicht so offenkundig geworden. Die
quasi-stationären Einsätze mit der räumlichen Konzentration aller Bedarfsträger in „Kabelreichweite" um die jeweilige Mehrkanalsatelliten-
station verdecken diese Schwäche. Derzeit ist mir kein Problemlö-
sungsansatz bekannt. „Digitalisierung" ist ein Schlagwort, das die Diskussion um die zukünftige Ausgestaltung der FüUstg beherrscht. Digitalisierung ist sicherlich der richtige Weg, beseitigt aber keine Defizite
der Übertragungssysteme und ersetzt auch nicht die notwendige Diskussion um eine den neuen Aufgaben angepasste Systemarchitektur.

Sind wir mit unserem EBMat in der Lage, die kommenden Herausforderungen zur Unterstützung von Einsätzen im gesamten Spektrum
zu meistern?

Ich denke ja, wenn es gelingt, die Zeitabläufe zu straffen. Notwendig hierfür sind die Verfügbarkeit von qualifiziertem und engagiertem
Personal im Bedarfsdecker- und Bedarfsträgerbereich, die Bildung ein-
deutiger Schwerpunkte und die Bereitstellung der notwendigen Finanzmittel. Beispiele, wie etwa die Einrüstung von HF-Funkgeräten in
die leichten Transporthubschrauber oder die Entwicklung und Bereitstellung eines Führungs- und Waffeneinsatzsystems auf Laptop-Basis im
Somalia-Einsatz belegen, dass das komplizierte Räderwerk EBMat unter dem Erfolgsdruck eines laufenden Einsatzes schnell funktionieren
kann. Aber auch langfristig angelegte Vorhaben können durchaus „beschleunigt" abgewickelt werden. Das Projekt „Satellitenkommunikati-
on der Bundeswehr" ist ein Beispiel hierfür. Erinnern wir uns, dass 1993
ein Techniker der Deutschen Telekom nach Somalia eingeflogen wurde
und über eine von der Bundeswehr geleaste Satellitenanlage die Verbindung über die Bodenstation der Telekom in Fuchsstadt herstellte. Seit
Januar 1998 werden über die bundeswehreigene Bodenstation in Ge-
rolstein die Verbindungen zu Endstellen, die zum Mehrrichtungsbetrieb
befähigt sind, in Bosnien-Herzegowina betrieben.

Bei Auslandseinsätzen ist der Soldat der limitierende Faktor, nicht die
Technik. Technische Unzulänglichkeiten konnten stets durch Kreativität,
Experimentierfreude, Improvisationstalent und Mut zum Risiko überwunden, Ausrüstungslücken im unbedingt notwendigen Umfang geschlossen werden. So war in bisherigen Einsätzen die Führungsfähigkeit
von Heereskontingenten stets quantitativ und qualitativ gewährleistet.

Mit KFOR und UNMIK
sechs Monate im Kosovo

Klaus Olshausen

Wenige Monate nach meiner Rückkehr aus dem Kosovo über Erlebnisse, Eindrücke, Erfahrungen und Erkenntnisse zu berichten, wirkt beinahe wie eine historische Darstellung. Denn die Entwicklung vor Ort, in all ihren Facetten – zwischen KFOR und UNMIK, zwischen der zivilen und militärischen Präsenz im Kosovo und den lokalen serbischen, albanischen, türkischen und bosniakischen Gruppen und Repräsentanten, aber auch zwischen KFOR und UNMIK einerseits und den internationalen Organisationen und den Hauptstädten der beteiligten Staaten andererseits – verläuft so schnell und schafft neue Lagen, Ergebnisse und Schwierigkeiten, dass eine Aussage, die ich versuche, nur eine auf persönlicher Einschätzung beruhende Trendaussage sein kann, aber keineswegs den Anspruch erhebt, die Zukunft vorwegnehmen zu können.

Mit dieser eingrenzenden Bemerkung werde ich folgende Aspekte ansprechen, bei denen ich zum Teil mit eigenen Aktivitäten beteiligt war:

Das UN-Mandat als Ausgangspunkt des Auftrages, die zivile und militärische internationale Präsenz mit UNMIK und KFOR in ihrem Aufbau und Zusammenwirken, die humanitäre Hilfe in den ersten Wochen der Rückkehr der Flüchtlinge und bei der Wiederherstellung beschädigten Wohnraumes, die militärische Leistung im Rahmen des militärtechnischen Abkommens mit den jugoslawischen Streitkräften einerseits und die Herausforderung bei der Demilitarisierung und Transformation der Kosovo-Befreiungsarmee andererseits. Schließen werde ich mit einigen Hinweisen, wo im internationalen Kosovo-Einsatz nachgesteuert und welche Punkte bei künftigen ähnlichen Einsätzen berücksichtigt werden sollten.

Das Mandat

Sowohl für den verantwortlichen Repräsentanten des UN-Generalsekretärs im Kosovo als auch für den Kommandeur der KFOR-Truppe bildet die UN-Sicherheitsresolution Nr. 1244 die entscheidende Grundlage für ihr Handeln. Das wird auch nicht dadurch relativiert, dass der

Kommandeur der KFOR-Truppe im Rahmen des Operationsplanes „Joint Guardian" dem SACEUR und indirekt dem NATO-Rat verantwortlich ist.

Diese Resolution formuliert ein klares Mandat, ist aber – anders als der Vertag von Dayton für Bosnien-Herzegowina – kein umfassendes Vertragswerk für den Einsatz der internationalen Präsenz, das alle Einzelheiten verbindlich festlegt. Diesem Nachteil steht der Vorteil gegenüber, dass die Resolution – bei allen Auflagen und aller Kompliziertheit in den Formulierungen – auch flexibles Handeln ermöglicht. Sowohl dem Repräsentanten des Generalsekretärs als auch dem Kommandeur der KFOR-Truppen gibt sie eine sehr weitgehende Autorität für alle Maßnahmen zur Schaffung eines sicheren Umfeldes und den Aufbau der Interimsverwaltung in allen Lebens- und Politikbereichen der Provinz.

Während es nicht überraschte, dass die Regierung in Belgrad häufig gegen Maßnahmen der Interimsverwaltung protestierte unter Berufung auf den in der Resolution betonten Grundsatz der territorialen Integrität und Souveränität Jugoslawiens unter Einschluss des Kosovo, war es in manchen Bereichen ein Hemmschuh für das Handeln des „Sonderbeauftragten" des Generalsekretärs, dass seine Vorschläge z.B. zur Gerichtsbarkeit, zur Frage der Hoheitsrechte, des Zolls und anderer immer wieder durch Einwirkung und Eingriffe der UN-Administration in New York verzögert und gelegentlich nicht nur abgeändert, sondern umgestoßen oder einfach gestoppt wurden.

Das Handeln des KFOR-Kommandeurs basierte in erster Linie auf seinem Operationsbefehl, der den Rahmen der Resolution und den NATO-Einsatzbefehl von SACEUR voll ausschöpfte.

Seine Begrenzungen fand er in manchen Auflagen truppenstellender Nationen für ihre Verbände und in dem Mangel an Truppen für besondere Aufgaben auf der Ebene oberhalb der multinationalen Brigaden, z.B. „Human Intelligence" sowie Kampf- und Einsatzunterstützung.

Die internationale Präsenz im Kosovo

Der Aufbau

Die militärische Organisation und die Kräftegruppierung für den Einsatz im Kosovo auf der Basis der Resolution Anfang Juni stand mit ausreichenden Verbänden für Anfangsoperationen bereits in Mazedonien bereit. Das war nur möglich, weil diese Kräfte zunächst mit dem Auftrag als „Extraction Forces" für die im Oktober 1998 begonnene Kosovo-Verifikationsmission aufgestellt und verlegt worden waren. Dagegen begann die zivile Organisation am 11. Juni faktisch bei Null. Lediglich ein Teil der Organisation des UN-Flüchtlingshilfswerks (UNHCR) war in Mazedonien vor Ort und konnte die seit Ende März unterbrochene Tätigkeit mit ersten Kräften verzugslos aufnehmen. Der als Interimsrepräsentant des Generalsekretärs der UNO am 13. Juni eingetroffene Sergio de Mello hatte die schwierige Aufgabe zu bewältigen, auf der Grundlage einer Lagefeststellung und -beurteilung einen Vorschlag für die Aufgabenstellung im Einzelnen und für die Strukturen der zivilen internationalen Präsenz zu entwickeln sowie zugleich mit einem sehr kleinen Team mit den Akteuren der verschiedenen Volksgruppen, aber auch der verschiedenen kosovo-albanischen Parteien erste Schritte zu unternehmen, um zur Stabilisierung des vorgefundenen Verwaltungsvakuums beizutragen.

Von Anfang an war klar, dass er selbst diese Aufgabe nur so lange wahrnehmen würde, bis die Europäische Union ihren Kandidaten dem Generalsekretär der UNO benannt haben würde. In der Praxis führte diese Interimslösung dazu, dass auch sein Team, das er mitgebracht hatte, fast vollständig das Kosovo wieder verließ, als Dr. Kouchner als „Senior Representative of the Secretary General" etwa Mitte Juli eintraf. Die erarbeiteten Vorschläge für die Spitzenstellungen und die Aufbauorganisation der internationalen zivilen Präsenz wurden von der UN in New York im Wesentlichen angenommen und in einen Auftrag des Generalsekretärs umgesetzt. So wurden unter dem „Senior Representative" die zunächst eigenständigen Elemente von UNHCR, OSZE und EU mit der zivilen Administration der UN zu einem im Organigramm gemeinsamen Gebäude zusammengeführt. Die Leiter dieser vier Elemente wurden zugleich Stellvertreter von Dr. Kouchner. Aber es war klar, und das blieb in vielen fachlichen und praktischen Fragen spürbar, dass sie natürlich ihre Loyalität und Bindung auch in Richtung Genf, Wien und Brüssel nicht aufgaben.

Während UNHCR – wie schon angesprochen – und OSZE ihr Personal zügig aufbauten und auch die EU diesem Beispiel relativ rasch folgte, benötigte der Aufbau der UN-Zivilverwaltung auf der Ebene der Provinz, der Regionen und der Landkreise erheblich länger, da dieses Personal individuell als UN-Personal eingestellt werden musste.

Zusammenarbeit – ein Erfolgsrezept!
Die Zusammenarbeit zwischen UNMIK und KFOR war von Beginn an sehr eng und wurde auf allen Ebenen durchgeführt. Das beispielge-

bende Verhalten von General Jackson und Mr. de Mello und danach Dr. Kouchner, die sich täglich zur gegenseitigen Abstimmung im KFOR-Hauptquartier zusammen setzten, spielte für Art und Geist der weitgefächerten Zusammenarbeit eine ausschlaggebende Rolle. Um die Zusammenarbeit auf der Ebene des KFOR-HQ, aber auch der Region zu erleichtern, waren eine Reihe von Maßnahmen ergriffen worden. Auf zwei möchte ich hier eingehen:

Zum einen hatte General Jackson in seinem ersten Gespräch mit Sergio de Mello bereits aufgezeigt, dass es für eine gedeihliche Zusammenarbeit darauf ankomme, dass die festgelegten fünf KFOR-Regionen mit den administrativen Regionen identisch sein sollten und darüber hinaus die Dienststellen der regionalen Verwaltungschefs in den gleichen Städten eingerichtet werden sollten wie die Hauptquartiere der multinationalen Brigaden. Dieser Anregung folgte Sergio de Mello bei der Entwicklung seines Konzeptes und erleichterte so die Abstimmung auf der zentralen wie der regionalen Ebene.

Allerdings wurde wenige Wochen später der KFOR-Kommandeur nach der Einigung zwischen der NATO und Russland durch die darin enthaltenen Festlegungen veranlasst, nun seinerseits die Grenzen der multinationalen Brigaden in einem Bereich zu ändern, so dass der regionale Administrator in Pec nun für ein begrenztes Gebiet im Landkreis („Obstina") Klina auch unmittelbar mit der multinationalen Brigade Süd zusammenarbeiten musste.

Zum anderen hatte der Generalsekretär der UN dem Vorschlag Sergio de Mellos zugestimmt, in der zivilen Administration einen durchgängigen Anteil militärischer Verbindungsstäbe/Verbindungsoffiziere einzurichten. Schon nach wenigen Wochen hatte die UN-Administration damit UNMIK nicht nur auf Provinzebene, sondern auch auf der regionalen Ebene jeweils zwei Offiziere zugeordnet, die bei den jeweiligen KFOR-Hauptquartieren als Verbindungsoffiziere tätig waren. Selbstverständlich hatte KFOR mit seinen Brigaden auch Verbindungsoffiziere zu den Organisationen der vier „Pfeiler" der UNMIK-Administration entsandt. Dabei standen zunächst die Verbindungsoffiziere zum UNHCR und dessen Regionalbüros („field offices") im Zentrum, aber auch bei den fünf regionalen Administratoren wurden mit deren Eintreffen Verbindungsoffiziere eingesetzt. Auch wenn die Leistungsfähigkeit dieses Systems von Verbindungsoffizieren in erheblichem Maße von der Qualität des eingesetzten Personals abhängt, kann doch festgestellt werden, dass eine solche Verbindungsorganisation gerade in Anfangsoperationen, aber auch bei Fortsetzung der Aufgabe ein unverzichtbares Element für die erfolgreiche Arbeit im Gesamtgefüge darstellt.

Sichereres Umfeld – Recht und Ordnung

Eine besonders wichtige Rolle in der Zusammenarbeit zwischen UN-MIK und KFOR spielen natürlich alle Ereignisse und Gegebenheiten, die mit der Sicherheit in der gesamten Provinz zusammenhängen.

Dabei standen die Aufträge von KFOR, ein sicheres Umfeld für die Rückkehr aller Flüchtlinge und für die Arbeit der internationalen zivilen Repräsentanz zu schaffen sowie die öffentliche Sicherheit und Ordnung bis zur Übernahme durch die UNMIK-Polizei und die Zivilverwaltung zu gewährleisten, im Zentrum.

In den ersten zwei bis drei Monaten mussten die Truppenteile auch alle Maßnahmen für die öffentliche Sicherheit und Ordnung wahrnehmen, die unverzichtbar waren, um das sichere Umfeld insgesamt nicht zu gefährden. Gleichzeitig begann – erstmalig – der Aufbau einer internationalen Polizei mit Vollzugsgewalt, d.h. der Einsatz von bewaffneten Polizisten.

Hier ist nicht der Ort, den Aufbau dieser UNMIK-Polizei im Detail nachzuzeichnen. Aber es war und ist für die Truppenteile – leider immer noch – eine zusätzliche Herausforderung und Belastung, wenn sie ohne vorherige gezielte Ausbildung und ohne die dazugehörige polizeiliche Ausrüstung in der Kriminalitätsbekämpfung, aber auch in der Behandlung von teilweise gewaltbereiten Demonstranten eingesetzt werden müssen. Zwar konnte der dänische „Police Commissioner" dem KFOR-Hauptquartier und mit Eintreffen seiner ersten Kräfte auch den multinationalen Brigaden beratend zur Seite stehen, aber es dauerte aus der Sicht der Truppe und mit Blick auf die Lage in der Provinz zu lange, ehe die ersten Polizeikräfte in den Hauptstädten der einzelnen Regionen die polizeiliche Vollzugsgewalt übernehmen konnten. Wenn man ein kritisches Auge auf Art und Zeitablauf des Aufbaus dieser erstmals bewaffneten internationalen Polizeitruppe wirft, dann darf dabei allerdings nicht vergessen werden, dass

– Neuland betreten wurde,
– keinerlei multinationale Polizeistrukturen für derartige Einsätze vorhanden waren, auf die   man hätte zurückgreifen können,
– Polizeikontingente aus vieler Herren Länder angeboten wurden, die den Erfordernissen dieser komplexen Aufgabe zum Teil nicht oder nur unzureichend gewachsen waren,

- auch die gut ausgebildeten Polizisten vieler Nationen erst vor Ort beginnen konnten und mussten, eigene Verfahren der Zusammenarbeit zu entwickeln, um allmählich eine schlagkräftige multinationale Polizei aufzubauen,
- auch alle logistischen Fragen, z.B. von Fahrzeugen, Funkausstattung und weiterer Polizeiausrüstung nur mit erheblichen Kraftanstrengungen bei den Nationen und bei der UN-Administration durchgesetzt werden konnten,
- insbesondere aber dass die so genannte „Special Police", die zwingend erforderlich war und ist, um an den Brennpunkten wirkungsvoller, z.B. mit gewaltbereiten Demonstranten umgehen zu können, noch nicht vollzählig im Kosovo eingetroffen ist.

Gerade in dem durch Gewaltakte und Verbrechen besonders betroffenen Pristina waren schon sehr frühzeitig konzeptionelle und verfahrensmäßige Grundlagen zwischen KFOR-Truppe und UNMIK-Polizei erarbeitet worden, die nicht nur dort, sondern auch in den anderen Regionen wirkungsvoll zur Anwendung kamen, jedenfalls in dem Umfang, in dem Polizeikräfte personell und materiell zum Eingreifen in der Lage waren.

Von Anfang an war klar, dass weder Truppe noch internationale Polizei allein und auf Dauer die öffentliche Ordnung würden sicherstellen können, wenn es nicht gelang, die Bevölkerung zur Mitarbeit zu gewinnen und aus der Bevölkerung heraus eine eigene Provinzpolizei aufzustellen. Aus diesem Grunde hatten nachdrücklich Sergio de Mello und Dr. Kouchner schon Anfang Juli mit der OSZE, aber auch mit einzelnen Nationen (insbesondere den USA) den Aufbau einer Polizeischule in Vucitrn vorangetrieben. Mitte August konnte die Schule mit einem Kurs für die ersten 170 Polizeischüler die Arbeit aufnehmen.

In der zweiten Oktoberhälfte traten diese Absolventen dann ihren Dienst in den Polizeistationen verschiedener Städte an, um sich vor Ort zu bewähren und gleichzeitig mit ihren Sprachkenntnissen die Lage für die internationale Polizei vor Ort zu verbessern. Während am ersten Kurs nur sehr wenige serbische Polizeischüler teilnahmen, erhöhte sich deren Zahl im zweiten Kurs, dessen Beginn sich leider bis Ende November verzögerte, auf über 30%. Seit Februar sind etwa 300 solcher Kosovo-Polizeischüler im Einsatz in der Provinz, und der dritte Kurs mit Teilnehmern aller Volksgruppen findet derzeit statt.

Wenn es im zweiten Halbjahr 2000 gelingt, mit internationaler und aufwachsender lokaler Polizei, mit ersten Erfolgen im Justizwesen und bei der Verwaltung der Gefängnisse, auf die im nächsten Abschnitt eingegangen wird, Fortschritte zu erzielen, wird ein wesentlicher Eckstein für eine tragfähige autonome Verwaltung in der Provinz Kosovo erreicht sein, an der prinzipiell alle Volksgruppen angemessen beteiligt werden können.

Ausgewählte Tätigkeitsfelder

Aus der Vielzahl weiterer Aufgaben greife ich nur drei Bereiche beispielhaft heraus: die Justiz- und Gefängnisverwaltung, das Schulwesen sowie das Gesundheitswesen.

Während vor allem im Gesundheitswesen, aber auch in den Schulen (vorwiegend der Grund- und Sekundärschulen) der Wiederaufbau bzw. das Wiederauffüllen des Vakuums durch viele Nicht-Regierungs-Organisationen (NGO) – aber auch aktive Mitwirkung der Kosovo-Albaner – relativ zügig Fortschritte machte, ging es bei der Gerichtsbarkeit und beim Gefängniswesen deutlich langsamer voran. Ohne die ersten beiden Bereiche zu unterschätzen, war es jedoch für die Entwicklung des sicheren Umfeldes und für die Dämpfung der Gewaltbereitschaft von ausschlaggebender Bedeutung, möglichst rasch eine funktionierende Justiz aufzubauen und Verhaftete in ordentliche Gefängnisse zu bringen. KFOR musste auch auf diesem Gebiet als zunächst einzige präsente Autorität mit eng begrenzten Ressourcen und Zuständigkeiten handeln. Zwar gelang es Ende Juli/Anfang August die ersten Staatsanwälte und Untersuchungsrichter einzustellen. Damit war die Möglichkeit gegeben, dass die von den Soldaten festgenommenen Personen innerhalb von 48 bzw. 72 Stunden einem Richter vorgestellt wurden. Dieser hatte dann die Entscheidung zu treffen, ob der Verdächtige weiter inhaftiert blieb oder auf freien Fuß gesetzt wurde, allerdings mit Hinweis auf ein späteres Gerichtsverfahren. Da aber die Gerichte bis Ende des letzten Jahres noch nicht aufgebaut waren, konnten weder KFOR noch UNMIK darauf verweisen, dass Verbrechen tatsächlich einer Sühne zugeführt worden waren.

Deshalb stieg der Unmut der Kosovo-Albaner, insbesondere mit Blick auf die nicht gesühnten Verbrechen der Serben aus der Zeit vor dem 11. Juni, und verstärkte sich die Verärgerung der Serben wegen der nicht gesühnten Verbrechen an serbischen Familien nach dem 12. Juni.

Ohne im Nachhinein den Beweis antreten zu können, dass die Gewaltbereitschaft tatsächlich gedämpft worden wäre, wenn die Gerichte früher arbeitsfähig gewesen wären, kann man sagen, dass die psychologische Lage sich schon deutlich verändert hätte, wenn der Vorwurfshaltung gegenüber der internationalen Gemeinschaft in diesem Schlüsselbereich der Boden entzogen worden wäre.

Nachdem die Serben Schulgebäude in einer Vielzahl von Gemeinden und Städten zerstört oder stark beschädigt hatten, – als Teil ihrer Politik, jeder Zukunft der albanischen Bevölkerung im Kosovo den Boden zu entziehen –, kam es zunächst darauf an, bis Ende August/Anfang September möglichst viele dieser Schulen wenigstens notdürftig für den Schulbetrieb wieder herzurichten und auszustatten sowie darüber hinaus die Winterfestigkeit der Gebäude im Auge zu haben. Während die Bestandsaufnahme durch die NGO und auch die UNICEF-Vertreter relativ rasch und zügig vonstatten ging, gab es in der praktischen Arbeit und beim Beginn der Reparaturen doch solche Verzögerungen, dass es der massiven Unterstützung von KFOR-Verbänden bedurfte, um schließlich ab der letzten Augustwoche, im September und Anfang Oktober eine Vielzahl der insgesamt mehr als 800 Schulen wenigstens behelfsmäßig betriebsbereit zu machen, so dass der Schulunterricht durchgeführt werden konnte.

Die Vorstellung einiger UNICEF-Vertreter, in noch gemischt besiedelten Gemeinden oder Städten von Anfang an multiethnische Schulen einzurichten, erwies sich allerdings als eine an der Wirklichkeit in der Provinz vorbeigehende Perspektive.

Dabei gab es sowohl die Fälle, dass serbische Vertreter sich gegen die Teilnahme von Albanern in einer Schule wandten, als auch in einer Mehrzahl von Fällen Kosovo-Albaner, die eine gemeinsame Schule mit Serben zum damaligen Zeitpunkt für nicht realisierbar, ja gefährlich hielten. Insgesamt gelang es aber doch, eine große Zahl albanischer und serbischer Kinder wieder am jeweils getrennten Schulunterricht teilnehmen zu lassen.

Dass der Schulunterricht allein nicht dazu beitrug, die traumatischen Erfahrungen der Kinder zu verarbeiten und ihre Gewaltbereitschaft zu dämpfen, zeigte sich unter anderem daran, dass an der Straße zwischen Podujevo und der Provinzgrenze zu Serbien immer wieder albanische Schulkinder serbische Busse, die zwischen Nis und Kosovo-Polje verkehrten, mit Steinen bewarfen und stark beschädigten. Auch Menschen wurden dabei verletzt.

Dieses Schlaglicht macht deutlich, dass bei den Kindern, aber auch bei den ebenfalls traumatisierten Lehrern und Eltern, die zumindest gegen derartiges Verhalten nicht eingeschritten sind, eine erhebliche

Anstrengung erforderlich ist, um als ersten Schritt vorhandene Ablehnung nicht in Gewalt umschlagen zu lassen und langfristig diese tief
sitzende und durch eigene Erlebnisse begründete, teilweise hasserfüll-
te Ablehnung schrittweise aufzubrechen und abzubauen.

Auch im Gesundheitswesen war schnelle Hilfe, ein Eingreifen mit Not-
maßnahmen zwingend erforderlich. Zunächst haben die KFOR-Truppen
mit ihren Sanitätseinrichtungen und ihrem Sanitätspersonal notwendige Unterstützung geleistet. Aber von Anfang an waren auch verschiedene NGO bei den multinationalen Brigaden tätig, die neben Nothilfe-
maßnahmen sehr rasch aktiv wurden, um nicht nur die ersten Krankenhäuser notdürftig arbeitsfähig zu machen, sondern auch den ambulanten Gesundheitsdienst, insbesondere den völlig daniederliegenden
Einsatz von Krankentransporten mit und ohne Notärzte wieder in Gang
zu bringen.

Selbst bei den Krankenhauspatienten schlug die Abneigung gegenüber der jeweils anderen Bevölkerungsgruppe durch. So konnten
nach kurzer Zeit keine Serben mehr im Krankenhaus in Pristina behandelt werden, das nach dem 12. Juni von Kosovo-Albanern übernommen worden war, und andererseits im serbisch dominierten Krankenhaus im Norden von Mitrovica keine Albaner mehr beschäftigt oder behandelt werden.

Die KFOR-Truppe war in Erwartung der prekären Situation über das
Maß hinaus, das für die Versorgung der Truppenteile erforderlich schi-
en, mit Sanitätseinrichtungen – insbesondere mit Feldlazaretten – ausgestattet. Dies erlaubte auch umfangreichere Hilfe für die Bevölkerung.
In Gesprächen mit Vertretern der UN-Administration, lokaler Kranken-
hauschefs und NGO wurde aber nach den ersten Monaten festgestellt,
dass diese Hilfe nicht dazu führen dürfe, dass die Gesundheitsfürsorge
an der örtlichen und Provinzorganisation vorbei geleistet wurde und deren zügigen Aufbau beeinträchtigte. Die Bevölkerung durfte nicht an
den Leistungsstandard der Sanitätstruppen von KFOR gewöhnt werden,
den das örtliche Gesundheitssystem mittelfristig in keinem Fall würde
erreichen oder halten können.

Dies ist nur ein kleines, aber wichtiges Beispiel dafür, dass der ener-
gische und engagierte Einsatz von KFOR-Truppen sehr eng mit den zivilen Dienststellen, seien sie international oder lokal, abgestimmt werden musste, um nicht in bester Absicht Ergebnisse zu erzielen, die langfristig den organischen Aufbau einer eigenständigen Organisation in der
Provinz behindern.

Die Finanzen

Ein Schwerpunktthema für den Sonderbeauftragten – wie für den Kommandeur der KFOR – war und ist die Finanzierung aller Aktivitäten und Maßnahmen für den Wiederaufbau der Provinz, nicht nur in seiner gesamten Infrastruktur, sondern vor allen Dingen auch und in erster Linie in seinen kommunalen und regionalen Gliederungen und Strukturen. Spätestens mit dem Einrücken in das Kosovo wurde allen Beteiligten vor Ort deutlich, dass die internationale Interimsverwaltung absehbar nicht auf größere Einkünfte aus der Provinz selbst würde zurückgreifen können, um den Verwaltungsaufwand zu bezahlen. Es war bedrückend, wie lange es dauerte, bis die internationalen Organisationen, die Weltbank, aber auch die Regierungen in den Hauptstädten von dem Grundsatz überzeugt werden konnten, dass das notwendige Geld für die Bezahlung der Gehälter von Angestellten und Arbeitern in allen Lebensbereichen zwingend bereitgestellt werden musste.

Noch befremdlicher war es, wie lange es dann dauerte, bis dieses Geld tatsächlich beim Sonderbeauftragten ankam und ihm endlich ermöglichte, Ortskräfte zu bezahlen, die z.B. als Lehrer, Krankenschwestern, Verwaltungsangestellte oder Arbeiter in allen Versorgungsbetrieben bedeutenden Anteil an der Überlebensstrategie hatten.

Diese Situation ist um so erstaunlicher, als es andererseits schon im Juli in einer Geberkonferenz in Sarajewo und dann mehrfach bestätigt, auch im November, Ankündigungen der internationalen Gemeinschaft und der Nationen gab, dass man bis zu 2 Mrd. EURO für den Wiederaufbau der Provinz im Rahmen des Balkan-Stabilitätspaktes bereitstellen wollte.

Es ist offensichtlich schwierig genug, in Krisensituationen das politische „A" zu sagen, aber es ist offenkundig, dass dem politischen „A" nicht immer oder zumindest nicht zügig das praktische und durchführende „B" folgt. Dies belastet nicht nur die Arbeit der militärischen und zivilen Präsenz vor Ort, sondern derartige Lücken und Versäumnisse können sehr schnell zu steigender Unruhe in der Bevölkerung führen und damit die gesamte Sicherheitslage dramatisch verschlechtern.

Die humanitäre Aktivität – Rückkehr der Flüchtlinge und Vorbereitung auf den Winter

Flüchtlinge in Albanien und Mazedonien

In den Frühjahrsmonaten 1999 erreichte die Vertreibungswelle der jugoslawischen Regierung trotz der OSZE-Mission und dann parallel zu den Luftoperationen der NATO ihr unvorhergesehenes Höchstmaß. Als mit der UN-Sicherheitsresolution 1244 die Voraussetzungen gegeben waren, dass mit dem Rückzug aller jugoslawischen Streitkräfte und Polizeieinheiten das Vorrücken der KFOR-Friedenstruppe möglich wurde, gab es in Mazedonien etwa 250.000 kosovo-albanische Flüchtlinge und in Albanien deutlich über 400.000. Ein erheblicher Anteil dieser Flüchtlinge war bei Familien in diesen beiden Ländern untergekommen.

Als auf der Grundlage der Resolution und des militärtechnischen Abkommens mit der jugoslawischen Regierung der Rückzug der jugoslawischen Streitkräfte und Polizeieinheiten begann und erste KFOR-Friedenstruppen einrückten, hatten zwischen dem UNHCR und KFOR Gespräche darüber begonnen, wie man eine überstürzte Rückkehr der Flüchtlinge verhindern und andererseits eine möglichst zügige Organisation für diese Rückkehr sicherstellen konnte, bei der neben allen Maßnahmen zur Reduzierung der hohen Gefährdung durch Minen auch die Frage der Versorgung vor Ort in zum Teil erheblich zerstörten Gebieten zu bedenken war.

Eine meiner ersten Tätigkeiten nach meinem Eintreffen in Skopje am 12. Juni als Stellvertretender Kommandeur KFOR für die Rückkehr der Flüchtlinge und humanitäre Aktivitäten, war die Leitung einer Besprechung, an der neben dem UNHCR auch Vertreter der mazedonischen und albanischen Regierung teilnahmen. Während die mazedonischen Regierungsvertreter darauf drängten, möglichst noch im Juni mit der Rückführung der Flüchtlinge in erheblichem Umfang zu beginnen, wollte das UNHCR sich auf keinen festen Anfangstermin festlegen lassen, tendierte aber zu einem Beginn der organisierten Rückführung nicht vor den frühen Julitagen. Die albanische Regierung schien bereit, die Flüchtlinge durchaus noch ein paar Wochen oder sogar Monate im Lande dulden zu wollen, hatte aber gemeinsam mit AFOR, dem UNHCR und anderen internationalen Organisationen bereits einen detaillierten Plan entwickelt, um insbesondere die Flüchtlinge aus den Lagern geordnet in das Kosovo zurückzuführen. Während wir noch über diese Fragen diskutierten nahmen die Flüchtlinge ihr Schicksal wieder in die eigene Hand.

Offensichtlich waren die Meldungen über den Rückzug der jugoslawischen Streitkräfte und Polizeieinheiten einerseits und das Vorrücken der KFOR-Truppen andererseits für sie Grund genug, ihre Rückkehr mit allen nur möglichen Verkehrsmitteln, sei es ein Taxi, ein Lastwagen oder ein Pferdefuhrwerk, in Angriff zu nehmen. Wenige Wochen später, zwischen Mitte und Ende Juli konnten der Sonderbeauftragte, der Verantwortliche des UNHCR für das Kosovo und den Balkan insgesamt sowie der Kommandeur KFOR feststellen, dass weit über 750.000 Flüchtlinge überwiegend eigenständig in die Provinz zurückgekehrt waren. Damit konzentrierten sich die Aktivitäten des UNHCR und weiterer internationaler Organisationen wie ECHO und OFDA mit einer Vielzahl von NGO vor allem auf die Maßnahmen zur Versorgung der zurückgekehrten Bevölkerung, einschließlich derjenigen, die aus den Bergregionen in ihre Dörfer zurückgekommen waren. Dabei stand neben der Versorgung mit Lebensmitteln und anderen notwendigen Gegenständen des täglichen Bedarfs vor allem die Versorgung mit Trinkwasser sowie mit Medikamenten im Vordergrund. Auch KFOR-Verbände waren dabei maßgeblich beteiligt. Bei der Wasserversorgung mussten wegen der vielen, oft vorsätzlich durch die Serben verseuchten Brunnen, aber auch wegen eines Mangels an Chemikalien und ausgefallener Pumpstationen zeitkritische Aktionen in die Wege geleitet werden, um örtlich katastrophale Zustände abzuwenden.

„Winterization" – Vorbereitung auf den Winter
Von Anfang an stand die alles überwölbende Frage im Raum, mit welchen Maßnahmen in den teilweise völlig oder doch stark zerstörten Städten und Dörfern für die Bevölkerung winterfeste Quartiere geschaffen werden könnten. Schon im Mai war über sogenannte „Shelter Kits" – im Wesentlichen verschiedene Plastikplanen und Holzlatten für Dächer und Fenster sowie Befestigungsmaterialien – in unterschiedlichen Varianten gesprochen worden, und die NGO hatten sich mit dem UNHCR auf diese Minimallösung als Mindestanforderung verständigt. Dennoch dauerte es Wochen, ja Monate, ehe diese „Shelter Kits" tatsächlich in der Provinz eintrafen und dann zum Teil nur mit Rückgriff auf KFOR-Truppen verteilt werden konnten. Andererseits hatten die Lagefeststellungen und Bewertungen zu den Gebäude- und den Infrastrukturschäden insgesamt in den einzelnen Regionen und Gemeinden schon im Juni/Juli erkennen lassen, dass in verstärktem Maße Bauholz und Backsteine sowie Dachziegel gebraucht würden.

Bereits Anfang Juli konnte man sehen, dass eine Reihe von kommerziellen Bauhöfen Material bereitstellten, das allerdings nur von den Kosovo-Albanern genutzt werden konnte, die meist auf dem Wege über im Ausland arbeitende Familienmitglieder über Geldzuwendungen verfügten. Frühe Hinweise an die internationalen Hilfsorganisationen, auch den mittellosen Kosovo-Albanern mittels Gutscheinen oder Bargeld den Einkauf in solchen bereits im Juli existierenden und rasch anwachsenden Einrichtungen zu ermöglichen, trafen zwar auf grundsätzliche Zustimmung, führten aber zu so langwierigen Prüfschleifen, dass noch Ende September nicht ein Gutschein oder Bargeld zu diesem Zweck an bedürftige Albaner ausgegeben worden waren.

Andererseits war auch die Vertragslage der NGO mit einer Vielzahl von Händlern und Firmen offensichtlich der neuen Lage nicht so rasch anzupassen. Das bedeutete, dass erst ab Mitte/Ende September in verstärktem Umfang Bauholz und andere notwendige Materialien durch die NGO geliefert wurden. Das führte dazu, dass bei Beginn der kalten Witterung selbst in den Bergen bei weitem noch nicht genügend Häuser repariert waren, um allen Menschen für den Winter eine erträgliche, warme, witterungsgeschützte Unterkunft zur Verfügung zu stellen. Die Lage wurde noch dadurch erschwert, dass dies Material – ebenso wie der Nachschub für die KFOR-Truppen und die internationale Gemeinschaft im Kosovo – so gut wie ausschließlich über den Grenzübergang bei Blace (über Mazedonien) in das Kosovo transportiert werden musste, ein geografisches, infrastrukturelles, organisatorisches, aber auch politisches Nadelöhr. So ließ sich die Regierung in Skopje immer wieder neue Verfahren einfallen, mit denen sie von allen Lieferanten, auch von den NGO erhebliche LKW- oder Zollgebühren erheben konnte.

Da es eine Vielzahl helfender Hände, energischer Mitarbeiter, LKW-Fahrer und politisch Handelnder gab, konnte zwar abgewendet werden, dass es für die Bevölkerung insgesamt oder größere Teile zu einer katastrophalen Situation kam, aber alle Beteiligten sollten noch einmal kritisch prüfen, welche Schritte denn möglich gewesen wären, um die Bereitstellung des Materials frühzeitiger sicherzustellen und die Reparaturarbeiten in größerem Umfang noch im Sommer zu beginnen.

Dass manchmal auch der Blick für das Offensichtliche fehlt, mag folgende Schilderung verdeutlichen.

In fast allen Regionen des Kosovo, rund um zerstörte oder weniger zerstörte Dörfer und Städte, traf man auf eine Vielzahl von meist zwei- bis dreigeschossigen Rohbauten, oftmals schon mit einem Dach versehen. Obwohl dies jedem Beobachter auffiel und ich anregte, dieses Potenzial für die Lösung der Unterbringung während des ersten Winters nach der Katastrophe zu nutzen, gelang es UNMIK in Zusammenarbeit mit New York nicht, die damit verknüpften Eigentumsfragen, die Fragen des Requirierens von Wohnraum so anzupacken, dass diese Häuser mit Fenstern, Türen und Öfen ausgestattet wurden, um eine, wenn nicht die Verstärkung des verfügbaren Wohnraumes zu erreichen.

Die militärische Leistung

*Das militärtechnische Abkommen zwischen KFOR und den
jugoslawischen Streitkräften*

Eine unverzichtbare Bedingung des NATO-Rates und der Regierungen der Mitgliedstaaten für einen Einsatz ihrer Truppen als Friedenstruppen im Kosovo war eine Vereinbarung mit den jugoslawischen Streitkräften und der Spezialpolizei über deren Rückzug aus dem Kosovo. Erst als Milosevic nach über zwei Monaten der NATO-Luftangriffe dieser Forderung zustimmte, konnte dieser Einsatz Wirklichkeit werden. Blickt man nach Monaten zurück, wird erkennbar, dass die entscheidende Phase, sozusagen der „Knüller" in diesem Zusammenhang darin bestand, dieses militärtechnische Abkommen überhaupt zustande zu bringen. Und der Zusammenhang mit der UN-Sicherheitsresolution ist bedeutsam, denn erst nach Unterzeichnung des militärtechnischen Abkommens bestand die Chance einer Einigung im UN-Sicherheitsrat auf eine Mandatserteilung als Grundlage für den NATO-Einsatz.

Dennoch blieben natürlich für den Start des Rückzugs und die kurze verfügbare Zeitspanne eine Vielzahl praktischer und organisatorischer Unsicherheiten, aber ebenso eine Reihe von Risiken. Dabei war auch die Frage zu beantworten, wie die örtlichen Führer – insbesondere der Spezialpolizei – sich bei der Verbindungsaufnahme zwischen KFOR und den Gefechtsständen der Jugoslawen zur Organisation des Rückzugs verhalten würden. Tatsächlich ergaben sich in den wenigen für das Abrücken zugestandenen Tagen zwischen dem 11. und dem 20. Juni keinerlei dramatische Situationen zwischen KFOR-Einheiten und jugoslawischen Streitkräften, der Spezialpolizei (MUP) oder paramilitärischen Verbänden.

Während es auf Seiten der NATO und KFOR zunächst ein Interesse daran gab, einen gewissen räumlichen Puffer zwischen den sich zurückziehenden Jugoslawen und den KFOR-Einheiten zu schaffen, wurde schon in den ersten Stunden nach Beginn des Rückzuges gerade von jugoslawischer Seite intensiv darum ersucht, dass KFOR-Einheiten so zügig wie möglich in das Kosovo einrücken, ja sogar abrückende jugoslawische Einheiten „überholen" sollten, um ein Vakuum zu begrenzen, in dem die Jugoslawen verstärkte Racheakte der albanischen Bevölkerung, insbesondere durch die Kosovo-Befreiungsarmee befürchteten. Die gerade in den ersten Tagen sehr hohe Zahl von Brandstiftungen, tätlichen Angriffen und auch Morden an Angehörigen der serbischen Volksgruppe untermauern, dass diese Sorge durchaus berechtigt war.

Während die einrückenden KFOR-Truppen von jugoslawischen Einheiten in keiner Weise behindert und von der kosovo-albanischen Bevölkerung, die aus den Bergen in ihre Dörfer und Städte zurückzukehren begann, begeistert begrüßt wurden, war es diesen zahlenmäßig noch schwachen Truppen aber nicht möglich, das Aufflammen von Racheakten im Keim zu ersticken. Die Leistung von General Jackson als KFOR-Kommandeur, den Abzug der jugoslawischen Formationen mit diesen so klar vereinbart und in der Praxis abgestimmt zu haben, dass er ohne Zusammenstöße und zeitliche Verzögerung durchgeführt werden konnte, kann gar nicht hoch genug eingeschätzt werden. Denn hierin lag nicht nur die Chance für die rasche Rückkehr der kosovo-albanischen Flüchtlinge, sondern auch die Möglichkeit, dass die UN-Verwaltung, wie die anderen internationalen Organisationen, die sich verpflichtet hatten, zur zivilen Administration in der Provinz beizutragen, praktisch ohne Verzögerung durch eine befürchtete Gefährdung ihrer Sicherheit, ihre Arbeit mit den ersten verfügbaren Mitarbeitern und Teams aufnehmen konnten.

Zwei Gegebenheiten sind für die nachfolgenden Monate von besonderer Bedeutung.

Zum einen führte das Interesse von KFOR an einem raschen Rückzug der jugoslawischen Einheiten dazu, dass den jugoslawischen Kommandeuren und den Vertretern in der „Joint Implementation Commission" frühzeitig signalisiert wurde, dass man ggf. bereit sei, Material, das die abrückende Truppe nicht sofort mit sich führen konnte, im Einzelfall noch nachträglich zu übergeben. Noch wichtiger als dieses auf das Material bezogene Vorgehen war die Bereitschaft, im Zuge der folgenden Monate aufgefundene, auch durch Information von UCK-Mitgliedern festgestellte Überreste von getöteten jugoslawischen Soldaten und Spezialpolizisten an die Serben zu übergeben. Beides ermöglichte bei den schwierigen Gesprächen mit der jugoslawischen Seite doch eine gewisse emotionale Entkrampfung und erhöhte die Chance – bei aller Unterschiedlichkeit der Positionen – Teilaspekte sachlich zu betrachten und einer praktischen Lösung zuzuführen.

Zum anderen muss, um Legenden vorzubeugen, darauf hingewiesen werden, dass die überwiegende Zahl der Serben, die nach dem 12. Juni die Provinz verließ, dies gemeinsam mit den sich zurückziehenden Verbänden und Einheiten tat. Dies galt nicht nur für die Gegend im Süden und Südwesten, sondern auch für erhebliche Teile rund um Pristina und zwischen Pristina und Mitrovica. Die jugoslawische Regierung versuchte in den folgenden Monaten immer, die Flucht der Serben vor allem mit dem Eintreffen von KFOR zu verknüpfen. Tatsächlich war die Flucht der Serben eine Folge der Erkenntnis, dass sie vielfältig mit den Aktionen der jugoslawischen Verbände, Polizeieinheiten und Paramilitärs verknüpft und deshalb offensichtlich überzeugt waren, ihres Lebens vor der kosovo-albanischen Vergeltung nicht sicher zu sein. Dagegen waren es in einer Mehrzahl von Fällen gerade Kommandeure der KFOR-Bataillone oder multinationalen Brigaden, die – wie auch in Orahovac und Velica Hoca – die zur Flucht aus der Provinz bereiten Serben überzeugten, dass sie im Schutz von KFOR trotz der hasserfüllten Lage in ihren Quartieren verbleiben könnten.

Seit den Julitagen hat es in der ganzen Provinz eine Vielzahl von Bewegungen der Serben nach Serbien, aber auch in serbische Enklaven innerhalb der Provinz gegeben; andererseits sind auch Serben zu Tausenden aus Serbien in bestimmte Teile, vor allem im Osten des Kosovo, zurückgekehrt und dort geblieben.

Die Demilitarisierung der UCK und die Transformation und Reintegration in die Gesellschaft

Der zweite schwierige militärische Auftrag von KFOR bestand darin, mit der Kosovo-Befreiungsarmee eine Vereinbarung über deren Demilitarisierung auszugestalten, die sowohl von der internationalen Staatengemeinschaft unter Einschluss aller Mitglieder des UN-Sicherheitsrates akzeptiert werden konnte, als auch die Chance hatte, von den Führern und Mitgliedern der Befreiungsarmee angenommen zu werden und von diesen als Beginn einer neuen, völlig veränderten Rolle in der Provinz begriffen und ergriffen werden konnte.

Das nach zähen und schwierigsten Verhandlungen in der Nacht vom 20. auf den 21. Juni von Thaci als Führer der UCK unterschriebene „Undertaking" wurde von General Jackson als KFOR-Kommandeur entgegengenommen. Es macht insbesondere in den Abschnitten über die Transformation der UCK den Spagat deutlich, der hier versucht wurde und der KFOR wie UNMIK in der Folge und noch heute intensiv beschäftigt. Einerseits musste die UCK ihre Waffen abgeben und ihre Präsenz in Uniform schon in den ersten Tagen nach der Unterzeichnung drastisch beschränken, andererseits musste die internationale Staatengemeinschaft mehr nolens als volens hinnehmen, dass die UCK sich als siegreiche Armee verstand, die – nach ihrer Auffassung – selbstverständlich und zu Recht einen gewichtigen Anteil an dem Neubeginn im Kosovo einforderte. Es ist leicht, rückblickend festzustellen, dass KFOR keine durchgreifende Entwaffnung der UCK, ja der Provinz insgesamt erreicht hat. Man muss jedoch bedenken, dass weder genug KFOR-Kräfte verfügbar waren, um eine systematische Entwaffnung – nicht nur der UCK, sondern der gesamten Provinz, und das heißt aller Volksgruppen – durchzuführen, noch sollte die Entwaffnung in einer Weise geschehen, die den Kosovo-Albanern den Eindruck vermittelte, als sei die internationale Friedenstruppe als Besatzungstruppe und nicht zur Hilfe beim Wiederaufbau der Provinz in das Kosovo eingerückt.

Die Grundschwierigkeit bei allen Fragen der Demilitarisierung der UCK lag darin, dass es keinerlei gesicherte Daten über deren verfügbare Waffen und Munitionsbestände gab. Ein gewisser Anreiz für die UCK, ihre Waffen und ihre Munition abzugeben, bestand in der Formulierung, dass übergebene Waffen und Munition von KFOR „treuhänderisch" aufbewahrt würden, bis eine politische Entscheidung über die Zukunft der Provinz getroffen sein würde, während Waffen und Munition, die von KFOR, wo auch immer, konfisziert wurden, in jedem Fall zerstört werden sollten.

Parallel zur Demilitarisierung und der formellen Auflösung der UCK bis zum 19. bzw. 20. September gewann die Frage Raum, wie die früheren Freiheitskämpfer als Individuen, aber auch in ihren informellen Strukturen behandelt werden würden, um sie in das neu aufzubauende Kosovo zu integrieren oder zumindest einzubinden.

In der Einschätzung, dass ehemalige UCK-Kämpfer sich individuell bevorzugt für die künftige Kosovo-Polizei oder andere Verwaltungsdienstposten bewerben, gab es keine grundsätzlichen Differenzen zwischen der internationalen Staatengemeinschaft – repräsentiert durch KFOR und UNMIK – und den UCK-Führern. Dagegen war der explizite Wunsch der UCK-Kämpfer nach einer Kosovo-Armee für die internationale Gemeinschaft, die in der UN-Sicherheitsrats-Resolution die Zugehörigkeit des Kosovo zum jugoslawischen Staatsgebiet formuliert hatte, nicht akzeptabel. In dieser Lage galt es, möglichst viele Arbeitsplätze, Ausbildungsmöglichkeiten und andere Betätigungsfelder für ehemalige UCK-Kämpfer zu identifizieren und mit Geldmitteln zu unterstützen, was von UNMIK mit Hilfe der „International Organisation for Migration" (IOM) seit Juli begonnen wurde. Darüberhinaus musste ein Organisationskörper gefunden werden, der es ermöglichte, eine größere Zahl von ehemaligen Kämpfern in einer klaren, übersichtlichen Struktur für die Wiederaufbauarbeit zu gewinnen, anstatt sie durch die Forderung nach rückhaltloser „Individualisierung" als informelle Gruppen quasi in den Untergrund abzudrängen und in eine Gegenposition zu

KFOR zu bringen, die durchaus zu gewalttätiger Konfrontation führen konnte.

Der nach wochenlangen Gesprächen, Abstimmungen mit den Nationen und zähen Verhandlungen mit der UCK am 20. September besiegelte Kompromiss sieht ein „Kosovo-Schutzkorps"vor, eine für Wiederaufbau und Katastrophenhilfe geeignete Organisation, die neben 3.000 aktiven Mitgliedern auch 2.000 Reservisten bzw. teilzeitbeschäftigte Mitglieder haben sollte.

Während trotz des weiterbestehenden Wunsches der UCK-Führung, letztlich eine Art Nationalgarde als Selbstverteidigungskräfte für das Kosovo anzustreben, relativ rasch eine Einigung über die zivile nichtmilitärische Aufgabenstellung dieser Organisation erreicht wurde, blieben die genaue Bezeichnung, das Emblem, die Frage einer Beibehaltung militärischer Dienstgrade, ebenso umstritten wie das Thema einer eng limitierten oder – wie es die UCK wollte – einer ausgeweiteten Verfügung über Handwaffen. Jede Einigung in diesen Fragen musste berücksichtigen, dass mit der grundsätzlichen Festlegung der Offenheit der neuen Organisation für alle geeigneten Kosovaren aus allen Volksgruppen jeder Lösungsansatz gerade für Bosniaken, Türken und Serben akzeptabel und eine erfolgreiche Bewerbung praktisch machbar sein musste.

Da die UCK am 20. September formell aufhörte zu bestehen, aber – insbesondere mangels Geld – der Sonderbeauftragte ein „Kosovo-Schutzkorps" der neuen Art noch nicht einrichten konnte, blieb es zunächst bei einem vorläufigen Kosovo-Schutzkorps. In ihm betreute General Ceku mit seinen Führern im Wesentlichen diejenigen, die Interesse bekundeten, sich für ein solches Korps zu bewerben. Als kleinen aber wichtigen Ad-hoc-Beitrag hatte Frankreich 6.000 Arbeitsuniformen zur Verfügung gestellt, die an die vorläufigen Mitglieder dieser Organisation ausgegeben werden konnten und auf denen sie auch das neu festgelegte Emblem mit der Abkürzung TMK – die albanischen Buchstaben für Kosovo-Schutzkorps – tragen konnten. Trotz der generellen Offenheit der Organisation für alle Kosovaren war klar, dass in der ersten Runde der Aufstellung eine große Zahl von ehemaligen UCK-Kämpfern in diese Organisation aufgenommen werden würde und sollte.

Darüber, wie die Auswahl individuell erfolgen sollte, gab es nicht nur zwischen der UCK-Führung und der internationalen zivilen und militärischen Präsenz unterschiedliche Auffassungen, sondern auch zwischen KFOR und UNMIK anfänglich durchaus sehr unterschiedliche Ansätze. Letztlich war aber klar geworden, dass unter praktischen

Gesichtspunkten KFOR und UNMIK vor allem einen „Gegencheck" bei all denen durchführen mussten, die Ceku für die Schlüsselfunktionen und seine nachgeordneten Regionalleiter für die mittlere Führungsebene und alle übrigen Mitglieder vorschlugen. Ein wesentliches Element für den Gegencheck war ein auf der Basis eines britischen Tests für die Einstellung in den Streitkräften entworfener Prüfbogen, den alle Kandidaten, die aufgenommen werden wollten, auszufüllen hatten. Schon dieser Test war der UCK-Führung nur schwierig zu vermitteln, obwohl hervorgehoben werden konnte, dass damit auch den künftigen regionalen Leitern der Organisation deutliche Hinweise gegeben werden konnten, inwieweit die Ausbildungsfähigkeit des Einen oder Anderen ihrer früheren UCK-Kämpfer eine weitere Verwendung im KOSOVO-Schutzkorps sinnvoll erscheinen ließ. Andererseits war bei KFOR und UNMIK natürlich die Erkenntnis vorhanden, dass gerade bei starken und in ihrem Verhalten durchaus problematischen Persönlichkeiten immer die „Gretchenfrage" zu beantworten war, ob es mit Blick auf die Sicherheitslage günstiger sein würde, sie in der Organisation und damit einigermaßen im Blickfeld zu haben, oder sie außerhalb der Organisation agieren zu lassen, wo die Kontrolle aber auch die Einwirkungsmöglichkeiten von KFOR und UNMIK noch wesentlich eingeschränkter, wenn überhaupt vorhanden waren. Aus einer Vielzahl von Gründen – wobei praktische Fragen der Tests von fast 20.000 Personen und das Prozedere für die Auswahl in mehreren Stufen beispielhaft genannt werden, aber ebenso die mangelnde und zeitlich verzögerte Finanzierung dieses Projektes – konnte der vorgesehene Zeitplan der Aufstellung des KOSOVO-Schutzkorps noch im Jahr 1999 nicht verwirklicht werden. Erst im März 2000 konnte nach der Auswahl des Schlüsselpersonals im Dezember und der mittleren Führungsebene Anfang Februar endlich die Gesamtzahl der Mitglieder ausgewählt und benannt werden.

Mit den für das Jahr 2000 verfügbaren Finanzmitteln wird es möglich sein, den Aufbau der Organisation und die Ausbildungsmaßnahmen für dieses Jahr voranzubringen, aber im Bereich der Ausstattung der Organisation müssen noch erhebliche Zahlungen und/oder Sachleistungen erfolgen, um die Mitglieder dieser Organisation praktisch im Wiederaufbau der Provinz wirkungsvoll einzusetzen.

Eine eingehende Aufbereitung und Analyse aller Überlegungen, Entscheidungen und Maßnahmen für die Demilitarisierung und die Transformation der UCK kann als einprägsames Fallbeispiel dienen, welche Fragen, welche Schwierigkeiten, welche Lösungsansätze eine Rolle spielen, wenn man versucht, siegreiche Freiheitskämpfer, deren Handeln von anderen kritisch – bis hin zur terroristischen Aktivität – bewertet wird, für einen Neuaufbau in einer Krisenregion einzubinden. Der schmale Grat, der dabei manchmal gegangen werden muss, kann dadurch verbreitert werden, dass die internationale Gemeinschaft Ausbildungsmöglichkeiten, Geld für Arbeitsplätze oder Arbeitsbeschaffungsmaßnahmen anbietet, mit denen gerade der junge UCK-Kämpfer, der nur kurze Zeit in der UCK mitgewirkt hat, für andere Tätigkeiten und Perspektiven seines Lebenswegs gewonnen werden kann. Dies war bereits im Juli erkannt worden, aber dann nicht mit gleicher Intensität und Geldmitteln vorangetrieben worden, wie die zweifellos erforderliche Schaffung des KOSOVO-Schutzkorps.

Der dritte wesentliche Bereich militärischer Leistung verbirgt sich in dem generellen Auftrag, ein sicheres Umfeld zu gewährleisten, in der die Internationalen Organisationen und die zu bildenden lokalen Gremien der autonomen Selbstverwaltung ihre Aufbauarbeit für alle Kosovaren möglichst ungestört und in jedem Fall ohne gegen sie gerichtete Gewaltanwendung wahrnehmen können. Diese Aufgabe ist gemessen an der Reduzierung der Zahl der tätlichen Angriffe, der Verbrechen, wie Entführungen, Brandstiftungen oder gar Mordtaten in beträchtlichem Umfang gelungen.

Allerdings ist das nur die statistische Betrachtung, während das subjektive Sicherheitsgefühl der ethnischen Gruppen, die jeweils als Minderheit in einer Region oder Gemeinde leben, aufgrund der gegen sie gerichteten Einschüchterungen und Ausgrenzungen, auch unterhalb der Schwelle von direkten Angriffen, noch nicht gegeben oder nur in sehr labiler Weise vorhanden ist.

Während KFOR und die UNMIK-Polizei durch hohe Präsenz in gefährdeten Gebieten das Ausbrechen von Gewalttätigkeiten begrenzen, wenn nicht verhindern können, ist es für eine grundlegende Lageänderung erforderlich, die gemäßigten Kräfte auf Seiten der KOSOVO-Albaner, wie insbesondere der serbischen Volksgruppe, dafür zu gewinnen, auf ihre Mitbürgerinnen und Mitbürger einzuwirken – bei aller Ablehnung, ja Hass, die nicht leicht zu überwinden sind – sich eindeutig gegen jede Anwendung von Gewalt auszusprechen und wo so etwas geschieht, die Information unverzüglich an die KFOR-Truppe oder die Polizei weiterzugeben.

Viel wird davon abhängen, ob sich die Erkenntnis durchsetzt, dass es für die Zukunft aller ethnischen Gruppen in der Provinz von Vorteil ist, diese zur Gewalt tendierenden Emotionen zu dämpfen und schließlich abzubauen, oder ob es zu starke Kräfte auf allen Seiten gibt, die diese Gewaltbereitschaft nutzen, ja brauchen, um ihre jeweiligen radikalen politischen Ziele für den künftigen Status des KOSOVO voranzutreiben.

Einige Erkenntnisse und Schlussfolgerungen

Die militärische und zivile Komponente bei friedensunterstützenden Einsätzen

Da beide Komponenten in so gut wie allen vorstellbaren Einsätzen dieser Art erforderlich sind, wird es darauf ankommen, nicht nur im Mandat oder einem Vertrag mit den Konfliktparteien eindeutige Hauptaufträge für beide Komponenten festzulegen, sondern die diesen zugrunde liegende Strategie gemeinsam vor Beginn des Einsatzes zu erstellen und in eine Missionsplanung umzusetzen.

Das verlangt in diesem Fall, dass das NATO-Hauptquartier und SACEUR einerseits und die UN-Zentrale und der beauftragte Leiter der zivilen Komponente andererseits bereits vor Beginn des Einsatzes abgestimmte Vorschläge erarbeiten, die dann vom NATO-Rat und z.B. vom UN-Sicherheitsrat bestätigt werden können.

Eine solche Vorgehensweise ermöglicht, dass nicht nur über die Nationen, die in beiden internationalen Gremien vertreten sind, der indirekte Versuch der Abstimmung vorgenommen wird.

Während für die militärische Grundstruktur mit multinationalen Hauptquartieren im Einsatzgebiet – in der Regel zumindest über zwei Führungsebenen – bereits eingespielte Organisationen verfügbar sind und das Zusammenwirken mehrerer, ja vieler Nationen in solchen Aufgabenstellungen in vielerlei Übungen mit NATO- und Nicht-NATO-Staaten geübt wird, gibt es für die vielfältigen zivilen Aufgaben diese Elemente gar nicht oder nur in Ansätzen und einzelnen Organisationen. Führt man, wie im Kosovo-Einsatz geschehen, Elemente aus vier großen internationalen Organisationen mit wesentlichen Teilaufgaben im Einsatzgebiet zusammen, dann ist der gewählte Ansatz, sie unter dem Dach des Sonderbeauftragten des UN-Generalsekretärs zu vereinen und einer gemeinsamen Leitung zu unterstellen, sinnvoll und richtig. Volle Wirksamkeit setzt allerdings voraus, dass die Zentralen dieser verschiedenen internationalen Organisationen, wie UNHCR, EU, OSZE und UN, ihren Repräsentanten dann auch die volle Mitwirkung bei den Lösungsansätzen des Sonderbeauftragten, die von der UN-Zentrale akzeptiert worden sind, erlauben, ja dies von ihnen erwarten und verlangen. Unterschiedliche Interessen der Großorganisationen und damit verbundener Kompetenzwettstreit beeinträchtigen eine im Grundsatz richtige Organisationsform oder machen sie sogar ineffektiv.

Sowohl im militärischen als auch im zivilen Bereich ist eine zügige und qualitativ angemessene Besetzung aller vorgesehenen Dienstposten und Organisationseinheiten von ausschlaggebender Bedeutung. Um den schnellen Aufbau zu fördern, ist es offensichtlich zweckmäßig, auch im zivilen Bereich eine Art „Kontingentlösung" für Stäbe und Organisationselemente zu wählen. Denn das Beispiel der individuellen Rekrutierung für die UN-geführte zivile Administration im Kosovo hat gezeigt, dass noch nach Monaten die vorgesehenen Dienstposten nur teilweise besetzt waren, mit erheblichen Nachteilen für die Erfüllung der Aufgaben.

Ein eigenes Kapitel für detaillierte Analyse und Auswertung verlangen der Aufbau und der Einsatz der internationalen Polizeitruppe sowie die Neuformierung einer örtlichen Polizei und dies im Zusammenspiel mit den polizeilichen Aufgaben, die in der Anfangs- und Übergangsphase faktisch bei den militärischen Truppenteilen verbleiben.

Wenn die Lösung, eine internationale Polizei mit Vollzugsgewalt in Krisengebieten einzusetzen, kein Ausnahmefall bleibt, dann müssen die Nationen Kernelemente multinationaler Polizeistäbe aufstellen, führungstechnische und logistische Vorbereitungen treffen, materielle Ausstattungen bereit halten, aber auch Verfahren für die gemeinsame Ausbildung und Übung erarbeiten.

Mit Blick auf die nationalen Polizeikräfte für örtliche Polizeireviere, für Bereitschafts- oder Spezialpolizei sowie für die Grenzpolizei, müssen die Nationen über die grundsätzliche „Entsendebereitschaft" hinaus einen Stand der Ausbildung und Verfügbarkeit erreichen, der verhindert, dass das Eintreffen dieser Kräfte sich über annähernd ein Jahr hinzieht. Hier ist akuter Handlungsbedarf. Die Nationen sollten keine Kontingentzusagen machen, ohne realistische Angaben, wann und mit welchem Ausrüstungs- und Ausbildungsstand diese verfügbar gemacht werden können. Denn anderenfalls erlahmt der auch im Kosovo festgestellte Elan der Truppe, sich den polizeilichen Herausforderungen für Recht und Ordnung in den Anfangsoperationen zu stellen, und vorhandener Ärger und Enttäuschung können dann den später als erwartet beginnenden Polizeieinsatz in Zusammenarbeit mit den Truppenteilen beeinträchtigen.

Der konzeptionell und praktisch richtige Entschluss, sehr schnell eine Polizeischule für die Ausbildung neuer lokaler Polizeikräfte einzurichten, muss dann allerdings auch durch hochqualifiziertes Ausbildungspersonal, eine ausreichende Zahl von Sprachmittlern, durch finanzielle Unterstützung für Infrastruktur, Ausbildungsmittel und andere logistische Erfordernisse konsequent abgestützt werden.

Verfügbare Finanzmittel

Während die grundsätzlichen Ankündigungen und Verpflichtungen der Nationen und internationalen Organisationen zur Unterstützung des Wiederaufbaus im Balkan im Allgemeinen und im Kosovo im Besonderen frühzeitig und mit relativ großen Summen erfolgten, gibt es noch erheblichen Handlungsbedarf, um die Abläufe zu beschleunigen, die eingehalten werden müssen, bis das Geld – sei es in bar oder in Sachleistung – in der Provinz ankommt.

Unabdingbar ist, dass im Falle eines Verwaltungsvakuums wie im Kosovo, wo auf keinerlei Einkünfte zurückgegriffen werden kann, dem Sonderbeauftragten gleich zu Beginn angemessene Mittel – auch in bar – zur Verfügung gestellt werden, um die lokal zu beschäftigenden Angestellten und Arbeiter zu bezahlen. Nur so kann eingegrenzt oder besser verhindert werden, dass andere Geldgeber sich ohne Legitimation durch Wahlen oder den Sonderbeauftragten unkontrolliert Einfluss und Macht in der sich neu bildenden Struktur verschaffen.

Auch für die notwendige Wiederherstellung und den Betrieb von Elektrizitäts- und Wasserwerken, von Krankenhäusern und weiteren Versorgungsbetrieben sind Gelder gerade am Anfang zwingend erforderlich. In diesem Zusammenhang kommt der Koordinierung der äußerst zahlreichen NGO, die sich auf sehr unterschiedliche Projekte stürzten, eine überwältigende Bedeutung zu. Das ging auch im Kosovo so weit, dass die Frage gestellt werden muss, wer koordiniert die Koordinatoren, wer lässt sich einfach nicht koordinieren und wie können die Staaten oder Gesellschaften als Träger unterschiedlicher NGO überzeugt werden, dass sie sich einer Abstimmung und Festlegung von Prioritäten vor Ort „unterwerfen".

Wenn es richtig ist, dass frühzeitig und wo immer möglich, die lokale Wirtschaft, der Handel und das Gewerbe einbezogen und angekurbelt werden sollen, dann bietet das Erlebnis im Kosovo auch reichliche Beispiele, wo die internationalen Organisationen und NGO ihre Finanzmittel im Sinne der geplanten Projekte unmittelbar in die lokale Wirtschaft fließen lassen sollten und nur das mit Verträgen von außen in die Provinz bringen lassen, wofür es in der Provinz noch keine Basis oder Produkte gibt.

Optimismus und langer Atem

Ansatz und Beginn der Mission im Kosovo mit internationaler ziviler und militärischer Präsenz stellten, insbesondere im zivilen Bereich, eine neue Dimension dar und waren insgesamt gewiss ein Erfolg. Aber in einer Vielzahl von Lebensbereichen, wie der erwähnten Gerichtsbarkeit und dem Gefängniswesen, können und müssen auf der Grundlage der gemachten Erfahrungen zahlreiche Anregungen, von denen hier nur einige behandelt wurden, gegeben werden, die bei künftigen Planungen und praktischen Einsätzen berücksichtigt werden sollten.

Mein eigener Einsatz, mein Erlebnis im Kosovo hat mich ermutigt, dass internationale, multinationale Einsätze mit militärischen und nicht-militärischen Mitteln, die unvermeidbar sein können, auch sinnvoll und zweckmäßig sind. Zugleich habe ich aber eine realistische Sicht für das Machbare gewonnen. Offensichtlich ist es für Regierungen und Organisationen leichter, ein politisches „A" zu sagen als anschließend konsequent alle Ressourcen zur Erreichung des vorgegebenen Zieles bereitzustellen und die politische Verantwortung konsequent bis zu einer tragfähigen Lösung wahrzunehmen.

Ich habe fast körperlich gespürt, dass der lange Atem, der Durchhalte- und Durchsetzungswille, aber vor allem auch die Konzentration darauf, die Menschen in der Krisenregion selbst gezielt – wenn auch schrittweise – in die Verantwortung zu nehmen, entscheidend sind für die Befriedung, um darauf aufbauend neue Entwicklungen voranzubringen.

Minenräumen vor der Küste
der baltischen Staaten

Hans-Joachim Stricker

Seit 1996 räumen deutsche Minensuchverbände der Marine die Küstengewässer der baltischen Staaten, um die Gewässer von Minen, Bomben und Sprengkörpern aus den beiden Weltkriegen und der Nachkriegszeit zu befreien. Diese Einsätze hat die Deutsche Marine seitdem weiter ausgebaut und perfektioniert, dass sich nunmehr neben den Ostseeanrainern auch Großbritannien, Frankreich und die Niederlande mit Minensuch-Einheiten an den jährlichen Operationen unter dem Namen OPEN SPIRIT unter deutscher Führung beteiligen. Der Autor, Kommandeur der Flottille der Minenstreitkräfte, berichtet über diese scharfen Einsätze und vermittelt dabei einen instruktiven und praxisbezogenen Einblick in das Räumgeschehen in der internationalen Zusammenarbeit vor Ort.

Zur Vorgeschichte

Im Rahmen einer Ausbildungsreise in außerheimische Gewässer besuchte das 5. Minensuchgeschwader aus Olpenitz unter der Führung des damaligen Fregattenkapitän Hans-Joachim Stricker vom 18. bis 21. Juni 1993 die lettische Hauptstadt Riga. Am Einlauftag gab es auf dem Versorger LÜNEBURG das übliche Spitzenessen, an dem neben dem Bürgermeister von Riga und dem deutschen Botschafter Graf Lambsdorff auch der lettische Verteidigungsminister Jundsis und der Chef der lettischen Marine Kapitän zur See Zeibots teilnahmen. Während des Essens schob der Verteidigungsminister dem deutschen Geschwaderkommandeur einen Zettel zu, auf dem vier geographische Positionen notiert waren, und man erklärte ihm, dass sich innerhalb dieser Positionen ein ehemaliger Minengarten der sowjetischen Marine befände, der zur Ausbildung der in Riga stationierten Minenabwehrkräfte genutzt worden war. Da man nicht wisse, ob sich die Minen noch in dem Gebiet befänden, bitte man das 5. Minensuchgeschwader, dieses Feld doch einmal zu untersuchen. Gleichzeitig erteilte der Minister den deutschen Booten offiziell die Erlaubnis, nach dem Auslaufen in lettischen Hoheitsgewässern Geschwaderausbildung durchzuführen.

Am 21. Juni 1993 verließ der Verband Riga, und der Kommandeur setzte im Rahmen der Geschwaderausbildung seine beiden, mit dem Minenjagdsonar DSQS 11 M ausgerüsteten Minensucher KULMBACH und LABOE auf das Gebiet innerhalb der bezeichneten Positionen an. Auftrag: „Locate, classify and plot!"

Bereits nach wenigen Stunden ergab sich – auch auf Grund der guten Sonarbedingungen – das folgende, aufschlussreiche Bild, das an das Flottenkommando in Glücksburg und die deutsche Botschaft in Riga gemeldet wurde:

„Auf Wassertiefen zwischen 37 und 45 m, bei hartem Sandboden, 52 minenähnliche Kontakte geortet und im Plot festgehalten, in der Mehrzahl Ankertauminen mit Gefäßständen zwischen 17 und 25 m."

Die Frage, ob sich noch Minen im Gebiet befänden, konnte also eindeutig mit ja beantwortet werden. Lettland wurde über die deutsche Botschaft in Riga entsprechend unterrichtet.

In seinem Bericht nach Deutschland bewertete der Geschwaderkommandeur das Gebiet als ein ehemaliges Übungsminenfeld für sowjetische Minenabwehrfahrzeuge, in dem eine große Zahl unterschiedlicher Minentypen verlegt worden war und schlug vor

– mit der lettischen Marine Verbindung aufzunehmen, um die weiteren Absichten bezüglich dieses Feldes festzustellen,

– ggf. Hilfe bei der Freiräumung des Gebietes anzubieten,

– das Feld, in Absprache mit den Letten, von Fall zu Fall für die Ausbildung deutscher Minenabwehreinheiten zu nutzen und

– geborgene Minen ggf. für die eigene Ausbildung vor Olpenitz zu verwenden.

Zunächst jedoch wurden andere im Baltikum aktiv.

Im Juli und August 1994 untersuchte, nach Absprachen zwischen der schwedischen und der estnischen Regierung, das schwedische Forschungsschiff OCEAN SURVEYOR die Gewässer und den Meeresboden im Gebiet der Inseln Osmussaar und Naissaar und den Hafen von Paldiski und ortete dabei 145 Fremdkörper, von denen wiederum sieben einwandfrei als Minen identifiziert wurden.

Die daraufhin im Jahr 1995 durchgeführte estnisch-schwedische Räumoperation, die sich vor allem auf die Ansteuerung von Paldiski konzentrierte, führte zur Vernichtung der sieben im Vorjahr georteten und von sechs weiteren, neu entdeckten Minen. Außerdem wurden 223 weitere Objekte entdeckt und geplottet.

Im Mai 1996 räumte ein schwedischer Verband zwischen dem estnischen Festland und den Inseln Hiiumaa und Saaremaa abermals fünf Minen. Außerdem wurde zur gleichen Zeit bekannt, dass die Skandinavier auch in Litauen aktiv wurden, wo sie sich mit Minenabwehrfahrzeugen zum Minenräumen bei der Vertiefung der Fahrrinne der Zufahrt nach Klaipeda beteiligten.

Als Folge der deutschen Minenortungen 1993 vor Riga wandte sich der lettische Verteidigungsminister im Januar 1994 in einem Schreiben an Minister Rühe und bat um deutsche Unterstützung bei der Freiräumung der lettischen Gewässer.

Nach den ersten deutsch-lettischen Stabsgesprächen kam Bewegung in die Angelegenheit als der lettische Seebefehlshaber, Kapitän zur See Zeibots, die Bitte um Unterstützung erneut deutlich formulierte.

Der Inspekteur der Marine stellte daraufhin zwei Voraussetzungen fest, die vor einer möglichen deutschen Zusage vorliegen müssten:

1. Eine offizielle Klärung der Statusfrage von Minen in lettischen Hoheitsgewässern und
2. ein offizielles Unterstützungsersuchen der lettischen Regierung.

Einmal Zug im Kamin ging es nun Schlag auf Schlag:

Am 13. März 1996 stellte das lettische Außenministerium zur Statusfrage der in lettischen Hoheitsgewässern befindlichen Minen hinsichtlich möglicher russischer Ansprüche klar, dass Waffen, Munition und Gerät aus ehemals sowjetischem Besitz Gegenstand des am 30. April 1994 mit Moskau abgeschlossenen Truppenabzugsvertrages sind, wonach alle nicht bis zum 31. August 1994, dem Abzugstermin der russischen Streitkräfte aus Lettland, abgegebenen oder abgezogenen Objekte in lettischen Besitz übergingen.

Am 21. Juni 1996 richtete der lettische Verteidigungsminister Krastins in einem Brief an Minister Rühe die offizielle Anfrage zur Untersuchung und Räumung von Minen in lettischen Hoheitsgewässern und zur Ausbildung von Minenabwehrspezialisten.

Die Angelegenheit sollte während eines geplanten Besuches des Inspekteurs im Baltikum vom 8. bis 11. Juli 1996 genauer besprochen werden.

Minister Rühe sagte seinem lettischen Kollegen die erbetene Hilfe zu, der Inspekteur besuchte Riga, und am 16. Juli 1996 beauftragte der Führungsstab der Marine das Flottenkommando, die lettische Marine bei der Beseitigung eines vermutlichen Minenfeldes in der Bucht von

Riga zu unterstützen, die entsprechende Minenabwehroperation zu planen und mit der Durchführung die Flottille der Minenstreitkräfte zu beauftragen.

Weiterhin wurde vorgegeben,

- dass der Einsatz die Lokalisierung, Identifizierung und Vernichtung der vermuteten Minen vor Ort umfasst,
- dass die Operation im Rahmen der Ausbildungsfahrt des 5. Minensuchgeschwaders unter zusätzlicher Beteiligung von Minenjagdbooten erfolgen soll und
- dass die Einschiffung von ein bis zwei lettischen Beobachtern pro Minenjagdboot vorzusehen ist.

Damit war die Grundlage für einen ersten Minenabwehreinsatz vor Riga gelegt.

BALTIC SWEEP 96

Besondere Schwierigkeiten bereitete der Mangel an Informationen über die Zusammensetzung und den Inhalt des anzugehenden Minenfeldes. Deshalb wurde zunächst folgende Formulierung im „Assessment" der ersten Mine Countermeasure Operational Directive (MC-MOPDIR) gewählt:

„Zweck und Minentypen des vermuteten Minenfeldes sind unbekannt. Vermutungen erstrecken sich sowohl auf ein sowjetisches Übungs- als auch auf ein protektives Minenfeld mit Gefechts- und Ankertauminen aus dem Ersten, Zweiten Weltkrieg oder der Nachkriegszeit. Das Minengebiet ist im südlichen Teil nahezu deckungsgleich mit einem russischen Minenfeld aus dem ersten Weltkrieg. In allen baltischen Gewässern muss mit einer erheblichen Anzahl von Gefechtsminen und versenkter Munition gerechnet werden. Das Vorhandensein versenkter atomarer oder chemischer Munition im Operationsgebiet ist nach allen vorliegenden Informationen auszuschließen."

Ferner wurde festgelegt, dass die Identifizierung von Objekten auf dem Meeresboden nur durch die ferngelenkte Drohne Pinguin B3 zu erfolgen habe und ein Tauchereinsatz nur in Ausnahmefällen und nach Freigabe durch den Kommandeur des Verbandes erfolgen darf, die Bergung von Objekten vom Meeresboden wurde untersagt. Die Operation konnte beginnen.

Als der deutsche Verband mit den Minenjagdbooten DATTELN, GRÖMITZ, ROTTWEIL und dem Tender MOSEL vor Riga eintraf wurden der

Operationsbefehl der lettischen Marine und die Vorgaben der deutschen Operational Directive aufeinander abgestimmt.

Die Gesamtleitung der Operation, einschließlich der parallel zur Minenjagd laufenden gemeinsamen Ausbildungsabschnitte, lag beim lettischen Gastgeber, wogegen die Tactical Control über die deutschen Einheiten und damit vor allem über die Minenabwehroperation, beim Kommandeur des deutschen Geschwaders, Fregattenkapitän Jürgen Herling, verblieb.

Die weiträumige, aber geschützte Geographie des Seegebietes, die Nähe zu einem Stützpunkt an der Mündung der Düna, die logistische Abstützung auf einen Tender, auf dem die Systemunterstützungsgruppe sowie Fach- und Hilfspersonal eingeschifft war und das Wissen, dass für Notfälle die eingespielte Organisation unserer Marine im Hintergrund bereit stand, boten gute und beruhigende Voraussetzungen für den Minenabwehreinsatz.

Das Räumgebiet selbst mit insgesamt ca. 20 sm^2 Fläche wurde in eine nördliche und eine südliche Hälfte unterteilt. Der Nordteil bekam Priorität 1. Die lettische Marine erweiterte das Räumgebiet zu einem 8 x 9 sm großen Warngebiet, von dessen Grenzen Einheiten der Küstenwache jeglichen störenden Schiffsverkehr fernhielten.

Die Minenjagdbedingungen, besonders Bodenbeschaffenheit und Schallausbreitung, waren nicht besonders günstig. Dennoch konnten nach sechs Tagen Operationsdauer die beiden Minenjagdboote DATTELN, Kommandant Kapitänleutnant Fritz-Rüdiger Klocke, und

ROTTWEIL, Kommandant Kapitänleutnant Ralf Hansen, folgende Bilanz ziehen:

	DATTELN	ROTTWEIL
Minenjagd	67 Std	74 Std
Anläufe Pinguin	16	18
Tauchereinsätze	3	5
Minen	10	6
Torpedos	2	1
Bomben	1	–
Sprengungen mit MVL	12	5

Die Ergebnisse der Minenabwehroperation übergab der deutsche Kommandeur der lettischen Marineführung. Er machte darauf aufmerksam, dass im Gebiet noch erhebliche Munitionsrückstände lägen und eine vollständige Freiräumung nur durch einen sehr hohen Zeit- und Mittelansatz erzielt werden könne. Munition am Rande und gute Sonarkontakte auch außerhalb des Einsatzgebietes ließen den Schluss zu, dass der Boden der Rigaer Bucht mit Munition geradezu gepflastert sei.

Der Erfolg hatte die Besatzungen der Boote hoch motiviert und in Anbetracht der erzielten Ergebnisse auch stolz gemacht. Überraschend für alle Beteiligten waren das ungeheure Interesse für die Räumarbeit bei den offiziellen Stellen, aber auch der Zivilbevölkerung Lettlands. Der Mann auf der Straße zeigte sich sehr gut informiert und unsere Soldaten wurden in der Stadt häufig auf die Räumaktion angesprochen.

Durch den lettischen Verteidigungsminister und den Befehlshaber Seestreitkräfte wurde, öffentlich und im persönlichen Gespräch, großes Interesse an der Fortführung des Räumeinsatzes und der Ausbildungsunterstützung geäußert.

Darüber hinaus ließen die Ereignisse vor der lettischen und der estnischen Küste die baltischen Staaten immer stärker den Willen zur Bildung einer „Mine Countermeasures Force Baltic" (Baltic Squadron – BALTRON) artikulieren.

Inzwischen wurde das Baltische Geschwader 1998 in Dienst gestellt und hat sein erstes multinationales Manöver erfolgreich absolviert.

Der Einsatz vor Riga, BALTIC SWEEP 96 genannt, hat bei allen Beteiligten zu einem beträchtlichen Erfahrungsgewinn geführt, der bei der Planung und Durchführung folgender Einsätze von großem Nutzen war.

Zum ersten Mal seit der Freiräumung des Golfes 1991 waren unsere Minenabwehrkräfte im Einsatz gegen Minen und wieder in außerheimischen Gewässern mit allen damit verbundenen besonderen Herausforderungen.

OPEN SPIRIT – In the Spirit of Partnership for Peace

OPEN SPIRIT geht auf eine Initiative der Flottille der Minenstreitkräfte vom August 1995 zurück. Ziel war es, Übungen der Minenabwehrstreitkräfte mit den übrigen Ostseeanrainerstaaten durchzuführen. Der Führungsstab der Marine griff die Idee auf und informierte unsere Ostsee-Nachbarn in Dänemark, Schweden, Finnland, Russland, Estland, Lettland und Litauen über die geplante Durchführung eines Symposiums zur Vorbereitung gemeinsamer Übungsaktivitäten von Minenabwehr- und Küstenschutzeinheiten.

Nach dem Eingang von zustimmenden Signalen lud die Flottille der Minenstreitkräfte im November 1995 alle potenziellen Teilnehmer ein. Bis auf Russland, sagten alle angeschriebenen Staaten zu, an OPEN SPIRIT teilzunehmen. Teilnehmer der einwöchigen Veranstaltung im April

1996 waren die Typ- und Geschwaderkommandeure der jeweiligen Minenabwehrstreitkräfte.

Die überaus positiven Reaktionen auf diese deutsche Initiative im Ostseeraum führte zu dem Entschluss, das einmal Begonnene fortzuführen und auszubauen. Die Flottille der Minenstreitkräfte wurde vom Führungsstab der Marine beauftragt, von nun an jährlich die Übung OPEN SPIRIT auszurichten und die Seephase auch „zum aktiven Minenräumen in Gewässern der baltischen Staaten zu nutzen".

Daraufhin fand im April 1997 in Olpenitz ein weiteres multinationales Symposium zur Vorbereitung des Einsatzes in baltischen Gewässern statt. Minenabwehrexperten aus Dänemark, Estland, Finnland, Lettland, Litauen, Polen und Schweden waren angereist, um gemeinsam die Ziele für OPEN SPIRIT 97 zu entwickeln und den groben Rahmen für die operativ-taktische Umsetzung abzustecken.

Drei Ziele wurden dabei verfolgt:

– Wirksames Praktizieren und Fördern der maritimen Zusammenarbeit im Ostseeraum im Geiste von Partnership for Peace (PfP),
– Leisten eines Beitrags zur Reduzierung von Altlasten in der Ostsee bei gleichzeitiger Unterstützung Lettlands in der Lösung seiner spezifischen ökologischen Probleme und nicht zuletzt
– Steigern der individuellen Einsatzfähigkeit der beteiligten Einheiten auf dem Gebiet der Minenabwehr.

Kern der Operation sollte ein Einsatz von Minenjagdbooten zur Munitionsbeseitigung in der Bucht von Riga sein, um einerseits auf den Erkenntnissen und positiven Erfahrungen aus BALTIC SWEEP 96 aufbauen und andererseits die geschützte Lage des Operationsgebietes in dieser Jahreszeit nutzen zu können.

Am 8. September 1997 begann für die deutschen Einheiten OPEN SPIRIT 97. Unter der Führung von Fregattenkapitän Thomas Jugel liefen der Tender MOSEL, die Minenjagdboote BAD BEVENSEN und SULZBACH-ROSENBERG sowie das Minensuchboot AUERBACH aus dem Marinestützpunkt Olpenitz aus.

Am 10. September erreichte der deutsche Verband die südschwedische Hafenstadt Karlskrona. Im Handelshafen lagen bereits das estnische Minensuchboot SULEV, das französische Minenjagdboot SAGITTAIRE und das schwedische Minenjagdboot KULLEN, die nun offiziell in den Verband integriert wurden. Auch die Verbindungsoffiziere aus Schweden, Dänemark, Lettland und Litauen schifften sich als Angehörige des multinationalen Stabes auf dem Tender MOSEL ein.

Am nächsten Morgen begann die Überfahrt in die Bucht von Riga. Die Fahr- und Fernmeldeübungen des Verbandes machten deutliche Fortschritte und mehrere Hubschrauberlandungen auf dem Tender MOSEL rundeten das Bild einer abwechslungsreichen Verlegungsfahrt ab. Am Abend des 12. September 1997 traf der Verband im Einsatzgebiet ein.

Die Minenjagdoperation

Die exakten Koordinaten des Einsatzgebietes waren von der lettischen Seite frühzeitig übermittelt worden. Das Gebiet lag im südlichen Rigaischen Meerbusen östlich der Haupteinfahrt nach Riga und sollte nach Freiräumung als Reede für Handelsschiffe genutzt werden. Das zugewiesene Gebiet umfasste ca. 70 Quadratseemeilen und deckte in seinem Zentrum auch das ca. 20 Quadratseemeilen umfassende Einsatzgebiet von BALTIC SWEEP 96 ab.

Auf Grund der typspezifischen Minenabwehrfähigkeiten kamen für den realen Räumeinsatz ausschließlich Minenjagdboote in Frage. Angesichts der Anzahl verfügbarer Minenjagdsysteme (je ein französisches und schwedisches Minenjagdboot und zwei deutsche Minenjagdboote) sowie des engen Zeitrahmens mit ca. dreieinhalb Tagen verfügbarer Operationszeit war schnell klar, dass das zugewiesene Einsatzgebiet nicht in vollem Umfang geräumt werden konnte.

Um eine präzise Dokumentation zu ermöglichen und damit eine verwertbare taktische Basis für eventuelle Folgeoperationen zu schaffen, wurde ein geographisches Gridsystem mit Untergebieten von je einer Quadratseemeile über das Einsatzgebiet gelegt. Diese Vorgehensweise unterstützte auch die Zielsetzung, die Minenjagdsysteme möglichst flexibel zu „tasken", d.h. mit der Räumung angemessen kleiner Teilquadrate beauftragen und verlässliche Angaben über den Grad der Freiräumung machen zu können.

Am Abend des 12. September begann die Minenjagdperiode mit dem Einsatz. In insgesamt 310 Stunden „on task", d.h. aktiver Minenjagd, wurden durch die vier Boote aus drei Nationen schrittweise 17 Quadratseemeilen abgesucht und insgesamt 19 Objekte durch Sprengung beseitigt. Im Einzelnen handelte es sich um 13 Ankertauminen, zwei Grundminen, drei Torpedos und eine Sprengboje.

Diese „Ausbeute" zeugt einerseits von einem guten Ausbildungsstand der Besatzungen und war andererseits gleichzeitig ein sichtbarer Beitrag zur Lösung der lettischen Umweltprobleme.

Noch wichtiger für die spätere Nutzung des betreffenden Gebietes war jedoch die Tatsache, dass eine verlässliche und nachvollziehbare Aussage zum Freiräumungsgrad der Teilquadrate getroffen werden konnte. Von den 17 Quadratseemeilen des abgesuchten Gebietes wurde in 14 Quadratseemeilen eine beachtliche Freiräumung von 96% erzielt. Diese Fläche entspricht ca. einem Fünftel des von Lettland zugewiesenen Einsatzgebietes. In weiteren drei Quadratseeemeilen wurden 50-80% Freiräumung erreicht.

Als Resümee lässt sich festhalten: Die erstmalige gemeinsame und enge Zusammenarbeit von NATO- und Nicht-NATO-Einheiten in einem realen Minenjagdszenario im Geiste von PfP hat keine unüberwindbaren Probleme aufgeworfen. Natürlich sind die in gemeinsamen Vorschriften festgelegten Verfahrensabläufe im Detail noch besser abzustimmen. Selbstverständlich ist auch in Zukunft darauf zu achten, dass das verfügbare Fernmeldegerät kompatibel ist.

Gemessen an der Zielsetzung ist jedoch der Minenjagdeinsatz von OPEN SPIRIT 97 als voller Erfolg zu werten. Die erzielte Freiräumung und die Anzahl der beseitigten Minen sprechen für sich. Darüber hinaus wurde mit OPEN SPIRIT 97 eine solide taktische Grundlage für Folgeoperationen gelegt.

OPEN SPIRIT 98

Während der Planung für 1998 wurde entschieden, in den Gewässern vor Estland zu operieren und entlang der estnischen Nordküste zu arbeiten. Als Operationsgebiet wurde das Gebiet zwischen der Insel Osmussar und der Zufahrt nach Tallinn festgelegt. Die schwedischen Teilnehmer am Symposium steuerten wertvolle Informationen über ihre kurz zuvor durchgeführten Minenabwehreinsätze vor der estnischen Küste bei. Finnland lieferte wichtige Informationen über die Umweltbedingungen, besonders über die Unterwasserbedingungen.

Der Verbandsführer, Fregattenkapitän Hans-Georg Buss, Kommandeur des 5. Minensuchgeschwaders, wurde wiederum von einem internationalen Stab, bestehend aus neun Offizieren aus fünf Ländern, unterstützt. Eingeschifft war der Stab auf dem deutschen Tender MOSEL. Erstmals waren die Einheiten des erst kürzlich aufgestellten trinationalen baltischen Geschwaders Estlands, Lettlands und Litauens unter der Führung des Commander Baltic Squadron, Kapitän zur See Lesinskis aus Lettland, integriert.

Die eingesetzten Minenjagdboote sollten zuerst eine Küstenverkehrsroute von der Insel Dagö aus in östlicher Richtung nach Tallinn freiräumen. Die erste Priorität lag auf dem westlichen Teilstück dieser

Route. Die Minenjagdgruppe konzentrierte sich zunächst auf die Küstenverkehrsroute, die den Streifen A und B des festgelegten Gridsystems entspricht. Nachdem einige Minenreihen in nordnordwestlicher Richtung festgestellt worden waren, wurden die Einheiten nach Beendigung ihres Einsatzes in den A- und B-Streifen auch in den Streifen C und D eingesetzt.

Der Großteil des Einsatzgebietes war hinsichtlich der Bodenqualität sehr gut und eignete sich bestens für die Minenjagd. Bei Wassertiefen von 15 m bis zu mehr als 100 m waren Taucher ebenso wie ferngelenkte Minenjagddrohnen einsetzbar. Hervorragende Unterwassersichten machten das Arbeiten mit den Tauchern und den Videodrohnen einfach. Die für den Sonareinsatz so wichtige Temperaturschichtung des Wassers war annähernd isotherm und ermöglichte den problemlosen Einsatz der Sonare.

Insgesamt befand sich die Minenjagdgruppe 580 Stunden im Einsatz („on task" = Nettoeinsatzzeit ohne Bunkerstops, Versorgung in See, Personaltransferzeiten etc.). Es wurden 26 Boxen mit einer Gesamtfläche von rund 56 Quadratseemeilen abgedeckt. 96 Mal wurden die Unterwasserdrohnen bis zu einer Tauchtiefe von 105 m eingesetzt. Die durchschnittlich erreichte Freiräumung gegen Minen betrug rund 90%.

Während der Operation wurden auch fünf nicht verzeichnete Schiffswracks, zwei größere Teile eines älteren Flugzeugwracks (Fahrgestell, Motorgondel und Tragflächen) und vier Ankerstühle von Ankertauminen geortet.

Insgesamt wurden 30 Minen, ein Torpedo sowie eine Bombe während der Operation geortet und anschließend gesprengt. Der größte Teil der Minen war russischen Ursprungs, darunter die M-26 mit einem Ladungsgewicht von 240 kg. Ebenso wurden deutsche Ankertauminen vom Typ EMC geortet. Die Mehrzahl der gefundenen Minen war in erstaunlich gutem Zustand, einige sahen aus, als wären sie erst vor kurzer Zeit gelegt worden. Wie schon vor Riga wurde mit dem Einsatz vor der estnischen Küste die Grundlage für eine gezielte und nachvollziehbare Beseitigung von Minen und Munition gelegt. Auch hier kann jetzt in Folgeoperationen nahtlos an den Einsatz von 1998 angeknüpft werden.

OPEN SPIRIT 1999

Zur Planungskonferenz Anfang April 1999 waren 15 ausländische Offiziere aus elf Nationen in Olpenitz vertreten, um gemeinsam mit ihren deutschen Kameraden die Seephase im Detail zu planen.

OPEN SPIRIT 1999 fand in litauischen Gewässern in der Nähe des Hafens Klaipeda statt. Vom 24. August bis 9. September 1999 gingen Minenjagdboote aus fünf Nationen in einen fast schon routinemäßigen Einsatz. Unter Führung des Kommandeurs des 3. Minensuchgeschwaders, Fregattenkapitän Peter Lochbaum und seines Chef des Stabes Kapitänleutnant Igor Schvede aus Estland, kamen insgesamt 14 Einheiten mit 650 Mann Besatzung zum Einsatz.

Neben gemeinsamen Übungen zur Vertiefung von Einsatzgrundsätzen in der Minenabwehr wurden die Minenjagdboote CATTISTOCK aus Großbritannien, BELIS aus Belgien, MAKRELEN aus Dänemark, STYRSO und SKAFTO aus Schweden und ROTTWEIL und WEIDEN aus Deutschland eingesetzt, um ein erstes Minenlagebild in litauischen Gewässern zu erstellen und gefundene Minen zu vernichten.

Mit dem Einsatz vor Litauen wurde das Lagebild über noch vorhandene Minen in den Küstengewässern der drei baltischen Staaten vervollständigt. Aufbauend auf den Erkenntnissen der Operationen von 1996 bis 1999 können Folgeoperationen nun auch kurzfristig angesetzt werden, um einen weiteren Beitrag zur Beseitigung von Altlasten in der Ostsee zu leisten. Die Sicherheit von Fischerei und Handelsschifffahrt wird durch diese Einsätze erhöht.

Schon bei den Planungen für OPEN SPIRIT 99 wurde besonders deutlich, dass OPEN SPIRIT Name und Motto zugleich ist.

Der offene und vorurteilsfreie Umgang miteinander, gelungene multinationale Kooperation und schließlich die Beseitigung von Minen und Munition zweier Kriege, ist beispielgebend und zeigt, dass die Ostsee heute zu recht als „Meer der Möglichkeiten" bezeichnet werden kann.

Winterhilfe für Russland

Klaus Peter Hirtz

Die angespannte Versorgungslage der russischen Bevölkerung in den Jahren 1991 und 1992 hatte in Deutschland eine breite Welle der Hilfsbereitschaft in Form von Geld-, Sach-, Bekleidungs- und Verpflegungsspenden aller Art ausgelöst. Die Hilfsgüter wurden von Einheiten der Deutschen Marine in 36 Reisen vorrangig nach Leningrad und Klaipeda transportiert. Allein an Lebensmitteln umfassten die Transportleistungen über 12.000 t.

Am 3. Oktober 1990 erlangte Deutschland die Einheit. Dies war neben vielen „Zwei-plus-Vier-Gesprächen" durch das Treffen des sowjetischen Generalsekretärs Gorbatschow und Bundeskanzler Kohl im Juli des gleichen Jahres im Kaukasus möglich geworden. Deutschland sollte Gelegenheit erhalten, sich bald erkenntlich zu zeigen. Früh im Herbst verstärkten sich die Signale über zunehmende Versorgungsschwierigkeiten in der Sowjetunion.

Über Hilfs- und Spendenaufrufe trugen zunächst karitative Organisationen das Wissen um die Nöte der Sowjetbürger in unsere Bevölkerung. Eine breite Welle der Hilfsbereitschaft in Form von Geld-, Sach-, Bekleidungs- und Verpflegungsspenden wurde ausgelöst. Die Frage: „Wie gelangt diese Spendenflut an die Bedürftigen in der Sowjetunion?" wurde schnell zum zentralen Problem. Hier war die öffentliche Hand gefordert.

Im November vereinbarten Kohl und Gorbatschow – und damit wieder auf höchster Ebene – Hilfsaktionen, um die Versorgung der sowjetischen Bevölkerung durch vorrangig Nahrungsmittellieferungen zu verbessern. Auf Regierungsebene übernahm eine „Interministerielle Arbeitsgruppe Sowjetunion" unter Federführung des Kanzleramtes die Steuerung der Gesamtaktion. Insgesamt acht Ministerien, darunter auch das Verteidigungsministerium, aber auch das Kanzleramt saßen in dieser Sache häufig an einem Tisch. Eine Delegationsreise unter Leitung des Abteilungsleiters im Kanzleramt, Teltschik, Ende November nach Moskau brachte weitere Klarheit darüber, was und vor allen Dingen wo etwas am dringendsten gebraucht wurde.

Nun musste sehr zügig gehandelt werden.

Die Bundeswehr hatte bereits ihre Möglichkeiten zur Abgabe von Lebensmitteln aus der Einsatzbevorratung geprüft. Durch die zu Beginn des Oktobers erreichte Einheit boten sich auch Bestände der ehemaligen NVA für eine Hilfe an.

Eine Herabsetzung des Verpflegungsvorrats wurde vor dem Hintergrund der so deutlich verbesserten Sicherheitslage Deutschlands – und der Mitgliedstaaten des Atlantischen Bündnisses – entschieden. Das Ergebnis waren 32.000 t Lebensmittel, die im Rahmen dieser Hilfsaktion angeboten werden konnten. Die Not in der Sowjetunion wuchs und die Transportfrage rückte nicht erst jetzt sehr deutlich in den Mittelpunkt der Aktion. Die Entwicklung des Transportplanes lag nicht nur in Händen der Bundeswehr, sondern war natürlich eng mit der sowjetischen Seite abzustimmen. Dabei war, wie immer bei Hilfsaktionen, auch auf die Gefühle der Nehmenden Rücksicht zu nehmen. Noch im Dezember begann der Transport in drei größeren Gruppierungen.

Im Norden Deutschlands sollten 12.000 t durch Marineschiffe aus den Häfen Wilhelmshaven und Flensburg nach Leningrad und Tallin und 2.000 t durch ein sowjetisches Handelsschiff verbracht werden.

14.000 t waren in den Donauhäfen Regensburg und Kehlheim zur Verladung auf sowjetische Flussschiffe und 4.000 t in den Seehäfen Rostock, Stralsund und Greifswald bereitzustellen.

Damit waren die Landtransportkapazitäten der Bundeswehr für die nächsten Wochen bis aufs Äußerste angespannt.

Im Folgenden beschränkt sich der Autor auf die Schilderung des ersten einer Reihe von Transporten mit Schiffen der Marine, den er als Kommandeur des 1. Minensuchgeschwaders mit dem zu diesem Verband gehörenden Minentransporter STEIGERWALD durchführte.

Nach dem ersten offiziellen Besuch eines deutschen Marineverbandes unter Führung des damaligen Kommandeurs der Zerstörerflottille und späteren Inspekteurs der Marine, Flottillenadmiral Boehmer, im Oktober 1989 sollte dies der zweite Besuch einer Einheit der Deutschen Flotte in einem sowjetischen Hafen werden – allerdings aus ganz anderem Anlass und unter anderen äußeren Bedingungen. Die Unternehmung war nicht deshalb eine besondere, weil die Anforderungen an militärische Fertigkeiten besondere waren, sondern weil ein sehr ungewöhnlicher, der Natur nach gänzlich unmilitärischer Auftrag unter für uns sehr ungewöhnlichen Witterungsbedingungen bei und mit dem ehemaligen Gegner zu erfüllen war.

Die Beladung der STEIGERWALD mit ca. 1.300 t Lebensmitteln konnte bis zum Ende der zweiten Januarwoche in Flensburg abgeschlossen werden. Parallel liefen die generellen Vorbereitungen einer solchen Reise. Diplomatische Anmeldungen, nautische Vorbereitungen, einschließlich der Hafeninformationen, Wetterprognosen, Führungsfragen, Fernemeldeanbindung und Bevorratung bestimmten diese emsigen Tage vor dem Auslaufen. Besondere Aufmerksamkeit verdienten aber die aktuelle und die prognostizierte Eislage im Finnischen Meerbusen, die Vorbereitung und Einstimmung der Besatzung auf einen Besuch beim ehemaligen Gegner aus der Zeit des Kalten Krieges und die Modalitäten des Hilfsgüterumschlages vor Ort. Die Einschiffung eines russischsprechenden Stabsoffiziers der ehemaligen Nationalen Volksmarine sollte uns bei der Überwindung von Sprachproblemen helfen. Noch sahen wir keine; sie sollten aber kommen.

Drei Tage für einen gut 800-sm-Marsch sollten reichen, um wie angemeldet am Montag, 13. Januar 1991 um 10:00 Uhr in Leningrad einzulaufen. Den internationalen Gepflogenheiten entsprechend läuft die Marine nahezu ausnahmslos um 10:00 Uhr in ausländische Häfen ein.

Bei herrlichem Winterwetter verbrachten wir das Wochenende zwischen Flensburg und Leningrad auf See. Die so genannte Wochenendroutine an Bord gestattete weitere Vorbereitung der Besatzung auf diesen Hafen, soweit mit Blick auf sehr praktische Fragen der aktuelle Stand der Dinge bis zum Auslaufen in Erfahrung zu bringen gewesen war. Zu Letzterem gehörten die allgemeine Sicherheitslage im Hafen, beim Landgang, einzeln oder in Gruppen, in Uniform oder Zivil, Geldumtausch, private Kontakte u.ä.. Dazu sollten wir Näheres erst in Leningrad erfahren.

Am Sonntagnachmittag passierte das Schiff die Insel Gogland im Finnischen Meerbusen, ca. 100 sm von Leningrad entfernt. Kurz darauf liefen wir in zunächst noch dünne Eisfelder ein, die allerdings an Stärke stetig zunahmen. Die uns ungewohnten Erschütterungen bei Eisfahrt, Probleme der Motorenkühlung durch Eisschlamm in den Ansaugstutzen, aber auch die Erwartung, dass auf Grund der Westwindlage der vergangenen Tage die Eisdicke nach Osten weiter zunehmen würde, veranlassten zur Umkehr.

Die Anforderung eines Eisbrechers war auf normalem internationalem Seesprechfunkwege (VHF) wegen der Entfernung zu den Landstationen nicht möglich. Über das Flottenkommando in Glücksburg, im weiteren Wege das noch junge Marinekommando Rostock und von dort über noch aus NVA-Zeit bestehende militärische Telefonverbindungen zum Hauptquartier der sowjetisch-baltischen Flotte wurde die Eisbrecheranforderung geleitet. Binnen etwa drei Stunden erhielten wir in See die Bestätigung des Eintreffens eines Eisbrechers gegen Mitternacht am gewünschten Ort östlich Gogland. Der Eisbrecher erschien nahezu pünktlich, der Marsch konnte fortgesetzt werden. Wir begannen, uns an die Erschütterungen des Schiffes bei Eisfahrt zu gewöhnen. Im Schiffstechnikbereich herrschte jedoch höchste Aufmerksamkeit.

Beim ersten Tageslicht erreichten wir Kronstadt, die Leningrad auf einer Insel um etwa 10 sm vorgelagerte Marinebasis. Beim Blick durch das Doppelglas boten sich eine Reihe offensichtlich nicht einsatzfähiger, möglicherweise kaum mehr betriebsbereiter Minensuch-, Patrouillenund U-Boote. Die gesamte Hafenanlage machte einen baufälligen Eindruck.

Die Lotsenübernahme im Eis erfolgte nach sonst nicht gewohnten Regeln. Das Lotsenfahrzeug, rechtwinklig zur Fahrwasserrichtung im Eis steckend, setzte den Lotsen über das Heck auf unsere mittschiffs ausgebrachte Lotsenleiter ab und zog dann wieder einige Meter voraus.

Der russischsprachige ehemalige NVA-Offizier begann sich nun schon sehr nutzbringend auszuwirken, obwohl der Lotse auch einige Worte Englisch sprach. Kurz darauf erreichten wir den Hafen. Es fiel auf, dass das Gelände mit Umschlaggütern sehr angefüllt war, wenig Schiffe im Hafen lagen, auf noch weniger Schiffen Be- oder Entladearbeiten erfolgten, der ganze Hafen die sonst übliche Betriebsamkeit vermissen ließ.

Uns wurde ein guter stadtnaher Liegeplatz im Handelshafen zugewiesen. Die sowjetische Seite war mit Angehörigen der Marine und zahlreicher Behörden zur Begrüßung erschienen. Die Abgrenzung der Zuständigkeiten zwischen den drei Marineoffizieren vom Kapitän zur See bis zum Kapitänleutnant war noch sehr eingängig, die der Vertreter von Stadt, Hafenbehörde, Sicherheitseinrichtung, Handelsgesellschaft – letztere sollte die Hilfsgüter in Empfang nehmen und im Sinne der Vereinbarung zwischen Deutschland und der Sowjetunion verteilen – sind uns trotz Dolmetscher und vieler Nachfragen bis zum Auslaufen nur bedingt klar geworden. Insbesondere zur Klärung der Verteilung der Hilfsgüter war uns jedoch daran gelegen.

Die Entladung begann nicht am ersten Tag. Unklar blieb zunächst auch, ob direkt auf LKW verladen würde oder zunächst in angrenzenden Schuppen zwischenzulagern sei.

Am Nachmittag erhielten wir Besuch von einem Vor-Ort-Vertreter des deutschen Caritas-Verbandes, der uns auf die Gefahr der nicht ordnungsgemäßen Weitergabe der Hilfsgüter an Bedürftige aufmerksam machte. Rückfragen per Funk nach Deutschland, ob unter solchem Eindruck anders zu verfahren sei, wurden verneint.

Die Entladung begann am zweiten Hafenliegetag; zögernd und stets mit der Überwindung von Zuständigkeitsgrenzen beim sowjetischen Personal. Die Kranführer wussten nichts über die Absetzorte im Schuppen, das Umschlagpersonal nichts über die Arbeitszeiten von Kranführern, d.h. wann erscheint überhaupt jemand und werden ein oder zwei Kräne eingesetzt. Auf die jeweiligen Gegebenheiten musste ja die Zuarbeit der Besatzung im Schiff – Bereitstellung der Paletten an Luken – eingestellt werden. Kurzum: Es musste viel nachgesteuert und immer wieder Verständnis für Wartezeiten aufgebracht werden. Für die Besatzungsangehörigen der STEIGERWALD war das ein exemplarischer Einblick in das im Westen immer als typisch für den Kommunismus herausgestellte System der engen und hierarchischen Kompetenzgliederung. Mit einer Reihe weiterer jeweils nicht sonderlich zügig zu lösender Fragen zog sich die Entladung des Schiffes über nahezu fünf Tage hin.

Wir alle nahmen das aber mehr als gelassen, verlängerte sich dadurch doch die Zeit, in der Leningrad kennenzulernen war. Sowohl die Marinebasis als auch insbesondere die örtliche Seemannsbetreuungseinrichtung waren sehr bemüht, uns die Sehenswürdigkeiten der Stadt näher zu bringen. Leningrad, früher und heute wieder St. Petersburg, war für etwa zwei Jahrhunderte Russlands Hauptstadt und Fenster nach Europa. Einem kleineren Kreis – quer durch alle Dienstgrade – waren auf Einladung der sowjetischen Marine Besuch eines Balletts im Kirov-Theater und auf dem Kreuzer AURORA vergönnt. Die AURORA hatte zu jener Zeit im Januar 1991 noch einen uneingeschränkt hohen Traditionswert nicht nur für die sowjetische Marine. Wir wurden auf besonders zeremonielle Weise auf diesem Schiff, aus dessen Geschützen am 25. Oktober 1917 das Signal zum Sturm auf das Winterpalais gefeuert wurde, empfangen. Das Besondere dieses Besuchs blieb, insbesondere beim Tausch der Geschenke, keinem der deutschen Marinesoldaten verschlossen.

Dem Kommandanten der STEIGERWALD waren von russischen Nachbarn in Flensburg mehrere Taschen mit Lebensmitteln und anderen sehr nützlichen Dingen für ihre Angehörige in Leningrad mitgegeben worden. Der sowjetische Verbindungsoffizier vermochte uns, d.h. den Kommandanten, den ehemaligen NVA-Offizier und mich, mit einem Wolga-Dienstwagen seines Vorgesetzten abzuholen und zu besagter Adresse in einen der Außenbezirke, einen typischen so genannten Rayon mit mehrstöckigen, sehr langgestreckten Wohnblocks, zu fahren. Die Freude der Besuchten war riesig, wir wurden erwartet und saßen binnen 20 Minuten zu sechst um einen winzigen Küchentisch bei Hühnchen mit Reis und natürlich Wodka. Dabei kam es dank unseres dolmetschenden ehemaligen NVA-Offiziers zu einem recht persönlichen Gedankenaustausch, auch mit dem russischen Verbindungsoffizier, der merklich auftaute. Einen Blick auch in die Wohnbedingungen einer fünfköpfigen Familie aus drei Generationen in zwei Zimmern auf etwa 40 m^2 zu werfen, hat einen besonderen Eindruck hinterlassen.

Nicht nur das schleppende Entladen des Schiffes, sondern auch die Eislage hatte Schiff und Besatzung sechs Hafentage beschert. Zum Auslaufen hatten wir etwas stärkeren Südostwind abgewartet, der das durch vorherige Westwinde und sehr niedrige Temperaturen stark aufgepackte Eis im inneren Finnischen Meerbusen nun etwas lockerte; gleichwohl war uns klar, dass es kein leichter Marsch werden würde, zumal ein Eisbrecher am Auslauftag morgens nicht zur Verfügung stand. Lotse, Schifffahrtsbehörde und die Marinebasis empfahlen jedoch das Auslaufen. Wir sollten einem mit besonderen Eisbrecherfähigkeiten ausgestatteten sowjetischen Handelsschiff im Kielwasser folgen. Auslaufend hin zur Lotsenstation bei der Marinebasis Kronstadt konnte die STEIGERWALD im aufgebrochenen Fahrwasser dem Handelsschiff gut folgen. Wie schon auf der Anreise war das Schiffstechnikpersonal in höchster Bereitschaft und hatte mit dem Entfernen von Eisschlamm aus den Seekühlwasseransaugstutzen für Antriebs- und Hilfsdieselmotoren alle Hände voll zu tun. Aber es nützte nichts, die Leistung der Maschinen musste zurückgenommen werden, um Überhitzungen zu vermeiden. Die Fahrt des vorausfahrenden Handelsschiffes konnte nicht gehalten werden, dort war man auch nicht bereit, wegen uns die Fahrt zu verlangsamen. Bald saßen wir im Eis fest. Ein weiterer Versuch, einem uns nach etwa zwei Stunden passierenden Handelsschiff zu folgen, führte nach wenigen Minuten zu demselben Ergebnis.

Ein über die internationale Funksprechverbindung (VHF) angeforderter Eisbrecher wurde für etwa Mitternacht in Aussicht gestellt. Navigatorisch war die Situation unproblematisch, denn erstens gab es in der Nähe keine Untiefen und zweitens haben weder Strömung noch der im Weiteren auf 6 bis 8 Windstärken zunehmende Wind – und die damit gegebene Möglichkeit mit dem Eis zu vertreiben – die Position des Schiffes nennenswert verändert. Der Eisbrecher kam gegen 1:00 Uhr nachts. Über den Radarkontakt hinaus sahen wir zunächst mehrere starke Scheinwerfer durch Dunkelheit und Schneetreiben dringen. Beim Versuch, das Eis am Heck unseres Schiffes aufzubrechen, kam es zu einer sehr heftigen Berührung beider Fahrzeuge. Für uns war es später deutlich in die Kategorie Havarie einzustufen, für den Schlepperkapitän ein „etwas stürmischer Bruderkuss", für den er über VHF um Entschuldigung und Verständnis bat. Nun wurde die unserem Schiff windabgewandte Seite aufgebrochen, in diesen Bereich trieb die STEIGERWALD durch den starken Wind dann hinein und unter sofortigem, nahezu vollem Einsatz der Antriebsmaschinen nahm das Schiff dem Eisbrecher sehr dicht folgend Fahrt auf. Über die Sprechfunkverbindung war dieses alles gut abzusprechen. Unter weiterhin hoher Anspannung auf der Brücke und im Maschinenraum verlief die Eisfahrt dann ohne weitere Zwischenfälle. Am Vormittag erreichten wir offenes Wasser und liefen zwei Tage später mit wertvollen nautischen, seemännischen und sehr persönlichen Erfahrungen in Flensburg ein. Jeder Besatzungsangehörige war dankbar, dabei gewesen zu sein, einen tiefen Blick in das Land des ehemaligen Gegners aus dem Kalten Krieg getan und mitgeholfen zu haben, in einer Notsituation für Linderung zu sorgen. Schmerzhaft für uns zu sehen war, dass bis zum Auslaufen kein Hilfspaket den Hafen verlassen hatte.

Dieses war die erste Reise einer Reihe von 36 im Zeitraum Januar bis Juni 1991 mit Minen- und Munitionstransportern sowie kleinen Versorgungsschiffen (Darss-Klasse) der ehemaligen NVA. 12.000 t Lebensmittel wurden auf dem Seeweg in die sowjetischen Häfen Leningrad und Klaipeda gebracht.

In den folgenden Jahren bis heute, allerdings mit deutlich abnehmender Intensität, haben Einheiten der Marine über Lebensmittel hinaus auch medizinisches Gerät, Bekleidung und andere Hilfsgüter nicht nur in sowjetischen – dann russischen –, sondern auch in baltischen, rumänischen und ukrainischen Häfen entladen.

Flug ins Ungewisse –
Die Operation LIBELLE

Henning Glawatz

Im März 1997 erforderte die angespannte und chaotische Lage in Albanien die schnelle Evakuierung von ca. 100 deutschen und ausländischen Ausreisewilligen aus Tirana. Am 13. März 1997 ordnete der Bundeskanzler die Evakuierung durch die Bundeswehr an. Die Evakuierung Operation LIBELLE mit sechs Hubschraubern CH-53 begann am 14. März 1997 und konnte erfolgreich und ohne Verluste abgeschlossen werden.

Eine Krise über Nacht

Im März 1997 war die innenpolitische Lage in Albanien nach betrügerischen Finanzaktionen, in welche auch die Regierung verwickelt war, außer Kontrolle geraten. Die Streitkräfte befanden sich im Zustand der Auflösung, Waffenlager wurden geplündert, Ruhe und Ordnung waren weitgehend zusammengebrochen, auf den Straßen wurde geschossen. Niemand wagte vorherzusehen, wie sich die Lage in den nächsten Tagen entwickeln würde. Das Auswärtige Amt wies deshalb die deutsche Botschaft in Tirana an, umgehend Vorbereitungen für die Evakuierung deutscher und ausreisewilliger Staatsbürger anderer Nationen zu treffen. In Tirana versammelten sich daraufhin über 100 deutsche und ausländische Ausreisewillige. Am 12. März informierte die Botschaft das Auswärtige Amt, dass sie keinerlei sichere Evakuierungsmöglichkeit auf dem Land-, See- oder zivilem Luftweg mehr sähe und dass die Lage für die Menschen zunehmend lebensbedrohlich würde.

Nach einem politischen Entscheidungsprozess in Bonn ordnete der Bundeskanzler am 13. März die Evakuierung durch die Bundeswehr unter nationaler Führung an. Am Abend des 13. März befahl daraufhin das Führungszentrum der Bundeswehr (FüZBw) dem Nationalen Befehlshaber im Einsatzgebiet Bosnien und Herzegowina (NatBefh i.E.) die Evakuierung aus Tirana am 14. März durchzuführen. In der Nacht vom 13. auf den 14. März wurde daraufhin aus den im Feldlager in Rajlovac liegenden Truppenteilen des deutschen SFOR-Kontingents der Einsatzverband zusammengestellt und die Operation vorbereitet. Am Morgen des 14. März startete der Einsatzverband nach Dubrovnik. Um 19:30 Uhr desselben Tages konnte mit der Rückkehr des letzten Hubschraubers nach Dubrovnik die Aktion ca. 20 Stunden nach Eingang des schriftlichen Befehles abgeschlossen werden. Die im besonderen Maße kritische Phase der Evakuierung in Tirana selbst nahm weniger als eine halbe Stunde in Anspruch.

Die Operation verlief erfolgreich, alle zu Evakuierenden konnten ausgeflogen werden. Ein Hubschrauber wurde durch Gewehrfeuer beschädigt. Verluste oder Verletzte auf eigener Seite waren nicht zu beklagen.

Feldlager Rajlovac, 13./14. März 1997

Für das deutsche SFOR-Kontingent im Feldlager Rajlovac im Nordwesten von Sarajevo hatte der 13. März 1997 begonnen wie all die anderen Tage zuvor. Der Stab des NatBefh i.E. verfolgte zwar die Ereignisse im krisengeschüttelten ALBANIEN, ein Einsatz in diesem Bereich aber erschien niemandem als realistische Option. Die Soldaten des ersten Kontingents GECONSFOR (L) befanden sich zu diesem Zeitpunkt zwischen sechs und zehn Wochen im Einsatz vor Ort. Sie waren sorgfältig ausgewählt und hatten in Deutschland eine umfangreiche Vorausbildung erhalten. Für einen Teil der Soldaten war es der zweite, für manche gar der dritte Einsatz.

Die wesentlichen Akteure im Stab NatBefh i.E. in Rajlovac, in Bonn im FüZBw und in Koblenz im Heeresführungskommando (HFüKdo) kannten sich zum Teil auch von vorhergegangenen Einsätzen, arbeiteten eng zusammen, und es herrschte großes gegenseitiges Vertrauen. Das sollte später ein wesentlicher Faktor für den Erfolg der Operation sein.

Während der Abendlage beim Stab des NatBefh i. E. ging um 18:15 Uhr ein dringendes Ferngespräch des G3 HFüKdo, Oberst i.G. Bernd Hogrefe ein. Er informierte darüber, dass es Überlegungen im BMVg gäbe, mit Kräften des deutschen SFOR-Kontingentes in den nächsten Tagen eine Evakuierung aus Tirana durchzuführen oder eine solche zumindest zu unterstützen. Ob dies aber tatsächlich so komme, sei derzeit genauso unklar wie alle Einzelheiten und Rahmenbedingungen einer derartigen Operation.

Aufgrund dieser Information stellte der Stab NatBefh i.E. sofort und unter Beteiligung von Heeresfliegertransportstaffel (HFlgTrspStff) und Feldlazarett (FLaz) vertraulich erste Überlegungen an und entwarf ein Grobkonzept zum Kräfteansatz. Bereits wenige Stunden später sollten wir darauf zurückgreifen können, was uns bei der knappen Ressource Zeit einen wichtigen, möglicherweise entscheidenden Vorteil bei der Vorbereitung verschaffte.

Ich selbst begab mich am Abend zum Gepanzerten Einsatzverband, wo mich gegen 21:45 Uhr ein Alarmruf mit dem Stichwort „Tirana" aus meinem Stab erreichte. Das HFüKdo hatte um 21:35 Uhr darüber informiert, dass ab 14. März früh eine Evakuierungsoperation durchzuführen sei. Ein Befehl FüZBw wurde angekündigt.

Der schriftliche Befehl des FüZBw ging um 23:15 Uhr in Rajlovac ein. Der Kernsatz lautete: „Evakuiert deutsche und Staatsbürger anderer Staaten aus dem Großraum Tirana." Ein ergänzender Befehl des HFüKdo folgte kurz darauf. Die Führung für die Vorbereitung der Operation verblieb zunächst weiter beim HFüKdo. Gleichzeitig wurde ich zum Führer des Einsatzverbandes bestimmt und von meinem Auftrag als Chef des Stabes NatBefh i.E. entbunden. Die Aufgabe des Chefs übernahm mein Stellvertreter, OTL i.G. Norbert Hettmer, der mit großer Umsicht im Laufe der Nacht die unterstützende Arbeit des Stabes koordinierte.

Der Abflug von Rajlovac zunächst in das kroatische Dubrovnik war für den kommenden Tag auf 7:30 Uhr festgelegt. Bis dahin war jetzt die Lage zu beurteilen, der Entschluss zu fassen, die Operationsplanung durchzuführen, der Einsatzverband zusammenzustellen, auszurüsten und abflugbereit zu machen. Die Befehlsgebung hatte umgehend anzulaufen. Neben dem Einsatzverband, der aus den Heereskräften im Lager Rajcovac gebildet wurde, stellte das FüZBw von Seiten der Luftwaffe zwei Transall für den Transport der zu Evakuierenden und eine Transall als Funkwiederholer sowie von der Marine die Fregatte NIEDERSACHSEN ebenfalls als Funkwiederholer sowie zur Luftraumüberwachung bereit. Auf dieser Grundlage begann gegen Mitternacht unter dem Decknamen LIBELLE die detaillierte Operationsplanung für den Einsatz. Das mit der Vorbereitung des Unternehmens betraute Personal wurde zur Geheimhaltung verpflichtet. Es gelang, die Operation bis zum Abschluss geheim zu halten.

Der Einsatzverband wurde jetzt wie folgt zusammengestellt:
- aus dem Stab NatBefh i.E. wurde die Führungsgruppe in Stärke 8/5/1/14 gebildet,
- die HFfgTrspStff stellte sechs CH-53 mit Besatzungen und
- dem Unterstützungspersonal Technik/Geophysik (17/17/3/37),
- FLaz und StOSanZentrum bildeten die Sanitätskomponente (9/4/0/13) und
- aus einer Kompanie des Gepanzerten Einsatzverbandes wurde der Sicherungszug in Stärke 3/10/12/25 aufgestellt.

Die Gesamtstärke des Einsatzverbandes betrug somit 37/36/16/89.

Die im Feldlager Rajlovac befindlichen Truppenteile waren durch Ausbildung, Motivation, Ausstattung und Verfügbarkeit auch für diesen unvorhergesehenen Auftrag geeignet. Ein Teil der Führer war mit den Grundzügen einer derartigen Operation vertraut. Mit enormem Engagement wurde die Nacht über durchgearbeitet. Niemand drückte sich. Viele meldeten sich freiwillig und mussten zurückgewiesen werden. Dasselbe Phänomen beobachtete ich später auch in Dubrovnik, als ich den Einsatzverband in drei Teile gliederte; viele wollten unbedingt in das Kommando Tirana.

Besondere Probleme in der Menschenführung traten in dieser Phase nicht auf. Vorrangig waren im ständigen Wettlauf mit der Zeit eine Vielzahl von taktischen, organisatorischen und technischen Problemen zu lösen. An Bewaffnung und Munition wurden G3, MG, Pzfst, GraPi und Handgranaten mitgeführt. Notverpflegung und Wasser wurden ebenfalls in allen Maschinen mitgeführt. An Bargeld wurden vorgehalten aus der Feldkasse Rajlovac 100.000 DM und 15.000 US-Dollar, aufgeteilt auf die Maschinen 1 bis 6.

Am 14. März um 7:00 Uhr meldete ich den Einsatzverband auf dem Hubschrauberlandeplatz Rajlovac dem NatBefh i.E., Generalmajor Klaus Frühhaber. Er stimmte die Truppe nochmals auf die Aufgabe ein. Das Risiko, das uns erwartete, verschwieg er dabei nicht. Anschließend besetzte der Einsatzverband die Maschinen und stellte die Startbereitschaft her.

Vom Zeitpunkt der ersten Information über die Möglichkeit eines derartigen Auftrages bis zum Herstellen der Abflugbereitschaft waren damit gerade einmal 14 Stunden vergangen; von der exakten Auftragserteilung nur gut neun Stunden.

Die Vorbereitungen für die Operation mussten damit unter extremem Zeitdruck erfolgen. Der gebotenen Sorgfalt bei der Vorbereitung dieser Operation stand der durch die Lage in Tirana angenommene Zwang zum raschen Handeln entgegen. Unter diesen Voraussetzungen konnten keine alternativen Handlungsmöglichkeiten mehr ausgeplant werden. Redundanzen und Reserven standen kaum zur Verfügung. Bei Friktionen hätte immer improvisiert werden müssen. Weiterhin zwangen die nur spärlich vorliegenden Lageinformationen in hohem Maß zu einer Planung ins Ungewisse. So war zum Zeitpunkt des Abfluges von Rajlovac weder bekannt, an welchem Ort oder Orten sich die zu Evakuierenden in Tirana befanden oder wohin sie auszufliegen seien, noch besaßen wir einen Stadtplan oder sonstiges ausreichendes Kartenmaterial.

Der Einsatzverband LIBELLE war inzwischen bei SHAPE aus dem SFOR-Kontingent abgemeldet und unter nationale Führung gestellt worden. Kurz nach 7:30 Uhr hob sich die Führungsmaschine in den grauen Märzhimmel und nahm an Sarajevo vorbei Kurs auf Dubrovnik. Die erste Phase der Operation LIBELLE hatte begonnen.

Zwischenspiel in Dubrovnik und Podgorica

Um 9:20 Uhr landete die letzte der sechs Maschinen in Dubrovnik. Die Fregatte NIEDERSACHSEN hatte in der Nacht Verbindung aufgenommen und lief in die Gewässer vor der albanischen Küste ein. Der Flugplatz Dubrovnik erwies sich für uns als hervorragend geeignet, weil hier

- sofort zuverlässige Fernmeldeverbindungen hergestellt werden konnten,
- die Truppe in einem rasch requirierten Randbereich des Flughafens völlig abgeschirmt war,
- Unterbringung und Versorgung für Einsatzbedingungen optimal sichergestellt waren,
- großzügige und effektive Unterstützung durch ein kleines französisches Detachement und kroatisches Flughafenpersonal gewährt wurde,
- die Versorgung mit Betriebsstoff sichergestellt war.

Fragen wurden uns nicht gestellt. Wir hätten sie ohnehin nicht beantwortet. Um 9:20 Uhr wurde mir die Entscheidung übermittelt, dass Hin- und Rückflug nach Tirana über Podgorica/Montenegro als Tankstopp durchzuführen sei, ein Kommando der deutschen Botschaft Belgrad werde dort das entsprechende vorbereiten.

Daraufhin erteilte ich gegen 9:50 Uhr auf dem Gefechtstand in Dubrovnik den Befehl Nr. 1 für den Einsatz, den ich während des Fluges von Rajlovac nach Dubrovnik entworfen hatte. Um 10:15 Uhr meldete sich der deutsche Militärattaché Zagreb, OTL i.G. Peer Schwan, der für uns sofort das Verbindunghalten und die weiteren Absprachen mit den kroatischen Behörden übernahm.

Gegen 11:30 Uhr wurde folgender Auftrag durch das FüZBw übermittelt:

GECONSFOR(L) führt durch Evakuierung unter Nutzung Podgorica zwischen 141500A-mar-97 – 141600A-mar-97 aus Tirana, um so deutsche und ausländische Staatsbürger außer Landes zu bringen. Antreten erst auf Befehl.

Gegen 12:00 Uhr traf aus Bonn Oberst i.G. Gernolf Karrer ein, der bis wenige Tage zuvor noch als militärischer Berater der albanischen Regierung in Tirana tätig gewesen war. Er führte dringend benötigtes Kartenmaterial mit. Aufgrund seiner hervorragenden Kenntnisse über den Einsatzraum sollte sich Oberst i.G. Karrer als äußerst wertvolle Unterstützung für die Planung und später auch bei der Durchführung erweisen.

Für die Operation wurde die Truppe jetzt in drei Kommandos gegliedert: Dubrovnik, Podgorica und Tirana.

Lageinformationen über die Stadt Tirana waren durch die Ortskenntnisse von Oberst i.G. Karrer gegeben. So wurde die bereits befohlene Anflugroute aufgrund seiner Information unmittelbar vor Start nochmals geändert. Der Flug wäre ansonsten direkt über albanische Flak-Stellungen geführt worden.

Die endgültigen Rules of Engagement trafen erst wenige Minuten vor Abflug ein und konnten gerade noch an die Führer weitergegeben werden.

Um 11:30 Uhr erteilte ich den Befehl Nr. 2 für den Einsatz. Die Ziffer 3 a lautete:

- gewinnt im Luftmarsch mit sechs CH-53 in drei Wellen über FORWARD OPERATING BASE PODGORICA Einsatzraum Tirana
- landet Nähe US-Botschaft,
- übernimmt unverzüglich Nahsicherung Landeplatz,
- richtet ein bewegliche Befehlsstelle (bew. BefSt),
- gewährleistet Aufnahme und Ausfliegen zu Evakuierende unter Sicherung,
- fliegt Evakuierte unverzüglich nach Podgorica aus,
- löst bew. BefSt und Sicherung nach Abflug der letzten Evakuierten heraus
- und fliegt nach Podgorica aus.
- Schwerpunkt: rasche Aufnahme der zu Evakuierenden und kurze Stehzeit mit jeweils nur einer Maschine am Boden.

Zu diesem Zeitpunkt sollte die Aufnahme der zu Evakuierenden noch in Anlehnung an die Amerikaner in der Nähe ihrer Botschaft stattfinden. Bei der Maschineneinteilung kam es darauf an, bereits mit der ersten Maschine die Masse der Führungsgruppe und starke Teile des Sicherungszuges anzulanden, um die Führung und Sicherung der Evakuierung vom Boden aus sofort zu gewährleisten.

Weitere Sicherungskräfte folgten in den Maschinen 2 – 5, um bei möglichen Landungen abgesetzt ebenfalls über Sicherungskräfte zu verfügen. Alle Sicherungssoldaten mit Ausnahme der zwei Bordschützen je Maschine saßen während der Operation ab.

Weiterhin war in jeder Maschine mindestens ein Arzt vorhanden. Im Großraumrettungshubschrauber (GRH), dessen Landung nur im Notfall auf meinen Befehl geplant war, befanden sich vier Ärzte. In der Führungsmaschine flogen zwei Ärzte mit.

Ein Arzt verblieb während der gesamten Operation für Notfälle und als mein Berater am Boden. Fernmeldekräfte waren ebenfalls in jeder Maschine vorhanden.

Die Masse der Führungsgruppe und des Sicherungszuges sollte dann mit der letzten Maschine ausfliegen, nachdem zuvor jeweils bis zu 30 Zivilisten von den Maschinen 1 – 4 aufgenommen worden waren.

Die befohlene Staffelung der Maschinen bei Anflug auf Tirana sah den Flug von drei Rotten à zwei MTH vor, der zeitliche Abstand zwischen den Rotten betrug jeweils zehn Minuten. Der GRH flog in der mittleren Rotte. Er wurde vom Staffelkapitän (StffKpt) der HFlgTrspStff, OTL Ingolf Masemann, geflogen. Der StffKpt hatte die Führung der Operation zu übernehmen, sollte die komplette Führungsgruppe am Boden handlungsunfähig werden. Um 13:00 Uhr übernahm das FüZBw das Kommando. Währenddessen wurden die letzten Vorbereitungen zum Abflug in Dubrovnik abgeschlossen, die Maschinen waren aufgerüstet, die Truppe eingewiesen und aufgesessen.

Um 13:35 Uhr traf der Einsatzbefehl ein. Das Lagebild in Tirana war unverändert unklar. Die letzte fernmündliche Weisung an mich unmittelbar vor dem Abflug lautete sinngemäß:

„Es herrscht dort völliges Durcheinander, überall wird geschossen, niemand weiß genau, was los ist. Fliegen Sie hin und sehen Sie zu, dass Sie die Leute rausbringen. Wenn es zu gefährlich wird, brechen Sie ab."

Um 13:50 Uhr hob die Führungsmaschine in Richtung Podgorica ab, die übrigen fünf Maschinen folgten dicht auf. Die Gesichter der Männer waren angespannt, aber gefasst. Die einsatzerfahrenen Heeresflieger nahmen es bei allem gebotenen Ernst fast von der sportlichen Seite und strahlten Zuversicht aus. Dass wir jetzt in ein nicht mehr sicher zu kalkulierendes Risiko hineinflogen, dies war jedem Mann im Einsatzverband voll bewusst. Die Grundstimmung aber war: Das schaffen wir schon.

Der Anflug nach Podgorica dauerte 26 Minuten. Dicht zusammengehalten gingen die sechs Maschinen auf einer Wiese zwischen Runway und Taxiway nieder. Es stellte sich nun heraus, dass Botschaftspersonal aus Belgrad nicht vor Ort war und dass man in Podgorica nur grob über unser Kommen informiert worden war. Die Fernmeldeverbindung zum FüZBw konnte sofort hergestellt werden. Die Betankung zog sich aufgrund mangelnder Vorbereitung und veralteter Tankfahrzeuge über ca. 30 Minuten hin. Die Serben weigerten sich, Kreditkarten zu akzeptieren. Jetzt zahlte es sich aus, dass wir Bargeld mitgeführt hatten.

In Podgorica erreichte uns die Meldung, dass der geplante Landeplatz in der Nähe der US-Botschaft aufgrund Gefährdung nicht mehr anfliegbar sei und dass es keinerlei Unterstützung seitens der Amerikaner mehr geben würde. Nun waren wir ganz auf uns gestellt. Unter großem Zeitdruck suchten wir auf dem Stadtplan nach einer Alternative. Auf Vorschlag von Oberst i.G. Karrer wurde der Militärflugplatz Labrak gewählt. Die Lage insgesamt war weiterhin unklar. Ob noch Militär auf diesem Flugplatz war, wusste niemand. Das kleine Kdo Podgorica verblieb zurück, nahm Verbindung zu den serbischen Dienststellen auf und bereitete unsere Aufnahme nach Rückkehr vor. Es sollte gute Arbeit leisten.

29 Minuten in Tirana

Um 15:02 Uhr startete die erste Rotte, Führungsmaschine und Maschine Nr. 2, und ging auf Südkurs, Richtung Tirana. Die Operation LI-BELLE trat in ihr entscheidendes Stadium. Der Anflug auf Tirana erfolgte in einer Anflughöhe oberhalb 3.000 Fuß. Um 15:21 Uhr kam über Funkwiederholer C-160 die Meldung, dass US-Hubschrauber über Tirana mit Flak und einer Flugabwehrrakete beschossen worden seien und dass die Amerikaner daraufhin ihre Operation endgültig abgebrochen hätten. Der Pilot, Major Dieter Witte, schaute sich zu mir um und sah mir fest in die Augen. Ohne dass ein einziges Wort fiel, war die Frage klar: Vor oder zurück?

Jetzt war eine rasche Führungsentscheidung geboten. Für einen Augenblick erwog die Änderung der Anflughöhe, um im Tiefflug in das Objekt zu gehen sowie den GRH noch weiter abgesetzt als geplant, zurückzuhalten. Auf Nachfragen wurde über Funkwiederholer durchgegeben, unser jetzt geplanter Landeraum sei von diesem Abwehrfeuer nicht betroffen gewesen. Darauf behielten wir Kurs und Anflughöhe bis zum Ziel bei. Um 15:39 Uhr schob der Pilot den Steuerknüppel nach vorn, die Führungsmaschine ging über Labrak in den steilen Sinkflug über. Kurz vor der Landung wurde die Maschine einmal getroffen, der Schlag war deutlich zu hören.

Bei der Meldung des Abbruchs der Operation der Amerikaner stellte sich natürlich die Frage der Fortsetzung des Unternehmens. Erstens jedoch war dieser Beschuss abgesetzt von unserem Landeplatz erfolgt, und zweitens bewertete ich die Gefahr durch Flugabwehrraketen als gering. Selbst wenn Raketen in die Hände der Aufrührer gefallen sein sollten, würden diese kaum damit umgehen können. So hatte ich erhebliche Zweifel an dem Wahrheitsgehalt dieser Meldung. Später stellte es sich tatsächlich heraus, dass mit einer Panzerfaust auf einen Hubschrauber gefeuert worden war. Als die bei weitem größte Gefahr schätzte ich unverändert das unkontrollierte Feuer aus zahlreichen Handwaffen ein. Aber wir befanden uns nicht auf einem Sonntagsausflug und waren darauf eingestellt, notfalls unsere Waffen einzusetzen, wenn man uns dazu zwingen sollte.

Als die zur Landung ansetzende Führungsmaschine getroffen wurde, bewertete ich dies nicht als einen organisierten Widerstand am Boden und schätzte die Lage mit dem Einsatzverband als beherrschbar ein, sobald wir erst einmal am Boden wären. Dass wir jetzt in die Zone des erhöhten Risikos vorstießen, war uns allen klar, dies hatten wir mit uns abgemacht. Wir waren an dem Punkt, den jeder einmal erreichen kann, so er denn unseren Beruf ergreift. Der erste überwältigende Eindruck nach dem Sprung über die Heckrampe war unablässiges Gewehrfeuer aus allen Richtungen um uns herum. Dies bestärkte mich darin, die Aufnahme so rasch wie möglich durchzuführen.

Die Sicherungskräfte bauten sofort die örtliche Sicherung auf. Der Flugplatz selbst war von albanischem Militär verlassen, Flugzeuge standen in desolatem Zustand unbewacht in den Hangars. Die Führungsgruppe stellte umgehend die Verbindung zum FüZBw her. Nun galt es, die zu Evakuierenden rasch aufzunehmen und auszufliegen. Unerwartet aber stellte sich hier ein neues und gravierendes Problem. Die geordnete Aufnahme wurde jetzt dadurch wesentlich erschwert, dass seitens der Botschaft keinerlei Maschineneinteilung vorbereitet war bzw. diese durch die plötzliche Verlegung des Aufnahmepunktes verloren gegangen war. Die zu Evakuierenden standen völlig ungeordnet in einer Menschenmenge, durchmischt mit ca. 300 bis 400 Albanern, zusammen. Ein chaotisches Bild. Ein Teil der zu Evakuierenden befand sich in psychisch angeschlagenem Zustand und bedurfte der Betreuung. Jetzt bewährte es sich, dass in jeder Maschine ein Arzt verfügbar war.

Erneut stand ich unvermittelt vor einer Entscheidungssituation. Ich war davon ausgegangen, dass die Botschaft gemäß meiner Forderung die zu Evakuierenden in vier Gruppen eingeteilt und alles so vorbereitet hatte, so dass ich nur noch das Aufsitzen befehlen musste. Auch jetzt galt es sofort zu entscheiden: Sorgfältige Prüfung und Einteilung der zu Evakuierenden durch uns? Dies hätte lange Stehzeit am Boden zur

Folge gehabt bzw. ich hätte die erste Maschine aufgrund der Gefährdung wieder starten lassen, vom befohlenen Plan abweichen und über Funk die Landungen der einzelnen Maschinen abrufen müssen. Für langwierige Absprachen mit dem Botschafter war keine Zeit. Ich traf die Entscheidung gerade unter dem Eindruck des unablässigen Gewehrfeuers um uns herum. Auch auf die Gefahr hin, dass der eine oder andere Unberechtigte mittransportiert würde, gab ich nun der Schnelligkeit den Vorrang.

Zudem war es meine Einschätzung, dass von in die Maschine gelangten Albanern keine Gefahr für uns ausgehen würde. So konnten in die erste und zweite Maschine Albaner mit hineingelangen. Rasch war sodann Personal aus der Sicherung rausgelöst worden, um Unberechtigte festzustellen und abzudrängen. Ab der dritten Maschine konnte die Personenüberprüfung durch uns sichergestellt werden, da nunmehr aufgrund der Staffelung der Maschinen ca. zehn Minuten zur Verfügung standen.

Gegen 15:54 Uhr kam es zu einem kurzen, aber heftigen Schusswechsel. Aus Fahrtrichtung und Verhalten der beiden leicht gepanzerten Rad-Kfz, die sich feuernd unserer Sicherungslinie näherten, musste ich schließen, dass das heftige Handwaffenfeuer aus den Kfz der Evakuierungsoperation galt. In einer derartigen Situation und mit Verantwortung für Leib und Leben von Soldaten und zu Evakuierenden betraut, ist die Hemmschwelle zum Waffeneinsatz überraschend schnell abgebaut. Der Feuerkampf wurde aufgenommen, 188 Schuss wurden abgefeuert, das Feuer lag gut im Ziel und die Fahrzeuge drehten sofort ab.

Wochen später gelang es Oberst i.G. Karrer, eines der Kfz kurz in Augenschein zu nehmen. Er schätzte ca. 50 bis 100 Treffer, etwa die Hälfte davon hatte die Panzerung durchschlagen. Soldaten und Flüchtlinge wurden bei dem Feuergefecht nicht verletzt; über die Verletzung eines Angreifers oder anderer Personen liegen keine Erkenntnisse vor. Wahrscheinlich handelte es sich um ein Kommando der albanischen Geheimpolizei, das die Menschenmenge auseinandertreiben sollte. Dies wurde uns jedoch erst später bekannt.

Die Aktion in Tirana am Boden dauerte 29 Minuten von der Landung der ersten Maschine bis zum Abheben der letzten Maschine. Der Rückflug nach Podgorica verlief ohne Besonderheiten. Ich ließ die Truppe antreten und zählte ab, bevor ich an das FüZBw meldete. Der Einsatzverband stand vollzählig vor mir, die schwierigste Phase lag nun hinter uns. Die Behörden der Bundesrepublik Jugoslawien überprüften auf angemessene Art und Weise die Nationalität der Evakuierten. Die mitgeflogenen Albaner wurden identifiziert und zur Grenze zurücktransportiert, Widerstand gab es dabei nicht.

Nach Eintreffen der beiden C-160 um 17:20 Uhr wurden die Evakuierten der Luftwaffe zum Weiterflug nach Deutschland übergeben. Tiefe Erleichterung, aber auch große Erschöpfung, waren jetzt in den Gesichtern der Frauen und Männer deutlich abzulesen.

Die erneute Betriebsstoffversorgung erfolgte ohne Probleme. Insgesamt zeigten sich jetzt die Behörden wie auch das serbische Militär in Podgorica außerordentlich kooperativ. Der Flughafenkommandant hielt sich nach meiner Landung ständig in meiner Nähe auf und stellte mir zudem ein Kfz zur Verfügung. Vor Abflug habe ich ein längeres Gespräch mit ihm geführt und ihm für die Unterstützung dieser humanitären Aktion gedankt. Es war ein nahezu freundschaftliches Gespräch zwischen zwei Soldaten am Rande des Rollfeldes. In der hereinbrechenden Dunkelheit hoben unmittelbar neben uns die C-160 mit den Evakuierten nach Deutschland ab.

Insgesamt wurden 99 Evakuierte aus 23 Nationen durch die Luftwaffe nach Deutschland ausgeflogen. Zehn Personen reisten selbständig von Podgorica aus weiter. Ca. 20 Albaner wurden durch die örtlichen Behörden übernommen und zur albanischen Grenze transportiert. Mit der letzten Maschine flog ich um 19:30 Uhr von Podgorica aus.

In Dubrovnik erfolgte die sofortige Versorgung und die Wiederherstellung der vollen Einsatzbereitschaft für einen möglichen erneuten Einsatz nach Tirana am 15. März, der bei der Rückkehr nach Podgorica durch das FüZBw befohlen worden war. Am Morgen des 15. März jedoch informierte das FüZBw, dass kein weiterer Einsatz erfolgen würde, befahl die Rückunterstellung unter den NatBefh i.E. und den sofortigen Rückflug nach Rajlovac.

Bei der Landung in Rajlovac bereitete uns die Truppe im Feldlager einen überwältigenden Empfang, der uns alle, die wir noch ganz unter dem Eindruck des Erlebten standen, tief berührte. „Rajlovac, Tirana – we always come back" – so hatte es die Truppe mit großen Lettern an das Hangartor gesprüht. Mit der Meldung der Truppe an Generalmajor Frühhaber war die Operation zu ihrem Ende gekommen. Der Nationale Befehlshaber verbarg seine Erleichterung darüber nicht, dass die LIBELLE wieder wohlbehalten in Rajlovac gelandet war. „Auftrag ausgeführt, keine Ausfälle".

Neben allem Professionalismus, den Stäbe und Truppe bei diesem Unternehmen eindrucksvoll bewiesen, hatte sich auch das Glück in allen Phasen zur richtigen Zeit auf unsere Seite geschlagen.

Schlussbetrachtung

Noch im Jahre 1993 war innenpolitisch hart darum gerungen worden, ob es überhaupt rechtens sei, deutsche Streitkräfte mit militärischem Auftrag außerhalb des NATO-Bündnisgebietes einzusetzen. Keine vier Jahre später entscheidet der Bundeskanzler in einer Krisenlage unter hohem Zeitdruck, deutsche Streitkräfte aus dem SFOR-Kontingent im ehemaligen Jugoslawien herauszulösen und in einer nationalen Operation zur Rettung von Staatsbürgern aus dem von bürgerkriegsähnlichen Unruhen heimgesuchten Albanien einzusetzen. Weiterhin legte die politische Führung fest, diese Operation bis zu ihrem Abschluss geheim zu halten.

Ziel der Evakuierung war dabei nicht nur, deutsche Staatsbürger zu retten, sondern ebenso gefährdete Staatsbürger verschiedener anderer Nationen herauszubringen. Dieser Einsatz fand in nicht vollständig geklärter Lage statt und war zum Teil eine Operation ins Ungewisse. Diese Operation wurde zu einem Zeitpunkt durchgeführt, da andere Nationen ihre Evakuierungsoperation abbrachen, weil ihnen die Gefährdungslage als zu hoch erschien. Die Operation LIBELLE wurde nicht abgebrochen, weil das Risiko deutscherseits als noch vertretbar bewertet wurde. Ein möglicher Waffeneinsatz war dabei einkalkuliert und durch die Truppe routiniert und umsichtig vorbereitet worden. Der Einsatzverband löste die komplexe Aufgabe professionell und mit großer Selbstverständlichkeit. Die Herausforderungen dieses Einsatzes – Schlafmangel, Zeitdruck, Ungewissheit der Lage, chaotische Verhältnisse am Aufnahmepunkt, Feuerkampf und persönliche Gefährdung – all dies meisterte die Truppe und zeigte dabei große Belastbarkeit. In ihrer Qualität stand sie damit unseren Verbündeten, die mit derartigen Einsätzen seit langem vertraut sind, in keiner Weise nach.

Das HFüKdo und das FüZBw hatten souverän geführt und dabei einerseits die erforderlichen Mittel bereitgestellt und den Rahmen vorgegeben, andererseits dem Führer der Operation aber großen Handlungsspielraum eingeräumt. Die vor Ort getroffenen Bewertungen und Entscheidungen wurden gerade in kritischen Momenten sofort voll akzeptiert. Niemand erlag der Versuchung, die Fernmeldemittel zum Durchgriff zu missbrauchen bzw. Ferndiagnosen über die Lageeinschätzung der Truppe zu stellen. Das Vertrauensverhältnis zwischen Oberst i.G. Hogrefe sowie den verantwortlichen Offizieren im FüZBw, Oberst i.G. Bruno Kasdorf und Oberst i.G. Dierk-Peter Merklinghaus mit den Einsatzführer war hier nach meiner Einschätzung ein entscheidender Faktor. Alliierte haben sich später oftmals erstaunt über das nach ihrer Auffassung außerordentlich hohe Maß an Handlungsfreiheit des Führers vor Ort in einem derartigen Unternehmen geäußert. Es war beste Auftragstaktik.

Diese Operation wurde zwar militärisch mit anderen Staaten abgestimmt, sie blieb aber unter rein nationaler Führung. Die Verantwortung für Erfolg und Misserfolg waren allein von Deutschland zu tragen. Damit wurde auch mit allen Konsequenzen die Verantwortung für Leib und Leben von Bürgern anderer Länder übernommen. Die Zustimmung des Bundestages konnte aufgrund des Zeitdrucks und der Notwendigkeit der Geheimhaltung erst nach erfolgreichem Abschluss der Operation eingeholt werden.

Der Flug der LIBELLE nach Tirana erhellt damit schlaglichtartig das gewandelte Selbstverständnis der Bundesrepublik Deutschland auf dem Feld der internationalen Politik.

Erfahrungen einer
Beobachtermission – UNOMIG

Karl-Christoph Karbe von Stünzner

*Erlebnisse und Erfahrungen während des Einsatzes als Militärbe-
obachter der UN-Beobachterkommission UNOMIG in Georgien im
Jahre 1993 bilden den Inhalt dieses Berichtes. In Georgien war die
Bundeswehr seit dem 22. März 1994 mit sechs Sanitätsoffizie-
ren/Sanitätsunteroffizieren und seit dem 30. Juni 1994 auch mit
vier Militärbeobachtern vertreten. Seit Dezember 1992 versah dort
im Rahmen der OSZE-Mission auch ein Stabsoffizier als Beobachter seinen Dienst.*

Ergebnisse und Erfahrungen
eines deutschen Militärbeobachters

Dpa meldete am 27. Februar 1998: Moskau „Kurioses Ende des Kid-
nappings der UN-Militärbeobachter im Dorf Dschichaskari". Das glückliche Ende der einwöchigen Geiselnahme in Westgeorgien ist offenbar
der außergewöhnlichen Trinkfestigkeit des tschechischen OTL J. Kulisek
und georgischer Gastfreundschaft zu verdanken. Als letzter Vertreter der
Vereinten Nationen in der Hand der Entführer trank er am Mittwoch so
große Mengen Wein und den berüchtigten Tschatscha, selbst ge-
brannten georgischen Schnaps, dass die fürsorglichen Geiselnehmer Kulisek, den sie als gestandenes Mannsbild hoch achteten, daraufhin in
seinem vermeintlichen Vollrausch in einem Nebenzimmer zu Bett brachten. Kurz darauf hatte das Schlitzohr mit dem Bürstenschnitt das Fenster aufgebrochen und war im Gebüsch verschwunden.

Hintergrund für diesen eigentlich sehr ernsten Zwischenfall war die
Absicht der Geiselnehmer, nach dem nun schon zweiten Attentatsver-
such auf Präsident Schewardnadse im Georgisch-Abchasischen Konflikt
die Weltöffentlichkeit auf sich aufmerksam zu machen. Mit dem Zerfall
der Sowjetunion hatte sich auch Georgien (GEO) für unabhängig erklärt.
Das gleiche Recht nahmen sich die eingegliederten autonomen Gebiete heraus. So auch Abchasien (ABK), die Nordwestecke Georgiens, der
paradiesische Küstenstreifen am Schwarzen Meer. Historisch begründet
selbstbewusst, von Georgien kulturell eingeengt, strebten die Abcha-

sier, die 20% der Bevölkerung ausmachten, ebenfalls nach Selbständigkeit. Im wechselvollen Verlauf des Bürgerkrieges zwischen Georgien und Abchasien wurden mit Hilfe der Russen etwa 300.000 Georgier aus Abchasien nach Georgien und der Welt vertrieben. Als die Russen die Front wechselten und daraufhin Georgien in die GUS eintrat und sich gegen ein Stationierungsabkommen für russische Streitkräfte nicht wehren konnte, kam es 1994 endgültig zum Einsatz der unbewaffneten UNOMIG an der Waffenstillstandslinie (CFL) und der Stationierung von bewaffneten GUS-Friedenstruppen (CIS-PKF = zwei russische Bataillone, HQ in SUKHUMI) im selben Raum.

UNOMIG erhielt den Auftrag, die Einhaltung des Waffenstillstandsabkommens zu kontrollieren, die CIS-PKF zu beobachten und dazu beizutragen, dass Voraussetzungen für eine geordnete Rückkehr der Flüchtlinge (IDP) geschaffen werden. UNOMIG hatte zusätzlich mit den Hilfsorganisationen und den weiteren UN-Einrichtungen zusammenzuarbeiten. Das Einsatzgebiet von UNOMIG (etwa 5.000 m^2) liegt beiderseits des Unguri, eines Flusses, der auf seinem sehr naturbelassenen Weg aus dem Kaukasus zum Schwarzen Meer fließt. Angelehnt an sein Bett verläuft die Waffenstillstandslinie. Der Einsatzraum wird im Norden von Ochamchira, im Süden fast von Senaki, im Westen durch das Meer und im Osten durch das schneebedeckte Hochgebirge begrenzt. Beiderseits des Flusses liegt die 12 km breite Sicherheitszone, in der nur Polizeikräfte mit Handwaffen erlaubt sind; im anschließenden 12 km Streifen liegt die Zone, in der schwere Waffen verboten sind. Die Grenzen sind im Moskauer Abkommen nur in einer Skizze festgehalten, was heute noch zu Meinungsverschiedenheiten mit Georgien führt. Das Einsatzgebiet liegt im subtropischen Klima, ist im Wesentlichen flach und steigt zum Kaukasus in welligen Höhen ins Hochgebirge an. Zwei Landstädte, eine auf jeder Seite der CFL, nehmen die Verwaltungen und Dienststellen auf. Gali liegt auf ABK-Seite, ZUGDIDI auf GEO-Territorium. Die Bevölkerung besteht auf ABK-Seite in der Gali-Region im Wesentlichen aus Mingrelen, die sich zu Georgien zugehörig fühlen und ein Konfliktpotenzial bilden. Auf georgischer Seite leben neben der angestammten Bevölkerung zusätzlich die aus Abchasien vertriebenen internal displaced persons (IDP). Sie sind ein innenpolitischer Faktor, der auch in Tiflis durch seine Anwesenheit vor Ort spürbar Druck ausübt. Verstärkt wird dieses unruhige Potenzial durch nationalistische Kräfte aus der Gamsachurdia-Zeit und durch kriminelle Elemente, die sich auf beiden Seiten die Vorteile der Lage nicht nehmen lassen.

UNOMIG ist ausgewogen disloziert: Der SRSG, der schillernde Mr. Bota, residiert in Tiflis (GEO), seine engagierte Vertreterin, Mrs. Tagliavini, in Sukhumi (ABK); das UN HQ(M) führ aus Sukhumi, die nachgeordneten HQ sind in Gali und Zugdidi eingesetzt. Die 80 bis 136 Militärbeobachter (UNMO) wurden von GM Harum Ar Rashid (CMO), einem geradlinigen Generalstabsoffizier aus Bangladesch, geführt.

Die UNMO waren fast gleichmäßig auf die Dienststellen verteilt. Die HQ können in ruhigen Zeiten ihre Beobachter noch einmal auf Team Bases aufteilen, d.h. sechs bis acht UNMO und ein Dolmetscher leben und arbeiten in einem Dorf. Das hat den Vorteil, dass sie die Nähe zur Bevölkerung suchen können, keine langen Anmarschwege haben und die Beobachtungszeit genutzt wird.

Informationen, Ausrüstung, Untersuchung, Verwaltung: Zivilverwaltung der Bundeswehr (ZV Bw), BMVg, FüAkBw, AA, Infanterieschule. Die Anreise in das Einsatzgebiet als Einzelkämpfer war aufregend und entspannte sich erst, nachdem ich in Sotchi von deutschen UNMO in Empfang genommen worden war. Der DCMO ist in seinen täglichen Aufgaben Chef des Stabes; er ist zusätzlich verantwortlich für die Sicherheit und die Zusammenarbeit mit der UN-Verwaltung und den Hilfsorganisationen (NGO, UN). Er ist Mädchen für alles in der Organisation, was nicht klappen will, z.B. für Verpflegung, als Präsident des Offz Club, beurteilungspflichtig für alle Kdr und Abteilungsleiter, zufällig war er auch noch der Dienstälteste Deutsche Offizier (DDO = mit eigener Dienstanweisung. Das gute Vertrauensverhältnis zu meinen Vorgesetzten und die beispielgebende Hilfsbereitschaft und Professionalität der Staatsangehörigen aus Großbritannien, Pakistan, Bangladesch, Ungarn und Schweden ermöglichten mir ein erfolgreiches, fröhliches gemeinsames Arbeiten. Leichter wäre mir meine Aufgabe gefallen, wenn ich bessere schriftliche und mündliche Sprachkenntnisse und PC-Kenntnisse mitgebracht hätte.

Zu Beginn meiner „Tour of Duty" war zunächst alles anders als bisher berichtet. Wegen der bereits beschriebenen Geiselnahme waren die Team Bases geschlossen, das Patrouillieren war verboten. Die Beobachter sammelten ihre Erkenntnisse bei Treffen mit Dienststellenleitern und auf Marktplätzen. So erfuhren wir auch, wie die Geiselnehmer nacheinander ermordet wurden. Leider haben wir New York nicht täglich auf unsere Einschränkungen aufmerksam gemacht, so dass wir das von der UN befohlene Verfahren über Monate anwenden mussten. Es hat der Mission sehr geschadet, denn die „arme" Bevölkerung beobachtete nun nur das Leben der untätigen, „reichen" UNMO – Unverständnis und Neid machten sich breit. Darüber hinaus gingen bei der UNMO, die halbjährlich oder jährlich wechselten, die Erfahrungen, die Gelände- und Personenkenntnisse sowie das oft sehr weitgehende Vertrauensverhältnis zur Bevölkerung verloren. Es ist verständlich, wenn man in New York das Risiko einer erneuten Geiselnahme nicht glaubte, tragen zu können. Aus dieser Sicht der betroffenen Beobachter war der Verlust an Sicherheit, wenn z.B. der Bauer an der Straße nicht mehr vor Minen oder anderen Gefahren warnte, ein größeres Risiko.

Deutlicher noch wuchs durch unsere Passivität die Gefahr für die Mission insgesamt. Da auch die CIS-PKF nicht patrouillierten und sich vornehmlich auf ihre Kontrollpunkte (CP) verließen, kehrten zahlreiche Flüchtlinge aus Georgien und der Gali-Region zurück. Sie bestellten ihre Felder, schufen in den Dörfern Selbstverteidigungstruppen, hissten ab und an die Georgier-Flagge, ließen sich von georgischen Abgeordneten besuchen und versorgen und verwehrten der Abchasischen Polizeitruppe (Militia) die Kontrolle über dieses Gebiet. Wir haben unsere Vorgesetzten sehr deutlich auf die Gefahren durch aufkommende Rückgliederungsgerüchte aufmerksam gemacht. Es folgten aber keine politischen Reaktionen. Ende Mai begann eine neuer begrenzter Krieg im Einsatzgebiet:

Als ich aus meinem ersten Urlaub (drei Tage Sotchi) zurückkehrte, erfuhr ich vom CMO, der gerade an einem Treffen mit Politikern in Tiflis teilgenommen hatte, dass dort die friedliche Fortsetzung der Entwicklung in unserer Region erreicht worden sei, es habe in den letzten Tagen hier nur eine Säuberungsaktion durch die Militia in der Gali-Region gegeben – er führe jetzt nach Moskau – DCMO übernehmen Sie!

Die Säuberungsaktion entwickelte sich jedoch unaufhörlich weiter zu einer militärischen Auseinandersetzung ohne schwere Waffen, in der die mingrelische Bevölkerung aus der unteren Gali-Region nach Georgien floh, georgische Kräfte die Militia in Abchasien aufzuhalten versuchten, und die Abchasier die Häuser Georgien freundlicher Mingrelen verbrannten. Es kam zu ethnischen Säuberungen um Gali herum, zu 40.000 neuen IDP im Raum Zugdidi und zu fast 2.000 vernichteten Häusern.

Als verantwortlicher Führer der UNMO wurde ich in diesen Tagen überraschend nach Gagra (ABK) in eine Staatsvilla geladen, wo auf politischer Ebene ein neuer Anlauf zu einem Waffenstillstandsabkommen genommen werden sollte. So herrlich die Lage über dem Meer, das Wetter, der Garten, das Haus waren, so angespannt war die Begegnung zwischen der abchasischen Führung und den georgischen Politikern. Sie führte aber abends zum Erfolg: Waffenstillstand, Truppenentflechtung ab nächsten Morgen 6:00 Uhr.

Da UNOMIG seit Februar nicht mehr patrouilliert hatte, fragte ich Mr. Bota nach den Bedingungen. „Do what you think what must be done".

– Da auch der CIS-PKF Kdr anwesend war, konnte ich mit ihm ein ungewöhnliches gemeinsames Vorgehen absprechen, bevor wir zu einem feucht-fröhlichen Vierparteienfestessen nach georgischer Art antreten mussten. Da der Tamadar, der georgische Tischgesellschaftsvorsteher, in Gestalt des „Abchasischen Präsidenten" Ardzimba einen folgenschweren Trunkspruch nach dem anderen ausbrachte, brach die Nacht über die Friedenswünsche herein. Die mir unterstellten SektorKdr waren über 100 km entfernt, im Einsatzgebiet wurde noch gekämpft, der Zweck meiner Abwesenheit war in den HQ geheim, sie hatten keine Vorbefehle, seit Februar wurde nicht patrouilliert. Es wurde schwierig, die Operation morgens um 6:00 Uhr anlaufen zu lassen. Es gelang, um Mitternacht eine Befehlsausgabe in Sukhumi zu organisieren, zwischen 3:00 und 4:00 Uhr gemeinsam in den Sektoren einzutreffen und um 6:00 Uhr an den Treffpunkten zu stehen. Die Russen kamen erst um 9:00 Uhr – und die gemischten Patrouillen (ein bewaffnetes Kfz, zwei UN-Kfz, ein bew. Kfz) fuhren vor Minen, ins Feuer, durch Truppen in Stellungen und durch brennende Häuser. Den Konfliktparteien war es nicht gelungen, ihre Befehle nachts weiterzugeben. Erst ein weiteres regionales Vierparteientreffen mittags am Inguri führte am Nachmittag zu ersten Erfolgen und der unversehrten Rückkehr der Patrouillen bei Dunkelheit. Noch weitere zwei Tage patrouillierten wir mit den Russen gemeinsam. Dann war wieder relativer Frieden.

Die in dieser Lage erfolgreiche Zusammenarbeit mit den Russen – und kurzzeitig sogar mit den georgischen und abchasischen Vertretern – hatte den Nachteil, dass sie von den Russen nun auch künftig gewünscht wurde. Der CMO konnte nach seiner Rückkehr dieses Verfahren aber nicht fortsetzen, da es nicht unserem Mandat entsprach, die georgische Bevölkerung den UNMO keine Auskunft gab, wenn Russen anwesend waren, und wir uns in die Hände der Konfliktparteien und CIS-PKF begeben hätten.

Eine positive Folge des kurzen Krieges war, dass UNOMIG nun „eingeschränkt" patrouillieren durfte – auch befestigten Straßen, in minengeschützten Kfz, eine rasche Eingreiftruppe der Russen auf Abruf und mit der Beschränkung auf CFL nahes Gelände.

Die schwerwiegendsten Folgen der Auseinandersetzungen hatte die Bevölkerung zu tragen. Aber auch unser Ruf war schwer geschädigt.

Sowohl die Abchasier als auch die Georgier schoben den Russen und den tatenlosen UN-Beobachtern die Schuld für die Kämpfe in die Schuhe. Begegnungen mit der Bevölkerung, besonders mit den IDP wurden angespannt, und die Sicherheit der Mission, die nun von den Regierungsstellen, der Presse und Organisationen angefeindet wurde, nahm spürbar ab. (Kfz-Überfälle, Diebstähle).

Insgesamt gab es wieder eine neue Lage an der CFL. Der Minenkrieg begann. Jede Woche ereigneten sich nun Zwischenfälle, bei denen ferngezündete Minen in der Gali-Region unter CIS-PKF-Kfz und Militia-Kfz detonierten. Es gab viele Tote und Verwundete. Die UNMO waren keine Zielgruppe, aber Druckminen können nicht unterscheiden, und so starben Bauern auf dem Weg zum Feld, und auch eine UN-Mamba fuhr auf eine Mine und bewährte sich! (zwei Kopf- und Rückenverletzte).

Der Minenkrieg – vermutlich aus Georgien nach Abchasien getragen – hat sicher der Abchasischen Führung große Erschwernisse im Militärpersonalersatz bereitet. Hier fehlt der Raum, über diese Polizeitruppe zu berichten, die mit unausgebildeten Kräften, in ethnisch fremder Umgebung, ohne logistische Unterstützung, ohne einheitliche Kennzeichnung, mit dürftiger Beweglichmachung im 14-tägigen Wechsel von 300 bis 400 Mann (teilweise in Damenbegleitung) ihren Dienst taten. Diebstähle, Erpressung, Brandschatzung waren Lebensgrundlage und nicht Objekt des Einsatzes.

Zwischen dieser Militia und ihren CP, der CIS-PKF und ihrem CP und Dienststellen, zwischen den Bürgermeistern und Amtsleitern, NGO und IDP, den Passanten, den Polizeitruppen Georgiens und internationalen Gästen bewegte sich die Auftragserfüllung der nun schon wieder ansteigenden Zahl an UNMO.

22 Nationen stellten qualifizierte Offiziere, die einsatzfreudig und entbehrungsbereit ihren Dienst versahen. Die deutschen Beobachter (2-4) genossen auf Grund ihrer Ausbildung und Zuverlässigkeit einen sehr guten Ruf und stiegen jeweils rasch zu verantwortungsvollen Dienstposten auf. Ergänzt wurden die deutschen UNMO durch deutsche Sanitätsdienstgrade (4-5), die als Rettungssanitäter Profis und als Kameraden vorbildlich waren. Sie wiederum wurden von deutschen Ärzten (2-3) geführt, bei deren Auswahl man bedenken sollte, dass nicht jeder Arzt gleichermaßen geeignet sein kann und die Uniform noch keine Garantie für einen gestandenen Offizier ist. Der im Sommer anwesende Senior Medical Offizier (SMO) hat sich vorbildlich bewährt; er hat fachlich und organisatorisch Hervorragendes geleistet und über seinen Auf-

gabenbereich hinaus den CIS-PKF als Chirurg so helfen können, dass daraus ein spezielles Vertrauensverhältnis entstand.

Neben einem wöchentlichen, regionalen Vierparteientreffen am Inguri (RUS, UN, GEO, ABK) wurden auf politischer Ebene den ganzen Sommer hindurch in Genf, Athen, Tiflis oder Sukhumi und New York Versuche unternommen, den Konflikt zu entschärfen. Erfolglos. Jeder Fehlschlag jedoch führte zu größerer Frustration vor Ort und damit zu größeren Sicherheitsrisiken in der Mission. UNOMIG hat daraufhin (sehr spät) begonnen, die Öffentlichkeitsarbeit zu betreiben, um Zweifeln am Sinn und Zweck des Einsatzes zu begegnen. Die UNMO haben z.B. begonnen, durch Flugblätter zu erklären, dass ihre Aufgabe im Wesentlichen nur im Beobachten und Melden und in der Herstellung der Weltöffentlichkeit, in der weltweiten Beobachtung des Konfliktes besteht. Die Zwischenfälle häuften sich jedoch weiter.

Hier fragt man sich jetzt natürlich, ob es denn richtig war, in dieser Lage unbewaffnet im Einsatz zu sein. Eine kurze Antwort: Unser Leben war unbewaffnet besser geschützt als bewaffnet – unser Eigentum oder das Eigentum der UN dagegen nicht. Es ist sehr schwer, in New York zu entscheiden, wann die Grenze erreicht ist. Unsere Lage im Sommer 1998 ließ den Einsatz ohne Waffen zu; aber mit Waffen ausgestattete Sicherheitskräfte der UN hätten vielen UN-Mitarbeitern die verdiente Nachtruhe leichter gemacht. Durch wiederholte nächtliche Handgranatenwürfe in den Bereich des HQ(M) erwirkte die abchasische Präsidentengarde z.B. unsere Bewachung – ein unbeschreiblicher Vorgang.

Leider führt das Mandat „Beobachten" zu einer passiven Grundhaltung. Als DCMO habe ich im Stab viele Gespräche geführt, um zu erreichen, dass die Beobachter in dieser Lage aktiver werden und nicht als „Sonnenscheinsoldaten" wieder in Verruf geraten, sondern umfassend Flagge zeigen. Auch UNMO können z.B. CP beobachten, auch nachts kann man viel sehen, auch mobile CP kann man einrichten. Aber das aus New York zu dieser Zeit gebilligte Konzept war in der angespannten Situation nicht zu ergänzen. Völlig aussichtslos wurden weitere Überlegungen, nachdem wir am 21. September mit neun leitenden UN-Mitarbeitern abends auf der Hauptstraße von Sukhumi in einen Hinterhalt geraten waren. Die Disziplin und Geistesgegenwart des abchasischen Fahrers bewahrte uns vor einer Katastrophe. Mit einem Streifschuss am Kopf, Ausschüssen an der Frontscheibe und den nebeligen Schwaden des verdampften Rückspiegels auf dem Glas fuhr er den Bus mit zwei platten Reifen aus dem Feuer in die Unterkunft, wo vier Verwundete versorgt und später zur Operation transportiert werden mussten. Auch hier bewährte sich wieder die gute Zusammenarbeit unseres Flottenarztes mit dem CIS-PKF.

Dieser Zwischenfall, der sich drei Wochen vor dem Ende meiner Mission ereignete, war seit der Geiselnahme im Februar 1998 der Tiefpunkt in der Sicherheitslage. Glücklicherweise waren die Reaktionen in der Mission, aus New York, durch Truppensteller und aus Deutschland ausgewogen und angemessen. Der Auftrag lief weiter, und der neue, zweite deutsche DCMO konnte seinen Dienst in Sukhumi beginnen.

Beteiligung der Bundeswehr am
Wiederaufbau in Bosnien-Herzegowina

Peter Goebel

Im Frühsommer 1997 beschloss die Bundesregierung, einen besonderen deutschen Beitrag zum Aufbau Bosnien-Herzegowinas und zur Rückkehr der Bürgerkriegsflüchtlinge zu leisten. Dafür wurde u.a. eine Gruppe „Zivil-militärische Zusammenarbeit" (CIMIC) gebildet und im Stab des Kommandeurs Deutsches Heereskontingent SFOR und Nationaler Befehlshaber aufgestellt. Im September 1997 wurde der CIMIC-Verband um die „Zivile Infrastruktur Projektbegleitung" (ZIPB) erweitert, um den Wiederaufbau zerstörter Infrastruktur zu begleiten. Mitte 1998 waren 177 deutsche Hilfsprojekte in Bosnien-Herzegowina mit einem Wert von 400 Millionen DM abgeschlossen. Die ZIPB-Gruppe war an Projekten zum Bau von ca. 900 Wohneinheiten beteiligt. Bis Ende 1997 konnten daher 109.000 Flüchtlinge nach Bosnien-Herzegowina zurückkehren. Wegen der Komplexität der Aufgabe war für die Soldaten im CIMIC-Bereich eine Einsatzdauer von sechs Monaten vorgesehen. Hier dienten auch viele Reservisten, deren zivilberufliche Kenntnisse und Fähigkeiten von großem Wert für die Aufbauleistungen in dem zerstörten Land waren.

Die neue Herausforderung in meiner Zeit als Kommandeur des deutschen Heereskontingentes SFOR und Nationaler Befehlshaber vom September bis Dezember 1997 war die Beteiligung der Bundeswehr am Wiederaufbau in Bosnien-Herzegowina.

Ausgangslage

Nach zwölf Monaten IFOR- und sechs Monaten SFOR-Einsatz war 1997 die Bilanz der Implementierung des Dayton-Vertragswerkes ernüchternd. Der militärische Auftrag war im Wesentlichen erfüllt: die Armeen der ehemaligen Bürgerkriegsparteien waren unter Kontrolle, die Reduzierung von Personal und Material auf die vertraglich vereinbarten Obergrenzen war überwiegend bereits erfolgt oder stand kurz vor dem Abschluss, die geplante Förderationsarmee zwischen den Streitkräften der Bosniaken und der bosnischen Kroaten nahm zumindest planerisch

Gestalt an und was das Wesentlichste war, die Sicherheitslage in Bos-
nien-Herzgovina war durch die SFOR-Präsenz stabil. Die Armeen der
ehemaligen Bürgerkriegsparteien bedeuteten zum damaligen Zeitpunkt
keine Gefahr für den Friedensprozess.

Im Gegensatz zu dieser sehr positiven Bilanz der Durchführung des
militärischen Auftrages konnte der „zivile Teil" des Dayton-Vertrages jedoch nur sehr schleppend und gegen erhebliche Widerstände imple-
mentiert werden.

Zwar waren Wahlen sowohl zu den Gemeindeparlamenten wie zu
den föderalen Parlamenten durchgeführt worden oder standen unmittelbar bevor und zaghaft bildeten sich erste Exekutivorgane auf der Ge-
meindeebene, aber die Schaffung von multiethnischen lokalen Polizeistrukturen z.B. ging nur sehr langsam voran.

Insbesondere der Aufbau der im Kriege zerstörten Infrastruktur und
die wirtschaftliche Gesundung des Landes war bisher nur in ersten Ansätzen erfolgt. Dies hatte zur Folge, dass die besonders für die Bundesrepublik Deutschland sehr wichtige politische Frage der Rückkehr
von Bürgerkriegsflüchtlingen noch nicht gelöst worden war.

Die Flüchtlingsproblematik

Das besondere deutsche Interesse an der Flüchtlingsrückkehr wird an
einigen Zahlen deutlich. Durch die kriegerischen Auseinandersetzungen
seit Anfang der 90er Jahre waren etwa 1,4 Millionen Bürger des ehemaligen Jugoslawiens aus ihren Wohngebieten vertrieben worden oder
unter Druck geflüchtet. Die Masse dieser Vertreibungen fanden in Bosnien-Herzegowina, in Ostslawonien und der Krajina statt. 700.000 dieser Flüchtlinge blieben im Land und siedelten in anderen Gegenden,
häufig dort, wo ihre jeweilige Ethnie die Mehrheit stellte. Die verbleibenden 700.000 Flüchtlinge verließen das Land und flüchteten nach
Mittel- und Westeuropa und zum sehr kleinen Teil nach Übersee. Von
diesen Flüchtlingen nahm die Bundesrepublik Deutschland etwa die
Hälfte, also rund 350.000 auf. Zum Vergleich: nach Großbritannien gingen 6.000, nach Frankreich etwa 16.000; nur Österreich nahm gemessen an der eigenen Bevölkerungszahl und den wirtschaftlichen Möglichkeiten mit 90.000 Bürgerkriegsflüchtlingen aus dem ehemaligen Jugoslawien eine vergleichbar große Zahl wie Deutschland auf.

Diese hohe Zahl von Flüchtlingen in der Bundesrepublik Deutschland,
die auf die Bundesländer und von dort auf Kreise und Gemeinden verteilt werden mussten, belasteten in ohnehin schwieriger Finanzsituati-
on die öffentlichen Haushalte erheblich.

Aber es wäre eine unzulässige Verkürzung, diese eminent politische Frage nur auf die finanziellen Aspekte zu reduzieren. Das übereinstimmende Credo der politischen Verantwortlichen in Deutschland war, dass sich Krieg und kriegerische Gewalt nicht lohnen dürften. Insofern sollten keinesfalls die ethnischen Säuberungen, die sich in Völkermord und Vertreibungen manifestiert hatten, im Nachhinein durch die Staatengemeinschaft gerechtfertigt werden.

Als zweite Erfahrung und Erkenntnis kamen hinzu, dass bei kriegerischen Auseinandersetzungen zuerst die Eliten fliehen, also diejenigen, die auf Grund von finanziellen Mitteln und/oder überdurchschnittlicher Ausbildung und beruflicher Qualifikation davon ausgehen können, dass sie auch in einem anderen Land eine Perspektive haben. So war es auch in Bosnien-Herzegowina. Gerade aber diese Bürger waren für den Wiederaufbau des Landes von besonderer Bedeutung und Wichtigkeit und ihre Rückkehr daher wünschenswert und erforderlich.

Letztlich haben alle drei genannte Aspekte der Flüchtlingsproblematik dazu geführt, dass erstens den Flüchtlingen aus dem ehemaligen Jugoslawien in Deutschland der Status von Bürgerkriegsflüchtlingen gegeben wurde, der anders als bei den „klassischen" Asylsuchenden die Rückkehr schon begrifflich einschloss, und dass zweitens in das Dayton-Vertragswerk das Ziel der Rückkehr aller Flüchtlinge an prominenter Stelle eingebaut worden war.

Vor diesem Hintergrund entschloss sich die Bundesregierung im Frühsommer 1997 die politischen, diplomatischen und militärischen Kräfte zu bündeln, um einen besonderen deutschen Beitrag zum Aufbau Bosnien-Herzegowinas zu leisten, in dessen Folge die Rückkehr von Bürgerkriegsflüchtlingen in großer Zahl ermöglicht werden sollte.

Der politische Ansatz

Bundeskanzler Helmut Kohl berief den Abgeordneten des Deutschen Bundestages Dietmar Schlee (CDU-Fraktion) aus Sigmaringen am 3. Juli 1997 zum Beauftragten der Bundesregierung für Flüchtlingsrückkehr und rückkehrbegleitenden Wiederaufbau. Aufgabe des Beauftragten sollte es sein, alle nationalen Maßnahmen zur Verbesserung der Flüchtlingsrückkehr und des Wiederaufbaus zu koordinieren; dies sollte in einer ressortübergreifenden Zusammenarbeit in Deutschland und in enger Zusammenarbeit mit dem Deutschen Heereskontingent im Einsatzgebiet erfolgen und die Beteiligung von Behörden des Landes Bosnien-Herzegowina mit einschließen. Zur Erfüllung seiner Aufgaben wurde der

Beauftragte mit einem Arbeitsstab in Bonn und einem in Sarajevo ausgestattet. Der Arbeitsstab in Bonn bestand aus Vertretern des Auswärtigen Amtes, des Bundesministeriums für wirtschaftliche Zusammenarbeit und Entwicklung, des Bundesministeriums des Innern, des Bundesministeriums der Verteidigung und aus Vertretern der Innenministerien der Bundesländer. Der Arbeitsstab in Sarajevo wurde von einem deutschen Stabsoffizier geleitet, der überwiegend organisatorische und administrative Aufgaben wahrzunehmen hatte.

Die eigentliche Arbeit in Sarajevo sollte in enger Zusammenarbeit zwischen dem Abgeordneten Schlee und dem nationalen deutschen Befehlshaber und der diesem nachgeordneten CIMIC-Gruppe geleistet werden.

Der militärische Ansatz

Auf ministerielle Weisung wurde am 23. Juni 1997 beginnend eine Gruppe „Zivil-militärische Zusammenarbeit", kurz CIMIC-Gruppe, als Organisationselement im Stab des Kommandeurs Deutsches Heereskontingent SFOR und Nationaler Befehlshaber aufgestellt. Im Laufe des Herbstes 1997 wurde diese Gruppe auf fast 80 Soldaten verstärkt und dabei um die Teileinheit „Zivile Infrastrukturprojektbegleitung", kurz ZIPB, erweitert. Der Auftrag des Deutschen Nationalen Befehlshabers wurde um den Teil „Unterstützung des Beauftragten der Bundesregierung für Flüchtlingsrückkehr und rückkehrbegleitenden Aufbau" ergänzt. Diese Aufgabe sollte in der Durchführung durch die CIMIC-Gruppe geleistet werden.

Die Arbeit der CIMIC-Gruppe

Die in der Ausgangslage beschriebene schleppende Implementierung der zivilen Teile des Dayton-Vertragswerkes stellte sich um die Jahresmitte 1997 im Einzelnen wie folgt dar:

Viele internationale Organisationen (IO) und eine Fülle von Regierungsorganisationen (GO) und Nicht-Regierungsorganisationen (NGO) aus unterschiedlichen Ländern versuchten seit Ende des Krieges den Aufbau in Bosnien voranzubringen. Die Hauptakteure waren der UNHCR und seine nachgeordneten Büros, wie z.B. das Repatriation Information Center (RIC), der UN MIBH mit dem nachgeordneten Mine Action Center (MAC), aber auch der hohe Repräsentant (HR) als politisch Gesamtverantwortlicher und das Hauptquartier SFOR (HQ SFOR), welches für die humanitäre Arbeit von ganzen Militärkontingenten – die

Ungarn z.B. waren nur mit Pionierkräften für humanitäre Aufgaben vertreten – oder Teilen von Kontingenten zuständig war. Insgesamt waren
etwa 15 IO, 20 GO und über 400 NGO im Lande vertreten. Gerade auf
der Ebene der GO und NGO war kein klares Gesamtlagebild verfügbar,
ihre Projekte waren z.T. zufällig, z.T. willkürlich ausgesucht und alle lit-
ten unter Geldmangel. Die großen internationalen Geldgeber wie die
Weltbank, World Vision, US-AID, aber auch die EU und erst recht die
nationalen Regierungen waren sehr zögerlich in der Finanzmittelzu-
weisung, weil zu viele Projekte an ungeeigneten Stellen aufgebaut waren, leer standen oder z.T. schon mehrfach zerstört worden waren. Die
Konkurrenz zwischen den unterschiedlichen Organisationen um die
knappen Finanzmittel führte mehr zu einem Gegeneinander als zu einem Miteinander.

Mit Beginn des Eintreffens der ersten Soldaten der CIMIC-Gruppe
wurde die Verbindung zu den großen humanitären Organisationen hergestellt und sofort auch mit der Erkundungsarbeit begonnen. Führer der
CIMIC-Gruppe wurde der Abteilungsleiter G5 im Heeresführungskommando, Oberst i.G. Boes. Er war einer der wenigen im Deutschen Heer
verfügbaren Stabsoffiziere, die über praktische Erfahrungen in der zivil-militärischen Zusammenarbeit verfügten. Insbesondere im Aufbau
der CIMIC-Gruppe, im Schaffen von Verbindungen zu den humanitären
Organisationen und im Berichtswesen hat er sich große Verdienste erworben.

In der oben beschriebenen überaus komplexen Lage wurde in Absprache zwischen dem Beauftragten der Bundesregierung, dem Nationalen Befehlshaber, dem Heeres-führungskommando und dem
Führungszentrum entschieden, dass der CIMIC-Gruppe zunächst der
Auftrag zukommen sollte, eine Datenbasis über die Lage im Land mit
dem Schwerpunkt auf die Flüchtlingsrückkehr zu erstellen. Der dazu formulierte Auftrag lautete:

> *„Gewinnung, Verdichtung und Austausch von Informationen für
> die Flüchtlingsrückkehr und den rückkehrbegleitenden Wiederauf-
> bau sowie die Weitergabe aller gewonnenen Erkenntnisse an den
> Beauftragten in Form bewerteter Berichte".*

Mit diesem Auftrag konnten deutsche CIMIC-Soldaten das tun, was
Soldaten zumindest in einem Einsatzgebiet regelmäßig besser als andere Organisationen können, nämlich das Beschaffen von Informationen
aus unterschiedlichsten Quellen, Erkunden und Aufklären vor Ort und
Verarbeiten, Verdichten und Bewerten von vielfältigen Informationen in

einem geordneten Prozess der Stabsarbeit. Als Ebene der Informations-gewinnung wurde die Opstina gewählt, eine politische Einheit, die un-serer Gesamtgemeinde oder Samtgemeinde vergleichbar ist. Von diesen gibt es in Bosnien-Herzegowina knapp über 100. Dieser Ansatz hatte den Vorteil, dass ein überschaubarer Bereich jeweils beurteilt und bewertet werden konnte und mögliche Maßnahmen zur Verbesserung der Lage nach Art und Umfang relativ genau definiert werden konnten.

Es stand auch zu erwarten und bestätigte sich später, dass die rück-kehrwilligen Bürgerkriegsflüchtlinge an einem konkreten Lagebild in ei-nem regional begrenzten Bereich interessiert waren. Die Kriterien, nach denen die Berichte zu fertigen waren, wurden in Absprache mit allen relevanten Organisationen wie folgt festgelegt: Bevölkerung ein-schließlich ethnischer Verteilung und Einstellungen, Wohnungslage, Wirtschaft, Infrastruktur, öffentliche Einrichtungen und natürlich die Si-cherheitslage.

Aus der Gesamtbeurteilung dieser Einzelkriterien und ihrer Gewich-tung konnte die Eignung der einzelnen Opstina für die Rückkehr von Flüchtlingen beurteilt werden. Jeder einzelne Bericht endete mit einer Reihe von Empfehlungen für Maßnahmen, die ergriffen werden könn-ten und sollten, um in der betreffenden Opstina die Voraussetzungen für die Flüchtlingsrückkehr zu verbessern. An der Arbeit im Berichts-wesen waren im Wesentlichen drei Teileinheiten der CIMIC-Gruppe be-teiligt; die Verbindungsoffiziere hatten erste Informationen zu be-schaffen, die durch die Auswertegruppe vorläufig bewertet und ver-dichtet wurden und dann den Erkundungstrupps, bestehend aus vier Soldaten, einem Stabsoffizier als Führer, einem Feldwebel als Begleiter, einem Dolmetscher und einem Fahrer, zur Verfügung gestellt wurden als Basis für die Erkundungsarbeit vor Ort. Die Fertigung der vorläufi-gen Berichte war dann wieder Aufgabe der Auswertegruppe unter Führung eines Generalstabsoffiziers.

Der Entwurf der Berichte wurde dann allen relevanten militärischen und zivilen Organisationen im Einsatzgebiet zur Kommentierung vor-gelegt, dem OHR, HQ SFOR, UNHCR, IO, GO und auch den großen NGO. Dieses Verfahren war geeignet, das Wissen unseres Stabes so-fort anderen verfügbar zu machen sowie zusätzliche Informationen zu erhalten, und hatte daneben den Vorteil, durch die frühzeitige Beteili-gung anderer Organisationen, die z.T. mit gemischten Gefühlen die Arbeit der Bundeswehr im humanitären Bereich beobachteten, die Ak-zeptanz unserer Berichte zu verbessern. Die Berichte unserer CIMIC-Gruppe waren von außerordentlicher Qualität, weil an eindeutigen Kri-

terien gemessen wurde und sie waren vor allem wegen der Gesamtbewertung einschließlich der Empfehlungen für die praktische Arbeit
aller Organisationen, die im humanitären Bereich tätig waren, überaus
wertvoll. Die Abschlussberichte wurden dann im Internet in Deutsch,
Englisch und später z.T. in Serbokroatisch veröffentlicht. Sie konnten
damit weltweit genutzt werden, wobei die entscheidenden Adressaten zum einen die Flüchtlinge in den unterschiedlichsten Ländern waren und auf der anderen Seite Länder, Städte und Gemeinden in
Deutschland.

Bei der Einsatzplanung für die Erkundungstrupps wurde nach dem
Motto vorgegangen:

„Vom Leichten zum Schweren, vom Bekannten zum Unbekannten".

Die Erkundung begann zunächst im unmittelbaren regionalen Umfeld unseres Standortes Rajlovac, also im Großraum Sarajevo, wurde
dann im Operationsgebiet der Deutsch-Französischen Brigade fortgesetzt und danach zunächst in der Föderation und später in der RS, dem
serbischen Teil von Bosnien-Herzegowina, fortgeführt. Die Auswahl
von Opstinas außerhalb des Operationsgebietes der Deutsch-Französischen Brigade erfolgte stets nach einem Lagevortrag bei dem vor allem
zur vermutlichen Eignung einer Opstina für die Flüchtlingsrückkehr Stellung genommen wurde, in einer gemeinsamen Entscheidung des Beauftragten und mir. Auch dieser „regionale Ansatz" hat sich bewährt
und wurde später bei der Arbeit der ZIPB-Gruppe in gleicher Weise an-
gewendet.

Die ZIPB-Gruppe

Schon bald stellte sich durch die gewonnenen Erkenntnisse heraus,
dass der Beitrag der Bundeswehr umfassender sein sollte und neben der
Berichtsarbeit auch die Unterstützung von konkreter Projektarbeit Teil
der Aufgaben der CIMIC-Gruppe werden müsste, um den Gesamtauf-
trag zu erfüllen. Am 15. September 1997 wurde die CIMIC-Gruppe um
die Teileinheit zivile Infrastrukturprojektbegleitung (ZIPB) erweitert.

Absicht war nicht, die deutschen Soldaten selbst den Aufbau von zerstörter Infrastruktur leisten zu lassen, wie dies noch während des IFOR-
Mandates z.B. durch den Bau von Brücken durch deutsche Pioniere geschehen war, sondern es ging um Planungs- und Koordinierungsarbeit
beim Wiederaufbau zerstörter Infrastruktur. Diese Aufgabe reichte von
der Feststellung des Bedarfs an technischen und finanziellen Mitteln
über die Koordination zwischen nationalen oder internationalen Geld-

gebern und lokalen Baufirmen bis hin zur Übergabe fertiggestellter Projekte an die zuständige Gemeinde.

Der erste Führer der ZIPB-Gruppe war Oberst Klose, der nicht nur beim strukturellen Aufbau der Truppe, sondern besonders bei der konzeptionellen Arbeit für mich ein wichtiger, loyaler und überaus sachkundiger Berater war.

Bei den Infrastrukturprogrammen wurde sehr schnell deutlich, dass der eindimensionale Ansatz, d.h. die ausschließliche Instandsetzung des Wohnraums, die bisher von vielen humanitären Organisationen verfolgt wurde, nicht erfolgreich sein würde. Flüchtlinge würden nur dann zurückkehren, wenn sie neben Wohnraum und Sicherheit zusätzlich ein gewisses Maß an öffentlicher und sozialer Infrastruktur vorfinden würden.

Es wurden deshalb die integralen Programme entwickelt, die neben Wohnraum auch Versorgungssysteme (Strom und Wasser), öffentliche Einrichtungen (Schulen, Kindergärten) sowie ein gewisses Maß an Basis-Infrastruktur (Straßen, Wege und Kanalisationen) beinhalteten. Durch diese integralen Programme wurde als erfreulicher Nebeneffekt die Akzeptanz besonders der politischen Führung auf der Opstina-Ebene für die Arbeit der CIMIC-Gruppe erheblich gesteigert.

Alle Maßnahmen beim Aufbau von zerstörter Infrastruktur erfolgten nach dem Prinzip „Hilfe zur Selbsthilfe". Dies wurde besonders deutlich bei der Wiederherstellung von Wohnraum; in jeder Wohnung wurde nur eine „beheizbare Wohnzelle", bestehend aus Küche, Bad und einem Wohn-/Schlafzimmer gemäß landesüblichen Vorkriegsstandard wiederhergestellt. Der weitere Ausbau des Hauses oder der Wohnung musste von den Bewohnern selbst geleistet und finanziert werden.

Zu einem frühen Zeitpunkt entschieden wir, dass durch die Bundeswehr im Einsatzgebiet nur zerstörte Infrastruktur instandgesetzt bzw. wiederhergestellt werden sollte, wobei eine möglicherweise damit einhergehende Modernisierung nicht ausgeschlossen sein sollte. Diese Beschränkung war sinnvoll und hat sich bewährt.

Die Finanzierung von Infrastrukturprojekten der Bundeswehr erfolgte in Bosnien-Herzegowina fast ausschließlich aus Mitteln der EU, wobei in Einzelfällen auch andere Geldgeber Mittel zur Verfügung stellten.

Die Neigung großer Geldgeber, solche Projekte vorrangig zu unterstützen, an deren Planung und Durchführung Soldaten von SFOR beteiligt waren, war unübersehbar. Mir ist als Begründung immer gesagt worden, dass Soldaten sehr zielgerichtet und effizient arbeiteten und daneben durch ihre Präsenz einen besonderen Schutz für Projekte böten.

Die Beschaffung von Mitteln für Infrastrukturprojekte, die vor allem schnell verfügbar waren, stellte sich als großes, von uns Soldaten nicht allein lösbares Problem heraus. In der Euphorie erster loser Finanzzusagen von EU und anderen potenziellen Geldgebern hatte die ZIPB-Gruppe Planungen für drei integrale Projekte im Umfang von ca. 10 Millionen DM schon Ende Oktober 1997 im Detail geplant und mit den Opstina-Verwaltungen, lokalen Baufirmen und NGO koordiniert. Leider dauerte es bis Februar 1998 und bedurfte der massiven Intervention der Bundesregierung bis hin zum Bundeskanzler, um Finanzmittel der EU tatsächlich zu erhalten. Gerade vor dem Hintergrund der in vielen Stunden täglich und nächtlich geleisteten Planungsarbeit war diese Verzögerung der Finanzzuweisung für die ZIPB-Gruppe nur schwer nachzuvollziehen. Es spricht für die Soldaten dieser Teileinheit, dass sie trotz dieses Rückschlages unbeirrt und mit großem Schwung die Planungsarbeiten fortsetzten. Dankbar waren wir der früheren Abgeordneten des Bundestages, Frau Bärbel Bohley, mit der wir im Übrigen sehr gut zusammengearbeitet haben, für Mittel aus ihrem Spendenaufkommen, mit dem wenigstens einige „beheizbare Wohnzellen" als Musterobjekte hergestellt werden konnten.

Bei der Projektbegleitung wurde sehr schnell deutlich, dass bestimmte Grundsätze der Arbeit unbedingt zu beachten waren, um erfolgreich zu sein. So war es vor allem wichtig, den Ethnien-Proporz zu wahren, den Gemeinden deutlich zu machen, dass Projekte auch für sie z.B. durch Wiederherstellung öffentlicher Infrastruktur lohnend sein würden, frühzeitig eine große Anzahl von betroffenen Bürgern und Mandatsträgern zu informieren, um Akzeptanz zu erzeugen und vor allem immer deutlich zu machen, dass „Hilfe zur Selbsthilfe" geleistet würde und der Eigenleistung der einzelnen Bürger wie der gesamten Gemeinde hohe Bedeutung zukommen würde. Zur Erleichterung der Planungs- und Koordinierungsarbeit ist es im Übrigen erforderlich, Projekte regional zu bündeln.

Die CIMIC-Task-Force

Der Einsatz von Soldaten der Bundeswehr zur Unterstützung des Wiederaufbaus von Bosnien-Herzegowina mit dem Ziel der Flüchtlingsrückkehr war zunächst eine ausschließlich nationale deutsche Veranstaltung. Die Gründe dafür wurden oben bereits dargestellt. Konsequenterweise wurde die neue CIMIC-Gruppe anders als die Masse des Deutschen Heereskontingentes SFOR dem COMSFOR nicht OPCON, sondern nur TACON unterstellt, mit dem Vorbehalt des ausschließlichen

Einsatzes dieser Gruppe durch den Deutschen Nationalen Befehlshaber. Die TACON-Unterstellung war erforderlich, damit die Soldaten der CI-MIC-Gruppe Angehörige der internationalen SFOR-Truppe sein konnten, was zur Auftragsdurchführung in Uniform und mit Waffe zwingend war. In der Durchführung der Arbeit allerdings waren die deutschen CI-MIC-Soldaten am meisten dem internationalen Umfeld ausgesetzt. Dies wurde nicht nur in der beschriebenen Zusammenarbeit mit den vielen IO, GO und NGO deutlich, sondern auch dadurch, dass das Einsatzgebiet im Bereich aller drei multinationalen Divisionen lag und mit diesen und ihren nachgeordneten Kommandobehörden eng zusammengearbeitet werden musste. Eine noch engere Zusammenarbeit wurde mit der US-CIMIC-Task-Force gesucht.

Als dieser Verband, der wie alle CIMIC-Task-Forces des amerikanischen Heeres bis zum kommandierenden Brigadegeneral ausschließlich aus Reservisten bestand und deshalb nach sechs Monaten Einsatzdauer herausgelöst werden musste, entwickelte HQ SFOR den Plan einer multinationalen CIMIC-Task-Force mit der deutschen CIMIC-Gruppe als Kernstück. Daneben wurde die Abteilung G5 im HQ SFOR personell erheblich verstärkt und ausgebaut. Mit diesem Ansatz konnte die bis dahin sehr erfolgreiche Arbeit der deutschen CIMIC-Gruppe fortgesetzt werden, und er ermöglichte es darüber hinaus, die besonderen deutschen Interessen gegenüber den CIMIC-Verantwortlichen im gesamten Einsatzgebiet zu verdeutlichen. Auch unter dieser Konstruktion war die deutsche Repräsentanz durch Verbindungsoffiziere in allen relevanten Organisationen gewährleistet, vor allem aber die erfolgreiche gemeinsame Arbeit zwischen dem Beauftragten der Bundesregierung und dem Deutschen Nationalen Befehlshaber im Einsatzgebiet.

Die Bilanz

Mitte 1998 lagen Berichte zur Flüchtlingsrückkehr und rückkehrbegleitenden Wiederaufbau für alle Opstina in Bosnien-Herzegowina vor. 80% dieser Berichte wurde durch die deutsche CIMIC-Gruppe erstellt, 20% durch das RIC und die US CIMIC-Task-Force.

Zum selben Zeitpunkt gab es 177 registrierte deutsche Hilfsprojekte in Bosnien-Herzegowina mit einem Wertumfang von insgesamt 400 Millionen DM. Die ZIPB-Gruppe war an Projekten beteiligt, die in Form von integralen Programmen etwa 900 Wohneinheiten schaffen werden.

Das wesentliche Kriterium für den Erfolg aber bleibt die tatsächliche Rückkehr von Flüchtlingen. Bis Ende 1997 waren 109.000 Flüchtlinge

nach Bosnien-Herzegowina zurückgekehrt. Mit Stand Mai 1998 befanden sich noch etwa 190.000 Bürgerkriegsflüchtlinge aus dem ehemaligen Jugoslawien in der Bundesrepublik Deutschland. Diese grundsätzlich positive Entwicklung beruhte auf einer Vielzahl von Faktoren und
kann von daher nicht ausschließlich mit dem Einsatz der Bundeswehr begründet werden. Sicher aber ist, dass das starke Engagement der Bundesregierung, das sich in der Arbeit deutscher Soldaten beim Wiederaufbau von Bosnien-Herzegowina manifestierte, eine gewisse Initi-
alzündung bedeutete.

Erfahrungen

Die Bundeswehr verfügte auf Grund ihrer Geschichte nur über geringe
und sehr begrenzte praktische Erfahrungen in der zivil-militärischen Zusammenarbeit in einem Einsatzgebiet. In der Zeit des Kalten Krieges war
CIMIC zum großen Teil auf Host Nation Support reduziert und regional
auf die Bundesrepublik Deutschland beschränkt, und die Erfahrungen
aus Somalia und dem IFOR-Einsatz waren kaum übertragbar, da dort im
Wesentlichen Soldaten selbst Projekte durchgeführt hatten. Bei der Beteiligung der Bundeswehr am Wiederaufbau in Bosnien-Herzegowina
handelte es sich um eine große CIMIC-Operation. Unsere Soldaten aller
Dienstgrade haben den neuen Auftrag angenommen und waren stolz
auf ihre Arbeit; die Unterscheidung von zwei Erkundungstruppführern
mit dem gleichen Nachnamen in „Sarajevo-Meier" und „Hadzici-Mei-
er" sagt auch etwas über die Identifizierung mit dem Auftrag.

Die CIMIC-Gruppe war die erste Teileinheit, in der im größeren Umfang Reservisten im Einsatz tätig waren; diese haben neben den militärischen Fähigkeiten und Fertigkeiten auch zivilberufliche Kenntnisse
und Erfahrung aus haupt- oder nebenamtlicher politischer Tätigkeit einbringen können und sich ohne Ausnahme bewährt. Diese Erkenntnis
spricht sehr für das auch im amerikanischen Heer praktizierte Verfahren in CIMIC-Einheiten und G5-Abteilungen fast ausschließlich Reservisten vorzusehen.

Die Erfahrungen der Bundeswehr bei dieser großen CIMIC-Operation in Bosnien-Herzegowina sind eine gute Basis für weitere konzeptionelle Überlegungen und sollten Grundlage für zukünftige Konzeption,
Einsatzgrundsätze und Strukturen sein. Diese Umsetzung ist vor allem
deswegen wichtig, weil mit Sicherheit angenommen werden kann,
dass Soldaten auch in zukünftigen Operationen solche Aufträge erwarten müssen. Dies gilt für die unmittelbare Hilfe in humanitären Ex-

tremsituationen im Vorfeld und in den Anfangsphasen eines Konfliktes – der Einsatz im Kosovo 1999 legt dafür beredtes Zeugnis ab –, aber eben auch in bestimmten Lagen für den Beginn einer groß angelegten Hilfsoperation zum Wiederaufbau. Streitkräfte verfügen über die Verfahren, die Stabskapazität und die Logistik für solche Unternehmungen. Sie garantieren durch ihre schiere Präsenz ein hohes Maß an Sicherheit und Schutz, und sie geben, was vielleicht das Wichtigste ist, ein klares und sichtbares Zeichen der Unterstützung ihres Landes für die Region, in der sie eingesetzt werden. Dies gibt der betroffenen Bevölkerung ein klares Signal, Hoffnung und Perspektive. Insofern sind Streitkräfte bei humanitären Aufgaben keine Konkurrenz zu humanitären Organisationen, sondern sinnvolle Ergänzung.

Lessons learned – Der Blick nach vorn

Peter Goebel

Nach einer Statistik des Koordinierungsstabes für Auslandseinsätze der Bundeswehr umfassen die Erfahrungsberichte der Auslandseinsätze seit 1991 mehr als 30.000 DIN-A4-Seiten. Auf diese Erfahrungsberichte ist soweit dies möglich war, erstaunlich schnell reagiert worden: Vorschläge wurden aufgegriffen, Schlussfolgerungen gezogen und die erforderlichen personellen, materiellen, strukturellen, organisatorischen und rechtlichen Maßnahmen rasch umgesetzt. Diese Führungsleistung – denn um eine solche handelt es sich zweifellos – ist auch Beleg dafür, wie schnell die deutschen Streitkräfte sich auf den Sachverhalt, eine Armee im Einsatz zu sein, eingestellt haben. Manches von dem, was in Kambodscha, in Somalia oder bei der Embargoüberwachung in der Adria noch ein Problem war, war schon bei IFOR, SFOR oder erst recht bei KFOR keines mehr. Deshalb sollen in diesem letzten Beitrag nicht 30.000 Seiten auf zehn verdichtet, und es soll auch nicht wiederholt werden, was die Autoren in den Beiträgen als ihre Schlussfolgerungen herausgestellt haben. Vielmehr wird der Versuch gemacht, auf einer nachvollziehbaren Abstraktionsebene, ohne Anspruch auf Vollständigkeit, die vielen Einzelerfahrungen aus den unterschiedlichen Auslandseinsätzen zu beschreiben, zu bewerten und Schlussfolgerungen zu ziehen.

Dabei mag der Eindruck einer gewissen „Heereslastigkeit" der Betrachtung entstehen, der durch das Wissen um die Zugehörigkeit des Autors zu dieser Teilstreitkraft (TSK) verstärkt werden könnte. Für alle TSK bedeutete die Teilnahme an internationalen militärischen Maßnahmen der Krisenbewältigung erheblichen Umdenkungs- und auch Änderungsbedarf. Letzterer ist aber bei den Verbänden des Heeres gewiss am größten. Im neuen Aufgabenspektrum unterscheidet sich der Einsatz von Heereskontingenten in vielerlei Hinsicht viel stärker als bei den anderen beiden TSK von Einsätzen in der Landes- und Bündnisverteidigung; bei dem derzeitigen Einsatz des Heeres im Kosovo müssen die Soldaten neben der Erfüllung der originären Funktion zusätzlich den Berufsbildern Polizist, Sozialarbeiter, Mediator und Aufbauhelfer entsprechen.

So weit gespannt das Spektrum der Einsätze war und ist – es reichte von sanitätsdienstlicher und humanitärer Unterstützung bis zum Waffeneinsatz und betraf alle Teilstreitkräfte – so ist das Ergebnis für alle Einsätze im Grundsatz gleich: Jedes Bundeswehrkontingent hat unter den jeweiligen Bedingungen seinen Auftrag mit hoher Professionalität erfüllt. Insofern sind die Auslandseinsätze seit 1991 eine bemerkenswerte Erfolgsgeschichte der Bundeswehr.

Die deutschen Soldaten haben sich in den unterschiedlichen Einsätzen uneingeschränkt bewährt und gerade bei der Teilnahme an den internationalen Friedensmissionen in den frühen 90er Jahren Erstaunliches geleistet. Immerhin lagen noch kaum eigene Erfahrungen vor, und auch die Rechtslage war damals noch ungeklärt. Nichts ist für Soldaten beunruhigender als das Wissen, dass der Einsatz zu Hause sehr kontrovers diskutiert wird. Mehr als andere europäische Armeen ist die Bundeswehr Spiegelbild der Gesellschaft; wenn sich aber politische Streitfragen in der Republik in Haltungen und Auffassungen der Soldaten widerspiegeln, ist es wesentlich und wichtig, dass ein breiter parteiübergreifender Konsens über einen Einsatz hergestellt wird. Von daher war das Urteil des Bundesverfassungsgerichtes von 1994, dass die Rechtmäßigkeit der Beteiligung Deutschlands an Maßnahmen der internationalen Konfliktbewältigung mit Streitkräften feststellte, nicht nur in diesem ersten, sondern auch in seinem zweiten Teil, nämlich der parlamentarischen Entscheidung jedes einzelnen Einsatzes mit Kanzlermehrheit, so wichtig und auch weise.

Die Bewährung im Einsatz hat deutlich gemacht, dass militärische Führer und Soldaten, die für das Gefecht der verbundenen Waffen im Rahmen der Landes- und Bündnisverteidigung ausgebildet sind, Aufträge in internationalen militärischen Friedensoperationen erfüllen können. Dazu ist zusätzliche Ausbildung erforderlich, um die Soldaten auf die besonderen politischen, rechtlichen, ethnischen, regionalen und klimatischen Besonderheiten eines Einsatzes vorzubereiten, aber dies ist auf der Basis der vorhandenen militärischen, geistigen und körperlichen Voraussetzungen vergleichsweise leicht möglich. Um es in Schärfe zu wiederholen: Wer die Grundsätze des Gefechtes der verbundenen Waffen beherrscht und sachgerecht anwenden kann, kann auch im Grundsatz den Einsatz der verbundenen Kräfte koordinieren. Andersherum gilt dies nicht. Dies legt nahe, auch in Zukunft die deutschen Streitkräfte grundsätzlich für die Landes- und Bündnisverteidigung auszubilden.

Nicht nur die Truppenausbildung, sondern besonders die Führerausbildung hat sich bewährt. Dies gilt für die Ausbildung an den Offizier- und Unteroffizierschulen, an den Truppenschulen und an den Fachschulen genauso wie für die Ausbildung der Stabs- und Generalstabsoffiziere an der Führungsakademie der Bundeswehr. Von besonderer

Qualität war und ist die einsatzvorbereitende Ausbildung an der Infanterieschule Hammelburg und am Zentrum Innere Führung Koblenz. Im
Ausbildungsbereich sind keine grundsätzlichen Änderungen erforderlich, sondern allerhöchstens Anpassungen. Ohne Übertreibung kann als
eine wesentliche Erfahrung aus den bisherigen Auslandseinsätzen festgestellt werden, dass die Soldaten und die Ausbildung das größte Kapital der Bundeswehr sind.

Internationalität war von Beginn an und ist heute in noch stärkerem
Maße ein Markenzeichen der Bundeswehr. Seit ihrer Aufstellung ist sie
eine Armee im Bündnis und besitzt durch diese jahrzehntelangen Erfahrungen Offiziere, Unteroffiziere und Mannschaften, die über sehr
gute Voraussetzungen und Fähigkeiten verfügen, um im internationalen Umfeld einer Friedensmission professionell und erfolgreich zu arbeiten. Durch die Aufnahme von zusätzlichen Lehrinhalten „Sprach-
ausbildung Englisch" in der zukünftigen Feldwebelausbildung können
die Unteroffiziere sprachlich noch besser für Aufgaben im Einsatz vorbereitet werden. Zu hoffen bleibt, dass die auch bei Friedensmissionen
überaus wichtige deutsch-französische militärische Zusammenarbeit im
Einsatz ausschließlich in englischer Sprache erfolgt, damit nicht die Personalauswahl fast ausschließlich nach dem Kriterium Sprachkenntnisse
Französisch erfolgen muss und damit der in Frage kommende Perso-
nenkreis ständig überbelastet wird. Die freiwillig länger dienenden
Wehrpflichtigen (FWDL) haben sich mindestens ebenso, wenn nicht besser bewährt als die Mannschaften, die sich als Soldat auf Zeit (SaZ 2-8)
verpflichtet haben. Die FWDL verfügen häufig über einen höheren Bil-
dungsstand und spiegeln die soziale Schichtung unserer Gesellschaft wider. Die Bereitschaft, die Grundwehrdienstzeit zu verlängern, um an
Einsätzen teilzunehmen, steigt in dem Maße, wie die in Frage kommenden FWDL mit ihrer Kompanie oder doch wenigstens im Rahmen
ihres Verbandes in den Einsatz gehen können. Bei Konzentration von
Krisenreaktionskräften auf nur wenige Standorte und Regionen in
Deutschland kann das Reservoir an Bewerbern nicht ausgeschöpft werden. Dies spricht eindeutig für eine Integration von Krisenreaktions- und
Hauptverteidigungskräften schon auf der Verbandsebene, zumindest
aber auf der Brigadeebene. Dies würde auch bedeuten, dass Einsatzerfahrungen sofort und aus erster Quelle in den Verbänden verfügbar
wären und in die Ausbildung einfließen könnten. Der Sachverhalt, dass
der Gedanke einer „Zweiklassenarmee" gar nicht erst aufkäme, wäre
ein wünschenswerter und sehr positiver Nebeneffekt. Wenn es bei der
allgemeinen Wehrpflicht bleibt, einschließlich des Betreibens von Ver-

bänden und Einheiten des Heeres mit Wehrpflichtigen, ist die stärkere Integration von KRK und HVK ein überaus sinnvoller Weg. Eng damit im Zusammenhang steht die Verantwortung für die Zusammenstellung von Kontingenten. Anfangs erfolgte sie durch das Heeresführungskommando, später durch die Korps und ist jetzt auf die Ebene der Wehrbereichs/Divisionskommandos delegiert: Ein sicher richtiger Weg der Delegation von Planungs- und Handlungsverantwortung, der konsequent fortgesetzt werden sollte. Für die Beteiligung Deutschlands an militärischen Maßnahmen der Krisenbewältigung sind auch bei größeren Operationen in der Zukunft Truppen in Brigadestärke anzunehmen; jeweils eine Brigade des Heeres könnte damit den Kern eines solchen Kontingentes stellen. Die jetzige Struktur der Brigade sieht keine Logistikeinheiten vor, da diese auf der Divisionsebene zentralisiert sind. Vor dem Hintergrund der Einsatzerfahrungen sollte dringend geprüft werden, den Brigaden Logistikeinheiten, notfalls im unterschiedlichen Kaderungsgrad, nicht nur zuzuordnen, sondern zu unterstellen, um sie besser zum Gefecht der Verbundenen Waffen wie auch zum Einsatz der Verbundenen Kräfte zu befähigen. Die zusätzlichen Vorteile einer solchen Maßnahme im Ausbildungsbetrieb liegen auf der Hand. Dies würde allerdings bedeuten, dass die regionale Versorgung des Deutschen Heeres neu überdacht werden müsste.

Die Reservisten haben sich im gesamten Spektrum der Einsätze bewährt. Neben der dringend erforderlichen Entlastung der aktiven Soldaten sowohl im Einsatz als auch zu Hause, wenn Reservisten einsatzbedingte Vakanzen füllen, sind die Reservisten sehr glaubwürdige, sinnvermittelnde Multiplikatoren laufender Einsätze in der Gesellschaft. Gerade bei der Beteiligung von Reservisten an Einsätzen sollte die Frage der Stehzeit im Einsatzgebiet sehr flexibel gehandhabt werden; nicht für jeden qualifizierten Reservisten ist eine Einsatzzeit von sechs Monaten dem Arbeitgeber vermittelbar. Analog dem amerikanischen Modell, im Bereich der zivilmilitärischen Zusammenarbeit ausschließlich Reservisten einzusetzen, sollte die Aufstellung von gekaderten CIMIC-Einheiten und Verbänden geprüft werden, die dann gemeinsam in den Einsatz gehen.

Die ursprünglich festgelegte Verwendungszeit im Einsatz von vier Monaten hatte sich bewährt und war ein guter Kompromiss zwischen den Anforderungen nach Kontinuität und Professionalität im Einsatz und den Belastungen der Soldaten durch die Trennung von Heimat und Familie. Durch die Verdreifachung des erforderlichen Personals seit Beginn des Kosovo-Einsatzes musste die Einsatzdauer auf sechs Monate angehoben werden, um neben der Durchhaltefähigkeit eine planbare Ausbildung des Heeres sicherzustellen. Dem letzteren Ziel dient die jetzt festgelegte „einsatzfreie Zeit" von 18 Monaten, die darüber hinaus den Soldaten persönliche Planungssicherheit gibt. Bei besonders belastetem Personal, vor allem im Fernmelde- und Instandsetzungsbereich sollte eine Flexibilisierung der Einsatzdauer geprüft werden.

Bewährt hat sich im Einsatz das Personal der Wehrverwaltung. Über 800 Beamte und Angestellte aus den Bereichen Verwaltung, Rechtspflege, Psychologie und Geophysik waren allein bei den Balkaneinsätzen als Offiziere und Unteroffiziere zum Teil mehrfach eingesetzt.

Die Prinzipien der Inneren Führung haben sich im Einsatz uneingeschränkt bewährt. Die deutschen Soldaten haben sich vor den Augen der deutschen und der internationalen Öffentlichkeit im gemeinsamen Einsätzen mit den Streitkräften unserer Partner und Freunde als professionell, leistungsbereit, tatkräftig und leistungsfähig erwiesen. Sie zeigten aber auch ein hohes Maß an ethischer Bindung, Gehorsam aus Einsicht, moralische Grundsätze sowie Humanität und Toleranz in bester deutscher und europäischer Tradition. Einige Vorfälle im Einsatzgebiet, bei denen zum Teil zu Unrecht rechtsradikaler oder fremdenfeindlicher Hintergrund vermutet wurde, waren die Ausnahme und ändern nichts an der Gesamtbewertung.

Der Gewinnung von Informationen über Krisengebiete auf der Erde kommt eine immer größere Rolle zu. Sie ist Voraussetzung für die noch in den Anfängen steckende Konfliktprävention, aber eben auch für die Entscheidungen über Maßnahmen unseres Landes in der Krisenbewältigung, einschließlich des Einsatzes von Streitkräften. Deutschland als Mittelmacht braucht in der Zukunft eine, wenn vielleicht auch begrenzte, autonome Fähigkeit zur strategischen Lagebeurteilung. Vor allem aber bedarf es in der Zukunft der Mittel für strategische und operative Aufklärung entweder satellitengestützt oder als bemannte oder unbemannte fliegende Systeme.

Auf der taktischen Ebene haben die Drohnenbatterien, die Fernmeldeeinheiten und die HUMINT-Trupps gute Ergebnisse erbracht. Die National Intelligence Cells (NIC) beim jeweiligen Hauptquartier gewährleisten die schnelle Weitergabe der Informationen und bis zu einem gewissen Grad den Informationsaustausch mit den anderen Nationen. Dies gilt natürlich nur, wenn man selbst etwas zu bieten hat. „Do ut des" ist und bleibt der Kernsatz der Zusammenarbeit auf diesem Feld. Das Führungs- und Informationssystem JASMIN gestattet mit gesicherten Verbindungen die schnelle Information deutscher Dienststellen; die

Schnittstellenproblematik zu anderen Führungs- und Informationssystemen muss in der Zukunft gelöst werden.

Verbesserungsfähig ist die Zusammenfassung und Ausrichtung aller Kräfte und Mittel im Einsatzgebiet zur umfassenden nationalen Informationsgewinnung. Dies sollte ein Auftrag für den nationalen Befehlshaber im Einsatzgebiet sein, dem dazu eine vielleicht kleine, aber leistungsfähige G2-Abteilung unter Führung eines erfahrenen Generalstabsoffiziers aus dem Führungsgrundgebiet 2 unterstellt werden sollte. Möglicherweise könnte auch die NIC mit einigen strukturellen Änderungen der Nukleus für eine solche Aufgabe sein. Sicher ist, dass eine solche umfassende Aufgabe im militärischen Nachrichtenwesen im Einsatz nicht von einer Brigade S2 geleistet werden kann. Ziel ist, im Einsatzgebiet alle Kräfte zusammenzufassen und ihren Einsatz in einem Aufklärungsplan festzulegen sowie auch Einheiten oder Teileinheiten, die mit Aufklärung nicht „hauptamtlich" befasst sind, aber viel erfahren, wie z.B. die CIMIC-Trupps und die Trupps der operativen Information, einzubinden. Darüber hinaus müssen in viel stärkerem Maße als bisher die Erkenntnisse und das Wissen von anderen Organisationen wie Botschaften, internationalen Organisationen und Nicht-Regierungsorganisationen verfügbar gemacht werden.

Bei länger andauernden Friedenseinsätzen kommt der Änderung von Einstellungen der Bevölkerung hohe Bedeutung zu. Ein Mittel ist der Einsatz von Medien. Es ist zu prüfen, ob der Einsatz eines Radiosenders – bisher ist ein solcher nur zur Truppenbetreuung vorgesehen – mit entsprechenden Programmen für die Bevölkerung sinnvoll ist. In der Zukunft wäre bei entsprechender technischer Machbarkeit auch der Einsatz des Fernsehens denkbar.

Das militärische Nachrichtenwesen hat in Deutschland auch in der Vergangenheit – dafür gibt es viele Gründe – selten die notwendige Beachtung und Wertschätzung erfahren. Die Auflösung der entsprechenden Stabsabteilungen in den Führungsstäben der deutschen Teilstreitkräfte sind dafür genauso Beleg wie die Zusammenfassung der Führungsgrundgebiete 2 und 3 in der Personalführung; gerade letzterer Sachverhalt hat dem militärischen Nachrichtenwesen nicht unbedingt genutzt. Neben der Ausstattung mit entsprechenden Mitteln bedarf es struktureller Änderungen und vor allem einer Neubewertung der Bedeutung dieses Führungsgrundgebietes, die sich dann in Lehrplänen, Dienstposten, Dotierungen und Förderungsmöglichkeiten niederschlagen muss.

Symptomatisch für die derzeitige Betrachtung des militärischen Nachrichtenwesens war die Reaktion eines Stabsoffiziers aus der CIMIC-Gruppe, als ich ihm auch Aufträge zur Nachrichtengewinnung durch seine Trupps gab und er mich dann bat, von der Erteilung dieses Auftrages abzusehen, weil seine Soldaten am Aufbau des Landes mitwirken würden und wegen der dazu erforderlichen Zusammenarbeit mit der Bevölkerung Aufträge im Führungsgrundgebiet 2 nicht mit ihrem Gewissen vereinbaren könnten. Die dringend erforderliche Änderung von Auffassungen könnte nicht plastischer geschildert werden.

Nationale Führung im Einsatz wird vom Führungszentrum Bundeswehr im Bundesministerium der Verteidigung über das Leitführungskommando und den Kontingentführer sowie den Nationalen Befehlshaber im Einsatzgebiet zum Kommandeur der eingesetzten deutschen Truppen sichergestellt. Diese Organisation ist grundsätzlich sinnvoll und zweckmäßig, aber es entstehen Reibungsverluste, weil mit jedem Einsatz eine Vielzahl von Dienststellen befasst sind, die dem Leitführungskommando einer TSK nicht unterstellt werden können. Hier ist die Optimierung der Führungsorganisation zu prüfen. Dies kann aber sehr wohl heißen, dass über ein TSK-übergreifendes Führungskommando nachgedacht werden muss. Zwar hat sich das Prinzip des Leitführungskommandos im Grundsatz bewährt, aber bisher erfolgten alle Einsätze auf Grund ihrer Gegebenheiten und Anforderungen TSK-getrennt, und wenn überhaupt, dann war nur eine sehr geringe direkte Zusammenarbeit und Koordinierung erforderlich. Dies kann bei zukünftigen Einsätzen sehr wohl anders sein, vor allem dann, wenn in engem zeitlichen und räumlichen Zusammenhang operiert und direkte gegenseitige Unterstützung sowie die Raumordnung koordiniert werden müssen. Der Bedarf für ein TSK-übergreifendes Führungskommando ist auch bei Einsätzen in der Landes- und Bündnisverteidigung außerhalb Deutschlands, für die noch keine Erfahrungen vorliegen, sehr leicht vorstellbar.

Im Einsatzgebiet war und ist das Nebeneinander von Kontingentführer und Nationalem Befehlshaber sowie dem unter „Operational Control" des HQ CJTF stehenden deutschen Kommandeur der multinationalen Brigade problematisch. Zwar sind die Aufgaben abgegrenzt, aber es verbleiben Überschneidungen und Graubereiche, so dass Kompetenzstreitigkeiten, Doppelarbeit und Schwierigkeiten in der Zusammenarbeit strukturell vorprogrammiert sind. Der Sachverhalt, dass beide dienstgradgleiche Generale sind, hat die Situation nicht verbessert. Die Einrichtung des nationalen Befehlshabers war sinnvoll, so lange Deutschland Juniorpartner bei Friedensoperationen war und sehr große

rechtliche Vorbehalte für den Einsatz deutscher Truppen geltend machte; IFOR und SFOR stehen für beides als Beispiel. Zukünftig sind im Einsatzland bei größeren Einsätzen der Krisenbewältigung Brigadegebie-
te unter einem HQ CJTF anzunehmen. Deutschland wird häufig die Verantwortung für einen Brigadebereich wahrnehmen und auch den Kommandeur stellen. Dieser General sollte dann die Aufgaben des Nationalen Befehlshabers wahrnehmen. Inwieweit diesem dann neben dem
international besetzten Brigadestab ein nationales Stabselement mit den
möglichen Anteilen G1, Presse, G2!, G4!, CIMIC beigegeben werden
sollte, muss in jedem Einzelfall geprüft und festgelegt werden. Einen
deutschen Chef des Stabes im Hauptquartier mit zusätzlichen nationalen Aufgaben zu betrauen, ist nach aller Erfahrung auf Grund der Position und der Arbeitsbelastung nicht möglich. Wenn Deutschland aber
einen Stellvertretenden Kommandierenden General stellt, könnte dieser diese Aufgaben wahrnehmen. Zukünftig sollte auf jeden Fall vermieden werden, einen herausgehobenen Dienstposten mit der Funktion Nationaler Befehlshaber außerhalb der internationalen militärischer
Strukturen im Einsatzgebiet zu schaffen.

Führung wird erst möglich durch Führungsunterstützung. In diesem
Feld besteht ein erheblicher Nachholbedarf für alle TSK der Bundeswehr.
Die absolute Priorität dieses Bereiches ergibt sich dadurch, dass hier Interoperabilität, also die Fähigkeit zur Zusammenarbeit zwischen den TSK
und mit Alliierten an entscheidender Stelle, nämlich der Führung, sichergestellt werden muss. Für die Heereskontingente sind bisher eine
Fülle von Aushilfen und Insellösungen gefunden und mit großem finanziellen Aufwand ist die Durchführung der Aufträge sichergestellt
worden. In Bosnien nutzt die Deutsch-Französische Brigade zur Führung
nach vorn das französische System, und zur Zusammenarbeit mit dem
Hauptquartier SFOR wird das amerikanische Führungs- und Informationssystem CRONOS verwendet. Benötigt werden in der Zukunft leistungsfähige taktische und strategische Kommunikationssysteme, die
sich an NATO- und zivilen Weltstandards orientieren. Die Tatsache, dass
das Führungszentrum Bundeswehr derzeit elf unterschiedliche Fernmeldesysteme betreibt, macht den Modernisierungsbedarf der Bundeswehr in diesem Bereich überaus deutlich.

Für strategischen Transport, vor allem Lufttransport gab es in der Zeit
des Kalten Krieges für die Bundeswehr keinen Bedarf. Auf Grund der
geänderten sicherheitspolitischen Lage und daraus resultierender neuer Anforderungen an unser Land wurde dieser Bedarf erstmals im Golfkrieg deutlich, als es darum ging, schnell Personal und Material in die

Türkei zu verlegen. Auch beim Einsatz in Somalia mussten wegen des Fehlens strategischer Lufttransportkapazitäten Aushilfen gefunden werden. Die Verlegung von Personal und Material eines kleineren Kontingentes nach Australien im Rahmen der Ost-Timor-Krise und der humanitäre Einsatz deutscher Streitkräfte und des BGS in Mozambik machte den Bedarf an weitreichenden strategischen Lufttransport einmal mehr deutlich. Um schnell auf internationale Krisen im gesamten Spektrum reagieren zu können, braucht unser Land entweder autonom oder im europäischen Verbund die Fähigkeit zur Verlegung von Truppen und Material über große Entfernungen. Wenn direkt in Krisengebiete hineingeflogen werden muss, ist die Nutzung von zivilem Lufttransport häufig nicht möglich. Strategische Mobilität bedeutet aber auch, dass militärisches Großgerät auf Luftverlastbarkeit ausgerichtet wird. Insofern ist die Einführung der entsprechenden Flugzeuge nur eine Seite der Medaille. Wenn das zukünftige gepanzerte Transportfahrzeug (GTK) des Heeres bereits ein „Geburtsgewicht" von über 30 t in der Planung hat, muss darüber in einem TSK-übergreifendem Ansatz zur strategischen Mobilität neu nachgedacht werden.

Lufttransport muss durch Seetransport ergänzt werden. Militärischer Seetransportraum ist in der Deutschen Marine nicht verfügbar. Der Bestand an zivilen RoRoRo Schiffen sinkt rapide. Auch hier werden wahrscheinlich im europäischen oder im Bündnisrahmen Lösungen gefunden werden müssen.

Bei jedem bisherigen Einsatz eines deutschen Kontingentes wurde die Auftragsdurchführung logistisch sichergestellt. Grundsätzlich hat sich die Dreiteilung Logistische Basis Inland, Logistische Basis Einsatzland und Logistische Kräfte im Einsatzgebiet bewährt. Vor dem Hintergrund der Überlegungen für ein TSK-gemeinsames Führungskommando stellt sich auch die Frage nach einem logistischen Führungselement oberhalb der TSK-Ebene. Diese muss jedoch in einem umfassenderen Ansatz, bei dem die Erfahrungen der bisherigen Auslandseinsätze nur ein Aspekt sind, beantwortet werden. In diesem Zusammenhang müssen Möglichkeiten der internationalen Zusammenarbeit genauso überdacht werden wie die Nutzung ziviler Leistungen im Einsatzgebiet und „host nation support". Auch an dieser Stelle noch einmal ein Plädoyer für eine Stärkung der Brigade als dem wahrscheinlichen Kernelement zukünftiger deutscher Auslandseinsätze. Die Brigaden des Heeres brauchen eine integrierte logistische Komponente, am zweckmäßigsten ein Versorgungsbataillion mit den Elementen Nachschub, Transport, Instandsetzung und Sanität, um ihren Aufgaben im Einsatz besser gerecht werden zu können.

Die Anforderungen an die Ausstattung eines Heereskontingentes mit Großgerät verändern sich im Laufe einer Friedensmission. Bei friedensschaffenden Maßnahmen ist der Einsatz von Panzern, Schützenpanzern, Panzerhaubitzen und gepanzerten Transportfahrzeugen oft sinnvoll. Je mehr es aber um Abschreckung durch Präsenz und Beteiligung am Wiederaufbau wie seit 1997 in Bosnien geht, desto stärker wird der Bedarf an leichteren, schnelleren und schnell verlegbaren Truppen mit leichterer Ausstattung. Die Entscheidungen der Heeresführung zum Vorhalten einer Anzahl von Allschutz-Transport-Fahrzeugen (ATF2) für die Kräfte eines Bataillons sind ein Schritt in diese Richtung. Dies gilt auch für die Ausstattung zur zukünftigen Wahrnehmung von Aufgaben im Kampf gegen irreguläre Kräfte und für Schutzaufgaben.

Die Soldaten der Bundeswehr haben die Beteiligung am Aufbau des Landes, der in Krisengebieten ein wesentlicher Teil der Befriedung einer Region sein kann, als eine zusätzliche Aufgabe angenommen und Gutes geleistet. Der kritische Faktor an einer solchen Unternehmung ist das erforderliche Geld, auf dessen Zuweisung Soldaten nur einen geringen Einfluss haben. Der Einsatz von Soldaten in diesem Feld sollte aber die absolute Ausnahme bleiben. Gerade jetzt wird im Kosovo deutlich, dass die zivilen Organisationen, einschließlich der erforderlichen Polizeikräfte, diejenigen sind, die den Aufbau des Landes – dies beinhaltet auch den Aufbau politischer und rechtlicher Strukturen – leisten müssen. Aufgabe der Soldaten ist es in erster Linie, ein Umfeld zu schaffen, in dem die internationalen Organisationen arbeiten können.

Neben dem Heeresführungskommando und dem Kommando luftbewegliche Kräfte, bei denen G5-Abteilungen schon jetzt eingerichtet sind, brauchen einige wenige Großverbände solche zusätzlichen Strukturen. Das Personal der G5-Abteilungen muss wenigstens bei Schlüsselpositionen aus aktiven Soldaten bestehen, kann aber durch Reservisten ergänzt werden. Auf die Notwendigkeit der Aufstellung von nicht aktiven CIMIC-Truppenteilen und die entsprechende Ausbildung für Reservisten in diesem Aufgabenspektrum ist bereits hingewiesen worden. Der CIMIC-Bereich könnte in der Zukunft ein Schlüsselbereich für den Einsatz von Reservisten sein.

Zusammenfassend lässt sich feststellen, dass die Bundeswehr sich in den Auslandseinsätzen des letzten Jahrzehnts uneingeschränkt und beeindruckender Weise bewährt und die sehr unterschiedlichen Herausforderungen gemeistert hat. Das größte Kapital unserer Streitkräfte ist zweifellos das geistige Vermögen, die militärische Leistungsfähigkeit und die hohe Einsatzbereitschaft der Soldaten. Die deutschen Soldaten im

Einsatz leisten nicht nur einen wichtigen Beitrag zum Frieden, sondern sind gleichzeitig überzeugende Botschafter unseres Landes. Die Ausbildung ist überaus sachgerecht und einsatzorientiert und hält jedem internationalen Vergleich stand.

Die materielle Ausstattung der Bundeswehr muss in vielen Feldern modernisiert werden und Strukturen müssen angepasst oder neu geschaffen werden. Ziele sind deutlich verbesserte Reaktionsfähigkeit und Durchhaltefähigkeit. Dies beinhaltet strategische Transportfähigkeit, nationale strategische Aufklärungsfähigkeit und Fähigkeit zur Interoperabilität durch entsprechende Führungs- und Informationssysteme. Daneben geht es um die Einführung von Abstands- und Präzisionswaffen, um den Anforderungen nach Einsätzen, die fast verlustfrei und mit nur geringen Kollateralschäden durchgeführt werden können, zu entsprechen. Im Zuge der Einsätze im Kosovo-Konflikt und danach sind die Mängel in der materiellen Ausrüstung und Ausstattung der Bundeswehr Gegenstand der politischen und öffentlichen Diskussion geworden. Beim NATO-Gipfel in Washington im Frühjahr 1999 hat die deutsche Regierung der Defense Capability Initiative (DCI) zugestimmt, die zum Ziel hat, die militärischen Fähigkeiten der europäischen NATO-Staaten deutlich zu verbessern. Das Programm europäische Sicherheits- und Verteidigungsidentität / Europäische Sicherheits- und Verteidigungspolitik (ESVI/ESVP) zielt ebenso in diese Richtung, denn es geht dabei letztlich um die Frage der europäischen militärischen Handlungsfähigkeit und die Zusammenfassung und Bündelung von Ressourcen und Fähigkeiten. Dabei muss Interoperabilität im europäischen wie im transatlantischen Rahmen sichergestellt werden.

Die Modernisierung der Bundeswehr ist Voraussetzung dafür, dass sich unser Land in der Zukunft an Maßnahmen der Krisenbewältigung auch im oberen Spektrum beteiligen kann und damit die politische Teilhabe und Mitsprache Deutschlands bei Entscheidung, Planung und Durchführung sichergestellt bleibt. Vor dem Hintergrund der entsprechenden Programme von NATO und Europäischer Union hat die Modernisierung der Bundeswehr aber mehr als früher neben der nationalen eine bündnispolitische und eine europäische Dimension.

Zu den Autoren

Die Autoren berichten mit der Kompetenz ihrer jeweiligen verantwortlichen Dienststellung und Aufgabe zum Zeitpunkt des Auslandseinsatzes.

Brandt, Axel
Oberst, war zum Zeitpunkt des Einsatzes Oberstleutnant und stellvertretender Kommandeur des Heeresfliegerkommando 3 in Mendig

Brüggemann, Peter
Oberst i.G., war G 4 im Heeresführungskommando

Budde, Hans-Otto
Brigadegeneral, war Kommandeur der deutsch-französischen
Brigade bei SFOR

Dau, Dr. Klaus
Ministerialdirektor a.D.,war Abteilungsleiter Recht im BMVg

Evers, Roger
Oberst, war Staffelkapitän Lufttransportstaffel des Lufttransportgeschwaders 62

Feist, Rainer
Konteradmiral, war Stellvertretender Befehlshaber der Flotte

Fraps, Dr. Peter K.
Generalarzt, war Leiter des multinationalen Sanitätsdienstes
der VN-Friedensmission UNTAC in Kambodscha

Glawatz ,Henning
Oberst, war Chef des Stabes beim Kommandeur Deutsches
Heereskontingent/Nationaler Befehlshaber im Einsatzgebiet
GECONSFOR (L) und Führer der Einsatzkräfte

Göbel, Peter
Brigadegeneral, war Kommandeur Deutsches Heereskontingent und
Nationaler Befehlshaber im Einsatzgebiet GECONSFOR (L)

Hirtz, Klaus Peter
Flottillenadmiral war Kommandeur der Flottille der Minenstreitkräfte

Hofmann, Helmut
Oberst, war Kommandeur der Führungs- und Unterstützungsbrigade
900 in Rheinbach

Jertz, Walter
Generalmajor, war Nationaler Befehlshaber im Einsatzgebiet und
Kommandeur Einsatzkontingent Luftwaffe

Kammerhoff, Holger
Generalmajor, war Nationaler Befehlshaber und Kommandeur des
Zweiten deutschen Kontingents UNOSOM II in Somalia

Korff von, Fritz
Brigadegeneral, war Kommandeur der Einsatzbrigade (Multinational
Brigade South) KFOR

Kruse, Günter
Oberstleutnant, war Kommandeur der fliegenden Abteilung
des Heeresfliegerregiments 35

Küster, Ulrich
Oberst i.G., war G 2 des Heeresführungskommandos in Koblenz

Leder, Dieter
Flottillenadmiral, war Kommandeur des Minenabwehrverbandes
„Südflanke"

Olshausen, Dr. Klaus
Generalmajor, war Stellvertretender Kommandeur der Kovoso-Forces
(KFOR) in Pristina

Reinhardt, Dr. Klaus
General, war Befehlshaber des Heeresführungskommandos

Riechmann, Friedrich W.
Generalmajor, war Kommandeur des deutschen Heereskontingentes
IFOR

Ropers, Frank
Konteradmiral, war Commander Standing Naval Force Mediterranean
in der Adria

Schulte, Bernd
Oberstleutnant i.G., war Verbindungsoffizier zum Auswärtigen Amt

Stockfisch, Dieter
Kapitän zur See a.D., war Referatsleiter im Führungsstab der Marine,
ständiges Mitglied im KSEA und ständiger Vertreter der Marine im
Führungszentrum der Bundeswehr

Stricker, Hans-Joachim
Kapitän zur See, ist Kommandeur der Flottille der Minenstreitkräfte

Stünzner, Karbe von, Karl-Christoph
Oberst a.D., war 1994 Militärbeobachter der UN-Beobachterkommission in Georgien

Widder, Werner
Generalmajor, war Kommandeur des deutschen Truppenkontingents
bei SFOR

Abkürzungsverzeichnis

ACE	Allied Command Europe Alliierter Kommandobereich Europa
AFOR	Albania Force Streitkräfte in Albanien
AFSOUTH	Allied Forces Southern Europe Alliierte Streitkräfte Südeuropa
AMF	Allied Mobile Force Mobile Alliierte Verfügungstruppe
ARRC	ACE Rapid Reaction Corps Alllierte Eingreiftruppe für Sofortreaktionen
ATAF	Allied Tactical Airforce Alliierte Taktische Luftflotte
ATSA	Antenne de Transit Sanitaire Aérien, Französischer Anteil Feldlazarett
AWACS	Airborne Warning and Control System Luftgestütztes Frühwarn- und Kontrollsystem
AWDL	Wehrdienstleistende in besonderen Auslands- verwendungen
BMVg	Bundesminsterium der Verteidigung
BOH	Bosnia-Herzegovina (Bosnien-Herzegowina)
BRJ	Bundesrepublik Jugoslawien
BWB	Bundesamt für Wehrtechnik und Beschaffung
CIMIC	Civil Military Cooperation Zivil-militärische Zusammenarbeit
CAOC	Combined Air Operation Center Operationszentrale für verbundene Luftkriegeinsätze
COMAIRSOUTH	Commander Allied Air Forces Southern Europe Befehlshaber Alliierte Luftstreitkräfte Südeuropa
COMGECONIFOR	Commander German Contingent IFOR Befehlshaber des deutschen Kontingents der IFOR-Truppe

COMGERFLEET	Commander German Fleet Befehlshaber der Flotte
COMIFOR	Commander IFOR Befehlshaber der IFOR-Kräfte
COMNAVSOUTH	Commander Allied Naval Forces Southern Europe Befehlshaber Alliierte Seestreitkräfte Südeuropa
COMMZ FWD	Communication Zone Forward Vordere Verbindungszone
D + ...	Zeitdauer des laufenden Mandats IFOR in Tagen (D = 20.12.1995, D + 366 = 20.12.1996 Ablauf des Mandats)
DCOMLOG	Deputy Commander Logistic Stellvertretender Befehlshaber Logistik
DDO	Dienstältester Deutscher Offizier
DFGFA	Deutsch-Französische Gruppe / Brigade
ECR	Electronic Combat Reconnaissance Elektronische Gefechts-Aufklärung
EBMat	Entwicklung und Beschaffung von Wehrmaterial
EloKA	Elektronische Kampfführung
EOD	Explosive Ordnance Disposel Munitionsvernichtung
EUKdo	Einsatzunterstützungskommando
FAF	French Airforce Französische Luftwaffe
FLAZ	Deutscher Anteil Feldlazarett
FLS	Forward Logistic Site Vorderer logistischer Abstützpunkt
FÖD	Förderation in BOH
FWDL	Freiwillig zusätzlichen Wehrdienst Leistende
GAF	German Airforce Deutsche Luftwaffe

GECON CDR (A)	Commander German Contingent Kommandeur Deutsches Kontingent (Heer)
GECONIFOR	German Contingent IFOR Deutsches Kontingent IFOR-Truppe
GECONSFOR	German Contingent SFOR Deutsches Kontingent SFOR-Truppe
GECONUNPF	German Contingent United Nations Peacekeeping Force Deutsches Kontingent der UN-Friedenserhaltungstruppe
GEMILREP	German Military Representative Deutscher Militärischer Repräsentant
GEMIC	German Military Information Cell Deutsche Informationszelle (Arbeitseinheit i. Stab)
GENIC	German National Intelligence Cells Deutsche Nachrichtenzelle (Arbeitseinheit i. Stab)
HEROS	Heeres-Führungsinformationssystem
HF	Hoch-Frequenz
HNS	Host Nation Support Unterstützung durch die aufnehmende Gast-Nation
HR	Hoher Repräsentant
HQ	Headquarters Hauptquartier
HUKdo	Heeresunterstützungskommando
HUMINT	Human Intelligence Aufklärung durch Menschen
ICTY	International Crime Tribunal for Yugoslavia Internationales Kriegsverbrecher-Tribunal
IDP	Internal Displaced Persons
IEBL	Inter Entity Boundary Line Innere Begrenzungslinie

IFOR	Peace Implementation Forces Streitkräfte zur Initiierung des Friedensabkommens (von Dayton)
IMO	International Maritime Organisation Internationale Schifffahrtsorganisation
IOC	Initial Operational Capability Operative Anfangsfähigkeiten
IPTF	International Police Task Force (UN) Internationale Polizei-Truppe
JÜEP	Jahresübungs- und Erhaltungsplan der Flotte
KFOR	Kosovo-Force Streitkräfte im Kosovo
KRO	Küsten-Radar-Organisation
KRT	Kroatien
KSE	Konventionelle Streitkräfte in Europa
KVM	Kosovo Verification Mission Mission zur Überprüfung der Abkommen im Kosovo
LANDCENT	Land Forces Central Europe Alliierte Landstreitkräfte Mitteleuropa
LTG	Lufttransportgeschwader
MAD	Militärischer Abschirmdienst
MC	Military Committee Militärausschuss der NATO
MCC	Maritime Component Commander Kommandeur des Marinekontingentes
MCCIS	Maritime Command, Control and Information System Maritimes Führungssystem
MCM	Minecountermeasures Minenabwehr der Marine
MCMOPDIR	Minecountermeasures Operational Directive Bewertung eines Minenräumeinsatzes

MEDEVAC	Medical Evacuation Verwundetenabtransport
MHQ	Maritime Headquarters Marinehauptquartier
MNB	Multi Nationale Brigade Multinationale Brigade
MNF	Multi National Force Multinationale Truppe
MNLC	Multinational Logistic Commander Kommandeur der multinationalen Logistik
MOC	Maritime Operations Center Maritime Operationszentrale
MPA	Maritime Patrol Aircraft Seefernaufklärungsflugzeug der Marine
MTA	Militär-Technisches Abkommen
MVL	Minen-Vernichtungsladung
MUKdo	Marineunterstützungskommando
NAOC	Naval Air Operation Center Operationszentrale der Seeluftstreitkräfte
NAVSOUTH	Naval Forces Southern Europe Marinekräfte Südeuropa
NGO	Non Governmental Organisation Nicht-Regierungsorganisationen
NVA	Nationale Volksarmee
OPCON	Operational Control Befugnis eines alliierten Befehlshabers/ Kommandeurs zur Leitung der Operationen ihm von den Nationen unterstellter Truppenteile
OSZE	Organisation für Sicherheit und Zusammenarbeit in Europa
PIC	Peace Implementation Council Rat zur Sicherung/Einhaltung des Friedens

RAF	Royal Airforce Königlich-Britische Luftstreitkräfte
RECCE	Reconnaissance Aufklärung
RS	Republik Srpska Serbische Teilrepublik auf dem Boden des ehemaligen Jugoslawiens
SACEUR	Supreme Allied Commander Europe Oberster Allierter Befehlshaber Europa
SAR	Search and Rescue Such- und Rettungsdienst
SEA	Stromerzeugungsaggregate
SFOR	Stabilisation Force Anschlusstruppe (folgte der IFOR-Truppe) nach Initiierung des Daytoner Friedensabkommens zur Umsetzung und Stabilisierung des Vertrages
SHAPE	Supreme Headquarters Allied Powers Europe Oberstes Allliertes Hauptquartier Europa
SIGENT	Signal Intelligence Signal-Aufklärung
SOFA	Status of Forces Agreement Abkommen zur Truppenstationierung
STANAVFORLANT (SNFL)	Standing Naval Force Atlantic Ständiger maritimer Einsatzverband Atlantik
STANAVFORMED	Standing Naval Forces Mediterranean Ständiger maritimer Einsatzverband Mittelmeer
SWE	Sweden
THW	Technisches Hilfswerk
TOA	Transfer of Authority Wechsel des Unterstellungsverhältnis für den Einsatz
UNAMIC	United Nations Advance Mission Cambodia UN-Anfangsmission in Kambodscha

UNMIK	United Nations Mission in Kosovo UN-Mission im Kosovo
UCK	Paramilitärische Verbände der Albaner im Kosovo
UNHCR	United Nations High Commissioner for Refugees Hoher Flüchtlingskommissar der Vereinten Nationen
UNO	United Nations Organisation
UNOSOM	United Nations Operation in Somalia Einsatz der Vereinten Nationen in Somalia
UNPROFOR	United Nations Protection Force Schutztruppe der Vereinten Nationen
UNSCOM	United Nations Special Commission Sonderkommission der Vereinten Nationen
UNTAC	United Nations Transitional Authority in Cambodia UN-Interims-Mission in Kambodscha
VHF	Very High Frequency Sehr-hohe Frequenzen
VN	Vereinte Nationen
VSBM	Vereinbarung über vertrauens- und sicherheitsbildende Maßnahmen
WCMF	WEU Contingency Maritime Force Maritime Einsatzverbände unter dem Kommando der WEU
WEU	Westeuropäische Union
ZIPB	Zivile Infrastruktur-Projektbegleitung